統語論の新展開と日本語研究

命題を超えて

統語論の新展開と日本語研究

命題を超えて

長谷川信子【編】

開拓社

#　は　し　が　き

　言語理論を専門にする者にとって，研究対象としている言語（特に，母語）が言語全体なり「普遍文法」なりの観点から「どのように位置づけられるのか」という問いは，最も興味深いものでしょう．編者の私には，その問いに関し，「苦い」（しかし，「貴重な」）想い出があり，それが，その後の私の研究の課題となり，そして，この本の編纂の背後にあります．

　私が Linguistics で Ph.D. を取得したのは 1981 年なのですが，最終口述試験で，審査委員で指導教授の一人であった Joseph Emonds 博士（Joe）から "Nobuko, have you got an idea of what kind of language Japanese is? What is your view?" と問われ，まともに答えることができなかったのです．幸い口述試験にはパスしましたが，その問いに満足のいく形で答えることができなかったという事実，および，そういう観点から博士論文の執筆を含め研究を遂行してきていたわけではなかったという反省は，その後長く私の中で澱み続けました．口述試験の後，Joe は笑いながら，質問がちょっと意地悪だったねと謝り，実は，その問いは自分でも（彼の場合は英語とフランス語）問い続けている問題であること，でも，（Joe の先輩で良き友人である）Yuki（故黒田成幸先生）なら，日本語がどういう言語かについて既にある程度の感覚と理論を持っているであろうこと，などを話して下さり，最後に，Nobuko も Yuki 位の年齢になるころには，もう少し具体的な考えが持てるように今後も研究を進めていけばいいと励まして下さいました．今から 30 年も前のことです．Joe も故黒田先生も未だ 40 歳代でいらした頃かと思います．

　私の 40 歳代は，この問いについては，まだまだ五里霧中でした．還暦間近となった数年前あたりから，この問いに少し自分なりの貢献ができるのではないかと思い始め，本書に先行させて 2007 年に編集・刊行した『日本語の主文現象』（ひつじ書房）の「序章：日本語の主文現象から見た統語論」で，日本語は（その特徴の 1 つとして）命題部分（構造的には IP）の現象より，談話や情報構造と接し「文の機能やタイプ」が構造化される CP 領域に

関わる現象が豊富に特徴的に表出する言語であるとの認識を提示し，その観点から，CP 現象の把握・理論化とそれらを取り込む理論構築の基盤となるような，日本語の主文現象に的を絞った論考を集めて論文集としました．

　本書の編集にあたっても，編者の私の「思い」は同様です．ただ，2007 年度より 3 年間に渡り，上記の『日本語の主文現象』の編纂と平行して，より「理論的」な観点からの貢献を目指すべく，日本学術振興会による科学研究費補助金（基盤(B)）『文の語用的機能と統語論：日本語の主文現象からの提言』（課題番号 19320063）の助成を受け，国内外から「統語現象と情報構造・語用的機能」の関係を理論的に追求している研究者を招いて神田外語大学言語科学研究センター（CLS）主催によるワークショップを複数回開催し，その課題に関わる日本語の現象の考察に加え，統語論と語用・意味論，音韻構造の観点からの理論的な討議を重ねることができました．本書の収録論文は，ほとんど全てがそれらのワークショップで発表され，さらに洗練化されて論文となったものです．本書の全体の理論的位置づけや収録論文各々については，「序章」に詳しく述べていますので，ここでは繰り返しませんが，論文はどれも，日本語の現象を基盤に，「統語論」が「文の語用的機能・談話・情報構造」へ積極的に関わる方向へ展開しつつあるとの認識のもとに執筆されており，本書全体としては，理論構築の観点から複眼的，多角的にアプローチした論文集となっています．短期間で質の高い論文へとまとめ寄稿して下さった執筆者の方々に深く感謝申し上げます．

　特に，宮川繁さん，遠藤喜雄さんには，論文執筆以上のご協力をお願いしました．宮川繁さんには，Sabbatical で日本に滞在していらした 2008 年春に，上記の科研と CLS の主催によるシリーズ講演『ミニマリズムと日本語』をお願いしましたが，統語理論の発展と日本語統語論の関係を把握する上で貴重な機会となりました．また，遠藤喜雄さんには，神田外語大学へ着任された 2008 年から，上記科研の研究分担者をお願いし，カートグラフィーの枠組みから研究を進めていただきました．本書収録のお二人の論文にはそのエッセンスが凝縮されています．

　もう 1 つ特筆すべきは，Luigi Rizzi 氏からのご協力です．上記科研の課題と関わり，2009 年 6 月の日本言語学会第 138 回大会（於：神田外語大学）で公開シンポジウム『文の周縁部の構造と日本語』を開催し，Rizzi 氏には"the Cartography of Syntactic Structures: Locality and Freezing Effects"

と題した講演をお願いしました．その論文自体をご寄稿いただくことは叶いませんでしたが，その論文の背景にある CP の構造やその位置づけが明確に提示されている 1997 年の論文 "The Fine Structure of the Left Periphery" の前半部分の翻訳を（本書の第 10 章として）収録することをご快諾いただきました．この翻訳については，Rizzi 氏だけでなく，その論文の収録論文集 *Elements of Grammar* の編者の Liliane Haegeman 氏にもご尽力いただき，出版社の Kruwer（現在は Springer）から翻訳権を取得することができました．そして，翻訳は長谷部郁子さんにお願いした次第です．関係の方々にお礼申し上げます．

　本書の論文の原稿段階での校正や索引作りには，藤巻一真さん，高橋将一さん，高橋葉子さん，李雷さん，本多正敏さん，遠藤直美さんに手伝っていただきました．また，CLS の研究員の神谷昇さんには，科研の研究の遂行やワークショップや講演会の開催など，本書の基盤となった研究の遂行と関わるあらゆる場面で，CLS の事務補佐員の椎名千香子さんと共に，大いに助けていただきました．

　本書の刊行にあたっては，開拓社編集課の川田賢氏のご助言，ご尽力に感謝いたします．ワークショップの案内を送らせていただいたところ，それを論文集にまとめることをご提案下さり，このような形で出版するところまで導いて下さいました．ありがとうございます．

　最後に，冒頭の「日本語とはどういう言語か？」という問いとの関わりで，井上和子先生と故黒田成幸先生に感謝の意を表したいと思います．

　井上先生には，上記『日本語の主文現象』に「日本語のモーダルの特徴再考」という論文をご寄稿いただきました．そして，私が本書と関わる研究を遂行していると同時期に（年齢を申し上げるのは失礼かとは存じますが，90 歳！を超えて）『生成文法と日本語研究』（大修館書店）を執筆なさり 2009 年に刊行されました．そのご著書の中で，井上先生は，生成文法の発祥からの発展を振り返りつつ，日本語がどのように扱われてきたか，どのような貢献をしてきたかを検証し，「文文法・文構造」から「談話」情報の読み取りのメカニズムを提示なさっています．ここに，井上先生の 50 年以上にわたるご研究で至った「日本語がどのような言語であるか」を垣間見ることができます．ご著書の内容の一部は，上記の言語学会での公開シンポジウムでもご発表いただきましたが，文構造には，文法を超えた談話で機能するモダリ

ティや話し手情報が構造的に埋め込まれていること，それが日本語で的確に検証できることを示していらっしゃいます．本書の研究の意義を，井上先生にはご著書により示していただいたように思います．

　生成文法研究の中でも，文文法と談話や発話行為との関わりを最も先鋭的に追求なさってきたのは，故黒田先生であろうと思います．先生は1965年の博士論文で，「主題」「話し手」「焦点」という談話的要素がいかに文構造や文の容認度と関わるかを討議され，その後も文の認知的意味と統語構造の関連を追求なさっていらっしゃいました．冒頭の話に戻りますが，Joeが「Yukiは，日本語がどういう言語かある程度把握していると思うよ」と話して下さった時点では，私には黒田先生の論考が「難解」過ぎて，具体的には理解できていませんでした．その後，黒田先生とは個人的にも何度もお話しする機会を持つことができ，上記の科研の研究との関わりで，先生のお考えを改めて伺いたく，招聘期日を詰めていた矢先に，「ちょっと体調が思わしくない」とのご連絡，「では，ご回復を待って，改めて」のまま，悲しい訃報を受け取ることになってしまいました．青天の霹靂でした．

　黒田先生が本書をどのように評価なさるかはわかりませんが，先生が統語論研究者として長く追求なさってきた「文の構造」と「談話・発話行為」の関係について，後塵を拝する私達が，これまでにない真剣さと興奮をもって新たな理論的展開を目指して考察していることをお感じいただけると思いますので，先生も大いに面白くお読み下さるであろうと思います。この時期に先生を失うことの大きさを改めて痛感しております．

　本書は故黒田成幸先生に捧げさせていただきます．黒田先生，今後もこの分野の研究の発展を見守って下さいませ．

　　2010年　盛夏の候

　　　　　　　　　　　　　　　　　　　　　　　　　　長谷川　信子

目　次

はしがき

序　章　文の機能と統語構造: 日本語統語研究からの貢献
　………………………………………………………………………長谷川信子　　1
1. 統語論の領域　　　　　　　　　　　　　　　　　　　　　　　　　1
　1.1. 音と意味の狭間で　　　　　　　　　　　　　　　　　　　　　 1
　1.2. 意味への3つのアプローチ　　　　　　　　　　　　　　　　　　3
2. 統語構造と意味領域との対応　　　　　　　　　　　　　　　　　　 7
　2.1. 統語論の変遷　　　　　　　　　　　　　　　　　　　　　　　 7
　2.2. 日本語学からの知見　　　　　　　　　　　　　　　　　　　　 8
3. 統語構造と統語操作: 機能範疇の役割　　　　　　　　　　　　　　12
　3.1. 構造構築と操作　　　　　　　　　　　　　　　　　　　　　　13
　3.2. 機能範疇と文の周縁部の構造　　　　　　　　　　　　　　　　17
　3.3. 文の周縁部 CP の構造: Split CP 仮説　　　　　　　　　　　　22
4. 本書の構成と収録論文について　　　　　　　　　　　　　　　　　23
　4.1. 本書の構成　　　　　　　　　　　　　　　　　　　　　　　　24
　4.2. 本書の論文について　　　　　　　　　　　　　　　　　　　　25

第1章　CP 領域からの空主語の認可
　………………………………………………………………………長谷川信子　　31
1. はじめに　　　　　　　　　　　　　　　　　　　　　　　　　　　31
2. CP 構造: Rizzi (1997) の C システム　　　　　　　　　　　　　　 35
3. Force (発話の力) と関わる現象. 疑問文と命令文　　　　　　　　　38
　3.1. 疑問詞疑問文　　　　　　　　　　　　　　　　　　　　　　　39
　3.2. 主語と述語形態の一致: 命令文　　　　　　　　　　　　　　　 43
4. PRO 主語について: CP 領域との一致　　　　　　　　　　　　　　 51
　4.1. PRO 主語と CP　　　　　　　　　　　　　　　　　　　　　　 52
　4.2. PRO の解釈: PRO*arb*　　　　　　　　　　　　　　　　　　　 56
　4.3. 日本語の主文の PRO*arb*　　　　　　　　　　　　　　　　　　58

ix

5. まとめと発展 60

第2章　終助詞のカートグラフィー
………………………………………………………………………… 遠藤　喜雄　67
 1. はじめに 67
 2. カートグラフィー概要：ミニマリスト・プログラムとの関係 68
 3. 終助詞 73
   3.1. わ 74
   3.2. さ 75
   3.3. よ 77
   3.4. ね 80
   3.5. まとめ 81
 4. 名詞的な終助詞と EPP 83
 5. まとめと理論的な含意 91

第3章　日本語疑問文における補文標識の選択と CP 領域の構造
………………………………………………………………………… 梛原　和生　95
 1. はじめに 95
 2. Yes-No/Wh 疑問文の基本特徴とその問題点 97
 3. 分離 CP 構造に基づく分析 100
   3.1. 2種類の Yes-No 疑問文に見られる非対称性 100
   3.2. 分析の予測 108
 4. Wh 疑問文における「の」の随意性 113
 5. Wh 句を認可する2種類の補文標識 117
   5.1. 「なぜ」と「の」の義務性 117
   5.2. 理由を表す「何を」 122
 6. おわりに 124

第4章　一致素性のある言語とない言語の統合
………………………………………………………………………… 宮川　繁　129
 1. はじめに 129
 2. EPP と一致と焦点 131
 3. 焦点卓立言語：日本語 134
   3.1. EPP は「も」の焦点素性を目指す 135

4.	「も」節が2つある場合 (Miyagawa (2010))	139
4.1.	否定極性項目 (NPI)「しか〜ない」	140
5.	焦点のない場合	143
6.	一致, かき混ぜ, Wh 移動	146

第5章　とりたて詞の多重生起と併合関係
··· 佐野まさき　151

1.	はじめに	151
2.	コソとその認可子	152
3.	コソの長距離依存性に付随するハ	155
4.	島の効果とそれを解消するハ	157
5.	多重生起するコソ	161
6.	コソとハの関係と分散形態論	166
7.	コソとハの出現パターンと透明／不透明読み	170
8.	サエとモ	177
9.	透明性と作用域	182
10.	焦点に関するとりたて詞一般の問題	186
11.	結び	189

第6章　日本語におけるかき混ぜ規則・主題化と情報構造
··· 青柳　宏　193

1.	序論	193
2.	情報構造	195
3.	かき混ぜ規則と情報構造	200
4.	表層構造 (SS) と情報構造 (IS)	204
5.	かき混ぜ規則と特定性 (specificity)	211
6.	主題のハと対照のハ	215
7.	対照のハとかき混ぜ規則	217
8.	結語	221

第7章　統語, 情報構造, 一般認知能力
··· 奥　聡　227

1.	はじめに	227
2.	解釈候補の比較計算 (Reference-Set Computation)	228

```
    2.1.  作用域と数量詞繰上げ                          229
    2.2.  主強勢と焦点投射                              234
  3. 日本語の情報構造と省略                              237
    3.1.  序論                                          237
    3.2.  情報の重要度と省略の順序                       239
    3.3.  主強勢と焦点候補                              245
  4. インターフェイスにおける比較計算：随意的統語操作への示唆  259
```

第8章　日本語の焦点に関する主文現象

....北川　善久　269

```
  1. はじめに                                         269
  2. Wh 焦点と韻律                                    270
    2.1.  Wh 焦点の作用域と韻律との相関関係             271
    2.2.  二種類の Wh ピーク                           272
      2.2.1.  作用域の違い                             274
      2.2.2.  位置の違い                               276
      2.2.3.  Wh-COMP 間の距離の違い                   277
    2.3.  E-Accent と N-Accent                        281
  3. Wh 焦点の意味解釈                                284
    3.1.  二種類の Wh 焦点                            284
    3.2.  反例の検証と制限的網羅性                     289
    3.3.  「何故」の網羅性                             293
  4. 網羅的焦点の統語構造                              294
  5. まとめ                                           298
```

第9章　発話行為と対照主題

....富岡　諭　301

```
  1. 「不完全性」の表現としての対照主題                301
  2. 日本語の対照主題                                  305
    2.1.  不完全性の表現としての対照主題               305
    2.2.  プロソディー                                 306
    2.3.  対照主題と様々な発話行為                     307
    2.4.  助詞の「は」の使用                           308
    2.5.  概略                                         309
  3. 発話行為の対照                                   310
```

3.1.　新仮説：発話行為の代替集合　　　　　　　　　　310
　　3.2.　新仮説の特徴，利点および課題　　　　　　　　　314
　4.　フォーカスと対照主題との競合　　　　　　　　　　　317
　　4.1.　数量の表現＋「は」の解釈　　　　　　　　　　　317
　　4.2.　普遍数量の表現＋「は」の制約　　　　　　　　　320
　　4.3.　「は」による意味の弱化の選択性　　　　　　　　321
　　4.4.　対照主題とフォーカス：まとめと今後の課題　　　323
　5.　対照主題，および発話行為の埋め込み　　　　　　　　324
　　5.1.　接続詞の場合　　　　　　　　　　　　　　　　325
　　5.2.　命題態度の動詞の場合　　　　　　　　　　　　326
　　5.3.　理由節の場合　　　　　　　　　　　　　　　　327
　6.　本論の総括　　　　　　　　　　　　　　　　　　　　329

第10章　節の Left Periphery（左端部）構造の精緻化に向けて
　　　　　　　　　　　　　　　Luigi Rizzi（長谷部郁子（翻訳））　333
　1.　導入　　　　　　　　　　　　　　　　　　　　　　　333
　2.　発話の力（発話力）と定性のシステム　　　　　　　　336
　3.　主題と焦点のシステム　　　　　　　　　　　　　　　341
　4.　主題と焦点の差異について　　　　　　　　　　　　　347
　5.　焦点は量化的だが，主題はそうではない．　　　　　　350
　6.　幾つかの非整合性と順序づけに関する制約　　　　　　357

索　　引　　　　　　　　　　　　　　　　　　　　　　　　371

執筆者紹介　　　　　　　　　　　　　　　　　　　　　　　381

序章

文の機能と統語構造：日本語統語研究からの貢献

長谷川　信子

生成文法の発展を，ヒトの言語が表す意味と統語構造の関係から振り返り，日本語のような主要部後置言語が，その変遷にどのように位置づけられてきたか，また，今後どのような役割が期待できるかを考察する．統語理論は，ヒトの知の基本としての命題の構造（IP 現象）を出発点に整備されてきたが，半世紀余りを経て，命題の統語的考察で得られた知見を基盤に，CP 構造の役割と機能の観点から，談話や情報構造との関わりを視野に入れつつ，発展が期待できる．日本語は，語用的機能を述語形態や終助詞など文末で明示するが，文脈と関わる取り立て（焦点）要素の振る舞いも特徴的である．日本語のような言語が，統語と情報構造のインターフェイスを視野に入れた理論的発展に大きく貢献できるであろうことを，本書に収録された論文に言及して論じる．

1. 統語論の領域

1.1. 音と意味の狭間で

　生成文法と呼ばれる統語理論が言語研究に大きな役割を果たすようになってから半世紀以上が経つ．その間，統語理論は，大きく進展すると同時にいくつかの大きな変革があった．それらを詳細に振り返ることは，本序文の意図するところではないが，編者には，半世紀を経て漸く，日本語の統語現象から，「統語論」が目指すことへ，具体的な課題と方向性をもってアプローチできる形が見えてきたように思え，本書には，そのケーススタディとなる研究論文を収録した．では，その具体的課題と方向性とはどういうものであろうか．「統語論が扱う領域とは？」という基本的な問いを確認することから考えてみたい．

1

「ことば」とは，「音声を使って意味を表す体系」[1] である．しかし，音声と意味のみでことばが成り立っているわけではない．その間をつなぐ体系として，「統語」(いわゆる「文法」や「構造」) がある (筈である)．しかし，音声や意味と違い，統語体系，統語構造の存在は，「見えない」．音声なら，物理的にも音声機器などにより計測することができるし，実際に発することも聞くこともでき，その存在は明らかである．意味は音声ほど明らかではないが，話し手は音声によって「意味」を発し，聞き手はその「意味」を受けそれに応じて思考し行動するのであるから，「意味」は感じることができると言える．それに対し，統語構造は，容易に「ある」とも「感じる」とも言えない．そして，例え，それらを「感じた」としても，実際に伝達されるのは，「意味」であって「統語構造」そのものは「実感として把握できる」とは容易には言えないであろう．

　このように「統語構造」はその存在が定かとは言い難く，それ自体が「抽象的」なものである．にもかかわらず，それは「ことば」という体系において中心的な役割を果たすと考えられる．その理由は，同じ「音声的並び」が「異なる意味」を持つ (1)–(3) などの例から分かるように，要素間のつながり方 (すなわち，構造) の違いにより異なる意味が出てくることから，「音声」と「意味」は直接的につながっているのではないことが明らかだからである．そして，「音声とその組み合わせの単純さ」に比し，表すことのできる「意味の複雑さ・正確さ」を考えれば，その間に「整合性のある抽象的な体系」を想定しないわけにはいかないのである．

(1)　花子が好きなおばさん
　　a.　おばさんが花子のことが好き　(おばさんが「好き」の主語)
　　b.　花子がおばさんのことが好き　(花子が「好き」の主語)
(2)　私は太郎と花子の友人を招待した．
　　a.　招待されたのは，「太郎」と「花子の友人」
　　b.　招待されたのは，(太郎と花子の共通の)「友人」
　　c.　招待したのは，「私と太郎」で，招待されたのは，「花子の友人」

---

[1] 全ての自然言語が音声を持つわけではない．手話は音声の代わりに，サインを用いて意味を表す体系である．

(3)　Mary watched the boy with the binoculars.
　　　a.　Mary が見たのは「双眼鏡を持った少年」
　　　b.　Mary が双眼鏡を使って，少年を見た．

つまり，統語研究とは，「見えない」「直接的にはその存在が証明できない」構造を，ことばの「音」と「意味」という 2 つの「極」の間に，どの程度，どのように「想定」するか，を明らかにすることである．そして，その想定の仕方（仮説）とその仮説の適切さの検証方法によって，統語論（特に，生成文法）はその「理論的枠組みの相違」を呈し，「進展」「変革」を見せてきたと言える．すなわち，（ア）何が「統語構造と関わる音韻的単位・現象」なのか，（イ）どんな意味が「統語構造と関わる意味」なのか，についての仮説が，理論の構築と変遷に大いに関係するのである．

　「音」についての「極」は，ある程度基本となる「語」「機能」をもつ要素（形態素）を，記述的（辞書的）な観点からも考察の「単位」としやすい．しかし，意味については，そう簡単にはいかない．意味論においても，何をもって「意味」とするか，言語と関わる意味をどう捉えるかといった問いは，哲学（論理学）分野での論考を含め，何百年（何千年？）と討議されてきたことである．そして，「意味」はヒトの認知活動に直接的に関わっていることから，また，音声・音韻とは異なり，物理的に「線状」「前後関係」の形態を持つ必要のないことから，個別言語の違いを超えた所で捉えられるべきものである．こうした「意味の特性」を考慮すると，「意味」（および，意味論）の観点からのみ，統語理論がどうあるべきかの決定を委ねるわけにはいかない．むしろ，統語論の観点から，統語構造と統語操作の体系を構築し，〈明らかに〉統語構造と関わると考えられる「意味的単位」を想定して，そこから検証していく必要があろう．しかし，その「基準」を考えるにあたって，意味論分野での体系の違い，扱う領域の違いは，統語構造とその操作を考える上で示唆的である．

1.2.　意味への 3 つのアプローチ

　統語と関わる意味について，意味論には，少なくとも，次の 3 つの領域（も

しくは，異なるアプローチ）が体系化されている．[2]

(4) a. <u>語彙意味論</u>： 語彙（述語となる動詞や形容詞，名詞など）の意味を構成している，primitive（より基本的，根源的）な意味の単位を想定し，その組み合わせの法則やあり方の観点から語彙，ひいては，その語彙を用いた文の意味を考察する理論体系．
  b. <u>形式意味論</u>（述語論理学，命題論理学）： 文の意味（基本は単文）を述語とその項（文中の必須要素の数）とその関係，文の否定や時制，数量詞の作用域などを，それらに対応した形式的記号を駆使して，表示，算定する理論体系．
  c. <u>語用意味論</u>： 命題としての文（ほぼ，(b) の形式意味論での「命題」「文」に対応）が，談話や情報構造との関係でどのような「意味」「機能」を持つか（例えば，命令，依頼，強調，など）を形式的に表示，算定する理論体系

もう少し具体的に，例えば，(5) の例文を用いて，これらの意味領域と統語構造との関わりを考えてみよう．

(5) a. 花子がグラスを壊した． Hanako broke the glass.
  b. 誰かがグラスを壊した． Someone broke the glass.
  c. 誰がグラスを壊したの． Who broke the glass?
  d. グラスは誰が壊したの． As for the glass, who broke it?
  e. グラスを壊せ． Break the glass!

これらの文には全て「壊す」「break」という動詞が用いられており，それが文中の必須要素である主語と目的語を指定している．(5a) は平叙文で「花

---

[2] (4) で提示した意味論の領域は，完全に独立しているものではないし，また，この3つの体系の他にも，認知意味論（の一部）のように，比喩的表現や，婉曲表現など，統語的語彙的言語形式が，必ずしも意図された意味とは同一ではない現象を扱う意味分野もある．また，Portner (2009) のように，上記と関わる多くの現象をモダリティとして，形式意味論の観点から考察するアプローチも模索されている．本稿では，「統語的現象」（つまり，文を構成する要素（語や形態素）の本来的，基本的意味とその構造，操作）と関わると思われる意味論領域に限定した．

子」の行為を記述した文である．他方，(5b) は形式的には平叙文だが主語は不定の名詞であることから，意味的には「誰か」の行為の記述ではなく，「グラスを壊した人が最低限 1 人存在する (There is someone who broke the glass)」という存在文となる．そして，(5c) は，(5b) の存在文を真とした上で，そのような「誰か」の正体を問う疑問文である．(5d) は (5c) と同様の疑問文であるが，「グラス」が談話上の主題として扱われており，(5e) は「グラスが壊れる」という事態を引き起こすことを話し手が聞き手に要求している命令文である．このように，(5) の文はいずれも「壊す，break」を文の核とした文であるが，主語の違い（「花子」という定名詞，「誰か，someone」という不定の名詞（数量詞），「誰，who」という疑問詞，明示されていないが命令文における 2 人称要素）や，発話行為と関わる文タイプの違い（平叙文，疑問文，主題文，命令文）などにより，文全体の意味や機能が異なる．そして，これらの違いが，「格」「文末要素」「語順」「倒置」「省略」などの統語的違いと関係しているのである．

　さて，こうした「意味」「機能」の違い（および，違いを超越して共通に観察される部分）は，(4) に示した意味領域とどのように関わるのであろうか？ (4a) の語彙意味論の観点からは，中心的課題は，「壊す」という事態をどのように捉えるかであり，主語や文のタイプの違いは直接的な課題とはならない．(5) の文が，同一の述語（壊す，break）と同タイプの主語（つまり，ヒト主語）を持つのであるから，これらは全て同じ事態を表す文と考えられよう．つまり，(5) の文は全て，行為者 x（具体的には，「花子」「誰か」「誰」「2 人称の空名詞」）が行為を受ける側 y（グラス）に働きかける「行為 (ACT)」により y の状態が「変化 (BECOME)」し「壊れる」という「状態 (state)」に至る，という事態を意味し，その事態のあり方（時制）や文タイプは，語彙意味論が規定するものではない．しかし，この事態に参画する「行為者 (Agent)」x と行為を受けて変化する「対象 (Theme)」y は各々「主語」と「目的語」として文中に生起するということは，文構築に関わる一般化である．つまり，述語の概念的意味は，文中の要素の意味役割を規定し，それがどのような文構造内の位置，ひいてはどのような文法関係（主語なのか目的語なのか）を持つか，に関わるような情報を提示すると考えられる．

　一方，(4b) の形式意味論（述語論理学，命題論理学）の観点からは，文の真理値（現実世界に照らし，当該の文が「真」であるか「偽」であるか，

どんな条件を満たせば「真」となりうるか，など）が課題となる．この観点からは，「壊す，break」という事態の把握だけでなく，その事態の起こった時（時制）や，事態の参加者（「壊す側，Agent (x)」と「壊される側，Theme (y)」）が定要素であるか不定の要素であるかなどは重要な点である．例えば，(5a) と (5b) のように，表面的な文のカタチは「主語，目的語，述語，時制」と同じようでも，主語の定性の違いにより，文全体の意味は，特定出来事の記述 (5a) か存在文 (5b) か，というように大いに異なる．実際，この意味の違いをどの程度，統語構造に反映させるか（統語構造から導き出すか），つまり，表面的（可視的）な違い以上の構造的違いを可能とする（例えば，非可視的移動を許す）システムとするかで，理論的枠組みが異なってきた経緯がある．

　例えば，生成文法初期の標準理論では，(5a), (5b) には同じ統語構造を想定してきたが，「拡大標準理論」以降，「誰か，someone」といった数量詞や日本語の疑問詞「誰」は，英語の疑問詞 (who) 同様，定名詞主語の生起位置より上の文全体を作用域として取ることのできる構造的に高い位置に非可視的に移動すると想定される（いわゆる，数量詞上昇（Quantifier Raising; QR）操作）．しかし，それは，単に，形式意味論で指摘されている数量詞の作用域の違いを闇雲に統語論に持ち込んだということではない．統語の構造構築には，それが本来持っている基本操作（移動）があり，そこから逸脱することなくその操作を（非可視的に）抽象化させるだけで，意味論が意味の観点から提示した表示に至るという事実が，統語的には重要なのである．つまり，(4b) での知見は，統語構造と操作が「必然的に」帰着させ得る構造として想定できる限り，そこで観察される意味は統語論と深く関わると考えられるのである．

　そして，(4c) の語用意味論の観点であるが，(5) の例文から明らかなように，基本的命題（「主語 (x) がグラスを壊す／壊した」）は，談話状況や発話行為の違い，聞き手との関係などに応じて文の形態やタイプ（断定文，質問文，命令文，など）を変えて異なった統語構造として表出する．つまり，同一の命題的意味を持つ文であっても，それが運用される場や情報構造によって，文の統語的構造が影響を受けるのである．当然，文とその文を超えた上位 (superordinate) 構造（談話や情報構造）との関係性を捉えることも，統語論の視野に含まれてくるのである．

2. 統語構造と意味領域との対応

2.1. 統語論の変遷

こうした (4) に示した 3 つの意味論が扱う領域は，統語理論（GB 理論および極小主義）が想定する文構造との関係で大雑把に捉えるなら，統語構造の 3 つの範疇，VP（もしくは vP），IP（もしくは TP），CP，とほぼ対応していると言える．つまり，(6) のような関係である．

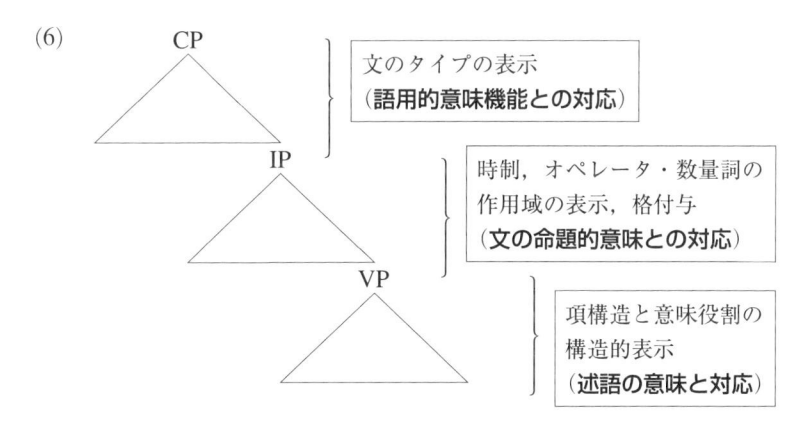

(6)
- CP：文のタイプの表示 **(語用的意味機能との対応)**
- IP：時制，オペレータ・数量詞の作用域の表示，格付与 **(文の命題的意味との対応)**
- VP：項構造と意味役割の構造的表示 **(述語の意味と対応)**

Chomsky を主流とした生成文法（統語論）は，「標準理論」，「拡大標準理論」，「統率束縛理論（GB 理論）」，「極小主義」という名称を用いて，その変遷に言及されることが多いが，この変遷を，こうした意味領域とのつながりで辿ることも可能である．

統語論および統語構造は，その発展の当初から (4) の 3 つの意味領域との対応を目指したわけではない．生成文法（特に GB 理論まで）は一貫して統語構造の基本として (4b) の形式意味論（論理学）の項構造に依拠してきており，それは，構造的には，VP に加えて時制などや助動詞要素などを含めた IP（もしくは，S や TP カテゴリー）として構造化されてきた．

一方，(4a)，(4c) の意味領域については，1960 年代から 70 年代にかけて，(4a) の概念意味的な一般化を統語構造の基本とする格文法，生成意味論，関係文法といった理論，(4c) の語用論や言語活動の基盤となる認知的意味との関係を追求する認知言語学などが活発な議論を展開し，1980 年代後半までは，GB 理論が提示する統語構造とそのメカニズムとは独立して発展し

てきた．しかし，80年代後半（GB理論後期）から90年代，そして現在の極小主義に至り，統語論は，GB理論までの (4b) の「項構造」「数量詞やオペレーターの作用域」「格」と関わる現象（主に，IPを中心とした現象）および疑問詞疑問文（wh疑問文）や補文の埋め込みなどのCP構造を基盤として得られた構造構築と構造変換（移動）に関わる操作と体系を統語の基本とし，その上で，(4a) の概念意味的な部分を動詞句（VP, vP）の構造に，語用的な部分をCPに取り込む構造を想定することで，半世紀にわたる様々な変遷を「統語論の本質」を揺るがすことなく統合する方向で理論化しつつある．ここに至って，統語論は，言語の意味（(4) で示した意味の3つ領域）へ，統語の体系の観点からアプローチし，統語的に説明を提供することが可能になってきたと言える．第3節では，この統語論の変遷をもう少し具体的に理論構築上の重要な統語操作やメカニズムに言及して振り返るが，その前に，生成文法と一線を画して発展してきた日本語学の知見を概観しておきたい．

2.2. 日本語学からの知見

統語理論が意味分野との対応が可能な (6) のような構造に至るには，第3節により詳しく述べるが，構造構築上の理論的整合性とメカニズムの整備を含めた理論的，経験的必然性および理由があり，その道筋には紆余曲折があった．その一方，日本語学の分野では，(6) と酷似した構造的一般化は，すでに，南 (1974)，益岡 (1991, 2007)，田窪 (1987)，野田 (1995)，仁田 (1991) 他の研究で提案されてきている．[3] 特に，南の従属節のタイプ分け（A類～D類）は日本語学の分野では広く知られている考え方である．(7) は，田窪 (1987) から，(8) は益岡 (2007) からの引用であるが，これらを (9) のように構造化し，(6) に対応させるなら，A類（一般事態）はVP，B類（個別事態）はIP，D類（発話モダリティ・聞き手へのムード）はCP

---

[3] 国語学，日本語学の分野では，生成文法理論の問題意識とは別に，日本語の現象の意味的構造的記述研究として，モダリティ，取り立て詞に関わる研究は豊富にある．ここに言及したのは一部に過ぎない．

とみなすことが可能であろう.[4]

(7) A 類:（様態・頻度の副詞）＋補語＋述語 [語幹・ボイス]
　　 B 類:（制限的修飾句）＋主格＋A 類＋（否定）＋時制
　　 C 類:（非制限的修飾句）＋主題＋B 類＋モーダル [事態に対するムード]
　　 D 類:（呼掛け）＋C 類＋終助詞 [聞き手に対するムード]

(8) 日本語の文の階層

階　層	文　法　要　素		
	主要部	補足部	付加部
一般事態	用言の語幹 ヴォイス	格成分（補語）	様態・程度・量など
個別事態	アスペクト テンス		アスペクト 時・場所など
判断のモダリティ	真偽判断 価値判断		「たぶん」類 「むろん」類 「あいにく」類
発話のモダリティ	発話類型 丁寧さ 対話態度		「どうか」類 「実は」類

(益岡 (2007: 21))

---

[4] 南 (1974)・田窪 (1987) の A〜D 類が，益岡 (2007) の文の階層構造と，全く対応しているわけではなく，また，これらの構造で捉えようとしている言語現象が同じというわけでもない．日本語の言語事実と現象の記述の観点からだけでは，これ以上のすりあわせは難しいかもしれないが，これらの構造の背後にある「言語がもつ文の構造」としての一般化は統語理論構築上非常に興味深い．本稿では，これらの階層が (6) と如何に対応するかを討議するのが目的ではないので，C 類については，IP とも CP とも考えられる可能性があることから，敢えて，(9) の構造には含めていない．日本語のモダリティの統語構造化の可能性については，井上 (2007)，上田 (2007) を参照されたい．また，本書収録の遠藤論文には，英語と日本語のムードに言及し，その階層の観点から終助詞を扱っている．

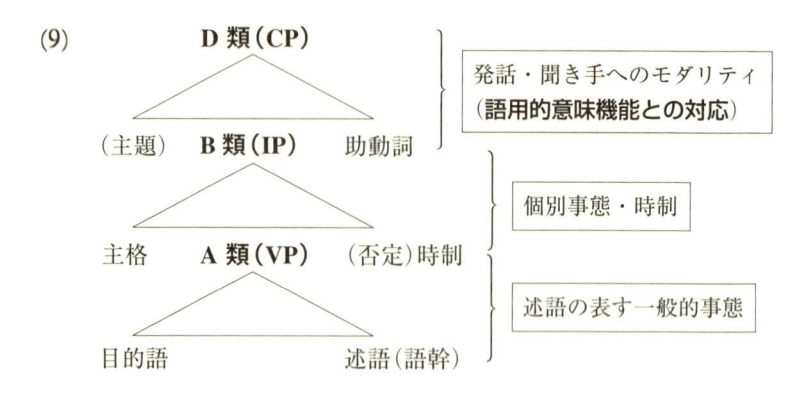

(9)　　　　　D 類 (CP)　　　　　｝発話・聞き手へのモダリティ
　　　　　　　　　　　　　　　　　（語用的意味機能との対応）
　　　　（主題）B 類 (IP)　助動詞
　　　　　　　　　　　　　　　　　｝個別事態・時制
　　　主格　　A 類 (VP)　（否定）時制
　　　　　　　　　　　　　　　　　｝述語の表す一般的事態
　　　目的語　　　　述語（語幹）

　こうした文の階層には，日本語学の場合，(7), (8) からも読み取れるが，文末表現（それは，以下でも述べるが，日本語の場合，各レベル・範疇で文の右端部に表出する）が，そうした階層に対応してその順番で出てくることが，記述的にも大きな動機付けとなっている．ちなみに，生成文法においても，井上 (1976) が，日本語の文に含まれる要素として，以下の例文と共に，文末要素を明示している．

(10) 太郎が序文を翻訳し　てい　る　だろう　ね．
　　　　　①　　　　　②　　③　　④　　　⑤
　　　　　文核　アスペクト　時制　認知的　発話/伝達
　　　　　　　　　　　　　　　モーダル　のモーダル
　　　　　　　　　　　　　　　　　　　　（井上 (1976)）

一般に，形態論・統語論の分野では，主要部（ここでは述語）に付随する要素の順番が構造的な優位関係と対応すると考えられており，[5] (10) で観察される語順は，(9) の階層性の観点から捉えることができる．また，(7)-(9) の階層性には，各々の層で生起が可能となる文頭の要素（特に，副詞（付加詞）的要素や，主題をはじめとした取り立て詞）に言及があり，それらも文

---

[5] いわゆる Mirror Principle（鏡像原理）と呼ばれ，形態論の分野では広く想定されている原理である．Baker (1988) 参照．

の中心的要素（目的語や述語）から離れるに従って，階層的に上位の層で認可される傾向が見て取れ，それにより，(11) のような現象が説明できる．

(11) a. （のどが乾いたから）お茶でも｛飲もう／飲みたい／*飲んだ｝．
　　 b. その本こそ｛読もう／読むべきだ／*読んだ／*読みますか｝．
(12) a. 太郎は，たぶん｛来るだろう／*来てはいけない／*来なさい｝．
　　 b. どうか，テストをやさしく｛して下さい／*する／*するだろう｝．
　　 c. 一体，｛花子は何をしたのですか／*早く来て下さい／*太郎は車を買った｝．

(11) の例文には，いわゆる「取り立て詞」が使われているが，それらは，特定の機能を持つ文末要素（モダリティ）と連動している．また，(12) は文副詞（付加要素）が，やはり特定の文末要素としか共起できないことを示している．これらは，いわば，現代語にみられる「係り結び」とも呼べる現象で，特定の文末要素との連動（一致）として分析できよう．[6]

このように，日本語の現象を観察すると，(6) や (9) のような文の構造を想定するのは，全く無理のない自然な成り行きのように思われるかもしれない．しかし，日本語からだけだと，(11), (12) において，どうして文末の要素が文頭や文中の特定の要素と連動（一致）するのかについて，そういう事実があるという記述以上の説明は得られない．それが，現象から一般化に至る（帰納的な）研究の限界と言えるかもしれない．文末要素と文頭（もしくは文中の）特定要素との連動の説明には，理論的（演繹的）な側面が必要なのである．つまり，言語とは，句の主要部とその指定部が一致（連動）することで，構造構築がなされ，意味や機能もそこから読み取る体系であるとするなら，上記の日本語の「(現代版) 係り結び」現象は，その体系から「自然と」導き出されることになる．それは，逆に，そうした体系を「仮説」として持つ理論へ，有力な経験的証拠を提示することになるのである．

次節では，その仮説に至る理論構築上の変遷を簡単に振り返るが，その中心部分は，文構造の構築における機能範疇の役割とその操作の特定である．

---

[6] こうした現象の分析には，野田 (1995)，佐野 (2006, 2007)，および本書に収録の佐野論文を参照されたい．

3. 統語構造と統語操作：機能範疇の役割

　日本語の記述研究の観点から，文の構造に，(6)（もしくは (9)）を想定することには無理がないことを述べた．一方，英語（印欧語）を基盤に体系化を目指した統語論研究では，2.1 節で述べたように，(6) の構造に至るには，意味領域との対応という「演繹的な理由付け」をもってしても，相応の紆余曲折があったのである．逆に言えば，英語の表面的な語順や現象などからだけでは，日本語で得られた (7) や (8) の文の階層に帰納的に至るのはそれほど単純なことではないのである．それは，例えば，(13) のような例からだけでもよく分かる．

(13) a. Mary **must** be tired.
　　　 メアリーは疲れているに違いない．
　　 b. John **seems** to have passed the exam.
　　　 ジョンは試験に受かったらしい．
　　 c. **Will** you **please** make the test easy?
　　　 どうかテストを易しくして下さいませんか．
　　 d. Mary didn't come to the party, **did she**?
　　　 メアリーはパーティに来ませんでしたよね．
　　 e. **What will** you buy for John's birthday?
　　　 ジョンの誕生日に何を買いますか？

これらの文には，日本語の (7), (8) の対応で考えるなら，訳文からも明らかなように太字で示したモダリティ的要素が含まれている．(13a), (13b) は，事態の可能性と関わる「判断のモダリティ」を，(13d), (13e) は，確認や疑問といった「発話のモダリティ」を持つ．しかし，そうした要素は，日本語とは異なり，構造や語順などから簡単に特定できるわけではない．文頭や，助動詞近辺，文末あたりがモダリティと関わると思われるが，主語位置との関係も含めるなら，単純には構造化できない．日本語のモダリティが文末（構造上の最上位部分）に特定できたのに対し，英語のような言語で，同様な結論を引き出すには，「主語位置を無視して」モダリティを文頭（左端

序章　文の機能と統語構造：日本語統語研究からの貢献　　13

部）か文末（右端部）に想定するしかない．[7]

　そして，英語のような言語においては，この「主語」の位置を含めた文頭部分（左端部）の現象が，(6) のような文構造に至る，統語理論構築上の必然性を生じさせるのである．2.1 節で，(6) には，統語構造と意味領域との対応があると述べたが，それとは別に，統語理論の変遷（つまり，統語構造の基本と統語操作のメカニズム）の観点から，(6) のような構造へ至る理論的必然性を振り返ろう．

3.1. 構造構築と操作

　生成文法は，その当初から，統語論の基本・中心的課題を，(ア) 構造構築と (イ) 構造変換に置いた．文がどのようなメカニズムや手順で構築され，どのような条件，制限に従って変換されるのかを，個別言語だけでなく言語一般の操作として明らかにすることが，ヒトの言語能力の解明となるとの認識である．

　先ず，(ア) の「構造構築」だが，「標準理論」では，S → NP VP，VP → V NP S といった個別言語ごと，および動詞句，名詞句などの句ごとに句構造規則が想定された．しかし，「拡大標準理論」では，それらを統一化，一般化することが目指され，それは「統率束縛理論（GB 理論）」で X バー構造として結実し，品詞（カテゴリー）毎の句構造ではなくどのカテゴリーにも共通したプロトタイプとしての構造が提示され，言語間の構造的違いはパラメターとして，主要部と補部の前後関係（線状の順序）の違い程度の記述に還元された．この考え方では，英語のような主要部前置（VO型）言語では (14a) が，日本語のような主要部後置（OV型）言語では (14b) がその基本的構造とされた．

---

[7] 多少，以下の論点の「先取り」であるが，生成文法では，英語のような言語の現象から理論構築が出発したのであるが，当初は，主語の位置が構造の基本と考えられていた．そうした「不動の位置」を想定することが，理論構築の基盤形成に役立ってきたが，同時に，その位置を「絶対化」「基準」としてしまったことが，逆に，日本語などの言語からなら容易に想定できたであろう (6) のような構造へ理論的に到達するのに，以下で述べるような理論的抽象化と理論全体の整合性が必要であったのである．

(14) a. 主要部前置（VO 型）言語　　　　b. 主要部後置（OV 型）言語

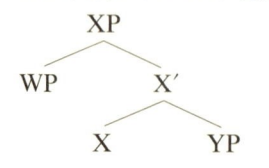

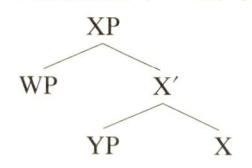

```
        XP                              XP
       /  \                            /  \
      WP   X'                         WP   X'
          /  \                            /  \
         X    YP                         YP   X
```

　これら 2 つの構造の違いは，主要部 (X) と補部 (YP) の前後関係のみに収斂されるが，構造上の優位関係 (C 統御) は，言語間で違いはない．つまり，指定部 (WP) は，主要部 (X) とその補部 (YP) を含む中間投射 (X') との姉妹関係を経て X の投射内の要素となり，YP より構造的に優位な位置を占めるのである．X バー理論においては，主要部と補部，指定部の関係は，どの言語でも，構造構築の際に従う関係であり，(イ) の構造変換においても尊重されるべき構造関係である．

　この X バー理論による構造関係は，「極小主義」では，構造は 2 つの要素の併合 (Merge) と併合された要素からの投射により構築される (Bare Phrase Structure; BPS) というように単純化された．しかし，実質は，BPS の理念は踏襲するも，形式的には，より構造が明確で分かりやすい X バー構造が用いられることが通例である．[8]

　さて，(イ) の「構造変換」についてだが，「標準理論」では，個別言語ごと，構文ごとに受動文規則や主語上昇規則，wh 句疑問文移動規則，主題化

---

[8] (14) のような X バー構造を構造構築の基本・条件とする X バー理論と，併合と併合された要素のどちらかが投射すると考える BPS とは，理論的進展の観点からは大きな違いがある．つまり，前者は，構造構築には独立した条件を想定し，文構築に（のみ）利用される理論を想定する．他方，BPS では，構造は（言語に限らず）2 つの要素が組み合わされる（併合，Merge）ことにより成り立ち，その併合された要素のどちらかの性質が併合要素全体の性質となる（投射）ことも，構造一般に観察されることで，(14) のような構造が得られることは，構造構築一般から導き出されることで，独立した言語操作ではないとする．つまり，X バー構造を，言語に特定した理論として独立させる必要がない分だけ，理論的には「ミニマル」な想定で済むわけであり，極小主義の考え方に沿っていることになる．詳しくは Chomsky (1994) 参照．このように，X バー理論を想定するか，BPS を想定するかは，理論上は，大きな違いがあるが，言語現象の記述と分析の分かりやすさの観点からは，本論文集での論文も，併合 (Merge) 等の用語が使われても，(14) のような構造構築を想定することで大きな違いはない．

規則，主語と助動詞の倒置など，構造変換を詳細に記述した変形規則が作られ，膨大な数と様々なタイプの規則が提案された．しかし，「拡大標準理論」では，こうした多様な変換規則に共通の統一的な条件や規則の形態が見いだされ，規則のタイプとしては，名詞句移動 (Move NP)，Wh 移動 (Move Wh)，主要部移動の3つに限定された．

(15) a. 名詞句移動： 受動文や主語上昇構文に見られる移動で，名詞句が項 (Argument) の位置（特に，主語位置）へ移動し，A 移動とも呼ばれる．移動の駆動（理由）は，移動する名詞句が移動先で格を受けるためである．
  b. Wh 移動： 典型は疑問詞疑問文での wh 句の文頭（非項，A バー位置）への移動で，文頭から文頭へと移動することで，単文を超えた長距離の移動を提示する．疑問詞疑問文だけでなく，それと同様の性質を持つ関係代名詞，主題要素，分裂文の焦点要素などの移動も（明示的な wh 句の有無を問わず）同様の移動操作とされる．移動の駆動は，移動要素が持つ特定の機能（オペレーター）の意味解釈の保証のためと考えられる．
  c. 主要部移動： 英語の主語と助動詞の位置転換などがその典型だが，主要部がすぐ上の句の主要部位置へ移動する操作．日本語では，動詞が使役のサセや受動のラレ，時制や否定要素タ，ル，ナイなどと複合する過程など，広く観察される．移動は形態的な理由によるとされる．

これらの移動規則と関わる典型的な移動現象を (16) に示す．斜字部が移動した要素（移動先）で，下線部は移動元である．

(16) a. NP 移動
    The city was destroyed　　（受動文）
    The baby seems [＿＿ to be sleeping]
  b. Wh 移動
    I wonder [*what* Mary bought ＿＿]　（間接疑問文）
    What did Mary buy ＿＿?　（直接疑問文）
    The red sports car, Mary bought ＿＿.　（主題化）

c. 主要部移動
Can you ＿＿ come to my office now? （主語・助動詞倒置）
What *did* Mary ＿＿ buy? （主語・助動詞倒置；直接疑問文）

これらの移動は，「統率束縛理論（GB 理論）」において，要素をどこにでも移動できる Move α として一般化され，不適切な移動結果を排除するために，移動先の条件や移動の結果を制限する「格理論」，「束縛理論」，「境界理論」などの下位理論が提案された．GB 理論の枠組みでは，そうした下位理論の整備と検証を求め様々な言語から多種多様な現象が考察され，統語研究が非常に活発に遂行された．しかし，一方で，そのような下位理論の役割の肥大化，派生の複雑さが理論体系としては致命的となり，理論発展のベクトルは，「構造的にも，派生（構造変換）的にも最低限のメカニズム」しか許さない「極小主義」へと向かうのである．

「極小主義」では，移動は勝手に自由に起こるのではない．理由がある時のみ許されるのである．[9] 移動の理由については，GB 理論においても，(15) でも触れているが，NP 移動なら「格」が，Wh 移動なら「オペレーターとしての解釈」が，主要部移動なら形態的（発音上）の必要性が認識されていた．しかし，「移動は自由」との想定の下では，そのような「理由」「条件」があることは下位理論の結果であり，構造変換の必然ではなかった．しかし，移動に理由を必要とする「極小主義」では，その理由に3つの異なる要因を想定することが更に不必要に複雑であると考えられ，移動の駆動の根源的要因を特定する方向に向かう．その際，重要になったのは，以下の観察である．

(17) a. NP 移動, Wh 移動は，機能範疇（I, C）の指定部への移動である．
 b. NP 移動, Wh 移動は，典型的には，移動先の主要部に，移動する句と連動（一致）する要素（NP 移動なら「格や人称」，Wh 移動なら疑問文表示）がある．

---

[9] 上記の注8でも述べたが，「極小主義」では，言語特有の規則や操作は最低限（ミニマル）であることが求められ，構造構築では2つの要素を合わせるという Merge（併合）が想定され，構造変換では，要素を移動しなければならない時のみ Move（移動）が許されるという体系となった．

c. 主要部移動は，隣接するすぐ上位の主要部への移動に限られる．

つまり，(多くのケースで) NP 移動も Wh 移動も，移動先の主要部と連動し，主要部自身の移動も隣接という厳しい条件に従うという一般化である．そして，そうした移動に関わる主要部の範疇は，動詞・名詞といった内容語 (語彙範疇) ではなく，時制と関わる I や，文の語用的機能やタイプと関わる C といった，機能範疇であり，その駆動には「格」という，意味とは全く関わりがなさそうな要素が関わっている．例えば，NP 移動の (16a) では，移動した受動文や主語上昇文の主語は，屈折辞 I と人称・時制で一致し「主格」を受け，Wh 移動の (16b) では，文全体が疑問文や主題を持つ文であることの表示として文頭に疑問詞・主題が移動しているが，直接疑問文では，(16c) からも明らかなように助動詞 (I 主要部) 移動も連動している．(16b) の「主題化」「間接疑問文」のように，必ずしも文頭への移動が移動先の主要部との明示的な一致を示す訳ではないが，多少の抽象化 (理論化) を想定すれば，統語構造変換 (移動) は，機能範疇の主要部と指定部が協同することで可能となると一般化できる．それは更に，(6) の構造を想定するなら，VP 内部の事態の内容として必要な「語彙的」要素が，VP より上位の IP や CP といった機能範疇領域へ移動するプロセスと捉えることができる．このプロセスは，統語理論では，「主要部と指定部の一致 (Agreement)」として，構造変換の最も重要な (そして，おそらく唯一必要不可欠な) 操作として位置づけられることになった．また，多くの言語で，移動の駆動に「格」のような文の解釈に直接関係しているとは考えられない要素が関わることが分かっているが，このことは，移動が「意味構築」ではなく「構造構築」の機能を持つことの明白な証左であると考えられる．

3.2. 機能範疇と文の周縁部の構造

ではなぜ，言語は，構造変換に，機能範疇との連動 (一致)，隣接する主要部同士，という条件を必要とするのであろうか？ まさにその問いこそ，生成文法がその当初から解明を目指したヒトの言語知識・能力の根本とつながるのである．言語が，(i) ヒトの思考の基本として「{何・誰} が {どうである・どうする・どうなる}」という「出来事・事態」を表し，それは述語を中心にそれと関わる項や付加詞といった (内容語を中心にした) 関係性と

して捉えられ，(ii) そうした事態・関係性を「時間の流れ・時制・実現確定性」の中に埋め込み，さらに，(iii) それを情報として談話・発話の中で運用・活用する体系であること，そして，(i)-(iii) は，各々概念的に独立した意味領域を形成していることは 1.2 節ですでに述べた．一方，統語構造は，当初は (i) の構造化・定式化から出発したが，次第に，その領域を，内容語・語彙範疇から機能的要素・範疇と関わる (ii), (iii) へと拡大してきた．そして，その拡大の原動力となり，また，その拡大に対し統語操作・メカニズムの観点から必然性を提示したのが，移動の条件となった「指定部と主要部の一致」であり，移動の限定性である．このことは裏を返せば，統語操作とは，ヒトの言語の基盤となる「3 つの意味領域」(4) を，構造的に結びつけることであり，その結びつけに関わるのが機能範疇であり，その操作が「上下で隣接する主要部同士の関係性」「指定部と主要部の一致」であることを示していると言える．[10]

　言語の核となる要素が「形態素」や「語」にあるとしても，また，それらが各々 (14) のような X バー構造に収斂される構造を作り出したとしても，それを「句」「文」「時間・実現確定性」「談話」というより大きな領域で，明確な機能を持たせ，構造化するためには，組み込み，組み込まれる構造同士の揺るぎない結びつきが必要である．それを保証するのが，上下で隣接する主要部同士であり，主要部と連動することで移動が可能となる指定部要素であると考えられる．そして，移動要素は，自らの元位置での意味・機能も無視できないことから，移動は，必然性のある時のみ，移動元への構造的復元が可能な最低限の（ミニマルな）距離だけ許されるのである．GB 理論で「境界理論」「束縛理論」「空範疇原理」などにより，移動範囲や移動先と移動元の関係性などが限定されたが，極小主義では，それらは（ほとんど），移動に関わる要素間のミニマル（局所的な）「一致，Agreement」として一元化された．つまり，移動 (Move) は，移動を駆動する機能範疇 (Probe) が持つ性質・素性が移動相手を自らの統語領域 (C 統御領域) で探査し，その

---

[10] 上下で隣接する主要部同士の関係も，ある種の一致が考えられる．例えば，CP と IP の関係で，CP が定性を持つ埋め込み that 節の場合，その主要部 C (that) は，その IP に時制を持つ I を要求するが，その「選択」を保証するのが，C と I の一致として捉えられる．

素性と一致 (Agree) した「最も近い距離にある (局所的な)」要素 (Goal) を，Probe の移動領域 (指定部，主要部) へと移動させるというプロセスである.[11] このプロセスを英語の例 What will Mary buy? で (18) に示す．

(18) a.　What will Mary buy?
　　 b.
```
                    CP
                   /  \
                  C    IP
               [Q, Wh]
                        I    VP
                      will  DP
                           Mary  V    DP
                                buy  what
```
(ア) (イ) (ウ)

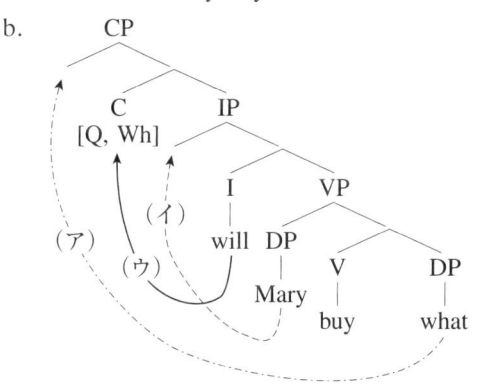

この文には，移動 (Move) が少なくとも 3 つ含まれている：(ア) 疑問詞の what が目的語から文頭の CP 指定部へ移動，(イ) 主語の Mary が VP 内部領域から時制節の主語位置である IP 指定部へ移動，(ウ) 時制を持つ助動詞 will が I から C へ移動．各々の移動は，概ね，次のような過程を経る：(ア) では，疑問素性 (Q または wh 素性) を持つ C が Probe として探査領域である IP 内部から同素性を持つ wh 語 (what) を Goal として探し

---

[11] 移動操作・構造変換に関わる GB 理論から極小主義への変遷については，本書収録の宮川論文にも簡潔な説明が提示されている．また，以下でも触れるが，CP の役割と CP 要素が関わる指定部の移動とその局所性については，本書に第 10 章として収録した Rizzi (1997) の前半部分の和訳を参照されたい．

本書に収録されている論文は，そのほとんどが「極小主義」の枠組みをその理論体系としているが，高度に技術的なメカニズムには立ち入らずとも，分析・考察が可能な形で提示されており，それらで扱う現象の把握と説明に必要なのは，構造の観点からは，主要部のカテゴリー (X) が補部と指定部を持つ X バー構造 (14)，移動操作ではその移動を駆動する主要部の素性と，それと一致 (Agree) し指定部へ移動 (Move) する操作程度である．本書の論文は，統語論のメカニズムにそれ程通じていなくても，本序章で提示した理論の全体像を押さえるなら，主要な論点は十分把握が可能と思われる．より詳しくは，Chomsky (2001)，渡辺 (2005) などを参照．

出し素性の一致（Agree）を確認し，Probe である C の指定部へ移動（Move）させる；（イ）では，定の屈折辞（時制辞）I が Probe となり，VP 以下を探査領域として Goal となる Mary と一致（Agree）し，IP 指定部へ Move させる；（ウ）では，C の疑問素性 Q が Probe となり直近の I 要素 will と Agree し C へ Move させる．[12] いずれの移動にも，機能範疇 C と I の主要部と指定部，もしくは主要部同士が関わっている．

　一方，日本語においても，上記のような機能範疇の構造構築における理論的位置づけと操作を想定するなら，(11) や (12) で観察された「取り立て要素」「副詞要素」と文末要素（主要部）の間に観察された「係り結び的な現象」も，そうした要素の文末要素（主要部）との一致プロセスの例と考えることができ，日本語の記述研究だけでは，至ることのできなかった「連動する理由」が解明されることになる．特に，以下でも再度触れるが，文末要素と関わる現象の理論的視点からの考察は，(7), (8) の一般化や (11), (12) の現象以上に，また，これまで日本語の生成文法研究で触れられてきた以上に，CP 領域（語用や談話との接点領域）において様々な興味深い一般化を導き出すことになり，日本語の記述研究と統語理論研究が真の意味で相互に恩恵を受ける形で発展できるところまで，理論研究が整備されつつあると思われる．

　更に，興味深いことに，上記の機能範疇の役割と操作体系は，どうして英語の現象からだけでは (6) の構造に至ることが難しかったのかも明らかにする．英語は，主要部前置構造 (14a) を持つため，主要部は文の構造からすると，補部が後続するため，構造の右端部には出現しない．しかし，指定部への移動要素がないなら，機能範疇の I や C は文頭（左端部）に表出する筈である．実際，(16c) の疑問文における助動詞の文頭での存在は，その

---

　[12] この移動を含めた派生に関し，素性のあり方，意味部門への投射など，具体的な詳細は，一通りではないが，本論文ではこれ以上立ち入らない．派生（移動）の順序については，構造を下から作り上げ，Probe となる要素が出現した時点で Agree し Move するのを基本とすると，（イ）主語移動，（ウ）時制辞移動，（ア）Wh 語移動という順番が考えられる．また，指定部への移動（ア），（イ）には，主要部移動と異なり，EPP という素性が関わると GB 理論以来考えられているが，その素性の必要性についても，本稿では扱わない．本書に収録の宮川論文に関連した考察がある．Miyagawa (2010) も参照されたい．

文が疑問文としての機能を持つことを明示しており，主要部 C が文頭に表出している例である．しかし，時制辞の I（とその投射 IP）に関してだが，それが (6) が示すように，命題としての VP（もしくは vP）の上位にあるなら，命題内要素の主語より左に表れることが予想されるが，実際は，(13a, b) などから明らかなように，主語がモダリティや助動詞などを含め時制を示す I 要素より左側に表れる．この事実が，(6) の構造が無理なく英語に反映できなかった理由だが，上記のような機能範疇の役割と操作を考えるなら，I は命題的事態 VP を時間の流れ（定性，実現確定性）で解釈することを保証するために，VP と結合しなくてはならない．その機能として I は「格」「人称などの一致」素性により，VP 内を探査（Probe）し，VP 内で最も近い NP 要素（主語）を Goal とし，それとの「一致（Agree）」を受けて自らの IP 指定部へ移動（Move）させる．結果として，主語は常に（I が更に C へと移動されない限り）I より左に出現するのである．つまり，VP 内要素が VP の上位要素の I より左端部に出現するが故に，(6) の構造がそのままの形で表面化せず，それが (6) を英語のような言語から「帰納的に」引き出すことを難しくしていたのであった．

　しかし，文の基本構造が (6) のようであることが，理論的にも（意味構造との対応，および，統語操作とそのメカニズムに関わる体系と整合性の観点から），記述的にも（日本語のような主要部の並びとその位置から）支持されるに至り，また，構造の左端部には指定部へ移動してきた要素が表出することが明らかになり，機能範疇（特に，CP と IP）の解明に向けて，英語などの言語では左端部の要素の観点から，日本語では文末（右端部）の主要部の観点から，体系的にアプローチすることができるところまで発展してきた．[13] そして，そうした機能範疇が，文全体の意味・機能を構造的に明確化させることから，その解明は，必然的に，言語構造からヒトの認知活動全般へ迫る足がかりを提供することになると期待できる．

---

[13] 本書では，以下で述べるが機能範疇のうち CP と IP 領域に関わる現象を扱った論文がほとんどである．ただ，極小主義では，機能範疇には，語彙範疇の性質も併せ持つ vP も重要な機能範疇と考えられ，「格」認可や事態のアスペクトなどもこの範疇との関わりで考察されている．vP の働きについては，稿を改めて考察したいが，Hasegawa (1999, 2007)，長谷川 (2009)，Okura (2009)，Pylkkänen (2008)，外崎 (2005) などを参照されたい．

3.3. 文の周縁部 CP の構造：Split CP 仮説

上記で，言語構造の構築と派生，および文全体の意味と機能の特定に機能範疇，特に，IP と CP が重要な役割を果たしていることを見てきたが，(6)，(9), (18) の構造では，IP と CP は，それぞれ，1つの主要部を持ち，指定部も1つの位置と想定した．しかし，Pollock (1989) により——それは GB 理論後期にあたり，統語論研究が語彙範疇，命題中心の構造構築から，機能範疇の解明へとシフトする時期と重なり理論発展上非常に重要な研究なのだが——IP 領域には時制要素だけでなく，否定辞や一致素性などが独立した X バー構造を持つ句として存在し，IP というのは，AgrP, TP, NegP などを含む複合的機能範疇であるとの「Split IP 仮説」が提案された．そして，その機能範疇を分割 (Split) するという流れは，Rizzi (1997) により，CP へと拡大された．[14] そこでは，(19a) のような文頭の CP 領域内に複数の要素が出現する現象が扱われ，CP が，文の「発話力」Force，「主題」Topic，「焦点」Focus, 定性 (実現性) Fin といった主要部から成る複合的カテゴリーとして提示されている．

(19) a. He prayed [THAT *atrocities like those*, **never again** would he witness.] (Radford (2004: 329))
    b. CP: FORCE, *Topicalization*, **Focus** (Negation, wh-Q), Fin

ここでは，英語の例を示したが，Rizzi (1997) では，イタリア語の同様の現象から (19b) のような「Split CP 仮説」を提案している．本書には，第10章に Rizzi (1997) の前半部分（第1節〜第6節）の日本語訳（長谷部郁子氏による）を掲載したので，詳しくは，そちらを参照されたい．しかし，Rizzi (1997) の翻訳を本書に掲載したのは，Split CP 仮説を提示することだけが目的だったわけではない．そこには，CP 領域の機能と役割が，上記の第1節の内容とも重複するが，文の命題（VP-IP 部分）とその上位構造（従属節なら主文，主文なら談話や情報構造）との橋渡しにあることが，理

---

[14] 注13とも関わるが，こうしたこれまで1つの範疇と考えられていたものを複数の主要部を持つ「分割 (split) 構造」は，Larson (1988) によって二重目的語構文の分析に VP に採用され，語彙範疇の概念意味との関わりで，Hale and Keyser (1993), Pylkkänen (2008) はじめ，日本語の分析でも幅広く採用されている．

論構築上の理念的・概念的背景を確立する形で明確に提示されており，それが，本書の収録論文が扱う，日本語の「文末現象」や「取り立て詞」に含まれるであろう「焦点」「主題」「対比要素」「主語の認可」などを考察する上で，重要と思われるからである．

近年ヨーロッパでは，Rizzi, Cinque, Haegeman 氏らを中心に，CP や IP に限らず，機能範疇とそれと関わる要素を詳細に観察・記述し，その観点から言語の構造を地図製作になぞらえ精緻化，体系化する試みが，Cartography of Syntactic Structures プロジェクトとして進行しつつある．そのプロジェクトは，Rizzi (1997) や Cinque (1999) によりその理論的・記述的枠組みの基盤が形成され，日本語の現象についても Endo (2008) などで生産的な結果が出されつつあり，本書収録の遠藤論文にも，その枠組みの紹介がある．また，本書収録の他の論文（長谷川論文，栗原論文，など）も Rizzi の Split CP 仮説に言及していることから，これらの研究も広くは Cartography 的な研究の一端を成すと考えることができるかもしれない．しかし，本書全体は取り立てて，Cartography プロジェクトの推進を目的としているわけではないことは明記しておきたい．上述したように，そもそも日本語には，語末に複数の CP 要素が明示的に存在していることは形態的にも記述的一般化の点からも明らかであり，それらを含めた右端部の考察が，イタリア語などの左端部の考察から体系化された Cartography 研究の構造と重なるという事実が興味深いのである．日本語からの知見や観察が（ヨーロッパ言語から得られた）Cartography の構造に経験的な証拠を提示していると言えるかもしれない．しかし，理論研究のこれまでの経緯からの反省も込め，日本語の現象や一般化を無理にヨーロッパ言語から得られた体系や操作に当てはめることはかえって非生産的な結果となろう．本書で提示する研究のベクトルは，あくまでも，日本語の現象の考察から，理論的な発展へ寄与することであり，それが，Cartography プロジェクトの目指す方向と軌を一にするか否かは今後の理論と記述，両面からの進展次第である．

4. 本書の構成と収録論文について

本論文に収録された論文は，各々独立しており，必ずしも，上記の問題意識を共有しているわけではない．しかし，全ての論文が，いわゆる「命題」

以上の現象を扱っており，文における機能範疇 IP (TP) と CP の構造と役割，それらの文を超えた文脈や情報構造との関係，それらが意味と連動して必然的に提示する音韻表示など，GB 理論やそれ以前の理論では，考察の対象から外れていた現象から，統語理論を検証し，それを発展させることを目指している．そして，(Rizzi の翻訳論文以外は) 全て日本語の現象をその考察の中心としており，上記で述べたように，日本語が今後の統語論 (および，それと関わる意味論) の発展に，英語やイタリア語などの言語とは異なる，おそらくそうした言語からでは到達できないであろう，経験的証拠を提示し，大きな貢献を果たすであろうことが，これらの論文から明確に読み取れる筈である．

以下では，収録されている論文各々に言及しながら，本書の構成と，提起する理論的課題について簡単に述べる．

4.1. 本書の構成

上述したように，統語構造にはその階層と (ほぼ) 対応して，文が担う 3 つのタイプの「意味・機能」が組み込まれている．文の発話の力，語用的機能は，その最も周縁部分の CP で示され，文脈，情報構造において意味ある言語表現となる．文における階層的内部構造については，樹形図に倣い (6) を提示したが，文構造と文脈や情報構造の観点からは，日本語学などでしばしば直感的に用いられる以下のような入れ子式の構造の方が，分かりやすいかもしれない．

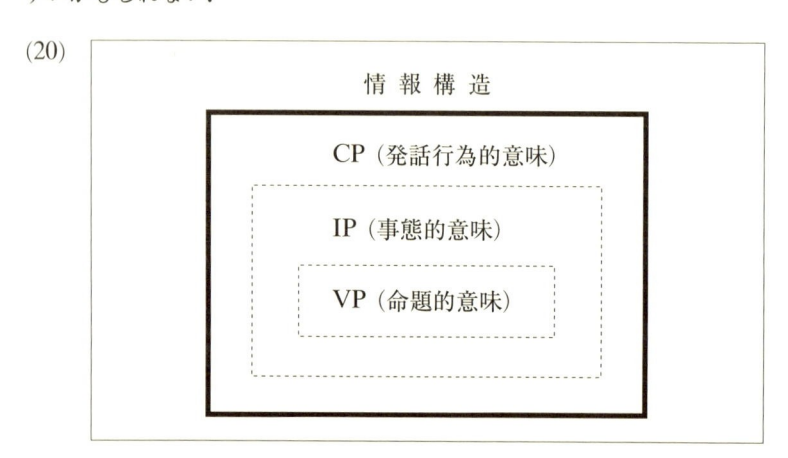

(20)

情 報 構 造
CP (発話行為的意味)
IP (事態的意味)
VP (命題的意味)

上記の図で CP を囲んだ太字の境界が，統語構造と文脈，情報構造，言語運用とのインターフェイスである．つまり CP は，Rizzi (1997) でも述べているが，文の内部構造とも，その外側の情報構造とも関係を持つ範疇であり，文の内側の現象からも外側との関係からも考察することができる．本書には，(Rizzi の翻訳論文を除くと) 9 編の論文が収録されているが，それらは，CP の文内部構造との関わりを中心にした論文から，文の外側（情報構造）との関係を視野に入れて CP の構造や機能を扱う論文へ，という順番で並べられている．

4.2. 本書の論文について

　上記 3.3 節で Split CP 仮説を提示し，Rizzi (1997)（本書の第 10 章）に触れたが，第 1 章の長谷川論文，第 2 章の遠藤論文，第 3 章の棗原論文は，すべてその仮説で提示された CP 構造を用いて文の内部構造と関わる現象を扱っている．長谷川論文では，CP 領域に命令文や疑問文といった発話行為と関わる統語要素（例えば，文末の疑問の終助詞や命令形などの述語末の形態）があるが，それらの一部は「話し手」「聞き手」素性を持ち，それが主語と「一致」するとの分析を提示する．さらに，そうした「一致」を受けた「主語」は，英語の命令文でも「省略」できることから，CP 領域からの一致というプロセスを一般化し，そこから，これまで IP 現象とされてきた空主語 (PRO, pro) の現象も CP との関係で捉えなおす分析を提示している．

　第 2 章の遠藤論文は，Rizzi や Cinque をはじめとしたカートグラフィー研究を概観し，そこで提示されている IP-CP 領域と関わるムードの階層の有用性・可能性を日本語の終助詞の分析を通して論じている．ムード階層から精緻化された文内部の統語構造を提示し，その最外縁部分に「話し手」「聞き手」と関わるムード表現があること，それらは階層を成しており，主語要件と関わることなどを論じている．

　第 3 章の棗原論文は，日本語の疑問文に表れる文末要素の「か」と「の」の振る舞いを，疑問詞疑問文，yes-no 疑問文，疑問詞のタイプ（項か付加詞「なぜ」か），主題の「は」格の必要性などの観点から明らかにし，「か」と「の」は，Split CP 仮説の観点からは，各々異なる主要部として異なる構造的位置に生起し，その位置と対応した機能を持つことを論じている．

　これら 3 編の論文は，文末の終助詞要素や述語の形態から CP 構造を考

察しているが，遠藤論文，栗原論文では，そうした文末要素が，疑問詞や「だけ」のような焦点要素，取り立て要素と関わることを示している．第4章以下の論文では，日本語では「取り立て詞」に代表される焦点要素や「かき混ぜ」操作の対象要素が，印欧語とは異なる形，意味，機能をもって表れることが，CPやIPの構造と機能，それらの情報構造との関わりの観点から考察されている．

先ず，第4章の宮川論文では，普遍文法に許された言語タイプとして，主語と述語の一致現象を顕著に示す印欧語などは「一致卓立言語」に，日本語は「焦点卓立言語」に属するとする．しかし，両言語の違いは，移動を駆動する素性（EPP）が「一致」素性に付随するか「焦点」素性に付随するかに還元でき，言語の計算機能や操作の観点からは同じであると論じる．取り立て助詞（係助詞）の「も」，否定対極表現の「しか」に加え，「かき混ぜ」操作も「焦点」素性と関わる移動として分析している．

第5章の佐野論文では，焦点要素（取り立て詞）（例えば，「こそ」）が文末のモダリティや述語タイプ，譲歩従属節要素（「けれども」）などと連動することを記述的に確認した上で，それらが複数生起する興味深い現象を扱い，それらの作用域の同定には，CP領域内の焦点句（FocP）への移動が関与すること，それらの複数の生起は，英語などでのwh語の移動に想定される中間痕跡と同様に分析できることを論じている．日本語は，焦点要素の振る舞いが印欧語などとは明確に異なる形で観察できることが，これまでほとんど扱われることのなかった現象により証拠立てられており，宮川論文の主張とも通じる．

第1章～第5章までの各論文が，CP領域と関わると思われる取り立て要素や文末要素からCPの構造やCP-IP領域の操作を中心に「焦点」的要素を扱ったのに対し，第6章以降の論文では，そうした「焦点」や「主題」などの取り立て要素が，情報構造に照らし，一体「どういう焦点・主題なのか」を問い，その観点から統語構造を考察するという視点が提示されている．CP構造をその内部構造との関わりで考察するなら，格付与や主語と述語の一致，明示的な移動の有無や移動距離や場所などが考察対象となり，（文の語用機能とは独立して）統語構造の観点からだけで，その文法性や容認度が判断できる場合が多く，実際，統語論はそうした現象を基盤に構築されてきた．しかし，情報構造との関わりで対象となる「文法性・容認度」は，統語

構造的には「いずれも文法的」だが，文脈上や運用の上では容認されない，というケースが多く，その記述一般化には「文脈」「情報構造」での概念の規定も欠かせない．第 6 章以降の論文では，情報構造における「焦点」とは何か，それが統語構造や音韻構造とどう関わるかという課題が扱われている．

　第 6 章の青柳論文は，これまで意味的に空であるとされてきた「かき混ぜ」移動が文の焦点を構成することを，主題化現象にも言及し，文の情報構造の観点から明らかにしている．その焦点の表示には，Rizzi の Split CP 仮説などのように CP 内を階層化し，そこに主題の TopP や焦点の FocP などを想定する方法もあるが，青柳論文では，そうした統語構造の精緻化・複雑化を選択するのではなく，表層構造から情報構造へ写像するシステムを採用し，焦点，前提，主題，コメント，新情報，旧情報など，情報構造と関わるより詳細な意味を読み取る分析を提示している．

　第 7 章の奥論文も，「かき混ぜ」現象を扱い，言語が，基本語順と「かき混ぜ」により異なる語順を許すのは言語表現と情報構造のインターフェイスとしての「解釈システム」によるとの仮説の下に，「かき混ぜ」語順（有標の文）は無標の文とは異なる解釈を持ち，それは，主強勢などの音韻表示も伴い，「解釈の比較計算」により可能となると論じる．単に，「かき混ぜ」対象語は焦点を持つ，というに留まらず，文脈に応じた具体的解釈を対象に考察している．

　第 8 章の北川論文は，疑問詞疑問文とその答えの文法性や解釈を扱い，統語構造と焦点，文の韻律の関係を，直感・内省だけでなく，話者の音声を物理的にピッチトラックにより計測したデータを含めて考察している．疑問詞は韻律上の焦点を受けるが，その解釈は，文末要素や文中の他の要素との韻律的な連動の仕方で異なり，統語構造操作上は違反と思われる解釈さえが可能となることなど，これまでの統語論研究だけでは得られないデータや一般化を提示し，それらを，発話行為と関わる「遂行」要素が主文の CP の焦点素性を指定するシステムにより分析している．

　第 9 章の富岡論文は，「焦点」のうち，「対照主題」（特に，対比の「は」格要素）を扱い，形式意味論，形式語用論での焦点や強調に関わる考察にも言及して，対照主題の文法的特質や韻律的特性を明らかにする．殊に，「は」格は「対照主題」にも一般的な「主題」にも用いられる事実から，「は」格の共通機能を明らかにした上で，「対照主題」を導く法則を語用論の会話論理

の観点から提案し,「主題」の「は」格との統語的・音韻的違いを説明する.「焦点」「主題」「対照」といった概念を,語用論体系の観点から明らかにすることで,そうした機能を持つ要素の統語論での扱いに新たな視点を提供している.

本節の冒頭で述べたように,各々の論文は独立して書かれており,CPやIPといった機能範疇の構造や役割についての想定も具体的なメカニズムも一通りではない.そうした「合意された構造の欠如」が,統語理論研究への気軽な接近を阻んでいることは否めないが,言語理論は半世紀以上が経たが,(どんな分野のどの理論でも同様と思われるが)「常に」発展途上であり,「合意が容易には得られない」ことは,さらなる理論的発展への原動力であり,複眼的な検証作業を保証することでもある.本書に収録された9編 (Rizziの翻訳を含めれば10編) の論文は,全て,(20) の図に照らせば,太線の境界への理論的アプローチという共通項を持つ.各々を独立して読んでいただいても構わないが,アプローチの仕方の観点からいくつかまとめて読んでいただけるなら,本書が狙う複眼的な視点の一端を把握していただけるのではないかとも思う.本書が,言語理論の中でも,統語理論はもちろん,統語構造と関わる意味表示理論としての形式意味論,形式語用論,情報構造の理論化,などの発展に寄与し,同時に,日本語の理論研究,記述研究の進展,およびこれらの分野のこれまで以上の有機的な交流と相互理解に貢献できるなら,編者としてこれ程嬉しいことはない.

参照文献

Baker, Mark (1988) *Incorporation: A Theory of Grammatical Function Changing*, University of Chicago Press, Chicago.

Cinque, Guglielmo (1999) *Adverbs and Functional Heads: A Cross-Linguistic Perspective*, Oxford University Press, New York.

Chomsky, Noam (1994) *Bare Phrase Structure*, MIT Occasional Papers in Linguistics 5, MIT Working Papers in Linguistics, Cambridge, MA.

Chomsky, Noam (2001) "Derivation by Phase," *Ken Hale: A Life in Language*, ed. by Michael Kenstowitz, 1–52, MIT Press, Cambridge, MA.

Endo, Yoshio (2007) *Locality and Information Structure: A Cartographic Approach to Japanese*, John Benjamins, Amsterdam.

Hale, Kenneth and Samuel J. Keyser (1993) "On Argument Structure and the Lexical Expression of Syntactic Relations," *The View from Building 20*, ed. by Kenneth Hale and Samuel Keyser, 53-109, MIT Press, Cambridge, MA.

Hasegawa, Nobuko (1999) "The Syntax of Resultatives," *Linguistics: In Search of the Human Mind*, ed. by Masatake Muraki and Enoch Iwamoto, 178-208, Kaitakusha, Tokyo.

Hasegawa, Nobuko (2007) "The Possessor Raising Construction and the Interpretation of the Subject," *Phrasal and Clausal Architecture: Syntactic Derivation and Interpretation*, ed. by Simin Karimi, Vida Samiian and Wendy K. Wilkins, 62-99, John Benjamins, Amsterdam.

長谷川信子 (2009)「直接受動文と所有受動文: little-v としての「られ」とその素性」『語彙の意味と文法』由本陽子・岸本秀樹(編), 433-454, くろしお出版, 東京.

井上和子 (1976)『変形文法と日本語 上・統語構造を中心に』大修館書店, 東京.

井上和子 (2007)「日本語のモーダルの特徴再考」『日本語の主文現象: 統語構造とモダリティ』長谷川信子(編), 227-260, ひつじ書房, 東京.

Larson, Richard (1988) "On the Double Object Construction," *Linguistic Inquiry* 19, 335-391.

益岡隆志 (1991)『モダリティの文法』くろしお出版, 東京.

益岡隆志 (2007)『日本語モダリティ研究』くろしお出版, 東京.

南不二男 (1974)『現代日本語の構造』大修館書店, 東京.

Miyagawa, Shigeru (2010) *Why Agree? Why Move?: Unifying Agreement-Based and Discourse Configurational Languages*, MIT Press, Cambridge, MA.

仁田義雄 (1991)『日本語のモダリティと人称』ひつじ書房, 東京.

野田尚史 (1995)「文の階層構造からみた主題ととりたて」『日本語の主題と取り立て』益岡隆史・野田尚史・沼田善子(編), 1-35, くろしお出版, 東京.

Okura, Naoko (2009) *Applicative and Little Verbs: In View of Possessor Raising and Benefactive Constructions*, Doctoral dissertation, Kanda University of International Studies.

Pollock, Jean-Yves (1989) "Verb Movement, Universal Grammar, and the Structure of IP," *Linguistic Inquiry* 20, 365-424.

Portner, Paul (2009) *Modality*, Oxford University Press, New York.

Pylkkänen, Liina (2008) *Introducing Arguments*, MIT Press, Cambridge, MA.

Radford, Andrew (2004) *Minimalist Syntax: Exploring the Structure of Eng-

lish, Cambridge University Press, Cambridge.

Rizzi, Luigi (1997) "The Fine Structure of the Left Periphery," *Elements of Grammar: Handbook of Generative Syntax*, ed. by Liliane Haegeman, 281-331, Kluwer, Dordrecht.

佐野まさき (2006)「とりたて詞をめぐる認可条件とカラ節」*Scientific Approaches to Language* 5, 49-69, 神田外語大学言語科学研究センター.

佐野まさき (2007)「とりたて詞の認可と最小性条件」『日本語の主文現象：統語構造とモダリティ』長谷川信子(編), 73-111, ひつじ書房, 東京.

田窪行則 (1987)「統語構造と文脈情報」『日本語学』6, 37-48.

外崎淑子 (2005)『日本語述語の統語構造と語形成』ひつじ書房, 東京.

上田由紀子 (2007)「日本語のモダリティの統語構造と人称制限」『日本語の主文現象：統語構造とモダリティ』長谷川信子(編), 261-294, ひつじ書房, 東京.

渡辺明 (2005)『ミニマリストプログラム序説——生成文法のあらたな挑戦』大修館書店, 東京.

第 1 章

CP 領域からの空主語の認可[*]

長谷川　信子

一致現象の典型は英語などの言語に見られる「主語と述語の一致」であるが，それは日本語では観察できないと考えられてきた．しかし，特定な語用機能（例えば命令文）の観点から考察すると，日本語にも「特定人称主語と述語・文末形態」の間に一致現象が豊富に観察できることが，日本語学の分野では指摘されている（例えば，仁田 (1991)）．本論文では，それらを CP 要素と主語との一致として分析できることを論じ，その上で，命令文などで観察される空主語（主語の省略，無声化）は，CP 要素と一致した場合に可能になるとの「空主語認可の条件」を提示し，それにより，CP の機能と構造の観点から，PRO や pro といった主語の空範疇も，CP による認可として，統一的に分析できることを論じる．

1. はじめに

　日本語は，英語などの印欧語との比較において，その最も顕著な統語的相違点として，語順を別にすると，（ア）明確な主語と述語の「一致」があるか否か，（イ）疑問詞疑問文などで，疑問詞（wh 句）の文頭への移動が見られ

---

[*] 本論文の内容は，神田外語大学大学院でのセミナー，言語科学研究センター主催による 2007 〜 2009 年の複数の言語学ワークショップ，Workshop on Altaic Formal Linguistics (2008, University of London)，第 138 回日本言語学会公開シンポジウムなどで発表し，それらを総合してまとめたものである．また，その一部は，長谷川 (2008)，Hasegawa (2009) にも掲載した．これらの発表や論文執筆の際には以下の方々はじめ多くの方から有益なコメントをいただいた．感謝申し上げる．（敬称略）阿部潤，遠藤喜雄，藤巻一真，Liliane Haegeman，井上和子，宮川繁，Luigi Rizzi，富岡諭，上田由紀子．本研究は，平成 19-21 年度科学研究費補助金（基盤研究 (B)，課題番号 19320063）『文の語用的機能と統語論: 日本語の主文現象からの提言』（研究代表者: 長谷川信子）の助成を受けている．

るか否か，の2点が指摘でき，両方の点において「否」と一般的に考えられている．筆者は，本書の序章で，生成文法の変遷に言及し，Chomsky を主流とする統語論は，英語など印欧語の現象を基盤に構築・発展され，その構造構築の基本に「述語と項の関係」「主語の位置」を置き，構造変化の代表的操作として，「主語的要素の移動 (NP 移動)」「疑問詞の文頭への移動 (wh 移動)」を想定してきたことを述べた．しかし，主要部後置言語である日本語では，文頭への句の移動にしても主要部の移動にしても，語順に寛容なこともあり「指定部」や「主要部」が移動を示しているという現象は表面的には把握しにくい．そして，一致現象の代表格である「主語と述語の人称や数，性別の一致」が（尊敬語などの現象を除けば）観察されているようには見えない．こうしたことから，(ア), (イ) の現象が明示的には欠落しているように思える日本語は，これまで半世紀近くにわたり多くの理論研究がなされてきたにもかかわらず，理論構築において，残念ながら，その中心的な役割を担うには至っていない．実際，日本語生成文法では，文構造の基本と思われる「主語の位置」についても，（生成）文法学者の間でも共通の認識には至っていないし，構造変化を担う「移動操作」についても，語順変換をもたらす「かき混ぜ」操作は想定されてはいるが，その移動の性質 (NP 移動か wh 移動か，移動先はどこか，なぜ移動するか，など) については未だ共通理解が得られていない．[1] この現状は，裏を返せば，日本語では主語の位置は，英語などの印欧語とは異なる形で表出しており，文頭位置への移動についても，移動の駆動にこれまでとは異なる観点が必要であることを示していると言える．そうした「異なり」を理論化するには，印欧語からではなく，日本語のような言語からの体系化が必要なのである．

上記の (ア)「主語の位置と述語との一致」，(イ)「wh 句の文頭への移動」は，表層的には，独立した別々の現象に見えるが，序章でも触れたが，(GB 理論以降の) 理論の観点からは，移動には移動を駆動する主要部とその主要

---

[1]「かき混ぜ」操作が，単に「寛容な語順変換」をもたらすのではなく，意味構造や音韻構造と関わることが，近年指摘されてきており，本書収録の宮川論文，北川論文，奥論文，青柳論文にはそうした観点の考察が提示されている．また，Hasegawa (2006) では，日本語の主語尊敬（尊敬語）と目的語尊敬（謙譲語）を一致操作として捉えた分析が提示してある．

部と関わり移動する要素との間の「一致」なり「呼応」なりが条件としてある，と考えられている．つまり，主語は，述語の一致素性が表出される時制辞 (Infl) の指定部に「一致」を求めて移動し，wh 句は，疑問文の作用域を決定する補文標示主要部 (C) との「一致」のためにその CP 指定部へ移動し作用域を明示するのである．こう考えれば，特定位置での主語の生起，およびその述語との一致も，wh 句の文頭への移動も，いずれも，その主要部 (Infl, C) との「一致」の要請が，それを満たす要素（主語，wh 句）をそれぞれの指定部 (IP 指定部，CP 指定部) へと移動させる操作とみなすことができるのである．

　こうした理論の観点からは，上記(ア)「主語と述語の一致」と(イ)「wh 句の文頭への移動」が欠落している（ように思われる）日本語について，その言語的特徴を「一致の欠如」「一致を必要としない言語」として捉える見方がある．たとえば Fukui (1988), Kuroda (1988) は，日本語を，英語やロマンス語などの「一致言語 (Agreement Language)」に対し，「非一致言語 (Non-Agreement Language)」と分類している．しかし，言語の最も基本的で重要な操作が「移動」であり，それを駆動しているのが「一致」とするなら，日本語にはそうした基本的操作が一切欠落していると考えるのは，余りに日本語を特殊化し過ぎると言えないだろうか．そもそも，「一致言語」であっても，移動と連動して「指定部」と「主要部」が常に明示的・顕在的に一致を示しているわけではない．英語においても，主語と述語の一致は，確かに時制節では明示的だが，不定詞節ではそうした一致は見られないし，wh 句の移動についても C の主要部が wh 句と呼応して義務的に特別な表示を示すとも言えない．[2] また，文頭への移動については，wh 句の移動がその代表と捉えられるが，同様の wh 移動 (A′移動，もしくは Operator

---

　[2] 主文に見られる疑問詞疑問文では，wh 句の移動と同時に助動詞も C へ移動してくることから，wh 句と C の一致があるとも言えるが，補文内での wh 句の移動（間接疑問文）では，助動詞の C への移動は（標準的）英語では見られない．また，逆に，助動詞の C への移動は，疑問詞疑問文に限ったことではなく，(i) に見られるような否定辞の前置，条件節での倒置などでも起こることから，wh 句のみが助動詞と CP レベルで常に「一致」を明示するとは言えない．

(i) a. Only very rarely *will* students enjoy that subject.
　　b. *Had* I not been there, I wouldn't have done that.

移動）が関わるとされる主題化（Topicalization）や，関係節化などでは，主要部（C）との明示的一致は見られない．むしろ，時制節の主語と述語の一致を除けば，特定の主要部とその指定部が「同時に」一致を示す現象の方が少ないのである．それでも，英語のような言語では，主語位置が述語要素（Infl 主要部）との関係で把握しやすく，さらに，主語位置との関係から，主語を越えての移動が，CP 指定部への句の移動であれ，C 主要部への助動詞の移動であれ，容易に見て取れることから，「移動」が言語操作の基本としてあり，その駆動に「主要部」素性との「一致」が関与すると想定されてきた．

しかし，上述したように，「一致」は必ずしも，指定部と主要部の明示的なペアを必要とするわけではない．wh 移動などのように指定部だけで顕在化することがあるなら，逆に，主要部だけで観察されることもある筈であり，移動の観点から一致を考えるのではなく，主要部の形態や素性から一致を考えることも可能である．

以下では，その可能性を追求するなら，日本語にも，主語と関わる「一致現象」が存在することを指摘する．それらは，多くの場合「主要部での明示」に留まっているように見え，英語のような言語での「文頭への移動」のような「明らかな構造的変化」を示さないことから，これまでの統語論研究では見過ごされてきた．しかし，逆説的だが，理論の整備により，上述のように「指定部が主要部と一致する」ことが明らかとなり，指定部で明示される現象も主要部で明示される現象も同じ統語的操作・素性の具現として捉えることが理論的帰結となった．その結果，これまで見過ごされてきた現象が「日の目を見る」ことが可能となってきたのである．以下では，このような問題意識から，先ず，日本語の「文末」に焦点をあて，特定の文末（主要部）要素が特定の文中要素，特に「主語」要素，と呼応する現象を，英語などで文頭要素（指定部）から（主要部による）文中での操作と構造を捉えてきたのとは逆の方向により，文構造と操作の観点から考察し，それらが，統語的「一致現象」として捉えられることを示す．

第 2 節では，本書の序章で討議した統語構造における CP 範疇の位置づけを簡単に振り返り，Rizzi (1997) の CP 構造を提示する．第 3 節では，主文の CP で明示される「発話の力（Force）」と連動する日本語の現象を扱い，日本語にも CP 領域では「一致」現象が観察できることを示す．具体

には，主に，疑問詞疑問文と命令文を扱う．特に，命令文を，Force 要素が特定の人称を持つ主語を要求する現象とみなし，それを，C 主要部と「主語」の一致として分析することで，第 4 節の空主語の典型としての PRO の分析の基盤を提示する．PRO が不定の時制節に生起することはよく知られているが，PRO と不定の時制節の連動を，第 3 節の空主語認可の条件から，CP 領域要素の主語との一致現象として捉える分析を提示する．第 5 節はまとめであるが，本論文では，命令文などの文タイプや談話と関わる「発話力」をもった文の分析により，CP 領域が文構造の構築とその解釈において重要な役割を果たしていること示す．そして，CP 領域の観点から考察するなら，これまで，IP 領域内の現象として捉えられてきたために特殊な条件を想定しなければならなかった PRO の生起と解釈も，CP 領域からの空主語の認可として分析でき，理論全体としても整合性のある体系となることを論じる．

2. CP 構造: Rizzi (1997) の C システム

　文は，客観的に事態を記述するだけでなく，記述される事態に対する表現者（話し手）の評価や態度，その語用的機能を表すことができる．前者は，いわゆる「命題」に対応し，後者は「モダリティ」と呼ばれる．こうした文が表現する「命題」と「モダリティ」は，その内容や機能と同時に，統語的な現象と密接に関わっており，文の階層的な構造と対応することは，本書の序章で述べたことである．そこでは，「命題」は IP (VP を含む) レベルとし，「モダリティ」要素，特に，文全体の機能や発話力，談話・情報構造と関わる要素は CP レベルで表示されると考えることが，理論構築上だけでなく，日本語の文構造や文末現象からも，英語などの文頭移動現象などからも，妥当であることを論じた．殊に，統語構造おける CP 構造の役割についての Rizzi (1997) の以下の記述は，構造とその意味と機能の体系的位置づけを明確に捉えている．[3]

---

　[3] (1) は，本書の Rizzi (1997) の翻訳（長谷部郁子訳）の p. 337 からの引用である．英語のオリジナルは，以下である．
　　We can think of the complementizer system as the interface between a proposi-

(1) CPシステムとは，命題内容（IP によって表わされる）とさらなる上位構造（より上の構造にある節や，主節であると考えれば談話表現）との間に介在するインターフェイスと考えられる．そうであるなら，C システムは少なくとも 2 つの種類の情報を表わしていよう．1 つは命題内容の外側と関わる情報で，もう 1 つは命題内容の内側と関わる情報である．（長谷部郁子訳，本書 p. 337 からの引用）

この考え方に基づき，Rizzi (1997) は，主に英語やイタリア語の現象の考察から，(2) のような構造を提示している．[4]

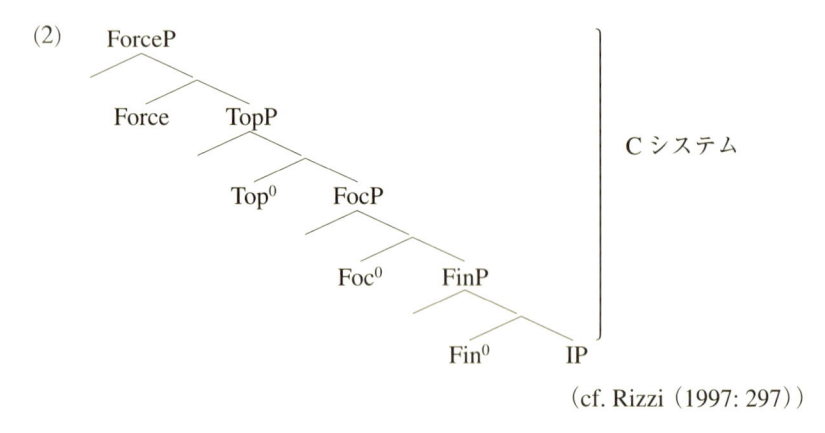

(2)
```
       ForceP
      /      \
   Force     TopP
            /    \
         Top⁰    FocP
                /    \
             Foc⁰    FinP
                    /    \
                 Fin⁰    IP
```
　　　　　　　　　　　　　　Cシステム

(cf. Rizzi (1997: 297))

CP 内に投射される「主要部」のうち，文の時間軸との関係を表す Finite (Fin) と文のタイプ（主文なら，疑問文，断定文，感嘆文，命令文などの発

---

tional content (expressed by the IP) and the superordinate structure (a higher clause or, possibly, the articulation of discourse, if we consider a root clause). As such, we expect the C system to express at least two kinds of information, one facing the outside and the other facing the inside.　　　(Rizzi (1997: 283))

[4] より詳しくは，本書に収録の Rizzi (1997) の翻訳（殊に，p. 360）を参照のこと．Rizzi は，イタリア語の主題化要素と焦点化要素（疑問詞）の構造の考察から，FocP (Focus Phrase) と FinP (Finite Phrase) の間にもう 1 つ TopP (Topic Phrase) を想定した構造を提示しているが，ここでは（本稿），TopP は元々随意的な範疇ということもあり，FocP の上部に 1 つのみ位置するとすることで十分と考える．以下でも述べるが，(2) を含め，命題上位の CP レベルの構造そのものの検証は，本稿を含めた統語理論研究の課題である．

話行為と関わる文タイプ；従属節なら，補文，関係節，間接疑問文などの主文との関係を表す文タイプ）を示す Force は不可欠要素だが，Topic や Focus は文が主題や焦点を含む場合にのみ投射される随意的要素である．[5] この構造により，英語などで観察される文頭に複数の要素が前置される以下のような現象が無理なく説明できる．以下は Radford (2004: 327-336) から引用した例である．

(3) a. He would turn to no other colleague.
  b. No other colleague would he turn to.　　　　（否定辞倒置）
(4) a. We cannot tolerate that kind of behavior in a civilized society.
  b. That kind of behavior, we cannot tolerate in a civilized society. （主題化）
(5) a. I am absolutely convinced [that no other colleague would he turn to].
  b. Syntax is the kind of subject [which only very rarely will students enjoy].
  c. A university is the kind of place [in which, that kind of behavior, we cannot tolerate].
  d. He prayed [that atrocities like those, never again would he witness].

(3) は否定辞倒置（Negative Inversion），(4) は主題化（Topicalization）の例であるが，否定辞や主題は主語を超えて文頭（CP 内の指定部）に移動するが，否定辞倒置では助動詞（Infl 要素）も主語の前に現れることから，主要部 I が C へ移動していること分かる．これらの操作はしばしば主文に特有の根変形（Root Transformations）とされているが（cf. Emonds (1976)），(5) に見られるように（多少容認度には個人差があるようだが）従属節でも可能である．特に興味深いのは，従属節内での従属節標識（補文

---

[5] CP レベル内の FiniteP (FinP) の役割は，文全体の「定性」が上位レベル（主文なら発話，従属節なら主文）とどのように関わるかを示し，それは，より詳細に文の時制表示として英語などでは命題レベルの IP（もしくは TP）の素性として具現される．Fin は，疑問文などで Infl が CP 主要部へ上昇する際にも関わっていると思われるが，詳しくは本書に収録の Rizzi (1997) の翻訳，および遠藤論文を参照されたい．

標識の that や関係代名詞の wh 要素），否定辞倒置による否定辞要素と助動詞，主題化要素の順番である．これらは，主語より左に現れ，補文標識の that，主題化要素，否定辞要素，助動詞，という順番となっており，従属節全体の機能 (Force) を表示する要素として補文標識（主要部）や関係代名詞（指定部要素）が ForceP にあると考えると，主題化要素はその下の Topic 指定部へ，そして否定辞要素は否定辞倒置現象には強調機能が伴うことから Focus（焦点）の指定部へ，助動詞は（おそらく）Fin へと分析でき，(2) のような CP 構造が支持できる．

このように，英語などの現象では文頭（左端部，Left Periphery）現象が (2) の構造を想定する根拠となるが，次節では，日本語の文末要素（C の主要部）と関わる現象（疑問文と命令文）を考察し，基本的には (2) のような構造でそれらが分析可能なことを示す．

3. Force（発話の力）と関わる現象：疑問文と命令文

上記で見たように，英語などの言語では，(2) の階層化された C システムとその内部の指定部は，主題や疑問詞，否定辞など，文頭に様々な要素を生起させるためには不可欠である．それに対し日本語では，文頭は，主題化としてのハ格などの「取り立て詞」要素以外は，特別な階層性を要求する構造的位置としての認識は希薄である．[6] しかし，本書の序章でも，南 (1974)，益岡 (1991, 2007)，田窪 (1987)，野田 (1995)，井上 (1976) 等に言及して論じたように，日本語は，主要部後置言語であり，様々な「モダリティ」要素の存在など文末への注目度は高く，文の発話力 (Force 機能) は，文末要素によって特徴づけられることが多い．本稿では，それらのうち明らかに CP レベルでの一致が関わると思われる現象を扱い，印欧語などとは異なる形（つまり，文頭より文末（主要部））で「一致」が観察されることを示す．

以下では，先ず，CP レベルの一致現象の代表格として疑問詞疑問文から出発する．第 1 節でも述べたが，一致現象は，主要部か指定部の両方に明

---

[6] しかし，本書の序章の (8) でも述べたが，文の階層と連動する副詞的な要素やその順番などをより注意深く考察するなら，日本語においても，文頭要素を基盤に CP の階層性を議論することは可能であろう．本書の遠藤論文，佐野論文も参照．

示される必要はなく，日本語では，文末の疑問終助詞のカ，もしくは疑問詞の存在で，その一致が成立することを見る．3.2 節では，この CP レベルでの一致現象の一般化を基盤に命令文を取り上げ，日本語では，命令文の述語の形態が主語の人称と「一致」していることを示し，これも CP レベルでの「一致」現象であることを論じる．日本語では，述語（モダリティ）の形態が，特定人称主語を要求するという事実は，仁田 (1991) で「人称制限」として観察・記述されている．[7] このモダリティと連動する「人称制限」現象は，これまでの理論研究での主語と述語の一致が命題（IP）レベルでの論議に集中していたことから，統語理論研究では抜け落ちてしまっていた．しかし，主語が関わる「一致」の領域を IP から CP に移すなら，述語の形態が特定人称主語と連動するこの現象は，とりもなおさず「一致」以外の何者でもない．そして，主語は述語と明示的な一致を示すと音形的に省略できることがロマンス語はじめ多くの言語で観察されているが，命令文での主語の省略もこの一般化に従うものと考える．第 3 節での CP レベルでの述語と主語の一致，および一致による主語省略を受け，第 4 節では，主語の省略が確認されるなら，「一致」が起こっているとの仮説を提示し，その仮説の観点から，主語省略の典型である PRO 主語やロマンス語などの pro も CP レベルでの一致過程を経て可能となるとの提案を行う．

3.1. 疑問詞疑問文

疑問文は「発話の力・機能 (Force)」として，明らかに 1 つの文タイプである．英語では，疑問詞疑問文は，(6) のように，疑問詞（wh 句）を文頭（CP 内部の指定部）に移動させ，助動詞も主語の前に移動させる．しかし，助動詞の移動は，間接疑問文では起こらないし，否定辞倒置 (3) や条件節（注 2）などにも起こることから，疑問詞疑問文に特化した操作ではないであろう．他方，日本語では，疑問詞を文頭に移動する必要はないか，文末（CP 主要部）に終助詞「カ」を用いて疑問文を表示する．

---

[7] 上田 (2007) では，仁田 (1991) のモダリティ要素と人称制限に関わる一般化を，モダリティと統語構造の観点から捉えている．

(6) a. What *will* John buy?
b. I want to know [what John will buy].
(7) a. 太郎は何を買います**か**？
b. 私は［太郎が何を買う**か**］知りたい．

この疑問詞の移動と文末の疑問文表示にみられる違いを，Cheng (1991) は，同じ「疑問詞疑問文」という文タイプ・機能であっても，それをどのように表示するかによって，言語間に違いが見られるとした．こうした疑問文というような文タイプ・機能の統語的表示について，Rizzi (1997) は，上記 (2) の文構造の観点から Force と関わる事柄は，形態・音韻的には，指定部か主要部に（稀には，両方に）現れると一般化している．[8] 筆者は，Hasegawa (2005) で，この一般化は，疑問詞疑問文だけでなく，否定対極表現や取り立て詞のモ格要素の生起にも関連していることを示し，(8) のような原則として提示した．

(8) 語用機能（Force）の統語的表示
語用機能（Force）は，音韻形態的に，CP システムの「主要部」もしくは「指定部」で表示されなければならない．

(cf. Hasegawa (2005: 39))

さらに，Hasegawa (2005), 長谷川 (2006) などで，この原則は言語毎にパラメター化しているのではなく，文の Force 機能の表示という語用的機能・解釈と関わるとし，日本語の疑問詞疑問文のように主要部カでその機能を表示することが一般的あっても，(9c, d) のように（語用的な要件と連動し）短縮した構文が用いられる (9B-(iii)) では，疑問詞が CP 指定部に移動する形での表示が採用され，その結果，疑問の主要部での終助詞カが不要と

---

[8] 具体的には，「主要部に記号化される音形をもった形態素によって実現されることもあれば（ある文が平常文であるのか疑問文であるのか関係節であるのかを表わす特殊な C の形態素など），単に演算子が現れる構造を提供することによって実現されることもあり，どちらの手段によっても実現されることもある（これはまれなケースである）．おそらく，主要部や指定部のどちらかに（同時に両方ではなく）なんらかの音形をもった要素が実際に現れることを好むという表示タイプの経済性の原理によるものであろう．」（長谷部郁子訳（本書 p. 337 からの引用），Rizzi (1997: 283) も参照のこと．）

(9)　A:　花子が何かを買いましたよ．
　　　B:　そう．(i)　何を買いましたか．*↘　↗
　　　　　　　 (ii)　何を買いました．*↘　？↗
　　　　　　　 (iii)　何を(*か)？　↘　↗
　　　　　(cf. (iv) What did she buy?　↘　*↗)　　(cf. 長谷川 (2006))

ディスコース (9) では，A が「花子が何かを買った」ことを B に伝え，B はそれを前提として「何か」の値を A に尋ねている．(i) では，前提も含めた「文形式」の疑問文で文末には疑問終助詞のカが生起し，文末は上昇の音調となる．(ii) は (i) とほぼ同じだが文末のカの省略は，強調的な上昇音調が顕著でないと容認度は落ちる．このことは，日本語では疑問の Force 表示は文末で明示され，その明確な形態的な表示はカであるが，それは同時に音調にも反映されていることを示していよう．ちなみに，英語では，Yes-No 疑問文は上昇音調だが，疑問詞疑問文は (iv) に示したように下降音調である．この日本語と英語の音調の違いは，Force の表示位置の違いと関わっていると考えることができる．つまり，C 主要部で疑問文を表示するなら，英語の Yes-No 疑問文も含め，日本語の終助詞カの場合も（そしてカを使わないならもっと顕著に）上昇音調となるが，英語の疑問詞疑問文のように文頭の CP 指定部を使う場合は下降音調となると一般化できるのである．

　ここで興味深いのは (iii) の短縮疑問詞疑問文である．(iii) では，(i) と (ii) とは異なり，終助詞カが不要なだけでなく，上昇音調も義務的ではない．短縮疑問文は前提となる前出の文と重複する IP 部分が省略された CP 指定部だけからなる Sluicing 構文と考えられるが，その IP 省略の際，疑問文として機能するに最低限必要な疑問詞は省略される IP 内に留まることができず CP 指定部に移動するのである．[9] 疑問詞が CP 指定部に移動することで

---

　[9] Sluicing 構文は間接疑問文でも (i) のように観察されるが，この場合は終助詞「カ」の存在は義務的である．
　　(i)　花子が何か買ったらしいが，何を*(か)分からない．
上記 (8) の原則が有効なら，(i) では，カの存在で CP の疑問文機能は満足されることから，疑問詞は，(9B-(iii)) とは異なり，CP 指定部へは移動していないと考えられる．長谷川

(8) が満たされることから，終助詞カが不要となるのである．そして，短縮疑問文に下降音調が許されるという事実は，英語の (iv) と同様に分析でき，疑問詞が CP 指定部へ移動していることを示していると考えられる．

上記で観察された疑問詞疑問文を CP 構造 (2) に照らし，発話力 (Force) は「Question，疑問」であり，それと連動して，Focus と Fin が疑問詞疑問文構文に関わるとすると，(10) のような構造と派生が考えられる．

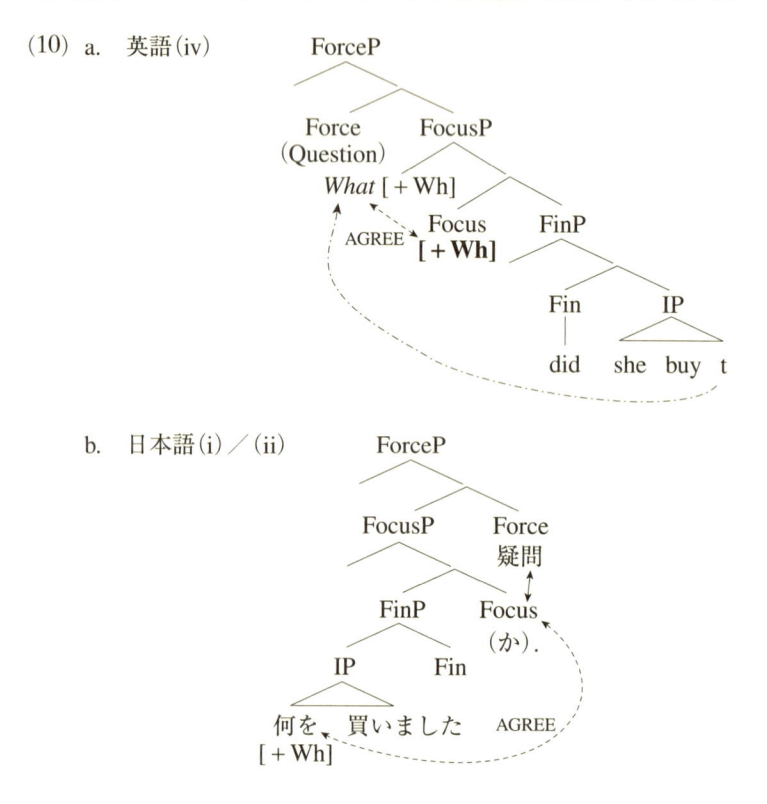

(10) a. 英語 (iv)

```
                    ForceP
                   /      \
                Force    FocusP
              (Question)  /    \
              What[+Wh]  Focus  FinP
                  ↑    AGREE [+Wh]  / \
                                   Fin  IP
                                   |   / \
                                  did she buy t
```

b. 日本語 (i) / (ii)

```
                    ForceP
                   /      \
                FocusP    Force
                /   \     疑問
              FinP  Focus
              / \   (か)
             IP  Fin
            / \
          何を 買いました  AGREE
         [+Wh]
```

(2006) では，(i) のような間接疑問文にみられる Sluicing は，強調の Cleft 文の前提部分が省略された構文として分析し，主文の Sluicing とは構造が異なると主張した．Sluicing 構文については，Abe (2008), Fukaya (2007), Kuwabara (1997), Takahashi (1994) 他も参照．

b. 日本語(iii)

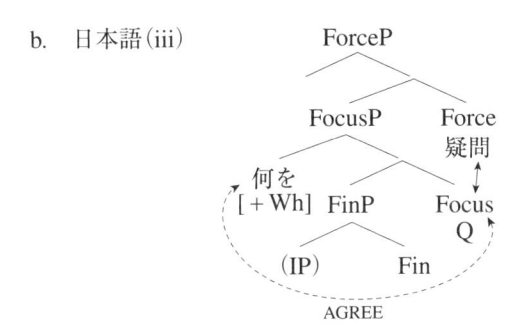

```
           ForceP
          /      \
      FocusP    Force
      /    \     疑問
   何を    \
  [+Wh]  FinP  Focus
           /  \    Q
         (IP)  Fin
            AGREE
```

ここでは，Rizzi の枠組みを基本的に踏襲し，疑問詞は Focus 指定部へ移動すると想定した．疑問詞が Focus へ移動するなら，それを駆動する一致素性の [+Wh] も Focus にあると考え，日本語の終助詞「カ」も，[+Wh] の具現として，同じく Focus 主要部に生起させた．CP システム内の複数の主要部と指定部の詳細な機能と構造は，今後さらなる考察・検証が必要だが，概ね (10) で示したような分析が可能であろう．このように，疑問詞疑問文は日本語でも英語でも CP 領域における主要部と指定部の「一致」現象と考えることができ，(8) の原則により，「一致」を提示しても，それは主要部か指定部かどちらかで表示されれば，文の疑問文機能は明示できるのである．CP 領域の指定部に移動が観察されるか否かは，(8) の原則の満たし方の違いによるに過ぎず，日本語も英語同様「一致」を示す言語なのである．

3.2. 主語と述語形態の一致: 命令文

第 1 節で述べたように，生成文法では，日本語は，主語と述語の一致を示さない言語と扱われてきたが，述語末のモダリティ表現と連動して人称制限が広く観察されることが，仁田 (1991)，上田 (2007) などで指摘されている．本節では，モダリティのうち，発話伝達モダリティを含む (11) のような例に注目し，それらが主語と述語の「一致」を示す現象であり，それは CP 領域での一致として分析できることを論じる．[10]

---

[10] (11) の例文は上田 (2007) を参考にしているが，文タイプの記述や人称制限の詳細には異なる部分もある．例えば，(11d) のマショウ文については，上田は「勧誘」とし，2 人

(11) a. {*私/あなた/*太郎}が窓を開けなさい.
　　b. {*僕/君/*彼}が早くこっちへ来い.
　　c. {*僕/君/*太郎}がそんなこと気にするな.
　　d. {僕/君/私たち/*彼}も行きましょう.
　　e. {僕/*君/*彼}がすぐに行こう.

(12)

文タイプ	述語の形態	人称制限
命令（丁寧）	V（連用形）-なさい	2人称（聞き手）
命令	V（語幹）-ろ／-え	2人称（聞き手）
否定命令・禁止	V（未完了）-な	2人称（聞き手）
提案・勧誘	V（連用形）-ましょう	1人称（話し手+α）
意志・約束	V（語幹）-よう／おう	1人称（話し手）

　ここで観察される人称制限は,「話し手」と「聞き手」と関わるものであり, 文のタイプとして「命令」（否定命令も含む）「勧誘・提案」「意志・約束」として, 語用的に各々独立した発話機能（Force）を持つと考えられる. これらは, 主語の人称制限に「聞き手（2人称）」「話し手（1人称）」の違いはあるが, 構造的, 統語的には同様に扱うことができると思われることから, 以下では命令文の分析を提示し, 他の文タイプは, 人称素性こそ違え, 統語操

称（のみ）を許すとしているが, マショウ文はむしろ「提案」であり, その提案に誘いかけも含まれるが, 主語には「話し手」が常に含まれることから1人称（単数, 複数）しか許さないと思われる. (11d)の「君も行きましょう」は確かに2人称（君）を主語にとっているが, それはモ格により「私も君も」と「話し手」の随伴者を示す「複数1人称」として解釈できる（もしくは, 1人称の存在が前提となる意味構造をもつ）からであろう. ちなみに主語が2人称のみの「君が行きましょう」は非文であり, このことからも2人称だけでは非文になると思われる.
　仁田や上田では, 人称制限は,（否定）推量の「だろう」「まい」「でしょう」などの判断のモダリティを含む構文でも観察されると指摘しているが, ここで提示する発話伝達モダリティの分析が, こうした判断モダリティ構文にも適用できるか否かについては, 今後の課題としたい. モダリティ構造全般については井上 (2007), 益岡 (1991, 2007), 上田 (2007) などを参照されたい.

作的には同様の分析が適用できると考える.[11]

　日本語では，命令文は，(11a, b, c) や以下の (13) から分かるように，述語の活用（命令形）や「なさい」，禁止を表す命令否定辞の「な」によって，文末で明示される.

(13) a. 　{φ／花子が／お前が} 読め.　　　　(φは省略された主語を示す)
　　 b. 　{φ／誰か／みんな(が)} こっちへ来なさい.

これらの文で，主語は，φで示したように，明示されなくともよいが，その場合の解釈は 2 人称の「君，あなた，お前」などである．ただ，(13) に見られるように，形態的には 3 人称である「花子」「誰か」「みんな」なども主語となり得る．こうした 3 人称の主語を持つ命令文というのは，以下でも触れるが英語などでも観察され日本語に限ったことではない．命令文における 3 人称主語は，形態的に 3 人称だが，それに該当する指示された人は，命令文の「聞き手」「受け手」である必要があり，その意味では，「語用的には 2 人称」である．形態的な人称と区別するために，こうした語用的人称を，以下では [+Ad]（聞き手，addressee からの略）や [+Sp]（話し手，speaker からの略）という素性を用い，命令文の主語はこの [+Ad] 素性を持つ要素であるとする．すなわち，文末の命令形や命令否定辞の「な」は主語の語用的 2 人称 [+Ad] との一致を要求するのである.[12]

　さらに，これらの (11a, b)，(13) が「命令」という発話力を持つということは，Rizzi (1997) の (2) の構造に照らせば，その最上位の Force が命令（以下では imperative からの略の [IMP]）という表示を持つと考えられ

---

[11] Pak (2005, 2006) は，「命令文」「勧誘文」「意志・約束文」と対応する韓国語の文末要素に言及してその語用的意味と構造を扱っている．韓国語の文末要素の形態やそうした形態と関わる意味素性は，丁寧さや親密さと関わる素性も含み日本語より複雑と思われ興味深いが，基本的には，以下で提示する日本語の分析が適用可能と思われる.

[12] 命令文には，語用的 2 人称が文の機能範疇（の素性）として語彙形態的 2 人称とは独立して扱う必要性のあることは，Portner and Zanuttini (2003)，Portner (2004) でも論じられている．彼らは，命令文の分析に，Addressee Phrase (AddP) を文の命題部分 (IP) 上部に想定しているが，ここでは，CP システムの Force に語用的 2 人称素性 [+Ad] を提示することで，Portner らが AddP で捉えようとした文の語用的機能と「聞き手主語」の関係を示す．以下，(16) の構造と考察を参照されたい.

る．そして，命令文が持つ時制は，過去や現在といった実際の時間軸上には未だ特定できないことから，未実現の [irrealis] である．つまり Force の IMP は Fin 素性として［未実現 (irrealis)］を指定し，それが述語の形態を決定する．同時に，IMP は主語に [+Ad] 素性を持つ語用的 2 人称要素との一致を必要とするのである．

そして，実際，命令文が CP システム（おそらく Fin 主要部）を使っていることを示す現象が (11b) のような否定命令文で観察できる．(11b) では，文末の形態が「述語の終止形」+「な」となっている．終止形は，通常，時制を示すことができることから，IP レベルと関わると思われ，それに後続する「な」は Infl もしくはその上位の CP 内主要部であることが容易に想定できる．実際，語順からだけでなく，「な」が CP 内に存在することは，(14)，(15) に見られるモ格の句と否定辞の関係からも明らかになる．

(14) a. 花子もその本を読んだ．
　　 b. 花子がその本も読んだ．
　　 c. 花子もその本を読ま**なかった**．
　　 d. 花子がその本も読ま**なかった**．
(15) a. 君もその本を読む**な**．
　　 b. その本も読む**な**．

モ格は主語にも目的語にも付随するが，そうしたモ格句は，否定辞を含む平叙文では，常に否定辞より広い作用域を取る．つまり，(14c) の場合，意味しているのは，「花子だけでなく，少なくとももう一人，その本を読まなかった」という Also＞Not の読みであり，「その本を読んだ人がいるが，それに加えて花子もその本を読んだ，というわけでなない」という Not＞Also の読みはない．こうした事実（および，他の現象）から，Hasegawa (1991, 1994, 2005) で筆者は，モ格句が解釈される位置は否定辞「ない」より上位にあり，「ない」が時制辞を後続させることから IP 内に存在すると考え，モ格句は IP 指定部かそれより上位にあると論じた．

これを前提として (15) の否定命令文を見てみよう．(14) と同じくモ格句と否定辞「な」が共起するが，興味深いことに (15) には，Not＞Also の読み，つまり (15b) なら「他の本を読むことに加えてこの本も読む，ということを禁止する」という解釈が可能なのである．モ格句の作用域の解釈が IP

指定部（かその上位）で行われるなら，この Not＞Also の読みを可能とするためには「な」は IP 指定部以上で解釈されなければならないことになる．つまり，CP 内（少なくとも Fin 以上）で認可される必要がある．

　上記の討議を踏まえると，命令文の構造とメカニズムは，疑問詞疑問文 (10) と平行して考えられ，(16) のように分析できる．[13]

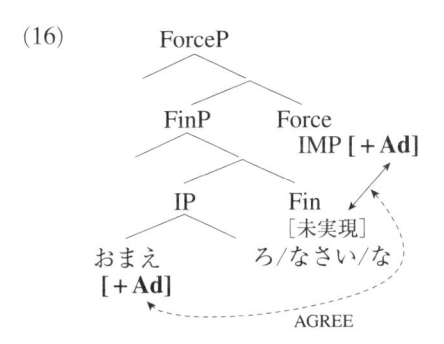

(16)
```
        ForceP
       /      \
     FinP      Force
    /    \     IMP [+Ad]
   IP     Fin
   |     [未実現]
  おまえ   ろ/なさい/な
  [+Ad]
            AGREE
```

命令文 IMP は Force の 1 つのタイプであり，それは一致素性 [+Ad] を持ち，その素性を持つ文内の要素と一致を必要とすると同時に，文の定性 (Fin) に「未実現，Irrealis」を指定する．この Force の要請は形態的に Fin で「命令形」として具現し，その探査領域の IP 内で [+Ad] 素性を持つ名詞句と「一致」する．一般に「一致」を求めての探査は局所性に従うとされており，Fin による「一致」要素の探査も，その例に漏れず，構造的に最も近い名詞的要素（主語）に向けられることになる．つまり，この「一致」の探査が，局所性に従うが故に，[+Ad] 素性を持つ名詞句は主語に限られ，それが命令文の主語が常に「聞き手」であることを保証し，このことは逆に，述語の

---

　[13] 疑問詞疑問文では，疑問文であることが CP (Force) で明示され，それが CP 内の主要部（(10) では Focus 主要部としたが）に疑問終助詞『カ』を要求し，文内の疑問詞は「カ」との一致により解釈（その作用域）が可能となるとした．命令文では，Focus 主要部は関わらず，文タイプ (Force) の要請は Fin に命令形として具現し，それが文中の [+Ad] 主語と「一致」する．

　(15) にはモ格句が否定の「な」より広い読みも可能であるが，「な」の位置を Fin とするなら，モ格句は，上述したように IP 指定部の位置から，さらに FinP の上部（おそらく Focus の指定部）へ移動できるものと思われる．本書の宮川論文，および Miyagawa (2010) も参照されたい．

命令形が聞き手主語を要求する現象は「一致」操作であることを示しているのである。[14]

ここで提示した命令文の分析は，ほぼそのまま英語の命令文に適用することができる．例を見てみよう．

(17) a. Open the door. Be quiet.
　　 b. Behave **yourself**. Use **your own** pen. Get inside, will **you**?
　　 c. **You** be quiet.
　　 d. Somebody open the door, will {**you**/*he}?
　　　　(cf. Someone opens the door everyday, doesn't he?)
　　 e. Everybody$_i$ take off {**your**$_i$ hat/*his$_i$ hat}.
　　　　(cf. Everybody$_i$ takes off {*your$_i$ hat/his$_i$ hat}.)
　　 f. John come here, and Mary stay there!
　　 g. Don't you say anything. Don't anyone open the door.
　　　　(cf. You don't say anything. *Anyone don't/doesn't open the door.)

(17a)のような文は，典型的な英語の命令文だが，日本語と同様に主語の省略が見られる．しかし，日本語と異なり，英語では，述語は特定の命令形態を持つわけではなく「不定詞」形が現れ，時制は明示されない．英語では，時制を明示しないことで「未実現」を示していると言えよう．また，省略された主語は，(17b)で観察される照応形が you を先行詞に取ること，(17c)のように you そのものが主語として表出することから，基本的には you である．しかし，日本語の(13)で観察されたと同じく，主語は語用的に「聞き手」に限定され，(17d, e, f)の somebody, everybody, John, Mary のような3人称名詞も「聞き手」を指す．このことは，これらの3人称主語が照応するのは you であり，3人称の his ではないことから明らかである．さらに，否定命令文の(17g)には don't が用いられ，それは，主語位置

---

[14] この(16)の分析は，Force の素性を「提案・勧誘」「意志・約束」とし，人称素性を(12)に従い，[+Speaker]（話し手（+α））とすれば，(11d)のマショウ文，(11e)のショウ文にもそれぞれ適用できる．長谷川(2008)を参照されたい．

(IP 指定部) より前で，否定極性表現の anyone 主語をその作用域に取れることから，構造的に上位に生起する．つまり，don't の位置は日本語の命令否定辞「な」同様，Fin（もしくはそれより上位）であろう．こうした現象を考慮すれば，英語の命令文は (16) の鏡像である (18) として分析できる．

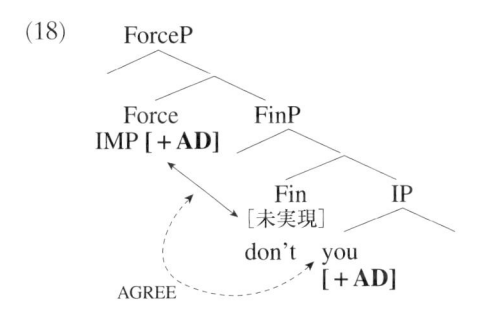

(18)

```
            ForceP
           /      \
        Force     FinP
      IMP [+AD]  /    \
                Fin    IP
              [未実現]  / \
                 don't  you
                        [+AD]
        AGREE
```

命令文では，日本語でも英語でも主語が省略できる．日本語においては，主語に限らず様々な名詞句が会話状況から復元可能なら省略できると広く考えられていることから（例えば，久野 (1978)），命令文で主語が省略されることには命令文にのみ関わる特別な操作が適用されていると考える必要はないように思われるかもしれない．しかし，命令文の主語は「復元可能なら誰でもいい」わけではなく，「聞き手」として [+Ad] 素性を持つ要素である必要があり，上記では，この「人称制限」を，CP (Force) 内の人称素性 [+Ad] との一致として分析した．[15] この [+Ad] 素性を人称，数，性を指定するφ素性に準じる「人称素性」と考えるなら，命令文の主語省略は，基本的には，(19) で観察されるロマンス語などの主語脱落言語 (Null Subject Language; NSL) の pro 主語と同様に，機能範疇要素の持つ人称素性との「一致」を必要条件とする「主語脱落」過程の 1 つであるとみなすことがで

---

[15] 日本語の復元可能な要素の省略は，久野 (1973, 1978) などの主題のハ格名詞句の省略によるとする分析が広く受け入れられているが，仁田 (1991)，上田 (2007) が指摘するように，命令文の主語がハ格で明示された場合は「主題」ではなく「対比」の読みとなる．このことからも，命令文の主語省略は，復元可能性に従う主題省略現象とは別のプロセスであることが分かる．長谷川 (2008) 参照．

きるのである．

(19)　a.　{Juan/φ} vio ese film.　　　'John saw that film.'
　　　b.　{Io/φ} ho comprato un libro.　'I have bought a book.'

(19a) はスペイン語，(19b) はイタリア語の例であるが，主語は動詞や助動詞の形態と一致しており省略が可能である．(19) の定形節での主語の省略と命令文での主語の省略の違いは，文のタイプ（Force の素性）と共に，それと連動する述語の形態である．(19) での主語は Infl 素性をもつ述語・助動詞と一致し，命令文での主語は，上述したように C システムの (Force-Fin) と一致する．この命令文における主語省略の現象は，NSL の pro 生起条件も考慮するなら，主語省略に関し，(20) として一般化することができる．

(20)　<u>空主語（主語の省略，無声化）の認可条件</u>
　　　主語の省略は，機能範疇（IP や CP）の主要部の人称素性の一致により可能となる．

このように，主語と述語の一致を，GB 理論内で広く考察された IP 現象に限ることなく CP 領域に広げて考えるなら，命令文の主語省略も，NSL のそれと同様のメカニズムで捉えることができる．違いは，主語との一致と関わる機能範疇（IP か CP か）の違いだけということになる．[16]

　ちなみに，この「命令文の主語省略は「一致」により可能となる」との一般化は，日本語でも英語でも，各々の言語単独の考察だけでは，至ることは難しいと思われる．日本語だけなら，上述したように，命令文の主語省略は「復元可能性」という談話的・語用的条件に従うとされる他の「主題省略」などの現象と区別がつきにくい．しかし，主語省略を一般に許さない英語で命令文の主語が省略できることを同時に考慮するなら，命令文の主語省略は，命令文という文タイプに特有の現象として捉える必要が出てくるわけである．他方，英語の命令文だけを考察するなら，英語の述語の形態は「不定詞

---

[16] 第 5 節では，(19) のような NSL の主語省略も CP 領域が関わる省略として分析する可能性を示唆する．

形」で，φ素性などの「一致」は形態的には観察されないように見えることから，主語省略と述語の形態を結びつけることは難しいであろう．しかし，日本語で命令文に特有の形態が明示されること，英語のような言語でも主語省略が観察されること，の両方を同時に考察すると，CP (Force) の命令 IMP が特定の Fin タイプ［未実現］を指定し，それは言語により特定の形態となって現れ，さらに，IMP は，主語に人称素性［+Ad］要素との一致を要求し，それが局所的に満たされることを条件として，主語の省略が可能となると分析できるのである．ここでの分析は個別言語だけでは到達できない知見が，理論的枠組みの中で複数の異なる言語タイプの現象を考察することで初めて得られる好例と言えよう．

命令文の主語省略から (20) の一般化が得られたが，次節では，不定詞に典型的に想定され「一致による省略」とは対極にあると思われる PRO 主語を扱い，これも CP 領域からの「一致」によると分析できることを論じる．

4. PRO 主語について：CP 領域との一致

省略（無声化）された主語の最も典型的で，どの言語にも観察されると思われるのが PRO 主語である．(21) は英語からの例であるが，PRO 主語の特徴が観察できる．

(21) a. Mary$_i$ tried [PRO$_i$ to fix the car].
     b. John told Mary$_i$ [PRO$_i$ to fix the car].
     c. [PRO*arb* to win] is a lot of fun.
     d. I consider [{him/*PRO} foolish].
     e. Mary wonders [how {she/*PRO} should solve the problem].

PRO については，生成文法の初期以来，その構造的位置と解釈の両面から認可条件が考察されてきた．構造的位置については，PRO は (21d, e) の環境では生起できないことから，時制節でも小節でもない時制を伴わない節 (CP) の主語位置に生起するとされ，GB 理論では，語彙主語が時制辞や上位の動詞などから統率され格を付与されるのとは異なり，統率を受けない（それ故に，格も付与されない）主語とされた．90 年代には，PRO への特別視は多少緩和され，語彙主語同様格付与の対象になるとされたが，音韻素

性を持たないことから，付与される格は主格や対格とは異なる Null Case（無格）とされ，それは，時制を持たない Infl によって付与されるとの分析が提示された．何れにしても，PRO には語彙主語とは異なる特別な構造的認可が想定されてきたのである．そして，その解釈においては，基本的には PRO にのみ適用されるコントロール理論を想定し，(21a), (21b) のように PRO を C 統御する主文の要素 (Mary) があれば，それに依存し（コントロールされ），そのような要素がない (21c) では，随意的 (arbitrary) 解釈を保証してきた．

4.1. PRO 主語と CP

こうしたこれまでの研究に対し，主語の省略を CP 主要部との一致との関わりで扱う本論文で提示してきた分析を想定すると，PRO 自体も，省略（無声化）された主語として，(20) の条件を満たしている要素として分析する可能性が考えられる．本節では，この可能性を，Borer (1989) の PRO 分析を発展させる形で追求し，Rizzi (1997) でも提示されているイタリア語の PRO 現象の考察から，PRO は構造的には CP 領域の要素 (Fin) により認可され，その解釈は，その上位要素の指定部の存在の有無と関わることを論じる．

GB 理論下でも，上述したような PRO の特殊性については認識されており，PRO の認可や解釈を他の一般的な原則から導き出す試みが何度となく追求されてきた．[17] そうした試みのうち，Borer (1989) の PRO 分析は，上記で示した空主語現象の分析と通じる部分があり興味深い．

Borer は，PRO が独立した時制解釈を持たない不定詞節 CP 内に生起し，その解釈は上位文に依存している（局所性を持つ）という事実の説明を，PRO だけに適用されるコントロール規則に求めるのではなく，局所性がその基本である照応詞の性質に求め，その anaphoric な性質（照応必要性）を PRO に由来させるのではなく，不定詞を導く Infl (Agr) 自身のものとし

---

[17] 例えば，Borer (1989), Chomsky (1981), Huang (1984), Manzini (1983), など．Borer (1989) については以下で言及するが，Jeaggli and Safir (1989) も Borer と通じる考え方を提示している．

た．つまり，Infl は（時制解釈の依存も含め）上位文の要素と照応する性質を持ち，Infl と PRO が一致することから PRO の解釈を導き出すとの提案である．具体的には，(21b) を (22) のような構造として分析し，PRO を司る Infl が CP（主要部）に移動し，そこで Infl が主文の先行詞（Mary）に束縛されることで，結果として PRO を認可・解釈するのである．

(22)　John told Mary$_i$ [$_{CP}$ Infl$_i$ [$_{IP}$ PRO$_i$ [$_{Infl}$ e$_i$] to fix the car]].

PRO の認可・解釈に Infl が関わるだけでなく，Infl が CP へ移動していると考える理由は，同じ不定詞節でも，CP の主要部に for が生起すると，PRO が許されないという事実による．

(23)　*It is easy [$_{CP}$ for [$_{IP}$ PRO [$_{infl}$] to fix the car]].

(23) のような例の非文法性については，GB 初期には，PRO は統率されてはならないという PRO 定理から導き出したが，PRO の認可に不定詞 to による「無格」の付与を想定する GB 後期の分析では (23) は簡単には排除できない．しかし，Borer の分析に従えば，CP 主要部の for の存在により Infl は C へ移動できず，結果として，PRO には CP（主要部に移動した Infl）からの認可が不可能となり排除できる．

　この PRO 主語を CP 領域に移動した Infl 主要部により認可するという分析は，命令文の主語を CP 要素との一致により認可し，それは空主語となれるとする上記の提案 (20) と基本的には同様の構造と条件によるものである．この方向性が正しいなら，GB 理論で PRO は特殊な要素と扱われてきたが，PRO が CP に移動した Infl により認可・解釈されるということは，空主語の一般的生起条件 (20) に従っていることになり，PRO も空主語の 1 つのタイプに過ぎないと分析できることになる．

　さらに，Rizzi (1997) のイタリア語の考察を取り入れるなら，PRO には，CP 領域の要素の中でも，特に Fin が関わっていると考えられる．[18]

(24)　a.　Credo che loro apprezzerebbero molto il tuo libro
　　　　　'I believe that they would appreciate your book very much'

---

[18] 例文 (24)-(26) は Rizzi (1997) の (9)-(11) である．詳しくは，本書に，これらの例に関する論考部分の翻訳が p. 346 に収録されているので，参照されたい．

b. Credo di apprezzare molto il tuo libro
'I believe 'of' to appreciate your book very much'

(25) a. Credo che il tuo libro, loro lo apprezzerebbero molto
'I believe that your book, they would appreciate it a lot'

b. *Credo, il tuo libro, che loro lo apprezzerebbero molto
'I believe, your book, that they would appreciate it a lot'

(26) a. *Credo di il tuo libro, apprezzarlo molto
'I believe 'of' your book to appreciate it a lot'

b. Credo, il tuo libro, di apprezzarlo molto
'I believe, your book, 'of' to appreciate it a lot'

Credo 'I believe' はその補文に，che に導かれる時制節，もしくは di に導かれる不定詞節を取るが，左方転移された il tuo libro 'your book' との位置関係では，che はその前に，di はその後に生起する．Rizzi では，左方転移要素の位置を Topic 指定部とし，che はその前に位置することから Force 要素，di は Fin 要素として分析している．Rizzi (1997) では，di 節の空主語の正体についての論考は提示されていないが，以下の seem 系の動詞の例から，不定詞節でも，di 節は CP で主語は PRO, di を伴わない節は，主語上昇を許す（主語は痕跡となる）IP 節であることが分かる．[19]

(27) a. Gianni sembra (*di) [＿＿ essere stanco]
　　　　　seems　(*di)　　　to-be tired
'Gianni seems to be tired.'

b. Mi　　sembra *(di) [PRO essere stanco]
to-me seems　*(di)　　　to-be tired
'(lit.) It seems to me$_i$ (di) PRO$_i$ to be tired.'

(28) a. Mi　　sembra, ieri,　　di PRO avere sbagliato
To-me seems　yesterday di　　to-have made a mistake
'It seems to me$_i$ yesterday (di) PRO$_i$ to have made a mistake.'

---

[19] (27), (28) の例文は，上記の PRO を C により認可する分析へのイタリア語からの決定的な証拠として，Rizzi 氏（個人談話）から提示されたものである．

b. Mi   sembra che ieri,   ho sbagliato
   To-me seems that yesterday, I-made a mistake
   'It seems to me that yesterday (I) made a mistake.'
c. *Gianni sembra, ieri, ____ avere sbagliato
          seems   yesterday   to-have made a mistake
   'Gianni seems yesterday to have made a mistake.'

イタリア語の seem にあたる動詞の補文は，英語と同様に，時制 CP 節 (che, that) でも主語上昇を許す IP 節でもよいが，主語上昇の IP 節は (27a) が示すように di は許されない．イタリア語の seem は，さらに主語上昇とは異なる (27b) のような di 不定詞節を取る．di 節では，主語は空だが，それは上位文の与格要素（mi）によりコントロールを受けることから，PRO と考えられる．(28) は副詞 ieri 'yesterday' が Topic に移動した例だが，(26) 同様，Topic 要素は che の後，di の前に生起する．また，主語上昇を許す節は IP のみで CP 領域が存在しないため，副詞 ieri の前置は許されない．

上記のイタリア語のデータから，空主語（PRO）は di の存在に依存していることが明らかであり，di が Rizzi の主張するように Fin 要素であるなら，PRO は Fin により認可されると分析できよう．(22), (23) における Borer の知見も総合するなら，英語の Infl が C へ移動しているかどうかはともかく，PRO は CP 領域の Fin により認可され，その「認可」を (20) の観点からは，Fin との「一致」によると一般化できる．

空主語が，CP 要素との一致により可能となると考える証拠はさらに NSL 言語の西フラマン語（West Flemish）の pro 主語でも観察できる．[20]

(29) a. ... dase *pro* komt   dase. [pl] [3rd person, F]
        '..., that she comes'
     b. *... da *pro* komt   da: [−pl]（人称素性なし）
        '... that he/she comes'

---

[20] (29) は Jaeggli and Safir (1989: 34, fn 23) からの引用であるが，このデータは Bennis and Haegeman (1984) "On the Status of Agreement and Relative Clauses in West Flemish," *Sentential Complementation*, ed. by W. de Geest and Y. Putseys, Foris によるとのことである．この pro の振る舞いは Haegeman 氏（個人談話）にも確認済みである．

c. *... dan *pro* Kommen　　　　dan: [+pl]（人称素性なし）
　　'... that they come'

興味深いのは，西フラマン語が時制節に空主語 pro を許し，述語の形態も主語との「一致」を示しているにもかかわらず，空主語を認可するためには，述語との「一致」だけでは不十分で CP 要素が必要であり，かつその CP 要素には「人称素性」が欠かせないという事実である．この言語の補文の表示には補文標識としての機能だけでなく，Fin に現れる人称素性も含んでいると考えれば，空主語 pro の認可も，CP の Fin 素性との「一致」により可能ということになる．それは，上記で，命令文および PRO 主語などで主張してきた空主語の認可条件と同じとなり，(20) の仮説を支持するものである．[21]

4.2. PRO の解釈：**PRO***arb*

　GB 理論では，PRO は，Borer などの例外を除き，IP 内部の現象として扱われ，明確な形態的一致が見られないことから，「無格」付与など特殊な扱いが必要とされた存在であった．しかし，IP より上位の CP 構造の観点から考察し直すなら，PRO も CP 領域と関わる空主語現象の1つとして，命令文主語と同様に扱うことができる．PRO が CP 要素と「一致」していると考えることは，PRO が生起する節の CP の機能と構造を，他の空主語を認可する CP の機能と構造と比較して考察するなら，むしろ自然な帰結と思われる．3.2 節で見たように，英語の命令文でも，述語形態は不定形で主語との（いわゆる φ 素性の観点からの）一致は観察されない．しかし，(i) CP が命令文（Force が IMP）であること，(ii) 述語が不定形であり，時制（Fin）が未実現（irrealis）であること，(iii) 主語が人称素性 [+Ad] と一致し，空主語になれること，の3点全てを総合的に考えた結果，主語が CP (Force-Fin) と「一致」し，「一致」の結果，空主語が可能となるとの分析に辿りついたのである．この帰結は，PRO についてもあてはまる．つまり，PRO は，(i) CP (Force) が従属節であること，(ii) 述語が不定形（も

---

[21] ここからの発展は，当然，(19) に示した NSL の pro 一般も Infl との一致だけでなく，CP の Fin も関わっているのか，という問いである．第5節参照．

しくは動名詞形）であり，時制（Fin）が主文の時制に依存すること，(iii)（Borerの分析によれば）主語が上位文の先行詞（もしくは随意的解釈）として，CP内Inflと「一致」する要素であり，空主語であること，の3点が総合して観察される現象であり，空主語認可の一般化 (20) により捉えられるプロセスである．命令文とPRO不定詞文の違いは，CPのForceの素性に帰することができると思われる．命令文ではForce自体が人称素性を[+Ad] と規定していると想定した．これに対し，PROの場合の人称素性（φ素性）は，上位文からのコントロール（もしくは束縛）によると考えられる．しかし，これも，従属節としての（上位文に依存するという）CPの性質・機能から派生されるとするなら，空主語認可にかかわる一般的メカニズムの延長と考えられるだろう．つまり，主文としての命令文のForceの[+Ad] がその上位構造である談話や情報構造からその素性に該当する「聞き手」に照応するのに似て，PROとの一致を促すForceの人称素性は上位文から構造的に得ることができるのである．

この考え方が正しいことを示す興味深い例が，(30) に見られる対比である．

(30) a.　John told Mary_i [PRO_i to fix the car].
　　 b.　John told Mary [how [PRO*arb* to fix the car]].

これらの文のPROには，C統御している主文の要素（Mary）が存在する．(30a) では，(22) で見たように，PROがMaryに照応することが義務的である．しかし，(30b) では，Maryの存在にもかかわらず随意的な解釈が可能である．この2つの違いが補文のCP節のhowの存在の有無にあるのは明らかである．(30b) は，Borerの (22) の分析を額面通りに採用するなら，InflがCPに移動できず，(23) 同様，非文となることが予想されよう．しかし，(30b) が (23) と異なるのは，(23) はCP要素がfor（主要部Cに生起する要素）であるのに対し，(30b) では疑問詞のhowであり，それはCP内の指定部（(2) のCP構造との関係ではFocusPの指定部）に移動すると考えられる要素である．つまり，(23) は，Borerの分析に準じ，InflがC (Fin) に移動できない（もしくは，forがPROと一致する要素ではない）ことから，非文となるが，(30b) のC (Fin) は，Inflが移動してくる（もしくは，PROと一致する非顕在的なFinである）ので非文とはならないの

である.

さて，(30) での PRO 解釈における対比であるが，PRO も命令文の主語解釈同様，Force が上位構造から人称素性を受け，それが Fin と連動し，その Fin との一致で PRO が解釈されるとすると，(30a) は，基本的には (22) と同様だが，Force を経る (31a) のようなプロセスが想定できる．それに対し，(30b) では，CP 内部の Focus の指定部に疑問詞が存在することになる．詳細は，今後，他の CP 内部での素性伝達メカニズムの事例も含め，より注意深い考察が必要だが，Focus 要素が Force と Fin の間に介在することが，上位文からのφ素性の Fin へ伝達を阻止し，その結果 Fin にはディフォルトのφ素性として随意的 arb 解釈が可能となると考えられる．つまり，(30) は (31b) のように分析できるのである．

(31) a.　John told Mary$_i$ [$_{CP}$ Force$_i$ [Fin$_i$ [$_{IP}$ PRO$_i$ to fix the car].
　　 b.　John told Mary$_i$ [$_{CP}$ Force$_i$ [$_{FocusP}$ <u>how</u> [Fin*arb* [$_{IP}$ PRO*arb* to fix the car]]]].

本節の冒頭で，PRO の生起には，常に特別な構造的条件と解釈規則が想定されてきたことを述べたが，上記のように PRO が CP 領域と関わる現象であると分析するなら，そうした PRO にだけ必要な特別な条件や規則は必要がなくなる．PRO は命令文や（一部の pro）などのように CP の未実現という時制解釈を持つ Fin との一致により構造的に認可され，その解釈に関わる人称素性は Force が上位構造との関わり決定するのである．そして，随意的 PRO*arb* 解釈は，主語節の PRO（例えば (21c)）のように Force 自体が上位構造から特定の人称を受けられない，もしくは Force の人称が CP 内の他の要素の介在により Fin へ伝わらないといった場合に観察されるのである．

4.3.　日本語の主文の PRO*arb*

上記の英語の PRO の解釈において，(30b) で CP 内の指定部に疑問詞が起こることで随意的な PRO*arb* 解釈が観察されることを見た．日本語でも，それに似た非常に興味深い現象がある．

(32) a.　φ 駅で新聞を売っている．　　　　　　　　　　　(φ ≠ *arb*)

b.　φ　この町で水曜日にゴミを集めます． 　　　　　($\phi \neq arb$)
(33) a.　駅では　φ　新聞を売っている． 　　　　　　　　　($\phi = arb$)
　　　b.　この町では　φ　水曜日にゴミを集めます． 　　　($\phi = arb$)

　この現象については，長谷川 (1995) で指摘したのだが，ハ格要素の有無により，空主語φ（および時制）の解釈が異なるのである．空主語φは，(32) では，随意的ではなく，会話状況から復元可能な定名詞を指し，これは，いわゆる「主題省略」によるものと考えられる（久野 (1973, 1978)，Hasegawa (1984/85)，長谷川 (2007) 他参照）．時制も，現実の時間軸と関わり (32a) では現在，(32b) では近未来，もしくは（定名詞主語の）現在の習慣を表す．それに対し，(33) では，空主語φは随意的と解釈でき，時制も現在の習慣の可能性もあるが，「そういうものである」という未実現 (irrealis) もしくは全称時制 (universal tense) の解釈が強い．これだけの解釈の違いをもたらしているのは，付加詞の「〜デ句」が主題化されているか否かだけである．つまり，付加詞が主題化されることで，(32) で可能だった主語の主題化の可能性が排除され，(33) の主語は主語位置で空主語となり，随意的解釈が可能となる．上記の英語でも観察されたことだが，PRO と時制解釈（未実現）は連動しており，それが GB 後期において PRO に不定詞 Infl の to により「無格」を与える分析の動機となり，上記の分析では Fin による一致として提示された．(33) においても，主語の随意的解釈と時制解釈の連動が観察できることは，この PRO も Fin により認可されていることを示していると言えよう．

　そして，PRO の随意的解釈だが，主題化要素が Top 指定部に存在することが，(30b) で疑問詞の how が上位文（もしくは Force）からの特定人称解釈を阻止したと同様に，PRO のディフォルト素性である随意的解釈を可能にすると分析できるのである．[22]

---

[22] ただ，この分析が成立するためには，(33) において，主語は (32) とは異なり，Topic へは主語は上昇できないと想定する必要がある．この想定は，久野 (1973) のように，日本語では一般的に主題のハ格は1つしか許されないとすることで支持できるかもしれないが，(i) のような付加詞のデ格要素の主題化は他の項要素の主題化と共起できることが指摘されている．
　　(i)　この町では，資源ゴミは，φ　水曜日に集めます． 　　　　　($\phi = arb$)

5. まとめと発展

本論文では，CP 領域と関わる現象を考察の対象にするなら，日本語も英語などの言語同様，「一致言語」であることを，主文の疑問詞疑問文と命令文の現象から主張した．「一致」は，(8) の原則により機能範疇の指定部か主要部で示されるのだが，指定部（左端部）を用いる英語などの言語の方が構造変化が顕著であるため，日本語のような主要部（右端部）で示す言語より，統語理論研究の観点では，注目を浴びてきたという経緯がある．しかし，日本語の主要部（右端部）に明示的に表れる命令文などの現象を考察すると，CP 指定部に注目したのでは見えてこない CP における一致現象が観察されるのである．本論文では特に，CP 主要部と連動する主語との一致が空主語を認可するとの仮説を提示し，その仮説により PRO 主語を分析した．PRO は，これまで何かと特殊な扱いを受けてきたが，CP 領域の要素との一致により構造的に認可され解釈も受けるとすることで，PRO を空主語一般と同様に扱うことができるのである．

本論文では扱っていないが，長谷川 (2007) では，1 人称の省略（1 人称の空主語）現象も CP 領域のモダリティ主要部により認可されるとの分析を提示した．[23] それに加え，本論文では，命令文や PRO も含め，空主語現象を扱い，これまで「構文別」に記述されてきた空主語を各々の構文とは切り離して「CP 要素との一致による空主語」として統一的に分析することを提案した．生成文法理論は，その発展の軌跡として，言語現象を構文ごとや個

また，富岡聡氏（個人談話）からは，主題要素でなくとも，(ii) のように，疑問文にすることで PRO*arb* 解釈が可能となるとの指摘があった．

 (ii) 何処で φ 新聞を売っていますか． (φ = arb)

さらに，藤巻一真氏（個人談話）からは，(33) のハ格要素は，対比（Focus 指定部）と考えても，PRO*arb* 解釈が可能であるとの指摘も受けた．主文での PRO*arb* 解釈の可能性については，もう少し考察が必要だが，こうした現象に共通するのは，CP 領域要素の存在が関わっていることであることから，本節で論じた方向は基本的に正しいと思われる．

[23] 長谷川 (2007) ではモダリティ句（ModP）を主題句（TopP）より上位としたが，1 人称の認可に関わる ModP の機能は，本論文での ForceP と FinP の連動に置き換えられ，PRO 同様 1 人称の空主語も直接的には Fin により認可されると再分析できる．長谷川 (2008) では，その方向の分析を提示した．

別言語ごとに記述するのではなく，移動や束縛関係など，言語全般に許されるメカニズムの観点から言語現象全体を俯瞰し記述・説明する方向性により理論体系を整備し，結果として，構文ごとや単一言語だけでは得ることのできなかった根源的な一般化を獲得してきた．それにより，言語現象が個別言語や構文ごとの特殊性から解放され，ヒトの認知システムの一環として言語現象を考察することができるようになったわけである．本研究の方向性も，この流れに沿ったものである．音形を持たない主語（空主語）の存在は，これまで主に言語別，構文別に考察されてきた．命令文の you（2 人称要素）省略による空主語，日本語の主題省略によるゼロ代名詞，NSL の pro, 不定詞文の PRO 主語，といった具合である．構文や個別言語に見られる違いから考察するなら，これらの空主語に共通点を探すのは容易ではない．しかし，そもそも空主語は「音形はないが名詞句としての統語的カテゴリーを持つ」という，直感的には「同じ性質」を持つ要素である．そして，同じく直感的に，「空主語」は，「見えない」「聞こえない」わけであるから，その存在と解釈が保証されない限り生起できる筈がないのである．本論文はその直感を，文のタイプや述語と関わる要素との関係から統一的な法則を探り，(20) の一般化を得たのである．

　この方向性は，言語習得の観点からも望ましいものであろう．子どもは，主語が空であることが分かった時に，構文単位でそれを解釈するとは考えにくい．それでは習得が余りに場当たり的，アドホックなものとなろう．むしろ，空主語を認可し解釈する構文を越えた統一的メカニズムがあると想定すると考える方が自然である．それが (20) のようなものなら，子どもが発見することは，空主語と関わる CP 素性の可能性（おそらく，人称素性）を認識し，語用的な機能（Force）の観点とそれと連動する文の定性解釈から，特定素性を見つけ出すことだけである．それは，一義的な言語環境から十分に「習得」できることであると思われる．

　そうだとすると，実は (20) はまだ「複雑」すぎると言えるかもしれない．(20) では，空主語の認可と関わる機能範疇に CP だけでなく IP も想定した．命令文の空主語や PRO の関係から，CP が関わっていることは明白であり，西フラマン語では pro も CP 要素との連動が必要である．とすると，今後の課題は IP が空主語の認可子であると考える必要が本当にあるか否かである．理論の発展上は，本書の序章や第 1 節でも述べたように，統語論

が命題の構造の解明からスタートしたという経緯もあり，ロマンス語などで観察される (19) のような現象では，空主語 (ϕ = pro) が語彙主語同様の述語形態を持ち，照応詞の先行詞となれることなどから，述語形態を示す Infl との一致により認可されると考えることは自然の成り行きであったろう．特に，(34b) のように，空主語が補文標示の que 'that' とも共起できることは，(23) で PRO 主語が補文標示の for とは共起できないこととは対照的で，空主語の認可には CP は関わっていないと考える根拠ともなりそうである．

(34) a. {Juan /el / ϕ } siempre habla de si mismo.
   'John always talks about himself.'
 b. {El / ϕ } dijo que ϕ mato al perro
   he said that killed the dog
  'He said that {he / she} killed the dog.'

(Jaeggli and Safir (1989: 19))

しかし，CP 構造を (2) のように複層的に考えるなら，特に，(5) の英語や (24)–(26) のイタリア語のデータで見られたように，補文標示の that や che, que は CP 内でも Force 要素として Topic や Focus より上位にあると考えるなら，(34) でも CP 内の Fin が空主語の認可に関わっている可能性は残る．スペイン語など，他の NSL 言語の CP に人称を示さない空主語についての更なる考察が必要だが，今後の検証の対象となる「作業仮説」としては，(20) を改訂し，より「強力な」(35) の可能性を考えることが可能と思われる．

(35) 空主語（主語の省略，無声化）の認可条件（改訂版）
  空主語は，CP の主要部素性（おそらく「人称素性」）との「一致」により可能となる．

 GB 理論などこれまでの統語理論研究では，文構造と現象は命題レベル (IP レベル) 内部で捉えることに重きが置かれ，それより上位の CP 構造と機能については，wh 句の移動先程度の最低限のものしか想定してきていない．そして，当然のことながら，命題レベルを越えた現象の記述・説明も大枠でしかなされてきてはいない．しかし，本論文で扱った現象も含め，命題

レベルでは収まらない現象の機能と構造，派生を，CP 機能と構造に照らして考えるという作業は緒についたばかりである．これまで IP レベルからしか見ることのできなかった現象を CP レベルから見ることで，これまでとは異なった一般化や説明が可能となる可能性は大いにある．本論文では，CP 領域での一致現象から空主語の認可を扱い，(20)（その発展として (35)）を提示し，言語における空主語一般がそれに収斂される可能性があることを論じた．

参照文献

Abe, Jun (2008) "Embedded Sluicing in Japanese,"『「文の語用的機能と統語論：日本語の主文現象からの提言 (1)」平成 19 年～21 年度科学研究費補助金（基盤研究(B)）研究報告書』長谷川信子(編) 121-174, 神田外語大学.
Borer, Hagit (1989) "Anaphoric AGR," *The Null Subject Parameter*, ed. by Osvald Jaeggli and Ken Safir, 69-109, Kluwer, Dordrecht.
Cheng, Lisa (1991) *On the Typology of Wh-Questions*, Doctoral dissertation, MIT.
Chomsky, Noam (1981) *Lectures on Government and Binding*, Foris, Dordrecht.
Emonds, Joseph (1976) *A Transformational Approach to English Syntax: Root, Structure-Preserving, and Local Transformations*, Academic Press, New York.
Fukaya, Teruhiko (2007) *Sluicing and Stripping in Japanese and Some Implications*, Doctoral dissertation, University of Southern California.
Fukui, Naoki (1988) "Deriving the Differences between English and Japanese: A Case Study in Parametric Syntax," *English Linguistics* 5, 249-270.
Hasegawa, Nobuko (1984/85) "On the So-called Zero-Pronouns in Japanese," *The Linguistic Review* 4, 289-342.
Hasegawa, Nobuko (1991) "Affirmative Polarity Items and Negation in Japanese," *Interdisciplinary Approaches to Language*, ed. by Carol Georgopoulos and Roberta Ishihara, 271-285, Kluwer, Dordrecht.
Hasegawa, Nobuko (1994) "Economy of Derivation and A′-Movement in Japanese," *Current Topics in English and Japanese*, ed. by Masaru Nakamura, 1-25, Hituzi Syobo, Tokyo.

長谷川信子 (1995)「省略された代名詞の解釈」『日本語学』14, 27-34.
Hasegawa, Nobuko (2005) "EPP Materialized First, Agree Later: Wh-questions, Subjects and *MO*-phrases," *Scientific Approaches to Language* 4, 33-80, 神田外語大学, 言語科学研究センター.
Hasegawa, Nobuko (2006) "Honorifics," *The Blackwell Companion to Syntax, Vol. 2*, ed. by Mertin Everaert and Henk Van Riemsdijk, 493-543, Blackwell, Malden, MA.
長谷川信子 (2006)「Sluicing and Truncated Wh-Question」『言語科学の神髄を求めて』鈴木右文・水野佳三・高見健一（編）, 453-470, ひつじ書房, 東京.
長谷川信子 (2007)「1 人称の省略：モダリティとクレル」『日本語の主文現象：統語構造とモダリティ』長谷川信子(編), 331-369, ひつじ書房, 東京.
長谷川信子 (2008)「節のタイプと呼応現象：CP システムと空主語の認可」『「文の語用的機能と統語論：日本語の主文現象からの提言 (1)」平成 19 年〜21 年度科学研究費補助金（基盤研究(B)）研究報告書』長谷川信子（編）, 5-36, 神田外語大学.
Hasegawa, Nobuko (2009) "Agreement at the CP Level: Clause Types and the 'Person' Restriction on the Subject," *The Proceedings of the Workshop on Altaic Formal Linguistics* 5, 133-152, MITWPL, MIT.
Huang, C.-T. James (1984) "On the Distribution and Reference of Empty Pronouns," *Linguistic Inquiry* 15, 531-574.
井上和子 (1976)『変形文法と日本語上・統語構造を中心に』大修館書店, 東京.
井上和子 (2007)「日本語のモーダルの特徴再考」『日本語の主文現象：統語構造とモダリティ』長谷川信子（編）, 227-260, ひつじ書房, 東京.
Jaeggli, Osvald and Ken Safir (1989) "The Null Subject Parameter and Parametric Theory," *The Null Subject Parameter*, Osald Jaeggli and Ken Safir, 1-44, Kluwer, Dordrecht.
久野暲 (1973)『日本文法研究』大修館書店, 東京.
久野暲 (1978)『談話の文法』大修館書店, 東京.
Kuroda, S.-Y. (1988) "Whether We Agree or Not: A comparative Syntax of English and Japanese," *Papers from the Second International Workshop on Japanese Syntax*, ed. by William Poser, 104-143, CSLI Publications, Stanford.
Kuwabara, Kazuki (1997) "On the Properties of Truncated Clauses in Japanese,"『「先端的言語理論の構築とその多角的な実証」平成 8 年度 COE 形成基礎研究費研究成果報告 (1)（課題番号 08CE1001）』井上和子(編), 1-A, 61-83, 神田外語大学.

Manzini, Rita (1983) "On Control and Control Theory," *Linguistic Inquiry* 14, 421-446.

Miyagawa, Shigeru (2010) *Why Agree? Why Move?: Unifying Agreement-Based and Discourse Configurational Languages*, MIT Press, Cambridge, MA.

益岡隆志 (1991)『モダリティの文法』くろしお出版, 東京.

益岡隆志 (2007)『日本語モダリティ研究』くろしお出版, 東京.

南不二男 (1974)『現代日本語の構造』大修館書店, 東京.

仁田義雄 (1991)『日本語のモダリティと人称』ひつじ書房, 東京.

野田尚史 (1995)「文の階層構造からみた主題ととりたて」『日本語の主題と取り立て』益岡隆史・野田尚史・沼田善子(編), 1-35, くろしお出版, 東京.

Pak, Miok (2005) "Investigating the Role of Sentence End Particles in Korean," ms., Georgetown University.

Pak, Miok (2006) "Jussive Clauses and Agreement of Sentence Final Particles in Korean," *Japanese/Korean Linguistics* 14, 295-306.

Portner, Paul (2004) "The Semantics of Imperatives within a Theory of Clause Types," ms., Georgetown University.

Portner, Paul and Raffaella Zanuttini (2003) "Decomposing Imperatives," ms., Georgetown University.

Radford, Andrew (2004) *Minimalist Syntax: Exploring the Structure of English*, Cambridge University Press, Cambridge.

Rizzi, Luigi (1997) "The Fine Structure of the Left Periphery," *Elements of Grammar: Handbook of Generative Syntax*, ed. by Liliane Haegeman, 281-331, Kluwer, Dordrecht.

Takahashi, Daiko (1994) "Sluicing in Japanese," *Journal of East Asian Linguistics* 3, 265-300.

田窪行則 (1987)「統語構造と文脈情報」『日本語学』6, 37-48.

上田由紀子 (2007)「日本語のモダリティの統語構造と人称制限」『日本語の主文現象: 統語構造とモダリティ』長谷川信子(編), 261-294, ひつじ書房, 東京.

第 2 章

終助詞のカートグラフィー*

遠藤　喜雄

本稿では，近年ヨーロッパを中心に開発中のカートグラフィープロジェクトの観点から，日本語の終助詞を考察する．まず，終助詞が多重に生じる場合（例えば，「来たわーよーね」），その線形順序は Cinque (1999) の提案する普遍的なムード階層により決定されることを見る．次に，終助詞には，名詞性と焦点性を併せ持つタイプがあるという新たな事実を指摘し，それが日本語の主文要件を満たす可能性を探る．最後に，聞き手が関与する終助詞における人称の性質が，終助詞の移動に関与することを見る．

1. はじめに

　本稿では，近年ヨーロッパを中心に開発中のカートグラフィープロジェクトの観点から，日本語の終助詞を考察する．カートグラフィープロジェクトとは，第 2 節で見るように，普遍的な統語構造を地図 (cartography) のように詳細に記述することを目指す研究計画である．こ研究計画に見られる普遍的な統語構造は，言語間に見られる統語構造の解明にも有効で，本稿で

---

* 本論文は，2007 年 9 月 3 日に神田外語学院で行われた神田外語大学言語科学研究センター (CLS) 主催の言語学ワークショップ「語用機能と統語論」において口頭発表したものに，大幅な加筆修正を加えたものである．以下の方々から頂いた貴重なコメントや質問に心より感謝する（敬称略）：井上和子，稲垣大輔，内堀朝子，栗原和生，佐野まさき，宮川繁，長谷川信子，上田由紀子．尚，本研究は，日本学術振興会科学研究費補助金基盤研究 (B)『談話のカートグラフィー研究：主文現象と複文現象の統合を目指して』（研究代表者：遠藤喜雄）および日本学術振興会科学研究費補助金基盤研究 (B)『文の語用的機能と統語論：日本語の主文現象からの提言』（研究代表者：長谷川信子）の補助を得てなされている．最後に，本稿における不備は全て筆者に帰するものである．

は，このカートグラフィーの視点から，日本語の終助詞に焦点を当て，以下の点を論じる．

(I) 終助詞が多重に生じる場合（例えば，来たわーよーね），その順序は Cinque (1999) の提案する普遍的なムードの階層構造により決定される．

(II) 終助詞には，名詞性と焦点性を併せ持つタイプがあり，それはフランス語等と同様のパタンで，主語要件 (EPP) を満たすことが可能である．

(III) 終助詞には，聞き手が関与する対人ムードを表す豊かな人称の指定を持つタイプがあり，この豊かな素性が主語要件を満たす．

本稿は，次のように構成されている．まず，第2節で，本稿の背景となるカートグラフィーの基礎的な考えを，チョムスキーのミニマリスト・プログラムとの関係を考慮しながら俯瞰する．次に，第3章で，終助詞と Cinque のムード階層の関係を考察する．さらに，第4章で，終助詞の名詞性と焦点性を比較統語論の観点から論じ，とりわけ，聞き手が関与する人称が主語要件満たすのに重要な役割を演じることを見る．第5章は，全体のまとめである．

2. カートグラフィー概要：ミニマリスト・プログラムとの関係

カートグラフィーとは，the cartograohy of syntactic structures の略で，1990年代の中頃に Guglielmo Cinque と Luigi Rizzi が共同で開始した研究プロジェクトである．その趣旨は，普遍的な統語構造を地図のように詳しく記述することを目指す点にある．この研究プロジェクトに見られる普遍的な統語構造は，言語間に見られる統語構造の解明にも有効で，比較統語論の分野でも実りの多い研究成果がもたらされている．カートグラフィーの豊かな統語表示は，最近チョムスキーを中心に開発中のミニマリスト・プログラムの簡素化された統語表示とは整合しないように思われることがある．しかし，これら2つの研究プロジェクトは，共に共通した生成文法の基盤の上に立っている．まず，この点を確認しよう．

生成文法は，脳に内在する人間という種に特有な (species-specific) 言語

を操る能力の基盤となっている言語器官 (language faculty) の特質を解明することを目標に掲げている (Chomsky (1995)). この言語器官は, 脳の性質に関わる認知機構の解明を目指す認知科学 (cognitive science) の一分野となる. 英語や日本語といった個別言語の間に見られる言語間の差はもちろん存在するが, それらには共通する基盤が存在し, それは人間が生まれた時の言語器官の初期状態である普遍文法 (Universal Grammar) に由来する. 生成文法の主な関心事は, この普遍文法の性質の解明にあるのだが, その解明において重要な役割を演じる考えとして, 統一性原理 (Uniformity Principle) がある (Chomsky (1999: 2)). この原理は, よほど強力な反例がない限り, 言語のメカニズムは同じと考えて普遍文法の構築を試みる, という趣旨のものである. この統一性原理の指針によれば, 言語間に見られる差異は, 言語習得の段階で子供が入手可能な言語事実に限定され, その因子はパラメターと呼ばれる. 生成文法の実際の研究は, 日本語や英語といった個別言語の特質を見ながら行われるのであるが, そこでは, 個別言語に見られる一般的な特質に焦点が当てられ, その特質が他の言語にも見られる普遍文法の特性ではないかという期待を持ちながら研究がなされる. 本稿の日本語の終助詞研究も, そのような視点からなされている.

では, 個別言語に見られる普遍的な言語の側面とはどのようなものであろうか? 現在までの生成文法研究の辿り着いた答えは, 統語構造にある. 言語は, 音と意味を持ち, ある言語の能力を持つことは, 無限の (infinite) 長さを持つ音と意味のペアを生成する能力を持つことを意味する. これは, チョムスキーのミニマリスト・プログラムと呼ばれる最新の言語研究プログラムにおいて, 統語論における再帰性 (recursive) と呼ばれる性質に起因する, これにより, 無限の長さの文が生成可能となる. この再帰性を持つ統語構造は, 音と意味に関わる部門に転送され, 人が考えを組み立てたり, メッセージを伝達するのに活用される. 言語の操作は, (i) この音と意味のインターフェイスの性質と (ii) 経済性の原理の2つによる効率的な演算装置により支えられている.

より具体的には, 再帰性を備えた統語構造は, 併合 (Merge) という操作により形成される言語の表示である. この操作は, A と B という任意の統語要素を結合し, [AB] という複合体を形成する.

(2) 併合 (Merge)：　　A　　B　➡　[A B]

(cf. Chomsky (1995))

例えば，次の日本語の文 (3a) を見よう．

(3) a.　批判＋され＋てい＋ない＋だろう
　　b.　述語＜ボイス＜アスペクト＜否定＜ムード
　　c.　The book would　not　have　been criticized
　　　　ムード＞否定＞アスペクト＞ボイス＞述語

(3a) の文では，述語「批判する」にボイス要素「られ」が後続し，次にアスペクト要素の「てい」が後続するという (3b) の線形順序が見られる．Baker (1985) の鏡像原理 (mirror principle) によれば，動詞から離れていけばいくほど，その要素は，より高い階層に属することになるのだが，これは，次のように説明可能となる．(3a) においては，述語「批判す」にボイス要素「られ」が併合し，ボイスの階層が形成される．この統語構造にアスペクト要素の「てい」が併合され，ボイスよりも上位のアスペクトの階層が形成される．この手順を再帰的に踏むことで生成される日本語の機能範疇の階層構造は，ほぼ世界中の言語に普遍的に見られる構造で，例えば，次に見るように，英語にも同じ階層が存在する．2つの言語の違いは，階層の主要部が，階層の前に生じるか後ろに生じるかというパラメーターによる．

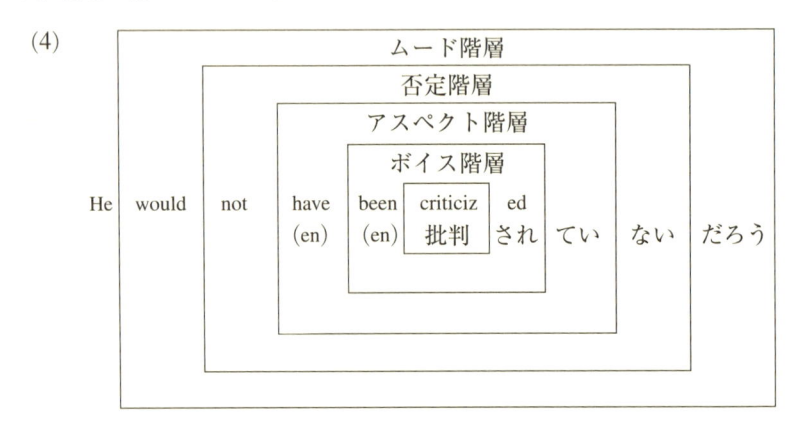

(4)

					ムード階層			
				否定階層				
			アスペクト階層					
			ボイス階層					
He	would	not	have (en)	been (en)	criticiz 批判	ed され	てい	ない	だろう

この併合の変異として，次に見る内的な併合 (Internal Merge) がある．これは，いわゆる移動操作で，AがBと併合される際に，その一方のAが，

Bの中から取り出されて，Bと併合される．

(5)　[B ... A ...]　➡　[A [B ... ＿＿ ...]]

内的併合の例として，次の英語の例を見よう．

(6)　Which book [do you think I should you read ＿＿]?
(7)　a.　This book, [you should read ＿＿]
　　　b.　(It is) THIS BOOK [(that) you should read ＿＿ (rather than something else)]

(6)では，bookという統語要素が，括弧でくくられた要素の下線部分から取り出され，その作用域をマークする文頭の疑問の位置へ内的に併合（＝移動）されている．その結果，which book が補文ではなく主文に作用域を持つ統語表示が生じる．一方，(7a, b)では，book という要素が，括弧でくくられた要素の下線部分から取り出され，文頭の主題や焦点の位置に移動され，文頭の位置で主題や焦点の談話情報が付与されている．

　この移動が関わる文においては，2つの意味解釈が付与される．1つ目は，項構造（argument structure）／意味役割（semantic role）に関わる意味解釈で，基底の統語位置で付与される．2つ目は，文頭で付与される意味解釈で，そこでは，作用域や談話の意味が付与される．なぜ自然言語では，この2つの意味は，同じ1つの位置に付与されず，異なる2つの統語位置に付与されるのであろうか？　その答えは，自然言語が，1つの統語位置に1つの特性を付与するという局所的な簡素化（local simplicity）の道を選択していることに答えを求めることが出来る（cf. Rizzi (2004: 7-8), Rizzi (2009)）．

　カートグラフィーでは，この局所的な簡素化を最大限に活用して，統語構造が音／意味の部門とストレートに繋がると想定する．項構造や意味役割に関しては，Hale and Keyser (2002) や Chomsky (1995) に見るように，その動作主や主題といった情報が，特定の統語構造の位置で付与され，作用域／談話に関しては，Rizzi (1997, 2004) に見るように，文頭の特定の位置で付与される（＝(8)）．これにより，統語構造と意味／談話がストレートに繋がることが可能となる．つまり，意味の情報を構造で表す（syntacticize）ことにより，統語と意味がストレートに繋がるのである．

(8) Force＞Topic＞Focus＞Modifier＞Q＞Fin(iteness)＞(IP)

(cf. Rizzi (2009))

ここで，一番高い階層に属する Force は，疑問や肯定や命令といった文のタイプを表す発話行為に関わる．一番下の，Fin は，文の定形／非定形を表す．そして，その間には，主題や焦点の統語位置がある．この談話／作用域の領域は，従来の生成文法で CP という単一の統語位置と想定されて来た．実際，主題や焦点といった談話や作用域に関わる要素が生じない場合は，この Force と Fin の間の機能範疇が活性化されず，Force と Fin が融合した (syncretic) 形式が生じる．そして，主題や焦点といった談話や作用域に関わる要素が生じる場合，Force と Fin の間の領域が活性化され，(8) にみる分析的 (analytic) な形式が生じる．(cf. Rizzi and Shlonsky (2006)，Luigi Rizzi（私信）).

以上，意味役割や項構造を構造的に表示する (syntacticize) することで，統語と意味がストレートに繋がる文法体系を概観した．Cinque (1999) は，この考えを，項以外の要素である副詞や助動詞に拡張した．つまり，様々なムード表現が階層的に表現され，後に見るようにムードに関わる統語と意味がストレートに繋がることが可能となる．この局所的な簡素化により生じる豊かな統語表示は，チョムスキーのミニマリスト・プログラムの簡素化された統語表示と整合しないように見えるのだが，ミニマリスト・プログラムの簡素な統語表示はカートグラフィーの豊かな統語表示の略記 (shorthand) であり，両者は整合する文法体系である (Chomsky (1999: fn 8))．

さて，本稿の中心となる考えは，この豊かな統語表示の中のムード表現に関わる階層にあり，カートグラフィーでは，次に見るように，特定のムードに関わる一連の機能範疇の主要部が想定される．その主要部では，ムードの助動詞が認可され，その指定部では，ムードの副詞が認可される．

(9) [*frankly* Mod$_{speechact}$ [*fortunately* Mod$_{evaluative}$ [*allegedly* Mod$_{evidential}$ [*probably* Mod$_{epistemic}$ [*once* T(Past) ...

この階層により，副詞は上に見る特定の線形順序で文中に配列されることとなる（日本語の副詞については，Endo (2006, 2007) を参照）．以上を念頭において，次節では，日本語の終助詞を，普遍的なムード階層の点から考察

する．

3. 終助詞

　本節では，上で概観した普遍的なムード階層の観点から日本語の終助詞を分析する．この分析の利点は，次のようにまとめることが出来る．

(10) a. 複数の終助詞が生じる場合（例えば，〜したわーよーね），なぜその配列順序で並ぶかが説明可能．
　　 b. 他言語の構文と日本語の終助詞の間に共通の原理が働いていることが解明可能．

　筆者の知る限り，日本語学や国語学における日本語の終助詞研究の多くは，終助詞の特徴を談話との関わりで記述することに主たる関心があった．（例えば，中川・小野（1996）の言語処理の研究，談話理論による金水・田窪（1992）を参照．）それに対して，本稿の新しい視点は，終助詞の持つ統語的な特質の解明を普遍文法の視点から目指している点にある．

　まず，日本語の終助詞に見られる一般的な特質を見よう．終助詞には，「わ」「よ」「ね」等の要素が含まれ，主節の時制を伴う動詞の右側に生じる．具体例を見よう．

(11) a. 太郎が行った．
　　 b. 太郎が行ったわ．

(11b) の文では，話し手が女性である／女性の振りをしていることが，終助詞「わ」によって示されている．これに類似した現象は，フランス語の分詞に見られる．

(12) a. Il　est séduit
　　　　he　is　attracted
　　　　'He is attracted'
　　 b. Elle est séduite
　　　　she　is　attracted
　　　　'She is attracted'

(12b) においては,「主語」が女性であることが, 分詞 séduite の末尾に生じる接辞 e によって示されている. ここで重要なのは, 日本語の場合, 文末に「わ」を使うのが, 典型的には女性の「話し手」であるという点, そして, その話し手は必ずしも女性である必要はなく, 男性の話し手の場合, 柔らかな響きを意図するムードの用法であるという点である.

本論文では, そもそも, 複数の終助詞が生じた場合, なぜある特定の語順で生じるのか (例えば,「来たわよ」は可能であるが「*来たよわ」は不可能である等) を, 普遍なムード階層の視点から明らかにする. 以下では, 従来の研究で解明された日本語の終助詞の特質を整理して, 各終助詞が普遍的なムード階層の中でどこに位置づけられるかを探る. その目標を達成するために, 本稿では, 終助詞研究の最も包括的な研究である Uyeno (1971) の研究を出発点にして終助詞の特質を整理／洗練しながら, それらの特質が普遍的なムード階層のどの統語的なポジションに位置するかを探るという手法をとる.

3.1. わ

まず, 終助詞「わ」を見よう. この終助詞は, 次の特質を持つ: (i) 時制要素の後に生じ, (ii) 話し手が女性であるかまたは女性の振りをしていることを示し, (iii) 話し手の社会的地位が聞き手の社会的地位と同じであるかそれより低いことを示す (Uyeno (1971)). 具体例を見よう.

(13)　洗濯をするわ.

ここで, 終助詞「わ」は, 現在形の動詞「する」の後に生じ, 話し手が女性であることを暗に示し (imply) ている (この点については Tsujimura (1996: 375-376) を参照). しかし, この文は男性によって用いられることも可能であり, その場合, 女性的な意味合いを添えることで柔らかな語調を文に持たせることが意図される. この用法は, アラビア語属の法／ムード (mood) 要素に見られる特徴である (Ur Shlonsky (個人談話)). 実際, 上の文で, 終助詞「わ」は, 顕在的に表されていない話し手と呼応し, 話し手のムードを表している.

(14)　太郎が洗濯をしているわ.

この終助詞「わ」を伴う文 (14) の意味は，生成意味論で活発に議論された遂行動詞 (performative verb) を用いて，概略 I mildly insist that Taro is doing the washing のように表すことができる (Uyeno (1971))．

以上を踏まえて，前節で見た普遍的なムード階層の中で，この終助詞「わ」が，どこに位置するかを考察しよう．まず，終助詞「わ」は，先に見たように，女性的な柔らかな響きを文に与える機能を持つという点で，法 (mood) の意味を持つ．

次に，終助詞「わ」は，「～でしょう」等の認識 (epistemic) のムード要素と相補分布をなす．(「～かもしれない」といった根源的な (root) 法要素とは共起可能である．)

(15) *来る　わ　でしょう／*来る　でしょう　わ．
　　　Cf. 太郎は　来る　かもしれない　わ．

このように，終助詞「わ」は，法 (mood) の意味を持ち，認識のムード要素と相補分布をなすことから，問題のムード階層の中で Epistemic Modal Phrase の主要部を占めると考えることが出来る．

(16) 　[*frankly* Mod$_{speechact}$ [*fortunately* Mod$_{evaluative}$ [*allegedly* Mod$_{evidential}$
　　　[*probably* Mod$_{epistemic}$ [*once* T (Past) ...

3.2. さ

次に終助詞「さ」を見よう．この終助詞の主な機能は，話者が文の表す命題内容に馴染みがある (familiar) ことを伝える点にある．そのため，終助詞「さ」を伴う文は，当然のこと (as a matter of course) という意味合いを持つ．Uyeno (1971) によれば，終助詞「さ」の意味は，「よう」，「らしい」，「そう」といった，話者が「見た目」に基づいて判断をするムード要素と対照をなし，談話の中で話者にとって馴染みがあると想定 (supposition) する命題内容についての心的態度を表すのに用いられる．具体例を見よう．

(17) a.　これ何？
　　　b.　?これ何さ？
　　　c.　*どうする (の) さ？

(17b, c) の文は，終助詞「さ」を談話の始まりに用いることが困難であることを表している．前述のように，終助詞「さ」が用いられると，談話中の命題内容が話者にとって馴染みがあることが想定されるため，馴染みがある内容を想定できない談話の始まりの疑問文で，「さ」を用いると非常にすわりが悪くなる．もし，上の (17b, c) の文を強いて解釈しようとするなら，談話の中でいくつかの事物や事柄が既に話題になっており，その中の 1 つについて問題にする解釈 (Pesetsky (1987) が談話連結 (D(iscourse)-link) と呼ぶ解釈) の文脈や談話が必要となる．この談話連結とは，wh 要素が指示する内容が，談話の中で既に話し手と聞き手に了解されているという現象である．例えば，バラと，菊と百合の 3 つの花が談話の中で取り上げられており，話し手が聞き手に，その 3 種類の花の中で，どれが好きかを質問する場合，その「どの花」という表現が談話連結されている表現となる．文 (17c) に適切な解釈を付与したい場合，先行する文脈で，いくつかの行うべき事柄が話題に上っており，話し手が聞き手に，そのうちのどれを実行するかを質問する状況が求められる．

このように，談話の中である事柄を想定しているか否かといった助動詞の区別は，英語にも見られる．Uyeno (1971) が Robin Lakoff との私信として紹介している次の英語の be going to と will の違いを見よう．

(18) a. I'll buy some roses.
　　 b. I am going to buy some roses.

Lakoff によれば，話し手が花屋に行って，行き当たりばったりである花を買う場面では，(18a) の文が用いられる．一方，あらかじめ特定の種類の花を買うことを話し手が想定している場合には，(18b) の文が自然に用いられる．つまり，ここでは，命題内容が既に話し手に馴染みがあるという認識 (epistemic) に関する法 (mood) や心的態度が表されている．Cinque (1999) によれば，認識のムード要素は，こういった命題に対する話者の確信の度合いを表す際に用いられる．例えば，副詞 obviously や apparently は，命題内容が話者にとって確信の度合いが高いか低いかを表す．また，Ernst (2002: 104) によれば，認識のムード要素は，話し手が命題内容を前提として判断を下すため，その前提部分は話し手の新たな主張となる疑問の作用域に入れない．その結果，*Has she *surprisingly* finished her work の

非文法性に見るように，認識のムード要素 surprisingly が疑問文に生じることが不可能となる．これと同様に，日本語の終助詞「さ」も，先に見たように，話し手が命題内容を前提としながら，話し手の確信の度合いが高いことを示す．その結果，終助詞「さ」は，新たな情報を求める疑問の助詞「か」と共起せずに，「*来たのかさ」という文は非文法的となる．（ちなみに，対人関係を表す他の終助詞は，このような性質を持たず，後に見るように，「来たかね」のように，疑問の終助詞と共起可能となる．）

このように終助詞「さ」は，「わ」と同様に，認識のムードの主要部を占めると考えることができる．実際，終助詞「わ」と「さ」は，「*来るわさ，*来るさわ」のように同時に生じることはなく，相補分布の関係にある．この事実は，認識の法を表す機能範疇の統語位置が1つしかない点に求めることができる．

以上の考察から，終助詞「さ」は，ムード階層において，終助詞「わ」と同様に，Epistemic Modal Phrase の主要部を占めると考えることが可能で，終助詞「わ」と「さ」の違いは，命題に対する話し手の確信の強さとと前提の強さにあると言える．

(19)　[*frankly* Mod$_{speechact}$ [*fortunately* Mod$_{evaluative}$ [*allegedly* Mod$_{evidential}$ [*probably* Mod$_{epistemic}$ [*once* T(Past) …

3.3. よ

次に，終助詞「よ」を見よう．この終助詞は，話し手が聞き手に情報を与える際に，強調 (emphasis) を暗に示す (imply) という機能を持つ (Uyeno (1971))．終助詞「よ」の他の特質に着目した見方としては，松岡 (2003) があり，そこでは，終助詞「よ」を，モーダル表現とし，次の観察をしている．

(20)　彼は元気がないようだ(*よ)．

ここでは，彼の元気がない状況が表されている．この元気がないという心理状態は彼以外は知ることが出来ない．そのため，話者が立ち入った判断を下すムード要素の「よ」が用いられると非文法性が生じる．

それ以外の終助詞「よ」の特質については，Kuroda (1973: 383) により，

伝達（reportive style）の機能が指摘されている．この点は重要で，「よ」は，「わ」や「さ」と異なり，聞き手を巻き込む対人的なムードの意味合いが強い．[1]

以上，終助詞「よ」の持つムードの側面を見たが，次に，この終助詞「よ」の持つ「評価」のムードの側面を見よう．

(21) A: お名前は？
　　　B: *山田です(よ)

この会話文では，話者 B にとって，自分の名前は，評価（evaluation）をする余地のない情報であるため，評価の意味合いを持つ終助詞「よ」が生じると，不自然な響きを持つ文となっている．この文を解釈可能とするためには，B が記憶喪失に陥っていることを自らが認識している状況を想定し，自分の名前であっても評価する余地が残される状況が必要となる．そのような状況であれば，例えば，B は，「えーと，たしか山田でしたよ」のように答えることが可能となる．

この終助詞「よ」と似た性質は，他言語にも見られる．Palmer (1979) によれば，英語の法助動詞 should は，命題内容の表す事象（event）が実現しないかもしれないことを話し手が認めている（admit）場合に用いられるのに対し，法助動詞 must が用いられるのは，命題内容の表す事象に対して話し手が立ち入って（involve）いる場合である．そのため，自分が立ち入った内容を否定する文が後続すると，次の (21a, b) に見るように不自然な響きを伴う文が生じる．

(22) a. He should come, but he won't.
　　　b. *He must come, but he won't.
　　　c. ??太郎は行くよ．行かないかもしれないけど．

Aboh (2006) は，サラマッカ語の *abi-fu* と *fu* の違いにも同様の差が見られることを観察している．サラマッカ語では，これらの要素は CP 領域に

---

[1] Tenny (2006) は，終助詞「よ」が "I am telling you," という意味を伝えているとして，Speech Act Phrase の主要部を占めるとしている．この分析では，終助詞「よ」の持つ評価の解釈が捕らえられないと思われる．

生じるという統語的な議論が展開されており，後に見るように，日本語の終助詞が CP 領域に移動するという考えと符合している．日本語の終助詞「よ」も同様に，命題内容の表す事象に話者が立ち入って評価を下すという機能を持つ．

最後に，終助詞「よ」が持つ「驚き」の意味に着目しよう．終助詞「よ」は，ある種の強調の意味を伴うが，次の (23a) に見るように，それに加えて，話し手が前の談話で提示された内容に対して驚きを伴って否定する意味を表すことがある（宮川繁（個人談話））．

(23) a. A: 今日のパーティー，太郎は来ません．
     B: え，来るよ．
  b. Ku say-ka   cwuk-ess-keyss-*kuwun*-a!
     that bird-NOM die-ANT-EPISTEM-EVALUAT-DECL
     'That bird must have died'

この日本語の終助詞「よ」の強調の用法に驚きの意味を伴う現象は，韓国語の助動詞 kuwun を含む上の (23b) の文にも見られる．Cinque (1999) は，この驚きを伴う強調のムードが，話者の評価を表すという性質によるとしている．本稿では，この考えを採用し，同様の意味を持つ日本語の終助詞「よ」が，Evaluative Modal Phrase の主要部を占めると考える．

(24) [*frankly* Mod_speechact [*fortunately* Mod_evaluative [*allegedly* Mod_evidential [*probably* Mod_epistemic [*once* T(Past) ...

ここで重要なのは，前述の認識の終助詞「わ」や「さ」が話し手の認識ムードを表すに対して，評価の終助詞「よ」が聞き手の関与する対人表現 (interpersonal expression) の側面を持つ点である．この点は，次の事実によって確認できる．話し手の認識を表す「わ」や「さ」は，対人が関与する疑問の助詞「か」と共起しないが，聞き手も関与する対人の「よ」は，同じく対人が関与する疑問の助詞と共起可能である．

(25) a. *来るのかわ／さ．
  b. 来るのかよ．

この事実は，次のように説明可能である．話し手の認識を表す「わ」や「さ」

は，聞き手が関与しないため，聞き手を必要とする疑問の助詞「か」と共起できない．一方，終助詞「よ」は，聞き手が関与する用法であるため，聞き手が関与する疑問の助詞と共起可能となる．

3.4. ね

次に終助詞「ね」を考察しよう．終助詞「ね」は，「ねえ」「な」「なあ」等の変異形 (variant) があるとされている (cf. Uyeno (1971))．終助詞「ね」の主たる機能は，話し手の命題に対する弱い確認の意味にある．その働きは，英語の付加疑問文 (tag-question) と似た側面を持ち，発話行為 (speech-act) を表す．例えば，話し手は，「ね」を使うことで，聞き手から同意 (agreement) を得る発話行為を行っている．

ただし，中川・小野 (1996) が示すように，「ね」の変異形とされる終助詞「な」には，必ずしも聞き手が存在する必要はない．例えば，次の (26a, b) に見るように，「ね」と「な」の最小対立の文において，「な」を含む文は，独り言でも自然に用いることが可能である．

(26) a.　出かけたな．
　　　b.　出かけたね．

独り言で使用できるムード要素は，話し手の認識を表すムードであるのに対して，聞き手を必要とするムード要素は，対人のムードである．この点で，「な」と「ね」は異なるムード体系に属し，異なる機能範疇で認可されると考える方が良いと思われる．実際，(27) に見るように，「ね」と「な」は統語的な分布も異なる．

(27) a.　来たわね．
　　　b.　*来たわな．

さらに，終助詞「ね」は，話し手が聞き手に対して確認をするという発話行為 (speech-act) の機能を持つのだが，「な」にはそのような機能はない．むしろ，「な」は，証拠性 (evidential) のムードを表す．次の Uyeno (1971) からの例を見よう．

(28)　火事だ(な／なあ)．

この終助詞が用いられない場合，火事が発生したという事象を話者が直接に目撃した中立的な判断を表す．一方，終助詞「な」が用いられると，話し手が自分の部屋にいて消防車のサイレンの音など何らかの火事の証拠を基にして，火事が発生しているという事柄に対して判断を下していることが暗に示されている．ここで言うは証拠は，証拠性 (evidentiality) と呼ばれ，直接的な証拠 (direct evidence) と間接的な証拠 (indirect evidence) に下位区分されることが多い．上の文は，終助詞「な」が用いられた場合，音による間接的な証拠によって話し手の認識を表す文となる．

　この証拠性のムードは，一般に話し手がある証拠を基に判断を下しさえすれば良いので，必ずしも聞き手を想定する必要がない．そのため，発話行為の終助詞「ね」が聞き手を巻き込むのに対して，証拠性のムードの「な」では聞き手が関与しないという点で異なる．この点は，疑問の終助詞との共起関係によっても確認される．発話行為の終助詞「ね」が，聞き手を必要とする疑問の助詞「か」と共起した場合，「さあて，どうしますかね」という文に見るように，聞き手が求められる解釈が自然である．それに対して，証拠性に基づく話し手の認識「な」が疑問の助詞「か」と共起すると，「さあて，どうしますかな」に見るように，話し手の独り言の解釈が自然に思われる．

　以上をまとめると，終助詞「ね」は，ムードの階層において，Speech-act Mood Phrase のポジションで認可され，終助詞「な」は，Evidential Mood Phrase で認可されると考えることが出来る．

(29) 　[*frankly* Mod$_{speechact}$ [*fortunately* Mod$_{evaluative}$ [*allegedly* Mod$_{evidential}$ [*probably* Mod$_{epistemic}$ [*once* T(Past) ...

3.5. まとめ

　以上をまとめると，終助詞「わ」「よ」「ね」「な」は，次のような階層構造を持つことがわかる．

(30) 　Speech-Act ＞ Evaluative ＞ Evidential ＞ Epistemic ... 述語
　　　　ね　　　　　よ　　　　　な　　　　　わ

(31)

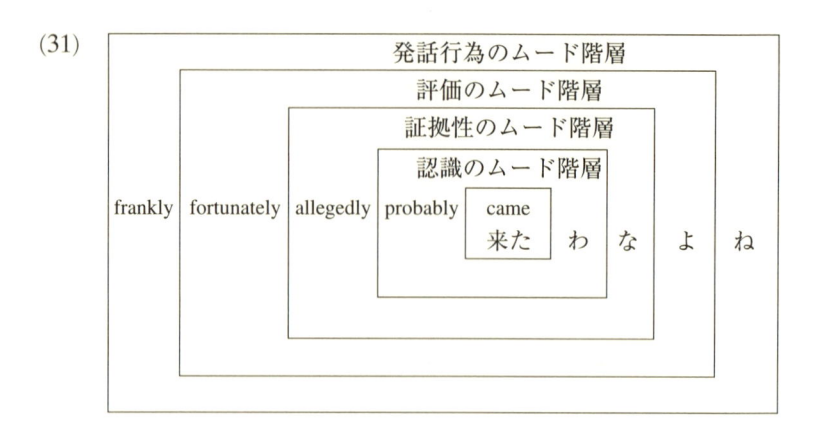

```
┌─────────────────────────────────────────────────────────┐
│                 発話行為のムード階層                          │
│    ┌───────────────────────────────────────────┐        │
│    │            評価のムード階層                    │        │
│    │   ┌─────────────────────────────────┐      │        │
│    │   │        証拠性のムード階層            │      │        │
│    │   │   ┌─────────────────────┐       │      │        │
│    │   │   │   認識のムード階層      │       │      │        │
│    │   │   │    ┌────────┐       │       │      │        │
│ frankly fortunately allegedly probably │ came │  わ    な    よ    ね
│    │   │   │    │ 来た    │       │       │      │        │
│    │   │   │    └────────┘       │       │      │        │
│    │   │   └─────────────────────┘       │      │        │
│    │   └─────────────────────────────────┘      │        │
│    └───────────────────────────────────────────┘        │
└─────────────────────────────────────────────────────────┘
```

ここで Baker の鏡像原理を思い出そう．この原理によれば，動詞の一番近くに生じる要素は動詞から近い次の階層に属し，そこから離れれば離れるほど動詞から遠い階層に属することとなる．終助詞が多重に生じる事例を階層構造の点から見ると，動詞の次に生じる終助詞「わ」は，動詞の次の認識のムード階層に属する．それに後続する「よ」は，その上の評価のムード階層に生じる．さらに，その次に生じる「ね」は，次の上の発話行為の階層に属する．この場合，「な」は，他の終助詞と多重に生じることは何故かないのだが，それを除いては，鏡像原理により，動詞に近い階層の終助詞が動詞の近くに生じ，動詞から遠い階層の終助詞は動詞から離れて生じる．ここで重要なのは，不可能な終助詞の組み合わせ，例えば，「来たわーよ」とは言えるが，「*来たよーわ」とは言えない事実が，これら終助詞が Cinque 階層により配列されており，その順序が鏡像原理により変化させることが出来ないという点である．従来，日本語学や国語学の終助詞研究では，個々の終助詞の特質を解明することに多くの力が注がれてきた．しかし，終助詞が多重に生じる場合，そもそも何故ある特定の線形順序に並んで生じるかという問いには原理だった説明がなされることがなかったように思われる．一方，本稿で議論の中心に据えている普遍的なムード階層の視点は，ある特定の終助詞の配列順序がなぜ生じるかという根本的な問いに原理的な説明を与える．つまり，終助詞を含め，機能範疇に属する要素の配列順序は，普遍的な Cinque 階層と鏡像原理から自動的に導かれるのである．本稿での終助詞の研究は，国語学や日本語学での研究で抜け落ちていた根源的な問いに初めて

答えを与えるとともに，次節で見るように，終助詞の持つ名詞性や焦点性についても新たな事実を発掘することを可能にする．

4. 名詞的な終助詞と EPP

本節では，終助詞に名詞性と焦点性を併せ持つタイプがあり，そのような終助詞が統語的な主語の要件（Extended Projection Principle: EPP）を満たすのに重要な役割を演じる点を見る．主語の要件とは，文の構造的な主語の位置が名詞的要素で占められることを求める原則である．以下，この要件を，Rizzi (2006) の Subject Criterion という用語を採用して，「主語要件」と呼ぶ．この主語要件により，英語等の言語では，主語位置が意味を持たない虚辞の it により占められ，It rained に見る文が生じる．

主語要件を満たせる要素やその統語位置は言語ごとに微妙に異なるとされている．例えば，イタリア語やドイツ語等では，主語の人称（person）を表す動詞に生じる接辞（suffix）も主語要件を満たす要素となる．そのため，顕在的な名詞句が文中に必ずしも生じる必要がない（例えば，Alexiadou and Anagnostopoulou (1998) を参照）．日本語の場合，本稿で考察している終助詞も，これらの言語に似た側面を持ち，そこでは焦点性と名詞性を併せ持つ終助詞が，主語要件を満たす際に重要な役割を演じることを見る（cf. Endo (2007)）．

まず，終助詞の名詞性についてみよう．筆者が知る限り，従来の文献では終助詞の名詞性の違いは，指摘されることがなかった．つまり，上で見た終助詞「よ・ね・さ」と疑問の終助詞「か」は，形式名詞「の」とは共起可能であるが，終助詞「わ・ぜ・ぞ」と，形式名詞「の」とは共起不可能である．さらに従来の文献では指摘されることがなかった事実として，そのような名詞性を持つ終助詞「よ・ね・さ・か」は，「だけ」など焦点（focus）を表す取り立ての要素と共起可能であるという点がある（以下，これらの終助詞を名詞的な焦点要素と整合する終助詞（nominal focus-compatible particle (NFP) と呼ぶ）.[2]

---

[2] ここでの形式名詞の分析は，CP 領域にある名詞性を持つ要素という趣旨であるが，井上 (1976) は，この形式名詞を名詞的補文標識（nominal complementizer）とし，名詞性

(32) a. 太郎が来るのよ・ね・さ．
　　 b. *太郎が来るのわ・ぜ・ぞ．
　　 c. ちょっと言ってみただけよ・ね・さ・か．
　　 d. *ちょっと言ってみただけわ・ぜ・ぞ．

　ここでは，(32a, c) において，NFP「よ・ね・さ・か」が形式名詞「の」とも取り立ての焦点要素「だけ」とも共起可能であることが示されている．これらの事実は，NFP「よ・ね・さ・か」が名詞性と焦点性を併せ持つと考えることにより説明可能となる．

　これらの名詞性と焦点性を併せ持つ終助詞は，主語要件を満たす際に重要な役割を演じる．まず，前節で見たように，イタリア語などの動詞の屈折が豊かな言語においては，動詞の屈折語尾が主語の性，数，人称といった名詞の情報を担っており，これらが主語要件を満たす役割を演じている．一方，Chomsky (2005) や Miyagawa (2010) によれば，性，数，人称を動詞の屈折語尾で表さない日本語のような言語においては，「焦点」という素性が，イタリア語等に見られる性，数，人称に対応する．そして，この焦点性 (focus) が主語要件を満たす役割を演じているとする．実際，これらの名詞性と焦点性を併せ持つ終助詞「よ・ね・さ・か」は，日本語において，主語要件を満たす役割を演じていると考えるべき証拠がある．その証拠となる Miyagawa (2001) のテストを見よう．

　Miyagawa によれば，顕在的な主語の名詞句が文中に生じた場合，それが必ずしも統語的な主語位置を占めるとは限らない．例えば，「全員」などの量化名詞句 (quantified noun) が主語の場合，基本語順では，主語の「全員」は，否定よりも高い統語的な主語の位置を占めるため，否定よりも広い作用域 (scope) を持つと解釈される．しかし，かき混ぜ規則 (scrambling) により目的語の名詞句が文頭に生じるなどして，主語名詞句以外の要素が主語の位置を占めることが可能である (Kuroda (1988))．そのような場合，量化名詞句の主語「全員」は，否定よりも低い基底の位置に留まり，否定よりも狭い作用域を持つと解釈される (Kato (1985))．これらの考えは次のように図示することができる．

を持つ CP 要素の存在を認めている．

(33)　[TP/Subject Phrase 全員 (1) ... [... [Neg ... [VP 全員 (2) ...
　　　　　否定の作用域の外　　　　　否定の作用域の中
　　　　（主語の要件を満たしている）（主語の要件を満たしていない）

　Miyagawa によれば，量化名詞である主語「全員 (1)」は，TP や Subject Phrase といった典型的な主語位置の指定部に生じ，主語要件を満たす．この統語的な主語位置は，否定要素より高いため，「全員 (1)」は否定の作用域に入る解釈は持たず，全文否定の解釈となる．一方，「全員 (2)」は，かき混ぜ規則により前置された要素によって主語位置が占められるため，基底で生成される位置に留まる．この主語が基底で占める位置は，否定要素より低いので，「全員 (2)」は否定の作用域に入る狭い作用域を持つ解釈が可能となる（ここでは，A が B よりも広い作用域を持つ解釈は，A が B を c 統御する場合と定義される）．

　このテストによれば，量化名詞「全員」が主語であっても，それが部分否定の狭い作用域の解釈を持つ場合，主語名詞句以外の要素が主語要件を満たしていると考えることができる．本稿の主たる論点は，上で見た名詞性と焦点 (focus) の素性を持つ「よ・ね・さ・か」という終助詞が生じた場合，それが主語要件を満たす役割を演じるという点にある．つまり，これらの終助詞により，主語要件が満たされるため，主語の量化名詞「全員」は，否定よりも低い基底の統語位置に留まり，部分否定の解釈が可能となる．具体例を見よう．

(34)　全員がピザを食べなかった．

　この文では，主語の「全員」が，部分否定の解釈を持たない．これは，主語の「全員」以外に，主語要件を満たす要素が存在しないためである．そのため，「全員」が否定要素よりも高い主語の位置に移動し，否定よりも広い作用域を持つこととなる．

　次に，終助詞を含む文を見よう．

(35)　a.　（たぶん）全員がピザを食べなかったのね／食べなかったのさ／食べなかったのよ（ね）か．[3]

---

[3] これらの終助詞は，現在形の否定形の文に生じる場合，「たぶん」などの要素がある方が座りよく聞こえる場合が多い．

b.　（まさか）全員がそんなまずいピザを食べないよ／食べないよね／
　　　食べないさ／食べないか．

判断は多少微妙ではあるが，(34) の文に比べると，主語の「全員」が格段に部分否定に解釈しやすくなる．これは，終助詞「よ・ね・さ・か」が，主語要件を満たすため，主語の「全員」が否定よりも低い基底の位置に留まるためである．一方，名詞性と焦点性を持たない終助詞を含む次の文においては，主語の「全員」が部分否定と解釈することは難しい．

(36)　全員がピザを食べなかったわ・ぜ・ぞ．

この主語の量化名詞「全員」が部分否定に解釈することが難しいという事実は，NFP「よ・ね・さ・か」が，主語要件を満たす役割を演じるのに対して，終助詞「わ・ぜ・ぞ」がその要件を満たすことがないことを強く示唆している．
　ここで，上の対立において，(35) の文にのみ形式名詞「の」が生じている点に着目しよう．この事実から，主語要件は，この形式名詞「の」が満たしているのであって，終助詞は主語要件を満たすのには無関係である，と思われるかもしれない．そこで，形式名詞「の」は生じているが，終助詞が文末に生じない次の文を見よう．

(37)　全員がピザを食べなかったのだ．

栗原和生（個人談話）が正しく指摘するように，この文では，主語の「全員」を部分否定に解釈することは非常に難しい．この事実から，主語要件は，形式名詞「の」のみによって満たされるのではなく，終助詞の助けを借りてはじめて満たされることを強く示唆している．
　では，逆に，形式名詞を含まない文でも，問題の NFP「よ・ね・さ・か」が文末に生じると，主語要件は満たされるであろうか．次の文を見よう．

(38)　a.　（まさか）全員がそんなまずいピザを食べないよ／食べないよね
　　　　（上昇イントネーション）／食べないさ／食べないか．[4]

---

[4] 形式名詞「の」を伴わない終助詞「ね・さ・よね」を持つ否定文は，現在形の場合，文

b.　全員がそんなまずいピザを食べたのか？

ここでは，主語要件を満たすとした NFP「よ・ね・さ・か」が，形式名詞「の」を伴わないで生じているが，主語の量化名詞句「全員」が部分否定に解釈可能である．本稿では，形式名詞「の」を表面的には持たない場合でも，終助詞「ね・さ・よ・か」は，音声的に具現しない形式名詞を持ち，その終助詞と形式名詞が相まって主語要件を満たすと考える．（これは，後に述べる英語における場所倒置構文と同じ事例である．）[5]

　以上，名詞性と焦点性を併せ持つ終助詞は，形式名詞「の」と共に主語要件を満たすことが可能であることを見た．この点を踏まえて，次に終助詞が主語要件を満たすメカニズムを論じる．

　本稿の主な論点は，名詞性と焦点性を持つ終助詞が主語要件を満たすメカニズムが，フランス語において形態素が主語要件を満たすメカニズムと同じであるという点にある．まず，フランス語の補文標識 que が qui に交代する構文（que/qui alternation）を見よう．Kayne (1989) は，次に見るように，肯定文の補文標識 que が，その補文内で主語が関係詞節化されると，qui に交代する事実に着目している．

(39)　L'homme qui/*que t　　est　　venu …
　　　the man　　C　　　 has come
　　　'the man who has come …'

Rizzi and Shlonsky (2006) は，補文標識 qui が，補文標識 que と主語の虚辞 i(l) との複合形（ほぼ英語の it に相当）であるとする Taraldsen (1978) や Pesetsky (1982) の分析を採用する．この虚辞 i(l) は，CP 領域

頭に「まさか」等の表現が生じると自然に聞こえる場合が多い．この表現「まさか」は，述語が過去形の時には生じない．そして，この「まさか」という表現は，形式名詞「の」とも共起することが難しいと思われる．この点は，さらに研究が必要である．また，これらの終助詞が生じても，主語の「全員」は，否定よりも広い作用域で解釈されることが可能である．これは，形式名詞「の」が主語要件を満たすことが随意的であるためと考えられる．

[5] 佐野まさき（個人談話）が指摘するように，ある母国語話者は，どのような終助詞を文に加えても主語が部分否定の解釈を持つことが可能となる．それらの母国語話者は，すべての終助詞が非顕在的な形式名詞を持てるのかもしれない．

で一番低く，主語位置のすぐ上に生じる機能範疇 Fin(ite) の主要部を占める．(Taraldsen によれば，デンマーク語では der，ノルウェー語では som という虚辞に相当する名詞表現が，CP 領域の一番下の位置に生じ，フランス語の i(l) と同様に主語要件を満たす．)

(40)　Force　Top*　Int　Top*　Foc　Mod*　Top*　<u>Fin</u> IP
　　　　　　　　　　　　　　　　　　　　　　i(l)

この考えを基に，Rizzi and Shlonsky は，次に見るように，Fin の主要部に i(l) という名詞素性 (N) を持つ形態素が生じ，主語位置 (=Subj) と局所的な関係 (local relation) を結ぶことで，主語要件が満たされるとする．

(41)　... Fin ... Subj ...
　　　　i(l)[N]

ただし，Fin の主要部を占める形態素 i(l) は，解釈不可能であるため，それ自身が主語として働くには不十分である．そのため，Fin に生じる形態素 i(l) を認可する要素が必要となる．この場合，認可要素は，主語のゼロ演算子 (empty operator) である．このゼロ演算子は，Fin の指定部に移動し，Fin の主要部 i(l) を認可する．その認可の後で，ゼロ演算子は，自らの意味の整合する Force など他の CP の位置へ移動する．

(42)　[ForceP Op ... [FinP (Op) Fin ... SubjP ...

　この主語要件を満たす派生は英語にも見られる．Rizzi and Shlonsky (2005, 2006) は，次に見る場所倒置 (locative inversion) 構文においても，主語要件を満たすのは Fin であるとする．この場合，Fin の形態素は，空の名詞要素である．そして，その空の名詞要素を認可するのが倒置された場所表現である．その結果，主語の名詞句は基底の否定よりも低い位置にとどまることとなる．

(43)　Down the stairs fell the baby.

　本稿では，日本語の主語要件も形態素により満たされることが可能と考える．具体的には，フランス語で主語要件を満たすのが Fin の位置を占める

形態素 i(l) であるのと同様に，日本語の形式名詞「の」も，Fin の主要部を占め，統語的な主語の要件を満たすと考える．そして，形式主語「の」は，フランス語の i(l) と同様に，それ自身では主語として働くには不十分で，それを認可する要素が必要となる．その認可要素は，名詞性と焦点性を併せ持つ NFP「よ・よね・さ・か」である．これら終助詞は，Fin の主要部を占める形式名詞「の」の局所的な統語的な位置に移動し認可を行う．そして，その後に，終助詞に関わる発話の力が関わる ForceP へ移動する．この終助詞の移動により，「の」が認可され，主語要件が満たされる．この考えは，次のように図示することが出来る．

(44) a. ... Fin ... Subj ... （主語要件を満たす）
         の

  b. ... Fin ... Subj ... よ，ね，さ　（Fin を認可する）
       の

形式名詞により，統語的な主語要件が満たされた場合，主語の名詞句は，もはや主語要件を満たす必要はなくなり，基底の位置にとどまることとなる．この基底の位置は，否定より低いので，否定の作用域に入り，部分否定の解釈が生じる．[6]

　以上，形式名詞「の」が主語要件を満たすためには，名詞性と焦点性を併せ持つ FNP の終助詞「よ・ね・さ・か」が，その局所的な領域に移動することが必要となることを見た．この終助詞の移動は，終助詞が人称（person）に関して豊かな素性を持つため可能になると考えられる．Chomsky (1999: 5) によれば，名詞的な要素が移動するためには，それが人称（person）の素性を持つことが必要となる．FNP の終助詞は，基底の MoodP において，談話レベルで1人称に相当する話し手の素性をデフォルトで持つ．それに

---

　[6] なぜ焦点性と名詞性を併せ持たない終助詞「わ・ぜ」などが，形式名詞「の」と共起しないのかを考察しよう．これは，終助詞「わ・ぜ」などが名詞性を持たないためと考えられる．先に見たように，形式名詞「の」は，それを認可する名詞性を持つ終助詞が必要なため，それを認可できない名詞性を持たない終助詞「わ・ぜ」が生じると，派生が破綻する．

加えて，FNP の終助詞「よ・ね・さ・か」は，聞き手が関与する解釈を持つことから，談話レベルで2人称に相当する聞き手の素性を持つと考えられる．この豊かな人称の指定により，「よ・ね・さ・か」は，移動が可能になり，形式名詞「の」が主語要件を満たすことが可能となる．これら FNP が聞き手に関わる素性を持つことは，これら終助詞が聞き手を必要としているため，次に見るように独り言 (monologue) としては用いることは難しいという事実により確認される．

(45) a. ? あ，雨が降っているよ／よね（独り言として）
　　 b. ?今日も雨さ（独り言として）
　　 c. ?今日も雨降りか（上昇のイントネーション）[7]

一方，名詞性も焦点性も持たない終助詞「わ・ぜ・ぞ」等の終助詞は，主語要件を満たすことは出来ない．それは，これらの終助詞が，談話レベルで2人称に相当する素性を持たないため，形式名詞「の」を認可するための移動が不可能になっているためと考えられる．これらの名詞性も焦点性も持たない終助詞「わ・ぜ・ぞ」が，談話レベルの2人称の要素である聞き手の素性を持たないという点は，これらの終助詞を含む文が聞き手を必要とせず，独り言で発話可能という次に見る事実により確認することが出来る．

(46) a.　あ，雨が降っているわ．
　　 b.　おっ，雨が降ってるぜ．

これら FNP 終助詞「よ・ね・さ・か」に聞き手が関与するという点は，次の事実からも支持される．Haegeman (2006) によれば，聞き手が関与する発話行為 (speech-act) の要素は，発話行為に関わる機能範疇 Force により認可される．そして，Hooper and Thompson (1973) によれば，発話行為の関与する副詞が生じると，それを含む副詞節は，主文の要素とは切り離されて，主文の作用域の外で解釈される．実際，聞き手が関与する終助詞「よ・ね・さ」を持つ文は，独立した発話の力 (illocutionary force) を持つ

---

[7] 形式名詞「の」が焦点性をも持つことは，いわゆる「のだ」構文に，その証拠を求めることが出来る．例えば，「太郎がその本を買ったのだ」という文においては，焦点解釈が付与される．

ため，次に見るように，それらの終助詞を伴う副詞節は，主文の否定の作用域よりも広い解釈を持つ．

(47) a.　太郎は［花子を憎んでいたから］批判したのではないです．
　　　　　　　　　（副詞節が主文の否定のスコープの中の解釈）
　　 b.　*太郎は［花子を憎んでいたからね］批判したのではないです．
　　　　　　　　　（副詞節が主文の否定のスコープの中の解釈）
　　 c.　太郎は［花子を憎んでいたからね］褒めなかったのです．
　　　　　　　　　（副詞節が主文の否定のスコープの外の解釈）

聞き手が関与する副詞が副詞節に生じると，主文のスコープの外に解釈される現象はドイツやイタリア語でも見られる．この点については，遠藤 (2009) を参照のこと．

最後に，終助詞を伴う文の表層語順を見よう．これらの終助詞を含む文の語順は，文が終助詞よりも高い位置に移動することにより生じる．その詳細な派生に関しては，Endo (2007) を参照．

以上をまとめると，終助詞と形式名詞「の」が統語的な主語要件を満たすメカニズムは，フランス語の que/qui 交替や英語の場所倒置構文における主語要件を満たすメカニズムと同じであることを見た．これにより，統語的な主語の性質が，さまざまな言語において同じメカニズムにより制御されていることを見た．

5.　まとめと理論的な含意

本稿では，普遍的な統語構造の地図を作成するカートグラフィープロジェクトを概観し，日本語からどのような貢献が可能であるかを考察した．具体的には，日本語の終助詞を比較統語論の観点から議論しながら，日本語の終助詞が Cinque の提唱する普遍的なムード階層構造に生じ，多重に終助詞が生じる場合，そのムード階層により線形順序が決定されることを見た．さらに，これらの終助詞には，名詞性と焦点性の素性を併せ持つタイプがあり，それが主語要件を満たすことを可能にしていることを見た．

最後に，本稿の理論的な含意を見よう．本稿の主張は，話し手のみが関与するタイプの終助詞と聞き手が関与するタイプの終助詞とがあるという点に

あった．この点は，話し手のみが関与するムード表現と聞き手が関与するムード表現の両方が共に Force で認可されるとする Haegeman (2006) の考えに再考を迫り，2つのムード要素の認可を切り離して洗練する必要があることを示している．この点については，遠藤 (2009) を参照．

参照文献

Aboh, Enoch (2006) "Review Article: Zygmunt Frajzyngier, *A Grammar of Lele*," *Lingua* 116, 487–505.
Alexiadou, Artemis and Elena Anagnostopoulou (1998) "Parameterizing Agr: Word Order, V-movement, and EPP Checking," *Natural Language and Linguistic Theory* 16, 491–539.
Baker, Mark (1985) "The Mirror Principle and Morphosyntactic Explanation," *Linguistic Inquiry* 16, 373–415.
Chomsky, Noam (1995) *The Minimalist Program*, MIT Press, Cambridge, MA.
Chomsky, Noam (1999) "Derivation by Phase," *MIT Occasional Papers in Linguistics* 18.
Chomsky, Noam (2005) "On Phases," ms., MIT.
Cinque, Guglielmo (1999) *Adverbs and Functional Heads: A Cross-linguistic Perspective*, Oxford University Press, Oxford.
Endo, Yoshio (2006) *The Cartography of Japanese Syntactic Structures in Japanese*, Doctoral dissertation, University of Geneva.
Endo, Yoshio (2007) *Locality and Information Structure: A Cartographic Approach to Japanese*, John Benjamins, Amsterdam/Philadelphia.
遠藤喜雄 (2009)「話し手と聞き手のカートグラフィー」『言語研究』第136号, 93-120, 日本言語学会．
Ernst, Thomas (2002) *The Syntax of Adjuncts*, Cambridge University Press, Cambridge.
Haegeman, Liliane (2006) "Argument Fronting in English, Romance CLLD and the Left Periphery," *Crosslinguistic Research in Syntax and Semantics: Negation, Tense and Clausal Architecture*, ed. by Raffaella Zanuttini, Héctor Campos, Elena Herburger and Paul Portner, Georgetown University Press, Washington D.C.
Hale, Ken and Samuel Jay Keyser (2002) *Prolegomenon to a Theory of Argument Structure*, MIT Press, Cambridge, MA.

Hooper, Joan B. and Sandra A. Thompson (1973) "On the Applicability of Root Transformations," *Linguistic Inquiry* 4, 465-497.

井上和子（1976）『変形文法と日本語』大修館書店, 東京.

神尾昭雄（1990）『情報のなわ張り理論——言語の機能的分析』大修館書店, 東京.

Kato, Yasuhiko (1985) *Negative Sentences in Japanese*, *Sophia Linguistica Working Papers in Linguistics* 19, Sophia University.

Kayne, Richard (1989) "Facets of Past Participle Agreement in Romance," *Dialect Variation and the Theory of Grammar*, ed. by Paola Benincà, 85-103, Foris, Dordrecht.

金水敏・田窪行則（1992）「＜解説篇＞日本語指示詞研究史から／へ」『日本語研究資料集　指示詞』ひつじ書房, 東京.

Kuroda, Shige-Yuki (1973) "Where Epistemology, Style, and Grammar Meet: A Case Study from Japanese," *Festschrift for Morris Halle*, ed. by Stephan Anderson and Paul Kiparsky, 377-391, Holt, Rinehart and Winston, New York.

Kuroda, Shige-Yuki (1988) "Whether We Agree or Not: A Comparative Syntax of English and Japanese," *Linguisticae Investigationes* 12, 1-47.

松岡みゆき（2003）「談話場における終助詞「よ」の機能」『言葉と文化』4, 53-69, 名古屋大学.

Miyagawa, Shigeru (2001) "The EPP, Scrambling, and Wh-in-situ," *Ken Hale: A Life in Language*, ed. by Michael Kenstowicz, 293-338, MIT Press, Cambridge, MA.

Miyagawa, Shigeru (2010) *Why Agree? Why Move? Unifying Agreement-based and Discourse-configurational Languages*, MIT Press, Cambridge, MA.

中川裕志・小野晋（1996）「日本語の終助詞の意味論「よ」「ね」「な」を中心として」『自然言語処理』vol. 3. No. 2, 2-18.

Palmer, Frank Robert (1979) *Modality and the English Modals*, Longman, London.

Pesetsky, David (1982) "Complementizer-trace Phenomena and the Nominative Island Condition," *The Linguistic Review* 1, 297-343.

Pesetsky, David (1987) "Wh-in situ: Movement and Unselective Binding," *The Representation of (In)definiteness*, ed. by Eric Reuland and Alice ter Meulen, 98-129, MIT Press, Cambridge, MA.

Rizzi, Luigi (1997) "The Fine Structure of the Left Periphery," *Elements of Grammar*, ed. by Liliane Haegeman, 281-338, Kluwer, Dordrecht.

Rizzi, Luigi (2004) "Locality and Left Periphery," *Structures and Beyond*, ed. by Adriana Belletti, 104-131, Oxford University Press, Oxford.

Rizzi, Luigi (2006) "On the Form of Chains: Criterial Positions and ECP Effects," *Wh-movement: Moving On*, ed. by Lisa Cheng and Norbert Corver, 97-134, MIT Press, Cambridge, MA.

Rizzi, Luigi (2009) The Cartography of Syntactic Structures: Locality and Freezing Effects on Movement," 日本言語学会第 138 回大会における公開シンポジアムでの発表.

Rizzi, Luigi and Ur Shlonsky (2005) "Strategies of Subject Extraction," *Interfaces + Recursion = Language? Chomsky's Minimalism and the View from Syntax-semantics*, ed. by Hans M. Gärtner and Uli Sauerland, 115-160, Mouton de Gruyter, Berlin.

Rizzi, Luigi and Ur Shlonsky (2006) "Satisfying the Subject Criterion by a Non-subject: English Locative Inversion and Heavy NP Shift," *Phases of Interpretation*, ed. by Mara Frascarelli, 341-361, Mouton de Gruyter, Berlin.

Taraldsen, Knut (1978) "Subject Extraction, the Distribution of Expletives and Stylistic Inversion," *Subject Inversion in Romance and the Theory Universal Grammar*, ed. by Aafke Hulk and Jean-Yves Pollock, 163-182, Oxford University Press, New York.

Tenny, Carol (2006) "Evidentiality, Experiencers and the Syntax of Sentience in Japanese," *Journal of East Asian Linguistics* 15, 195-244.

Tsujimura, Natsuko (1996) *An Introduction to Japanese Linguistics*, Blackwell, Cambridge, MA.

Uyeno, Tazuko (1971) *A Study of Japanese Modality-A Performative Analysis of Sentence Particles*, Doctoral dissertation, University of Michigan.

第 3 章

日本語疑問文における補文標識の選択と CP 領域の構造*

桒原　和生

日本語生成文法研究の標準的な分析では，疑問文の文末に現れる「か」と「の」は，いずれも疑問を表す補文標識とされ，通常「の」で終わる疑問文と「か」で終わる疑問文には，同じ統語構造が付与される．この小論では，「の」で終わる疑問文と（「の」を伴わずに）「か」で終わる疑問文に見られる非対称性をもとに，「の」は，CP 領域に位置するものの「か」とは異なる統語的位置を占め，したがって，「発話内の力（質問）」を指定する補文標識ではないことを論ずる．Rizzi (1997) で示されている精緻化された CP 構造に基づく疑問文の分析を提案し，その帰結のいくつかについて考察する．

1.　はじめに

　日本語の疑問文には，少なくとも文末形の異なる 2 種類がある．したがって (1) に例示したように，疑問文は「の」，「か」のいずれの文末要素によっ

---

* 本稿は 2007 年 10 月 20 日に東京国際フォーラムで開催された「理論言語学ワークショップ（神田外語大学言語科学研究センター主催）」において，発表した Kuwahara (2007) に基づくものである．執筆にあたって，石居康男氏，遠藤喜雄氏，田島穆氏，長谷川信子氏，星浩司氏，Luigi Rizzi 氏から貴重なコメントやアドバイスをいただいた．Kuwabara (2007) は，Kuwabara (2001)，Kuwabara (2005) の内容を大幅に改訂したものであるが，論文を改訂する過程で渡辺明氏および *The World of Linguistic Research* の査読委員からいただいたコメントが大変有益であった．ワークショップでは，阿部潤氏，稲垣大輔氏，井上和子氏，遠藤喜雄氏，岸本秀樹氏，佐野まさき氏，Guglielmo Cinque 氏，Liliane Haegeman 氏，宮川繁氏から貴重なコメントをいただいた．ここに記して感謝の意を表したい．また，本稿の編集の過程で長谷川信子氏，藤巻一真氏にお世話になった．あわせてお礼申し上げる．

ても標示され得る.[1]

(1) a. 君はどの本を読んだの？
    b. 君はどの本を読みましたか？

これらの例文は，異なる文末形を持つものの wh 疑問文としては，同じ意味を表すことから，「の」と「か」は，通常疑問を表す補文標識の異形体であると考えられている．この仮説は特に日本語生成文法研究ではほぼ定説となっており，これによれば，(1a), (1b) のような疑問文には同じ統語構造が付与される．しかしながら，後述するように「の」で終わる疑問文と「か」で終わる疑問文には，さまざまな点で異なる意味的・統語的特徴が観察される．

　この小論では，疑問文に生起する節末の「の」と「か」は，いずれも CP の領域内に位置する補文標識ではあるが，「の」は疑問化辞「か」の異形体ではなく，「か」とは異なる機能範疇の具現形であるとする仮説を提示し，その帰結について考察する．

　Rizzi (1997) は節左周辺部の構造として，いくつかの異なる機能範疇からなる精緻化された CP の構造を設定している．この仮説 (以下，分離 CP 仮説) によれば，IP の上部には複数の異なる統語的位置が存在することになるが，日本語のように左周辺部への可視的移動の存在しない言語では，そのような統語的位置が顕在化することはない．したがって (節の) 左周辺部の構造として精緻化された CP の構造を設定しようとする場合，日本語ではおのずと移動現象とは異なる事実群の検討が必要となる．この小論では，疑問文に見られる補文標識 (「の」と「か」) の選択に関する経験的事実をもとに，Rizzi (1997, 2001) で提示されている精緻化された CP の構造が日本語においても有効であることを論証する．

　第 2 節では，Kuno (1980) で観察されている yes-no 疑問文と wh 疑問文の特徴について述べ，特に「の」を伴う yes-no 疑問文と (「の」を伴わずに)「か」で終わる yes-no 疑問文について見られる非対称性をもとに，疑問

---

[1] (yes-no/wh) 疑問文にはこの 2 種類以外に，「の」も「か」も伴わずに動詞で終わるものもある．そのような疑問文については，3.2 節で検討する．

文に生起する「の」は疑問化辞の「か」とは異なる機能範疇の具現形であることを示す.

第3節では，Rizzi の分離 CP 仮説に基づく yes-no 疑問文の分析を提示し，その帰結のいくつかについて論じる. wh 疑問文と yes-no 疑問文には，補文標識「の」の生起に関して非対称性が観察される. 第4節では，この非対称性は wh 句が yes-no 疑問文の焦点とは異なる機能範疇によって認可されると仮定することにより説明されることを述べる. wh 疑問文では，一見すると「の」の生起が全く随意的に見えるが，「の」が義務的となる統語環境があることを指摘し，そのような場合にも分離 CP 仮説に基づく分析が有効であることを示す. 第5節では，理由を表す付加詞の「なぜ」・「何を」と補文標識の「の」との共起関係について考察し，これらの wh 句の認可には他の wh 句とは異なる補文標識が関与しているとする分析を提示する.

2. Yes-No/Wh 疑問文の基本特徴とその問題点

日本語生成文法研究の標準的な分析では，疑問文の文末に現れる「の」と「か」は，いずれも「発話内の力（この場合「質問」）」を指定する補文標識であるとされる.[2] しかしながら，以下で述べるように「の」で終わる yes-no 疑問文と（「の」を伴わずに）「か」で終わる yes-no 疑問文には，異なる特徴が観察される. したがって，「の」と「か」は疑問文の節末にあって自由に交替できるかに見えるが，実際は「の」は「か」の自由変異形ではなく，「か」とは異なる統語的位置を占めると考えられる. 議論を進めるために，まず Kuno (1980) の疑問の焦点に関する観察について述べることにする. Kuno (1980: 158) は，疑問化辞の「か」について次のような一般化を提案している.

---

[2] 国語学の研究では，例えば，時枝 (1950) が (1a) のような文末の「の」を (1b) の「か」と同様に，「感動を表す助詞」と分類している. また，『広辞苑』のような権威ある国語辞典でも文末の「の」を疑問を表す「終助詞」と規定している. 一方，三浦 (1975) は，(1a) のような文末の「の」を「終助詞」と見る立場を批判し，「の」の下には零記号の判断辞が存在すると主張している. これは記述的には，以下で述べることとほぼ等価であり，傾聴に値する記述である.

(2) 疑問化辞の領域：
日本語の疑問化辞の領域は，それに直接先行する動詞，形容詞，「xだ／です」を飛び越えることはできない．但し，文中に形態的に標示された焦点（つまり，wh句）がある場合は，この限りではない．

(2) の一般化によって，次の例文に見られる容認可能性の違いが説明される．[3]

(3) a. パリで香水を買いましたか？
    b. 昨日学校に行きましたか？
    c. 君は終戦の年にはもう生まれていましたか？
(4) a.??*この時計はパリで買いましたか？
    b.??*君は終戦の年に生まれましたか？
    c.??*お父さんに叱られたから泣いていますか？
    d.??*私に聞いていますか？

(2) のような一般化が成り立つのは，疑問化辞の「か」に直接付加されている動詞や形容詞は，義務的に焦点化されるからである．例えば，(4d) において下線部の「聞いています」は，聞き手にとって前提となる旧情報を表している．そのため下線部以外の要素である「私に」を疑問の焦点と解釈するのが，語用論的には最も自然なのであるが，「か」に直接付加された動詞を脱焦点化することは許されず，したがって容認不可能な文となる．

「か」の直前に来る動詞以外を yes-no 疑問文の焦点とする場合には，次の例が示すように「か」の前に「のです」が必要となる．[4]

---

[3] 下線部は疑問の焦点を表す．

[4] Kuno (1980) が指摘するように (i) のような分裂文を用いることによっても「か」の直前の動詞以外を疑問の焦点とすることができる．
　　(i) ［この時計を買ったの］は パリ(で)ですか？
「の」伴う疑問文と (i) のような分裂文を用いた疑問文には共通した特徴が観察され (Kuwabara (2001))，(i) のような分裂文を用いた疑問文は，「の」を伴う疑問文から派生されると考えられる (Hasegawa (1997)，Hiraiwa and Ishihara (2002))．詳しくは，第4節を参照されたい．

(5) a. この時計は<u>パリで</u>買ったのですか？
    b. 君は<u>終戦の年に</u>生まれたのですか？
    c. <u>お父さんに叱られたから</u>泣いているのですか？
    d. <u>私に</u>聞いているのですか？

「の」で終わる疑問文も (5) の「のです」を含む疑問文と同じ解釈で容認される．

(6) a. この時計は<u>パリで</u>買ったの？
    b. 君は<u>終戦の年に</u>生まれたの？
    c. <u>お父さんに叱られたから</u>泣いているの？
    d. <u>私に</u>聞いているの？

(5) と (6) の平行性は，(i) 従来「か」の異形体と考えられてきた文末の「の」は，疑問を表す補文標識ではなく，(ii)「の」の上部には，音形を持たない「です」と疑問化辞の現れる統語的位置が存在することを示している．もし (6) の例文の文末の「の」が，疑問化辞でないとするならば，そもそも (6) のような yes-no 疑問文において，なぜ [Q] 素性とは無関係な補文標識が要求されるのか，という問題が生じる．

この点に関して，wh 疑問文は異なる振る舞いを示す．wh 句は (2) の一般化に一貫して従わない．したがって，(7), (8) の例文が示すように，wh 疑問文において「の」の生起は随意的である．

(7) a. 誰が来ましたか？
    b. どこでこの時計を買いましたか？
    c. 君はパリで何を買いましたか？
(8) a. 誰が来たの（ですか）？
    b. どこでこの時計を買ったの（ですか）？
    c. 君はパリで何を買ったの（ですか）？

「の」を伴う yes-no 疑問文と「の」を伴わない yes-no 疑問文に見られる非対称性は，wh 疑問文では中和されているが，こうした事実は，wh 句が導入されることによって補文標識の「の」を主要部とする機能範疇の存在が免除され得ることを示していると考えられる．

以上述べた疑問文に関する事実群は，(9) に示した問題を提起するように思われる．

(9) a. yes-no 疑問文には，疑問を表すのではない補文標識「の」が要求されるものがあるが，それはなぜか．
　　b. 「の」を伴わない yes-no 疑問文では，「か」の直前の要素（つまり，動詞）が疑問の焦点になるのはなぜか．
　　c. wh 疑問文で「の」が義務的でないのは，なぜか．

以下では，Rizzi (1997) の提唱する精緻化された CP 構造に基づく分析を提示し，分離 CP 仮説の観点から (9) の問題について考察する．

3. 分離 CP 構造に基づく分析

3.1. 2 種類の Yes-No 疑問文に見られる非対称性

Cinque (1999)，Rizzi (1997) らの研究によって，IP 上部の CP 領域は，従来仮定されているよりも遥かに精緻な構造を持つことが示されている．Rizzi (1997) によれば，節の左周辺部は (10) の構造を持つとされる．

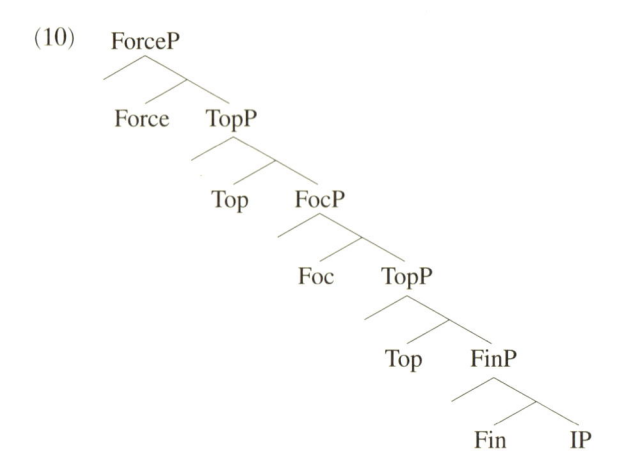

(10)
```
         ForceP
        /      \
     Force    TopP
             /    \
           Top    FocP
                 /    \
               Foc    TopP
                     /    \
                   Top    FinP
                         /    \
                       Fin    IP
```

この構造には，従来の CP の構造では区別されていない 2 種類の補文標識 Force と Fin(iteness) があり，それぞれ上方，下方で C の投射を閉じる役割を担っている．CP 領域の最上位にある Force には，文の表す「発話内の

力(illocutionary force)」(「断定」,「質問」,「命令」など))が指定される.一方 Fin には,文の定形・非定形に関する素性が指定される.この2つの補文標識の間には,話題や焦点を認可する Top, Foc の投射が随意的に現れる.

このように CP 領域内の上方と下方に異なる補文標識の位置を仮定する根拠として,Rizzi (1997: 288) はイタリア語における定形・非定形の補文標識と話題の相対的順序に関する事実を挙げている.次の例文が示すように,定形の補文標識 che は,話題の前に現れるのに対し,非定形の補文標識 di は,話題の後に現れる.

(11) a. Credo   che   il tuo libro, loro lo apprezzerebbero
       I-believe that [+fin] the your book them it will-appear
       molto.
       much
       '(lit.) I believe that your book, they would appreciate it a lot.'
    b. *Credo, il tuo libro, che   loro lo apprezzerebbero
       I-believe the your book that [+fin] them it will-appear
       molt.
       much
(12) a. *Credo   di   il tuo libro, apprezzarlo molto.
       I-believe that [−fin] the your book appreciate-it much
    b. Credo, il tuo libro, di   apprezzarlo molto.
       I-believe the your book that [−fin] appreciate-it much

che と di は話題を挟んで左右反対の位置に現れるが,この事実は,che が (10) の Force を,di が Fin を占めることを示している.

一方,日本語においては,wh 句や焦点などは,IP 内部に留まっており,CP の階層が移動要素によって顕在化することはない.[5] そのためこれまで

---

[5] 日本語における節左周辺部への移動としては,唯一「かき混ぜ」があるが,これは Saito (1989) で議論されているように,LF において「演算詞・変項」の関係を構築するような移動ではない.但し,話題については,CP 領域への移動と分析することのできるものもあるかもしれない.例えば,Saito (1985) は,後置詞句の話題化には移動による派生が必要であるとしている.

Rizzi (1997) の提案する精緻化された CP 構造が，日本語のような言語にとってどのような意味を持つのか，その意義が検討されることはほとんどなかったように思われる．節左周辺部の構造が移動規則によって顕在化されることはないにしても，日本語には周知のようにさまざまな文末詞が存在する．したがって，日本語のような言語では，種々の文末詞に着目することでIP 上部の構造についても検証することができると思われる．[6]

第 2 節で述べたように疑問文に現れる文末の「の」と「か」は，一見すると同じ位置を占めるように見えるが，IP 上部の異なる統語的位置を占めることを見た．これを (10) の精緻化された CP の構造を用いて捉えるならば，「の」が CP 領域の最下位にある Fin に，「か」が最上位の Force に位置すると分析することができる．[7]

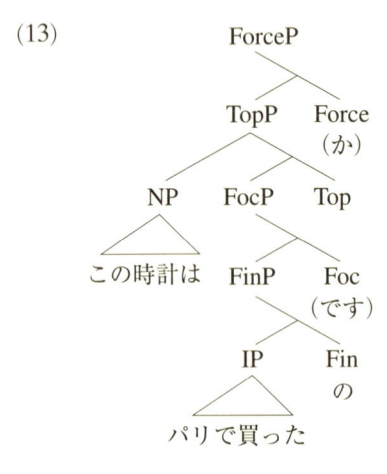

(13)
```
              ForceP
             /      \
          TopP      Force
          /  \      (か)
        NP   FocP    Top
       この時計は  /  \
              FinP  Foc
              /  \  (です)
             IP   Fin
            /      の
          パリで買った
```

「です」は，「の」と「か」に挟まれた位置に現れることから，FocP の主要部に位置し，焦点 ((13) では「パリで」) は，Foc によって束縛され，認

---

[6] 日本語の終助詞の諸特徴を精緻化された CP 構造の観点から説明しようとする最近の研究に Endo (2006, 2007) がある．

[7] ここでは仮に話題は TopP の指定部に位置すると仮定する．話題の認可条件に関する最近の研究については，岸本 (2007) を参照されたい．

可されると仮定する．[8] (14) に例示したように「です」は，通常コピュラ動詞として用いられるが，(13) のように疑問文に現れる「です」は，焦点化辞 (focus particle) であると仮定する．

(14)　田中さんは物理学者です．

通言語的に見てもコピュラが焦点化構文に用いられること，また，「です」には，次の例文が示すように，コピュラとは異なる用法があることから，(13) の「です」を FocP の主要部とするのはそれほど無理な分析ではないと思われる．[9] (15) の「です」は，文中の要素に付加して現れ，付加されている要素を焦点化する機能を担っているように思われる．

(15)　a.　その大学院生は指導教授の論文をですね批判しました．
　　　b.　5歳の男の子がですよショパンの幻想即興曲をみごとに弾きました．
　　　c.　その学生たちは授業中にですよいつもおしゃべりばかりしていて，先生に注意されてばかりいます．

(15) の例の「です」は，(14) のコピュラとは異なる焦点化辞の役割を担っており，したがって，疑問文に現れる「です」も，(15) のそれと同じ用法であると推定することができる．

---

[8]「束縛関係」は c 統御に基づくとする．もう1つの分析として，焦点が LF で FocP 指定部へ移動することによって認可されるという可能性もあろうが，現時点では，焦点要素が移動していると考える根拠は見当たらないように思われる．

[9] Schaffar (2002) は，Heine and Reh (1984) を引用して Boni 語，Rendille 語などでは焦点化辞が歴史的にコピュラに由来すると報告している．また，Awtuw 語のように，焦点化辞 (po) が，コピュラの機能を担う言語もある (Feldman (1986: 135, 148))．
　　(i)　a.　awtuw, wan po　'w-æy-rere.
　　　　　　no　　1sg　PCL　NF-go-DES
　　　　　　'no, I want to go.'
　　　　b.　tey po　tade.
　　　　　　3FS PCL here
　　　　　　'she is here.'
また，Schaffar (2002) は，「のだ／です)」構文と焦点化構文の一種と考えられる係り結びが歴史的に見て関連した構文であることを示している．

第2節で検討した「の」で終わる疑問文には，(13) において括弧で示したように，FinP の上部に音形を持たない「です」と疑問化辞があると仮定する．(13) の構造によれば，「の」は FinP の主要部であり，したがって，「の」で終わる疑問文において，「発話内の力」を指定するのは「の」ではなく，その上部の Force に位置する疑問化辞（「か」あるいはそのゼロ形）ということになる．また，「の」を含む yes-no 疑問文において焦点を認可するのは，Foc であって「の」ではない．このように考えると，Foc の投射さえ存在すれば，焦点を認可するに足りる統語環境は整うことになる．ところが，Foc の投射が統語構造に場を得るには，つまり，活性化 (activate) されるには，「の」の生起が必要とされる．次の例文を見られたい．

(16) a. この時計はパリで買った*(の)ですか？
　　 b. 君は終戦の年に生まれた*(の)ですか？
　　 c. お父さんに叱られたから泣いている*(の)ですか？
　　 d. 私に聞いている*(の)ですか？

(16) の例が示すように「です」を用いる場合には，同時に「の」を用いなければならない．したがって，Foc の投射が生起するには，その具現形が現れるだけでは不十分で，(17) のような条件が必要であると言える．

(17)　Foc の投射は，Fin の投射の有無に依存する．

分離 CP 構造に基づく (13) の分析によると，(9a) の答えは，(17) ということになる．つまり，yes-no 疑問文に現れる「の」は，「発話内の力」を指定する要素ではないが，焦点の認可子である Foc（「です」）の存在が Fin の有無に依存するため，「の」が義務的となる，と説明される．
　(17) で述べた条件は，(16) の言語事実に裏打ちされてはいるものの，そもそも焦点の認可には関与しない Fin が Foc の投射の活性化になぜ必要となるのかという新たな問題を提起する．以下では，(17) の条件が Rizzi (1997) の CP システム内でどのように説明され得るのか，その可能性について検討することにする．[10]

---

[10] 以下の議論は Luigi Rizzi 氏との個人談話に負うところが大きい．

(10) の構造で仮定されている2種類の補文標識の位置は，すでに述べたようにイタリア語では話題と補文標識との相対的順序に関する事実 ((11), (12)) によって確かめることができる．しかしながら，通常 Force と Finiteness は1つの補文標識，つまり融合的補文標識 (syncretic complementizer) として具現し，それぞれ別の分析的補文標識 (analytical complementizer) として具現することはあまり一般的ではない．例えば，(18) に示したように英語の定形の平叙節を導く that は，Force と Finiteness の融合した補文標識である．

(18)　I think [$_{ForceP}$ [$_{Force}$ that] [$_{IP}$ John will win the prize]]
　　　　　　　　　＋decl, ＋fin

英語のように一般的に融合的補文標識の用いられる言語では，Foc の投射の有無が，補文標識によって形式的に明示されることはない．したがって，IP と ForceP の間に位置する Foc の投射は移動によってのみ活性化される．例えば，英語の否定構成素前置は，(19) のように FocP 指定部への移動として分析される (Rizzi (1997: 316-318)).[11]

(19)　I think [$_{ForceP}$ [$_{Force}$ that] [$_{FocP}$ only in that election [$_{Foc}$ did] [$_{IP}$ Leslie run for public office]]]

　一方，日本語の「の」を伴う疑問文では，Force と Finiteness がそれぞれ別の補文標識（「か」と「の」）として具現しているので，分析的補文標識のシステムが用いられている．しかし，第2節で述べたように，wh 疑問文は「の」を要求しないので，その場合，疑問化辞の「か」は，Force と Finiteness の2つの素性を担っていると思われる．したがって，(20) に示したように「の」が専ら Finiteness を担う分析的補文標識であるのに対して，「か」には分析的補文標識 ((20a)) と融合的補文標識 ((20b)) の2種類があるこ

---

[11] 厳密に言えば，Rizzi (1997) の分析では (19) のように FocP が活性化されている場合には，Foc と IP の間に語彙的要素の現れない Fin が存在すると仮定されている．これは Force と Fin が，それぞれ選択制限を満たすために上部の VP と下部の IP に構造的に隣接していなければならないからである．

とが分かる.[12]

(20) a. [ForceP [TopP この時計は [FocP [FinP [IP パリで買った]
　　　　　　　　　　　　　　　　　　[Fin の]] [Foc です]] [Top]] [Force か]]
　　　　　　　　　　　　　　　　　　　+fin　　　　　　　　　　　　+Q
　　 b. [ForceP [IP 誰が来ました] [Force か]]
　　　　　　　　　　　　　　　　　+fin, +Q

　多くの言語において，Force と Finiteness が 1 つの補文標識に融合していることからすると，日本語のように同じ形態の融合的補文標識と分析的補文標識の 2 種類が与えられている場合に前者が無標の選択肢であると考えることができる．したがって，(10) に示したような Force と Finiteness がそれぞれ別の主要部として具現するには，分析的補文標識が用いられていることを示す何らかのシグナルが必要になると仮定しよう．「の」は finiteness を担う純粋な分析的補文標識である．したがって，「の」の生起によって分析的な CP 構造が顕在化され，その結果として分析的補文標識に挟まれた Foc の投射がいわば間接的に活性化されると考えることができる．上述したように「の」がなければ，無標の融合的補文標識が選ばれ，C の階層は (20b) に示したように単一の補文標識を主要部に持つ構造が具現する．

　また，yes-no 疑問文の焦点は形態的に標示されているわけでもない．この点で話題は yes-no 疑問文の焦点とは異なる特徴を示す．(10) の CP 構造では，TopP も FocP 同様，FinP と ForceP の間に位置する．ところが，yes-no 疑問文の焦点とは異なり，話題は分析的補文標識の「の」を必要とはしない．次の例文を見られたい．

(21) a.　この茶碗はいくらですか？
　　 b.　朝食は誰が作りますか？
　　 c.　そのネクタイはどこで買いましたか？

上で述べたように「の」を伴わない疑問文は，(20b) に示した融合的補文標識の「か」を主要部とする CP 構造を持っている．Rizzi (1997) の枠組に従

---

　[12]「の」を伴わない yes-no 疑問文の CP の構造については，以下の議論を参照されたい．

えば，話題は Top によって認可される．そうだとすると，「の」の現れない (20b) の構造において，TopP は (FocP とは異なり) 何らかの方法で活性化されているということになる．話題は，yes-no 疑問文の焦点とは異なり「は」によって標示されている．したがって，分析的な補文標識（「の」）が選択されていなくても，IP と ForceP の間の Top の投射は，活性化され得ると言うことができる．

以上をまとめると，C の投射内に現れる随意的な Foc/Top の投射は少なくとも次のいずれかの方法で活性化されると考えられる．

(22) a. Foc/Top 領域への顕在的移動
b. 解釈を受ける要素の形態的標示
c. 分析的補文標識の選択

英語やイタリア語では，一般に (22a) の方法で Top/Foc の領域が活性化される．一方，日本語の話題は，(22b) の方法によって，TopP が活性化され話題はその主要部によって認可される．したがって，話題は「の」の有無とは関係なく比較的自由に生起できるということができる．これに対して，yes-no 疑問文の焦点には，(22a, b) のいずれの方法によっても直接的に活性化されることはないので，「の」を伴う分析的 CP 構造を明示することによって Foc が活性化され，yes-no 疑問文の焦点が認可されるのである．

以上の議論を踏まえ，次に (9b) の問題について検討することにしよう．第 2 節で述べたように，「の」を伴わない yes-no 疑問文の焦点は常に「か」の直前に来る動詞である．上で述べた yes-no 疑問文の分析が正しければ，やはりこの場合も FocP が疑問の焦点の認可に関与していると考えるのが自然であろう．そうだとすると「の」を伴わない (23) のような yes-no 疑問文においても，FocP が活性化されているということになる．[13] ここでは，(24) に示したように動詞が Foc へ移動することによって FocP が活性化されると仮定する．[14]

---

[13] ここでの議論には，話題の位置は関係しないので，(24) では Top の投射は省略してある．

[14] 註 11 で述べたように，Rizzi (1997) の C システムでは，TopP/FocP のいずれかが活性化されている場合には，常に Force と Fin が別々の主要部として具現しなければなら

(23) 君はその論文を読みましたか？

(24) [ForceP [FocP [IP 君はその論文を [v t] [I t]] [Foc 読みました]][Force か]]
　　　　　　　　　　　　　　　　　　　　　　　　　　　　　　↓ [+focus] feature

つまり，日本語の Q は，接辞であり，そのため主要部移動によって，「動詞＋時制辞」が疑問化辞に付加するのであるが，「動詞＋時制辞」が一旦 Foc へ移動し，Foc によって focus 素性を付与された後に Force の「か」に付加する．日本語には，FocP 指定部への移動はないが，移動に限って言うなら唯一動詞移動という方法で FocP が活性化されるということになる．

　Kuno (1980) の一般化は，yes-no 疑問文の無標の焦点が疑問化辞に隣接する動詞であることを述べたものであるが，これは上の分析によれば動詞が Foc へ移動し，Foc によって focus 素性を付与されるからである．したがって，動詞と「か」が分離されなければ動詞を脱焦点化することはできない．動詞を脱焦点化するには，やはり「の」が必要となる．何となれば，動詞移動は，主要部移動制約 (Head Movement Constraint) に従うので，補文標識「の」の占める Fin を飛び越えて Foc へ移動できないからである．

　以上をまとめると，補文標識の「の」が生起することによって，(i) yes-no 疑問文の焦点の認可子である Foc が活性化され，Foc によって焦点が認可される．それと同時に，(ii) 疑問化辞の「か」と動詞が分断され，動詞が Foc へ移動することのできない統語環境が整うと言うことができる．

3.2. 分析の予測

　以下では，前節で提示した分析の予測について考えることにする．疑問文

ないので，正確には (24) に於いても I と Foc の間に音形を持たない Fin が存在することになる．そうだとすると V は I に移動し，さらに Fin を経由して Foc へ移動することになるが，ゼロ形式の Fin はここでの議論に直接関係しないので省略してある．英語には，定形の平叙節を導く補文標識に that とそのゼロ形があることから，Rizzi (1997) はこれを音形を持たない Fin を仮定する根拠としている．(20a) のような yes-no 疑問文では，「の」を省略することはできないので，(24) に音形を持たない Fin を仮定すると，その存在は（英語同様）Foc の投射への移動がある場合に限り許されるということになる．このように，(24) の構造に於いて，語彙的要素の現れない Fin を仮定することが妥当であるのか，といった問題については稿を改めて検討したい．

に現れる「の」は,「発話内の力」を指定する補文標識ではなく Fin に位置すると仮定した.この分析が正しいとすると,補文標識の「の」は,疑問文以外にもさまざまな「発話内の力」を表す節に生起することが予測される.次の例文は,この予測が正しいことを示している.[15, 16]

(25) 平叙文
a. 雪が降ったから遅れたの(です).
b. もうお腹一杯なの(です).
c. 彼は子どもの頃にニューヨークに住んでいたの(です).

(26) 命令文
a. ご飯を食べたら歯を磨くの.
b. もっとゆっくり歩くの.
c. 明日の朝は早いからもう寝るの.

(27) 感嘆文
a. あの子どもはなんて賢いの(だ/だろう).
b. なんてひどいことをしたの(だ/だろう).
c. 今年の夏はなんて暑いの(だ/だろう).

---

[15] Kuno (1973) が観察しているように,「の」を伴う平叙文は,話し手が何らかの説明を与えようとする場合に用いられる.例えば,(25b) のような平叙文は,(i) のような疑問文の答えとして用いられる.
　　(i)　もう食べないの？
このような理由から平叙文で用いられる「の」は,しばしば「説明の「の」」などと呼ばれることがあるが,これは勿論記述的ラベルであって「の」がこのような意味機能を担っているのではないように思われる.「の」を伴わない平叙文に対して,「の」を伴う平叙文には,なぜこのような特別な解釈が見られるのか,このような解釈と統語構造との関係はどうなっているのか,などの問題については,稿を改めて検討したい.

[16] 興味深いことに感嘆文についても,yes-no 疑問文と同じ制約が観察される.すなわち,(i) に示したように感嘆文に現れる「の」も削除することはできない.
　　(i) a.　あなたはなんて素敵な家に住んでいる??*(の).
　　　　b.　なんてひどいことをした??*(の).
先に述べた yes-no 疑問文に関する議論が正しければ,感嘆文の認可についても,Fin の上部の恐らくは Foc が関与していると推定される.分離 CP 構造を用いた感嘆文の分析については,Ono (2006) を参照されたい.

このように補文標識の「の」は疑問文以外にも，平叙文，命令文，感嘆文など，さまざまな文タイプに生起する．したがって，「の」は文のタイプを指定する補文標識ではないことが分かる．

以上，疑問文に現れる「の」は，「発話内の力」を指定する補文標識ではないことを見た．それにも拘らず，疑問文が「の」で終わり得るのは，「の」の上部に「発話内の力」を指定する補文標識 Force が存在するからである．しかしながら，疑問文が「の」で終わり得るというのは，主節の現象であって，従属節では観察されない．次の例文を見られたい．

(28) a. 太郎は［花子がその人を知っているの*(か)］聞いた．
b. 太郎は［花子が誰に会ったの*(か)］聞いた．

このような疑問文の文末形に関する主節・従属節の非対称性は，非顕在的統語部門における補文標識の挿入を認める Bošković (2000) の仮説を受け入れることによって，導き出すことができる．[17] すなわち，「の」で終る疑問文は，顕在的統語部門では，「発話内の力」を指定する補文標識 Force のない構造を持つと仮定する．つまり「の」で終る疑問文は，顕在的統語部門では FinP の上の音形を持たない「です」の現れる FocP が最上位を占める (29a) の構造を持つのだが，LF において補文標識 Force が FocP に併合 (merge) されることによって，「発話内の力」が指定されることになる ((29b))．[18]

(29) a. S-structure:
[FocP [FinP [IP お父さんに叱られたから泣いている] [Fin の]] [Foc Ø$_{desu}$]]
b. LF: 補文標識 (Force) の併合
[ForceP [FocP [FinP [IP お父さんに叱られたから …] [Fin の]] [Foc Ø$_{desu}$]] [Force Ø$_Q$]]

この分析に従えば，(28) のような「の」で終わる間接疑問文が派生されるこ

---

[17] Bošković (2000) は，フランス語の元の位置の wh に関する議論を用いてこの仮説を提案している．

[18] (29) の Ø$_{desu}$, Ø$_Q$ は，それぞれ音形を持たない焦点化辞と疑問化辞を表す．

第 3 章　日本語疑問文における補文標識の選択と CP 領域の構造　　　111

とはない．(28) の主節動詞は，疑問文を要求するので [+Q] 素性の指定された節を補部位置に併合しなければならない．しかし，上で述べたように「の」で終わる疑問文は，顕在的統語部門では FocP までの構造しか持たないので，(28) において主節動詞と併合することはできない．仮に「発話内の力」の指定されていない FocP が主節動詞に併合されたとしても，LF において FocP と [+Q] Force を併合することによって，主節動詞の選択特徴を満たすことはできない．なぜならそのような統語操作は「拡張条件 (Extension Condition)」に違反するからである．[19] したがって，(28) のような従属節において「発話内の力」を指定する「か」(つまり，ForceP 主要部) がなければ，主節動詞の補部の選択に関する特徴が満たされることはない．このように「の」で終わる疑問文は，少なくとも Spell-Out 以前の派生の段階では，FocP までの構造しか持たないと仮定することによって，疑問文の文末形に関する主節・従属節間の非対称性を導き出すことができる．「の」と「か」をそれぞれ異なる補文標識として区別することによって，上で述べたような説明方法が可能になることをここで改めて確認しておきたい．疑問文の節末に生起する「の」を疑問化辞「か」の異形体とする従来の分析では，上で見た「の」に関する主節・従属節間の非対称性を筋道立てて説明するのは難しいと思われる．

　最後に「の」も「か」も伴わない yes-no 疑問文について考察することにしよう．上で述べたように LF において Force が挿入され得るならば，文末に「の」も「か」も現れない yes-no 疑問文も許されるはずである．(30) の例文が示すように，口語では「の」も「か」も伴わない，動詞で終る yes-no 疑問文もごく自然に観察される．

(30)　a.　この本読んだ？
　　　b.　昨日学校に行った？
　　　c.　明日田中さんに会います？

---

[19] Chomksy (1995) の「拡張条件」は，「厳密循環 (strict cycle)」の効果を置き換える条件として提案されたもので，概略以下のように規定される．
　　(i)　拡張条件
　　　　Merge と Move は，構造全体を拡張するように適用しなければならない．

　　　　d.　先生は明日いらっしゃるって仰っていました？

(30) の例文は，表面上は平叙文と同じ形式を持つが，上昇調のイントネーションを伴えば，yes-no 疑問文と解釈される．(30) の例には，「の」が現れないので，LF においては，「の」を伴わずに「か」で終わる yes-no 疑問文と同じ CP 構造を持つと考えられる．「の」が現れないということは，(24) で示したように，(30) においても動詞が Foc へ移動し得ることを意味する．これによると，(30) は概略次のように派生される．[20]

(31)　a.　S-structure:

　　　　　　　　　　　　　　　　　　　↓ [+focus] feature
　　　　　[FocP [IP [VP … [V t]] [I t]] [Foc V+I]]

　　　b.　LF: 補文標識（Force）の併合
　　　　　[ForceP [FocP [IP …] [Foc V+I]] [Force ∅Q]]

(31) に示した派生が正しいとすると，(30) のように動詞で終わる yes-no 疑問文の焦点は，文末の動詞であると予測される．実際，(30) の例文には，動詞以外を疑問の焦点とする解釈はないように思われる．この分析は，動詞以外を疑問の焦点とする (32) のような yes-no 疑問文の「の」を省略すると，かなり容認性が落ちるという事実によっても裏打ちされている．

(32)　a.　この時計はパリで買った??*(の)？
　　　b.　君は終戦の年に生まれた??*(の)？
　　　c.　お父さんに叱られたから泣いている??*(の)？
　　　d.　私に聞いている??*(の)？

「の」を伴わない (32) の例文も (31) に示した派生をたどる．つまり，語彙的要素の現れる Fin（「の」）がなければ，V 移動は阻止されず，動詞は I（と語彙的要素の現れない Fin）を経由して Foc へ移動し，その位置で focus 素性が付与される．そして，最終的に LF で Force が併合され，focus 素性の

---

　[20] 註 14 で述べたように，この場合も正確には，V は Fin を経由して Foc へ移動すると仮定する．

付与された「動詞＋時制辞」が疑問化辞に付加される．このように一旦「動詞＋時制辞」に focus 素性が与えられるとそれを脱焦点化することはできない．ところが，(32) の例文は，語用論的に見て動詞は聞き手にとって前提となる情報を表しており，動詞を疑問の焦点として解釈することはできない．

4. Wh 疑問文における「の」の随意性

第2節で述べたように，wh 疑問文では「の」は随意的である．前節で提案した分析に従うなら，「の」の随意性は wh 句が Foc 以外の機能範疇によって認可され得ることを示していると考えられる．そこで wh 句は Force によって認可されると仮定する．ここでは，非顕在的な wh 移動により，wh 句は ForceP 指定部へ移動し，wh 句の持つ解釈不可能な (uninterpretable) wh 素性が Force の [Q] 素性によって照合されると仮定しておく (Chomsky (1995))．これを図示すると (33) のようになる．

(33)　[$_{ForceP}$ 誰が$_i$ [$_{IP}$ t$_i$ 来ました] [$_{Force}$ か]]　((7a))
　　　　　　　[unwh]　　　　　　　　　　　　[+Q]

このように wh 句は，yes-no 疑問文の焦点とは異なり，素性照合により Force によって認可される．したがって，ForceP と IP の間に FocP は必要なく，そのため「の」の生起も義務的ではないと考えることができる．[21]

このように考えると wh 疑問文では「の」は何ら役割を担っていないように思われるが，以下で述べるように wh 疑問文においても「の」の有無が重要な役割を担う場合がある．Kuwabara (2001, 2005) で示したように，wh 句が「付加詞の島 (adjunct island)」に埋め込まれると補文標識の「の」が義務的となる．次の対比を見られたい．

---

[21] この分析によれば wh 疑問文において，「の」の有無は wh 句の認可には関与しない．そうだとすると，「表示の経済性 (Economy of Representation)」によって，なぜ「の」の生起が排除されないのかという問題が生じる．この問題については，稿を改めて検討したい．

(34) a. ??*[花子は誰に叱られたから] 泣いていますか？
    b. ??*[誰に会いたいから] ここに来ましたか？
    c. ??*[何を忘れたから] 困っていますか？
(35) a.　　[花子は誰に叱られたから] 泣いているの（ですか）？
    b.　　[誰に会いたいから] ここに来たの（ですか）？
    c.　　[何を忘れたから] 困っているの（ですか）？

この対比は,「の」を伴わない wh 疑問文では非顕在的 wh 移動が適用し, wh 句が付加詞の島から移動し,「下接の条件（Subjacency Condition）」に違反するのに対し,「の」を伴う wh 疑問文では wh 句は付加詞の島から移動していないことを示している. つまり,「の」を伴う wh 疑問文では, 何らかの理由で付加詞の島全体が随伴されていると考えることができる. 前節で述べたように,「の」を伴う疑問文では, FinP と ForceP の間の FocP が活性化されている.「の」の有無によって, 付加詞の島の効果の顕現が左右されるという事実は, 付加詞の島の随伴には FocP が必要になることを示していると思われる. 以下ではそのように考える根拠として分裂文の特徴を検討する. 分裂文を用いた疑問文には, さまざまな点で「の」を伴う疑問文と共通する特徴が観察される.[22] 分裂文は焦点要素が焦点位置へ顕在的に移動することによって派生される構文であるが, この場合も必ず「の」が生起しなければならない. これは本稿の議論からすると, 焦点には, 移動する場合と元の位置に留まる場合があるが, いずれの場合も Foc によって認可されなければならないからである. また, 疑問化辞「か」の直前の動詞を脱焦点化し動詞以外の要素を焦点化するには,「の」が必要になるのだが, 註 4 で述べたように, 分裂文を用いることによっても同様の効果を得ることができる. したがって, (5)のような疑問文は, 分裂文を用いた疑問文に言い換えることもできる.

(36) a.　　[この時計を買ったの] は パリ(で)ですか？
    b.　　[君が生まれたの] は 終戦の年ですか？

---

[22] 平叙文の「のだ／です」構文と分裂文の意味的・統語的類似性については, Kuwabara (2000) を参照されたい.

第3章　日本語疑問文における補文標識の選択と CP 領域の構造　　115

　　c.　［泣いているの］は　お父さんに叱られたからですか？
　　d.　［聞いているの］は　私にですか？

このように「の」を伴う疑問文と (36) のような分裂文を用いた疑問文には共通性が見られることから，(36) のような分裂文の基底には (5) のような疑問文があると考えることができる．すなわち，(36c) のような疑問文は，その基底形である (5c) の疑問文に焦点移動と FinP の話題化が適用することによって派生されると考えられる (Hasegawa (1997), Hiraiwa and Ishihara (2002), Watanabe (2003))．

(37)　[ForceP [TopP [FocP [FinP [IP … [お父さんに叱られたから] 泣いている]
　　　　　　　　　　　　　　　　　　　　　　　[Fin の]] [Foc です]] [Top]]
　　　　　　　　　　　　焦点移動　　　　　　　[Force か]]
　　　　　　FinP の話題化

第3節では，「の」で終わる疑問文は，FinP の上部に音形を持たない焦点化辞（「です」）が Foc に現れると仮定した．上で述べた分裂文の分析が正しければ，(6) のような「の」で終る疑問文に焦点移動と FinPの話題化が適用するならば，焦点で終る yes-no 疑問文が派生されるはずである．次の例文はその予測が正しいことを示している．

(38)　a.　［この時計を買ったの］は　パリで？
　　b.　［君が生まれたの］は　終戦の年に？
　　c.　［泣いているの］は　お父さんに叱られたから？
　　d.　［聞いているの］は　私に？

このように分裂文を用いた疑問文は，「の」を伴う疑問文をその基底に持つのだが，「の（ですか）」で終る疑問文とは異なり，(36), (38) のような疑問文では，焦点が FocP 指定部へ顕在的に移動している．したがって次の例文が示すように，焦点が付加詞の島から移動すると非文法的な文となる．[23]

---

　[23] (34) の例文と比べると，(39), (40) は容認性がさらに落ちるように思われるが，現時点ではその理由は不明である．

(39) a. *[花子が [t_i 叱られたから] 泣いているの] は 誰に_i ですか？
　　 b. *[[t_i 会いたいから] ここに来たの] は 誰に_i ですか？
　　 c. *[[t_i 忘れたから] 困っているの] は 何を_i ですか？

焦点で終わる疑問文も同様に容認不可能な文となる．

(40) a. *[花子が [t_i 叱られたから] 泣いているの] は 誰に_i？
　　 b. *[[t_i 会いたいから] ここに来たの] は 誰に_i？
　　 c. *[[t_i 忘れたから] 困っているの] は 何を_i？

容認性に多少の差はあるが，(34) の「の」を伴わない wh 疑問文でも，分裂文の例と同様に，wh 句が付加詞の島から非顕在的に移動しており，したがって下接の条件違反が生じていると考えられる．これに対して，分裂文を用いた wh 疑問文でも，wh 句を含む付加詞の島全体が移動すれば，容認可能な文となる．次の例文を見られたい．

(41) a. [花子が t_i 泣いているの] は [誰に叱られたから]_i ですか？
　　 b. [ここに t_i 来たの] は [誰に会いたいから]_i ですか？
　　 c. [t_i 困っているの] は [何を忘れたから]_i ですか？

「の」を伴わない (34) のような wh 疑問文では，wh 句が顕在的に移動している (39)，(40) の例文と同様に下接の条件違反が検出されるのに対して，(35) の「の」を伴う wh 疑問文では，島全体が随伴された (41) の例文と同じく下接の条件違反は生じない．したがって，「の」を伴う (35) の wh 疑問文においても，付加詞の島全体が非顕在的に随伴されていると推定することができる．つまり，(34) vs. (35) の対比によく現れているように，付加詞の島の効力が顕現するかどうかは，「の」の有無によって決まるのだから，上で述べた分裂文と「の」を伴う疑問文とのパラレリズムに関する議論が正しい限りにおいて，付加詞の島の随伴の可否には FocP の存在が関与していると考えられる．このような結論については，さらに検討すべき問題もあるが，それらについては稿を改めて議論したい．[24]

---

[24] 例えば，Nishigauchi (1986)，Watanabe (1992) などで論じられているように，元の位置の wh は，「wh 島条件 (wh-island condition)」に従う．wh 島条件については，「の」の生起によって，その効力が抑制されることはないようである (Kuwabara (2005))．

5. Wh 句を認可する 2 種類の補文標識
5.1. 「なぜ」と「の」の義務性

　第 4 節では，wh 疑問文における「の」の随意性について検討した．wh 疑問文は，(2) に一貫して従わないことから，Kuno (1980) はその振る舞いを例外的条件として規定していた．上で述べた分析が正しければ，そのような例外的規定は，もはや必要なく，wh 疑問文と yes-no 疑問文の間に見られる非対称性は，それぞれの焦点の認可子の違いに帰することができる．ところが，興味深いことに wh 疑問文であっても，「の」を要求するものがある．他の wh 句とは異なり理由を表す付加詞の「なぜ」を伴う疑問文には，「の」がなければならない (野田 (1995, 1997)，Yoshida and Yoshida (1996))．次の対比を見られたい．[25]

(42) a.　太郎はなぜまだそんなことを言っているの（ですか）？
　　 b.　警察はなぜそのことを調べているの（ですか）？
　　 c.　君はなぜいつも遅れて来るの（ですか）？
　　 d.　田中君はなぜそう言ったの（ですか）？
　　 e.　なぜ麻生さんは若者に人気があったの（ですか）？

(43) a.　??*太郎はなぜまだそんなことを言っていますか？
　　 b.　??*警察はなぜそのことを調べていますか？
　　 c.　??*君はなぜいつも遅れて来ますか？
　　 d.　??*田中君はなぜそう言いましたか？
　　 e.　??*なぜ麻生さんは若者に人気がありましたか？

　　　(i)　a　??*太郎は［花子が何を買ったかどうか］調べているの？
　　　　　b．??*太郎は［花子が何を買ったかどうか］調べていますか？
wh 島条件と付加詞の島のこのような違いについては，今後の課題としたい．

[25] 野田 (1997: 124) は，「の」を伴わない疑問文であっても「なぜ」が許容される場合があるとして (i) のような例文を挙げている．但し，(i) のような例は野田が指摘するように wh 句の値を求める wh 疑問文ではなく反語に近くなっている．
　　　(i)　話してもみないで，なぜわかる？
実際，(i) の例文は文末下降調で読むのが自然であって，疑問文に特徴的な文末上昇調のイントネーションで読むとかなり容認度が落ちるように思われる．以下の議論は，このような典型的な疑問文とは異なる環境に生じる「なぜ」には当てはまらない．

すでに述べたように「の」はFinPの主要部であるので，「の」が「なぜ」の認可子でないことは言を俟たない．また，(43)の例は，Forceも「なぜ」の認可子ではないことを示している．そうだとすると，ForceとFinの間に「なぜ」を認可する別の補文標識があることになる．一般に多くの言語で，'why'とそれ以外のwh句には非対称性が観察されるが，とりわけ上で見た「なぜ」の特徴は，Rizzi (2001)の観察するイタリア語のperché 'why'とその他のwh句と焦点との共起関係に見られる非対称性と酷似している．

(44)の例が示すように，イタリア語では通常wh句は焦点とは共起不可能である．このような事実に基づきRizzi (2001: 290) は，イタリア語のwh句はFocP指定部への移動であり，したがって，焦点とは共起できないとしている．

(44) a. *A chi   QUESTO hanno detto (non qualcos'altro)?
         to whom this   have said (not something else)
         'To whom THIS they said (not something else)?'
     b. *QUESTO a chi   hanno detto (non qualcos'altro)?
         THIS   to whom have said (not something else)
         'THIS to whom they said (not something else)?'

これに対して，次の例文が示すようにperchéは焦点と共起することができるが，その際，perchéは焦点に先行しなければならない (Rizzi (2001: 294))．

(45) a. Perché QUESTO avremmo dovuto dirgli,   non
         why   THIS   had   should say.him not
         qualcos'altro?
         something else
         'Why THIS we should have said to him, not something else?'
     b. *QUESTO perché avremmo dovuto dirgli,   non
         this   why   had   should say.him not
         qualcos'altro?
         something else
         'THIS why we should have said to him, not something else?'

(45) の例文は，perché を認可する補文標識は，FocP よりも上位に位置することを示している．Rizzi (2001) は，節左周辺部の (10) の構造に，perché を認可する補文標識 Int(errogative) を組込んだ次の構造を提示している．

(46)　Force (Top) Int (Top) Foc (Top) Fin IP ...

　「なぜ」に話しを戻そう．繰り返し述べてきたように「の」は文の「発話内の力」を指定する補文標識ではない．それにも拘らず，「なぜ」が分析的補文標識の「の」を要求するということは，これまでの議論からすると「なぜ」を認可する機能範疇が FinP の上部に存在することになる．さらに「なぜ」を認可する補文標識は，Force ではないのだから，FinP と ForceP の間に位置する別の補文標識があり，それが「なぜ」を認可していると考えられる．そこで「なぜ」も preché 同様 (46) の Int によって認可されなければならないと仮定しよう．

　さて，Int は ForceP と FinP の間に位置することから Foc, Top 同様随意的な機能範疇であり，これが統語構造に場を得るには何らかの方法で活性化されなければならない．日本語には顕在的な wh 移動はないと思われるので，Int の投射が顕在的移動によって活性化されることはない．したがって，第 2 節で述べた Foc の活性化と同様に，純粋な finiteness である「の」を用いることによって分析的 CP 構造が顕在化し，分析的補文標識に挟まれた随意的な機能範疇（この場合，Int）が活性化されると考えられる．

　「なぜ」は文副詞の一種と考えられるので，それが修飾する IP に外的に併合 (external merge) され，LF において IntP 指定部へ移動し，Int との素性照合によって認可されると仮定する．(47) の派生を見られたい．[26]

---

[26] Force に位置する [+Q] 素性は，通常「発話内の力」を指定し，なおかつ wh 句の素性を照合すると考えられている．「なぜ」を伴う疑問文にも「か」が現れることからすると，Int には「発話内の力」を指定する素性とは別の素性があることになる．(47) ではその素性を [+F] とし表してある．

(47) (= (42c))

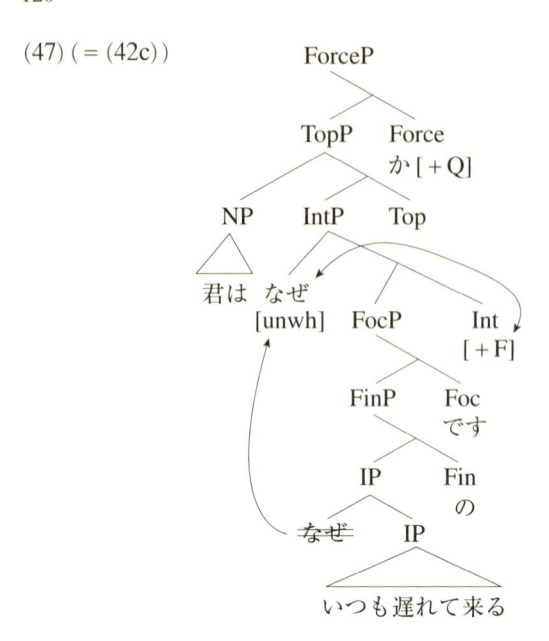

```
                  ForceP
                 /      \
              TopP       Force
             /    \       か [+Q]
           NP    IntP     Top
          君は    なぜ
                [unwh]   FocP    Int
                        /    \    [+F]
                      FinP    Foc
                     /    \   です
                    IP    Fin
                   なぜ    の
                         IP
                     いつも遅れて来る
```

　「の」との共起関係に見られる「なぜ」とそれ以外の wh 句の非対称性と，イタリア語の perché とそれ以外の wh 句に見られる焦点との共起関係に関する非対称性は，表面的には全く異なる言語現象のように見える．しかし，Rizzi (2001) の分離 CP 構造の観点からすると，そうした非対称性は，いずれの言語においても同じ補文標識 Int が 'why' の認可に関与するという共通した特徴の現れと見ることができる．

　この分析が正しければ，「なぜ」とそれ以外の wh 句に見られるもう 1 つの非対称性も説明することができる．第 2 節で述べたように，口語では文末に補文標識を伴わないで動詞で終る yes-no 疑問文が許容される．次の例文が示すように，「の」も「か」も伴わない動詞で終る wh 疑問文も観察される．

(48) a.　パーティーには誰が来た？
　　 b.　昨日誰に会った？
　　 c.　太郎はどこに行った？
　　 d.　ゴールデンウイークに何をします？
　　 e.　お刺身は何が好きです？

これに対して,「なぜ」を伴う疑問文は,動詞で終ることはできない (野田 (1995, 1997), Yoshida and Yoshida (1996)).

(49) a. ??*なぜ行く？
 b. ??*なぜ泣いている？
 c. ??*太郎はなぜそんなに怒った？
 d. ??*田中君はなぜそう言った？
 e. ??*なぜ麻生さんは若者に人気があった？

このような「なぜ」と他の wh 句の非対称性は,従来は wh 疑問文における疑問化辞の省略可能性の問題として論じられてきたが (Yoshida and Yoshida (1996), Ko (2005)),すでに述べたように「の」は「発話内の力」を指定するわけではないので,(49) の非文法性を単純に「の」の削除に帰着させることはできない.

「なぜ」は,Int によって認可されなければならないが,先に述べたように Int を活性化するには,分析的 C を主要部に持つ CP 構造が具現する必要があり,それには Fin の主要部である「の」が現れなければならない.(48),(49) の例は定形動詞で終わっているので,第 3.2 節で仮定したように,Spell-Out 以前の段階では,IP までの構造しか持たない.これは Bošković (2000) の主張するように LF における補文標識の併合が許容されるからである.つまり,(48) が容認可能であるのは,LF において Force が挿入され,wh 句は,Force との素性照合によって認可されるからである.

(50) (= (48a))
 a. S-structure
  [IP パーティーには誰が来た]
 b. LF: 補文標識 (Force) の併合
  [ForceP 誰がᵢ [IP パーティーには tᵢ 来た] [Force ∅ₙ]]
  [unwh]   [+Q]

一方,(49) が容認されないことから,Force とは異なり Int は LF では併合されないと考えられる.これは,Int が Force と Finiteness の間に位置する随意的な補文標識であり,したがって,「発話内の力」の指定には関与し

ないことに由来するものと考えられる．Spell-Out 以前の段階では，Force の投射を持たない構造が原理的に可能であるが，「概念・意図」体系とのインターフェイスである LF においては，少なくとも「発話内の力」が指定されている必要があろう．すでに述べたように補文標識には，Force と Finiteness がそれぞれ別の補文標識として具現した分析的補文標識と 2 つの素性の融合した融合的補文標識があるが，後者を LF で併合することによって 1 度の統語操作でインターフェイス条件（つまり，「発話内の力」が指定されているということ）を満たすことができる．したがって，LF において併合され得る補文標識は，CP 領域を上方で閉じる融合的な Force に限られると仮定することにしよう．すると (48) と (49) の対比を導き出すことができる．(49) は，(48) 同様，Spell-Out 以前の派生の段階では，IP までの構造しか持たない．「なぜ」は，Int によって素性照合を受けなければならないが，上で仮定したように LF において併合され得る補文標識は，「発話内の力」を指定する融合的な Force に限られるので，「なぜ」は認可されず，したがって，(51) に示した派生は破綻する．[27]

(51) (= (49a))
    a. S-structure：
       [$_{IP}$ なぜ行く]]
    b. LF：補文標識（Force）の併合
       [$_{ForceP}$ [$_{IP}$ なぜ行く] [$_{Force}$ Ø$_Q$]]

5.2. 理由を表す「何を」

以下では，もう 1 つの理由を表す付加詞について検討する．Kurafuji (1996) で詳しく論じられているように，ヲ格を持つ wh 句「何を」が理由を表す付加詞として用いられることがある．次の例文を見られたい．

---

[27] この分析によれば，「なぜ」を伴う「の」で終わる疑問文は，(i) に示したように Spell-Out 以前の段階では Int が FinP と併合した次の構造を持ち，これに LF で Force が併合されることになる．
   (i) [$_{IntP}$ [$_{FinP}$ [$_{IP}$ 太郎はなぜまだそんなことを言っている] [$_{Fin}$ の]] [$_{Int}$ [＋F]]]

(52) a. 彼らは何を騒いでいるの（ですか）？
　　 b. 君は何をそんなにメアリーばかり責めているの（ですか）？
　　 c. 太郎は何をそんなに急いでいたの（ですか）？

興味深いことに付加詞の「何を」は，「の」を伴わない疑問文には生起できない．

(53) a. ??*彼らは何を騒いでいますか？
　　 b. ??*君は何をそんなにメアリーばかり責めていますか？
　　 c. ??*太郎は何をそんなに急いでいましたか？

(53) の例文の容認性は，目的語の「何を」を含む次の例と比較するとさらにはっきりする．

(54) a. 彼はそのレストランで何を注文しましたか？
　　 b. 君は子どもの誕生日に何を買いましたか？
　　 c. そこに何を置きましたか？

これらの事実は，理由を表す「何を」も Int によって認可されなければならないことを示している．この分析が正しければ，付加詞の「何を」も「なぜ」同様，動詞で終わる疑問文には生起できないのに対して，目的語の「何を」にはそのような制約は見られないことが予測される．次の例文は，その予測が正しいことを示している．

(55) a. 彼らは何を騒いでいる??*(の)？
　　 b. 君は何をそんなにメアリーばかり責めている??*(の)？
　　 c. 太郎は何をそんなに急いでいた??*(の)？
(56) a. 彼はそのレストランで何を注文した（の）？
　　 b. 君は子どもの誕生日に何を買った（の）？
　　 c. そこに何を置いた（の）？

このように付加詞の「何を」は，「の」との共起可能性に関して目的語の wh 句とは異なる振る舞いを示す．

　私見によればこれまでの日本語生成文法研究のなかでこのような付加詞と補文標識の共起関係が注目されることはなかったように思う．以上述べたよ

うに「の」はもはや疑問を表す補文標識ではない．それにも拘らず,「なぜ」や「何を」は「の」を要求する．このような「なぜ」・「何を」と「の」との共起関係は，一見すると矛盾する言語事実のように思われるが，Rizzi (1997, 2001) で提示されている精緻化された CP 構造を受け入れることによって，原理的な説明が可能になる．

6. おわりに

　以上，疑問文の文末形に着目し，節周辺部の構造として複数の異なる補文標識からなる精緻な CP 構造を仮定する必要があることを論じた．従来の日本語生成文法研究では，疑問文の節末に現れる「の」は，疑問化辞の「か」の異形体とされてきたが，「の」を伴う疑問文と「の」を伴わない疑問文に見られる非対称性をもとに，「の」は，Rizzi (1997) の提案する Fin の主要部であることを示した．そうだとすると，「の」は補文標識ではあるものの「発話内の力」を指定するわけではない．それにも拘らず，yes-no 疑問文には「の」を要求するものがある．これは，yes-no 疑問文の焦点が Fin と Force の間に位置する Foc によって認可されると仮定することによって説明される．Force と Fin の間の随意的な機能範疇は，イタリア語ではその指定部へ要素が移動することによって活性化される．一方，節左周辺部への移動の存在しない日本語では，純粋な分析的補文標識である「の」を生起させることによって，分析的補文標識に挟まれた Foc が活性化され，その結果疑問の焦点が認可されるという分析を提案した．また，「の」を伴わない yes-no 疑問文では，動詞移動によって Foc が活性化され，したがって，疑問化辞に直接先行する動詞が焦点の解釈を受けると主張した．この分析によれば，「の」を伴う yes-no 疑問文と「の」を伴わない yes-no 疑問文の焦点の認可には，共通して Foc が関与しており，両者の違いは煎じ詰めて言えば動詞移動の有無の違いということができる．

　wh 疑問文における「の」の生起は随意的であるが，これは wh 句が Force との素性照合によって認可されるからである．しかし，wh 句が付加詞の島の中に現れると「の」の生起が義務的となる．「の」が生起することによって付加詞の島の効果が抑制されることから，FocP がある場合にのみ付加詞の島の随伴が許容されるとした．但し，このような分析については今後さらに

検討しなければならない問題も残されている．註 24 でも述べたように wh 島条件に関しては，「の」が生起することによって島の制約の効果が抑制されることはないように思われる．また，そもそもなぜ付加詞の島の随伴には，FocP が必要になるのかという問題もある．これらの問題については，稿を改めて検討したい．

　他の wh 句とは異なり「なぜ」および理由を表す「何を」を伴う疑問文には，「の」が要求される．このような共起制限は，抽象的なレベルではイタリア語の perché の特徴に類似しており，'why' の認可には，Int という補文標識が関与しているとする Rizzi (2001) の分析が，「なぜ」・「何を」の特異な振る舞いを説明するのにも有効であることを論じた．

参照文献

Bošković, Željko (2000) "Sometimes in [Spec, CP], Sometimes in Situ," *Step by Step: Essays on Minimalist Syntax in Honor of Howard Lasnik*, ed. by Roger Martin, David Michaels and Juan Uriagereka, 53–87, MIT Press, Cambridge, MA.

Chomsky, Noam (1995) *The Minimalist Program*, MIT Press, Cambridge, MA.

Cinque, Guglielmo (1999) *Adverbs and Functional Heads*, Oxford University Press, Oxford.

Endo, Yoshio (2006) *A Study of the Cartography of the Japanese Syntactic Structures*, Doctoral dissertation, University of Geneva.

Endo, Yoshio (2007) *Locality and Information Structure: A Cartographic Approach to Japanese*, John Benjamins, Amsterdam.

Feldman, Harry (1986) *A Grammar of Awtuw*, Department of Linguistics, The Australian National University, Canberra.

Hasegawa, Nobuko (1997) "A Copular-based Analysis of Japanese Clefts: Wa-cleft and Ga-cleft," *Grant-in-Aid for Report (1): Researching and Verifying an Advanced Theory of Human Language*, ed. by Kazuko Inoue, 15–38, Kanda University of International Studies.

Heine, Bern and Mechthild Reh (1984) *Grammaticalization and Reanalysis in African Languages*, Buske Helmet Verlag Gmbh, Hamburg.

Hiraiwa, Ken and Shinichiro Ishihara (2002) "Missing Links: Clefts, Sluicing, and "No da" Constructions in Japanese," *The Proceedings of HUMIT*

2001, MIT Working Papers in Linguistics 43, ed. by Tania Ionin, Heejeong Ko and Andrew Nevins, 35-54, MIT, Cambridge, MA.

岸本秀樹（2007）「題目優位言語としての日本語——題目と Wh 疑問詞の階層位置」『日本語の主文現象』長谷川信子（編），25-71，ひつじ書房，東京．

Ko, Heejeong (2005) "Syntax of *Why-in-Situ:* Merge into [Spec, CP] in the Overt Syntax," *Natural Language and Linguistic Theory* 23, 867-916.

Kuno, Susumu (1973) *The Structure of the Japanese Language*, MIT Press, Cambridge, MA.

Kuno, Susumu (1980) "The Scope of the Question and Negation in Some Verb-final Languages," *CLS* 16, 155-169.

Kurafuji, Takeo (1996) "Unambiguous Checking," *Proceedings of the Second Conference on Formal Approaches to Japanese Linguistics*, ed. by Masatoshi Koizumi, Masayuki Oishi and Uli Sauerland, 81-96, MIT.

Kuwabara, Kazuki (2000) "A Note on Some Aspects of Copular Sentences and Cleft Sentences in Japanese: A Preliminary Study," *Grant-in-Aid for COE Research Report (4): Researching and Verifying an Advanced Theory of Human Language*, ed. by Kazuko Inoue, 113-130, Kanda University of International Studies.

Kuwabara, Kazuki (2001) "The Focus of the Question and (Null) Copular Constructions," *Grant-in-Aid for COE Research Report (5): Researching and Verifying an Advanced Theory of Human Language*, ed. by Kazuko Inoue, 83-96, Kanda University of International Studies.

Kuwabara, Kazuki (2005) "Two Types of Interrogatives in Japanese," *The World of Linguistic Research: A Festschrift for Kinsuke Hasegawa on the Occasion of His Seventieth Birthday*, ed. by Noriko Imanishi, 136-149, Kaitakusha, Tokyo.

Kuwabara, Kazuki (2007) "On the Clausal Periphery: Some Aspects of Questions in Japanese," paper presented at *Workshop on Theoretical Linguistics* held at Tokyo International Forum on October 20, 2007.

三浦つとむ（1975）『日本語の文法』勁草書房，東京．

Nishigauchi, Taisuke (1986) *Quantification in Syntax*, Doctoral dissertation, University of Massachusetts.

野田春美（1995）「～ノカ？，～ノ？，～カ？，Ø?」『日本語類義表現の文法（上）：単文編』宮島達夫・仁田義雄（編），210-219，くろしお出版，東京．

野田春美（1997）『「の(だ)」の機能』くろしお出版，東京．

Ono, Hajime (2006) *An Investigation of Exclamatives in English and Japanese: Syntax and Sentence Processing*, Doctoral dissertation, University of

Maryland.

Rizzi, Luigi (1997) "The Fine Structure of the Left Periphery," *Elements of Grammar: Handbook of Generative Syntax*, ed. by Liliane Haegeman, 281–337, Kluwer, Dordrecht.

Rizzi, Luigi (2001) "On the Position "Int(errogative)" in the Left Periphery of the Clause," *Current Studies in Italian Syntax: Essays Offered to Lorenzo Renzi*, ed. by Guglielmo Cinque and Giampaolo Salvi, 287–296, Elsevier, London.

Saito, Mamoru (1985) *Some Asymmetries in Japanese and Their Theoretical Implications*, Doctoral dissertation, MIT.

Saito, Mamoru (1989) "Scrambling as Semantically Vacuous A′-movement," *Alternative Conceptions of Phrase Structure*, ed. by Mark R. Baltin and Anthony S. Kroch, 182–200, University of Chicago Press, Chicago.

Schaffar, Wolfram (2002) "Kakari Musubi, *Noda-constructions*, and How Grammaticalization Theory Meets Formal Grammar," *Japanese/Korean Linguistics* 10, 320–333.

新村出(編) (2008)『広辞苑(第6版)』岩波書店, 東京.

時枝誠記 (1950)『日本文法 口語篇』岩波書店, 東京.

Watanabe, Akira (1992) "Wh-in-situ, Subjacency, and Chain Formation," *MIT Occasional Papers in Linguistics* 2.

Watanabe, Akira (2003) "Wh and Operator Constructions in Japanese," *Lingua* 113, 519–558.

Yoshida, Keiko and Tomoyuki Yoshida (1996) "Question Marker Drop in Japanese," *ICU Language Research Bulletin* 11, 37–54.

第4章

一致素性のある言語とない言語の統合*

宮川　繁

極小理論では，GB とは違い，一致素性が中心的な役割を担うことになった．この「普遍文法」の見方では，日本語や韓国語など形態的一致を見せない言語を潜在的に排除してしまうという望ましくない帰結を導くことになる．本発表では，形態的一致を持たない言語では，焦点・主題 (focus/topic) の素性が，一致素性と，ほぼ，同様の役割を持つことを提案する．表面上は，「一致が卓立した言語」と「焦点・主題が卓立した言語」の2つのタイプの言語が存在することになるが，言語の計算機能は，一致素性／焦点・主題を区別せず，まったく同じタイプとして扱うことを仮定する．すなわち，自然言語には，計算機能上は，1つのタイプしかないことになり，ある種の言語を排除せずに，普遍的な理論を導くことが出来る．

1. はじめに

　GB から極小理論への根本的な改変のひとつとして，言語的操作における一致素性の役割がある．GB においてはそのような素性はほとんど役割がなかったのに対し，極小理論では中心的な役割を担うことになった．この，一致素性の扱いの違いは，言語操作の理論的な概念が基本的に変わったことを反映している．GB ではすべての操作は完全に任意だと考えられていた．すなわち，Move α によってすべての移動が任意に，場所と時を選ばずに行われ，よい派生と悪い派生は ECP や下接 (Subjacency) などの独立した原理

---

*　本稿のほとんどは，4節を除き，Miyagawa (2007) の英語で書かれた内容である．Noam Chomsky 氏，長谷川信子氏に貴重なコメント，ご助言をいただいた．また，英文の原稿を訳すにあたり澤田深雪氏に支援していただいた．この3名の方々に心から謝意を表する．

によって区別されたのである．一方の極小理論ではそのような独立した原理は根拠のない余計な小手先だけの技術に過ぎないと見なされ，GB とは逆に，すべての操作には動機が必要であるという見地に立った．起こる必要がなければ何も起こらない．極小理論は実際に存在する形式素性に注目し，操作は，ほとんどの場合，一致素性により行われると考える．

　このような極小理論の考え方は，それはそれで正しいかもしれないが，この「UG」の見方では，日本語や韓国語など形態的一致を見せない言語を潜在的に排除してしまうという望ましくない帰結を導くことになる．これに対しては，3つの可能性があり，それぞれ悲観的，希望的，理想的可能性と呼ぶことにしよう．

　　悲観的：　一致のない言語は基本的に一致のある言語と異なるので同じ理論の枠で扱えない．
　　希望的：　一致のない言語は音声のない一致のシステムを持っていて，一致を持っている言語とまったく同じである．
　　理想的：　一致のない言語は一致とは異なる何かを持っていて，それが一致と似たように機能して操作を導く．

本稿は 3 つめの，理想的なアプローチについて論じる．一致のない言語では，焦点 (Focus) が一致とほとんど同様の役割を果たすことを示す．具体的には，インド・ヨーロッパ語族のような一致のある言語では，T の EPP 素性が T と一致する句（通常は主語）を選び，それを TP の指定部 (Spec) へ繰り上げる (Chomsky (1981, 2001))．このため，主語の DP も TP の指定部で主語―動詞の一致を示すことになる．本稿では，一致のない言語の T の EPP は焦点に反応するということを示す．すなわち，EPP は焦点の素性をもつ DP を選び，それを TP の指定部 (Spec) へ繰り上げる．もし主語が焦点の素性を持っていれば，EPP によって TP の指定部 (Spec) へ繰り上げられる．もし目的語が焦点なら，目的語が TP の指定部へ繰り上がる．もちろん，すべての文に特別な焦点があるわけではないので，文は単に典型的な，中立の情報構造を成すかもしれない．このことについては後ほど，理論を展開する中で考えを述べることにする．

　本稿はすべての言語が EPP を持っているか，或いは，それに対等な，移動を引き起す何かを持っていると仮定する (Chomsky (2000, 2001) 参照)．

EPP は，一致のある言語では一致に作用し，一致のない言語では焦点に作用する．本稿では，それぞれの言語を「一致が卓立した言語」と「焦点が卓立した言語」と呼ぶ．

一致が卓立した言語： T の EPP が一致する句を選び，それを TP の指定部へ繰り上げる．

焦点が卓立した言語： 焦点のある DP がある場合は，T の EPP がそれを選び，TP の指定部へ繰り上げる．[1]

形態的一致を欠いたすべての言語は焦点が卓立した言語であるが，一致があるすべての言語が一致が卓立した言語であるというわけではない．一致があっても焦点が卓立した言語もあるので (例えば，トルコ語)，これについては後で述べることにする．

このように，一致のある言語とない言語を，根本的に違った言語と扱わず，同じような要素（形態的一致，焦点／主題）を持っているという見方には明らかな利点がある．2つのタイプの言語がもっている要素は普遍的な言語の計算機能を同じように使うと考え，両タイプとも統一的に扱うことができる．従って，極小理論はインド・ヨーロッパ語中心，あるいは一致のある言語中心の理論だと考える必要はない．本稿で提案する理論の延長ですべての言語が同様に扱われるからである．

2. EPP と一致と焦点

本稿で提唱する理論の基礎を確立するためには，まず，問題を概観することが必要である．焦点が卓立した言語と，一致が卓立した言語という捉え方は，ϕ 素性が，EPP と共に「呼応」する XP を繰り上げるということを前提とした理論に基づく．これは移動の理論である．しかし，移動は，主格のDP が EPP によって TP の指定部に繰り上げられるだけではなく，他の

---

[1] Miyagawa (2010) では「主題」(Topic) も焦点と同じような役割を担うことを論じている．主題，焦点の2つは Kiss (1995) で "discourse configurational"（談話の階層）素性と呼ばれている．また，Miyagawa (2001, 2003, 2007) と違い，Miyagawa (2010) では，EPP は存在しないと仮定する．

XP が移動するということもある．以下に主格主語が移動する「一致」を含んだ移動の例を挙げる．

(1) TP とそれより高い位置への移動
wh-移動
焦点移動
「一致」による移動（例えば，主語）
かき混ぜ　（scrambling）

本稿は，これらの操作は基本的には同一であると分析し，Chomsky (2000) に従い，これらはそれぞれの主要部 (head) の EPP によって引き起こされると考える．T の EPP の要請によって主語が TP の指定部へ移動するのも，または wh 句が CP の指定部へ移動するのも，EPP によって引き起こされるのである．EPP は元来英語の存在文の虚辞主語 (the expletive: 'There stands a statue in the town center') を説明するために Chomsky (1981) で提案されたものである．本稿はこれをすべての文法範疇の移動に普遍化し，TP とそれより高い位置への移動に議論を展開させる．なお，EPP を含むと思われる v への移動 (Chomsky (2001)) は扱わない．

　なぜこのような一致／焦点パラメターがあるのだろうか．焦点と一致は通常，主要部が異なると考えられている．焦点は，C の範囲であると仮定するのが普通であるが（例えば，Culicover and Rochemont (1983)，Rizzi (1997)），一致は，例えば，主語—動詞の一致は，一般的に，T と結び付けられている．本稿で主張するように，これら 2 つの素性が同じパラメターの中で出てくるのであれば，根本的に異なる主要部 (C, T) にあるより，同じ主要部にあると考えるほうが説得力を持つはずである．焦点が T より高い位置の主要部に関連しているということに関しては，十分な証拠がある．本稿では，主語—動詞の一致は原則的に焦点と同じ C に関わっているということを提案する (Chomsky (2005, 2007, 2008), Boeckx (2003), Kornfilt (2004), Miyagawa (2005) などを参照）．これは，一致が T に関わっているという従来の考えとはかなり違った見方であるが，これを支持する証拠がいくつかの文献で紹介されている．その 1 つに Haegeman (1992) を基にした，Carstens (2003) の西フレミッシュ語がある．この言語では，以下の例文で示されるように，補部標識 (complementizer) に一致があらわれる．

第 4 章　一致素性のある言語とない言語の統合　　133

(2) a.　Kpeinzen *dan-k* (ik) morgen　goan.
　　　　I-think　　that-I (I)　tomorrow go
　　　　'私は明日行くと思う.'
　　b.　Kpeinzen *da-j*　　(gie) morgen　goat.
　　　　I-think　　that-you (you) tomorrow go
　　　　'私はあなたが明日行くと思う.'
　　c.　Kvinden *dan*　　die boeken te diere　　zyn.
　　　　I-find　　that-PL the books　too expensive are
　　　　'これらの本は高すぎると思う.'

補部標識 (complementizer)—主語の一致は T の一致が C に繰り上がったものだと多くの学者が提案しているが，Carstens (2003) は，一致が C でもともと行われていると論じている（その他の文献と，これに反対する意見についての文献は Carstens (2003)，Miyagawa (2010) を参照のこと）．上記の例文では，埋め込まれた動詞も活用し一致を示しているので，一致は T でも行われていることがわかる．これは，C の一致が T に継承されていることを示唆している．

本稿では，EPP は T にあるという見方を維持しつつ，焦点と一致を以下のように考える (Miyagawa (2005) 参照)（ここでは，主要部後行 (Head-final) を用いている）．

(3)　焦点卓立言語

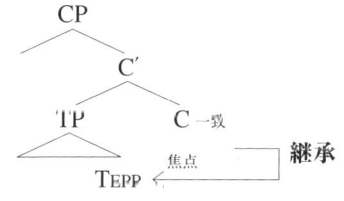

```
          CP
         /  \
            C′
           /  \
         TP    C 一致
         /\    ↑
           T_EPP ← 焦点  継承
```

(4)　一致卓立言語

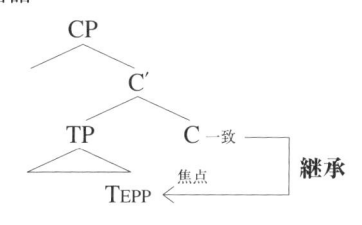

```
          CP
         /  \
            C′
           /  \
         TP    C 一致
         /\    ↑
           T_EPP ← 焦点  継承
```

焦点／一致素性は文法範疇の素性と合致するが，通常，この文法範疇はEPPの要求を満たすためにTPの指定部に繰り上がる．

焦点と一致は自然言語でどのような構成要素であろうか．Simpson and Wu (2001) によると，様々な言語の一致は，歴史的には焦点構造から発展したという．彼らの扱った言語にはフランス語の ne ... pas のような調和 (concordance) も含まれるが，調和や一致の依存が歴史的に焦点構造に由来するということは，焦点と一致は同じパラメターの両極端にあることを示唆している．

3. 焦点卓立言語：日本語

日本語は形態的一致のない，典型的な焦点卓立言語である．ここでは「XP—も」(Hasegawa (1991, 1994, 2005), Kuroda (1965, 1969/70)) の表現を用いて日本語の焦点卓立を例証する．まず注目するのは「も」表現は焦点として強調されることである．以下にミニマルペアを挙げる．

(5) a.　太郎は**本**を買った．
　　 b.　**太郎**も本を買った．

(5a) は中立の抑揚であるが，目的語 DP の「本」は構造で一番深い要素なので義務的な強調 (nuclear stress) を受け取ることになる (Cinque (1993) を参照)．(5b) では強調は目的語ではなく，特別に焦点を持つ「太郎も」に置かれる．

Hasegawa (1991, 1994, 2005) は「も」の特性について重要な観察をしている．「も」が文否定と共に共起するとき，「も」句は否定のスコープの外で解釈される．以下は長谷川氏の論文による．

(6) a.　ジョンも来なかった．
　　 b.　ジョンが本も買わなかった．

(6a) は，ジョン以外に少なくとも一人は来なかった，という解釈のみが可能である．他の人が来てジョンも来なかった，という，「も」が否定のスコープ内に入る解釈は出来ない．同様に，(6b) はジョンは本と何かを買わなかったという解釈のみが可能である．ジョンが他のものは買ったが本は買

わなかったという解釈は出来ない.

　Hasegawa (1991) はこれらを, 「も」の「肯定極性」(positive polarity) の性質であると述べる. Hasegawa によれば, 「も」句は肯定極性であるために, LF では否定のスコープの外になければならない. しかしながら, 以下に示すように, 否定が高い節にある場合は「も」句は否定のスコープの中に入る.

(7)　太郎が [花子がステーキも食べたと] 思っていない. おすしだけだ.

この例は, 花子がすしを食べたが, ステーキもではない, という解釈を持つ. 従って, この例は, 厳密には「も」は肯定の極性ではないことを示している. Hasegawa (1994) では, この分析が改められ, 「も」が一致によるものであることが論じられている. 長谷川氏は C の下位にある PolP の主要部が「も」と一致を起し, この一致が「も」句を PolP の指定部に繰り上げるとしている. また, Hasegawa (2005) では焦点句 (focus phrase) は A 移動によって TP の指定部に移動することを論じている. Miyagawa (2005) の分析を適用し, 焦点の素性は C で始まり T に継承されると考えている. 以下では, Miyagawa (2005) で提案された, 焦点／一致による分類に従って考察された, 長谷川氏の一致と移動についての考えを取り入れる.

3.1. EPP は「も」の焦点素性を目指す

　ここで特筆すべきは, 「も」句が LF で繰り上がるのではなく, 顕在的 (overt syntax) に繰り上がることである. つまり, 長谷川氏が提案した特性は, 実は LF の肯定極性ではなく, Hasegawa (2005) が論じたように, EPP 移動が焦点を目指すことによる, という意味である. 「も」句は否定よりも上位に置かれ, 否定は vP と TP の間にあることを前提に (Laka (1990), Pollock (1989) を参照), その否定のスコープの外にある, TP の指定部に繰り上がると考える.

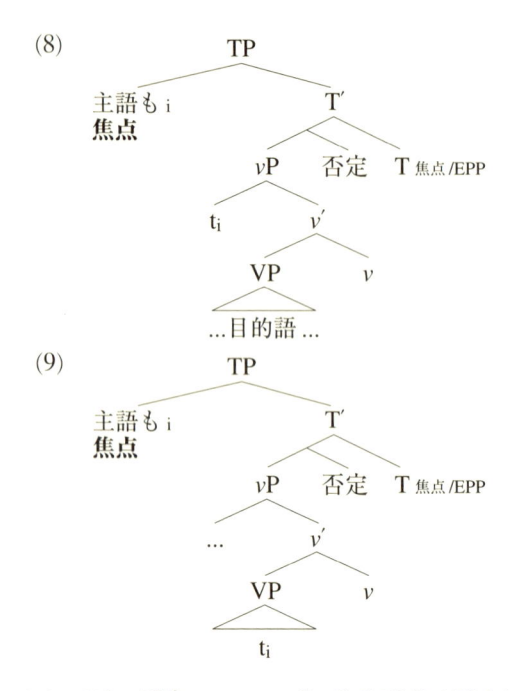

(8)
```
              TP
         /         \
    主語もᵢ           T′
     焦点         /      \
              vP        T 焦点/EPP
            /    \
           tᵢ     v′
                /   \
              VP     v
             /  \
           ...目的語...
```

(9)
```
              TP
         /         \
    主語もᵢ           T′
     焦点         /      \
              vP        T 焦点/EPP
            /    \
          ...     v′
                /   \
              VP     v
             /  \
            tᵢ
```

　ここでは，否定のスコープに入る要素は否定に c-command されなければならないという Klima (1964) に従う．
　ここで観察できることは，EPP による A 移動では，移動のコピーは否定から見ると不可視であるということである．これは日本語の A 移動では一般的なことである (Miyagawa and Arikawa (2007))．英語においても，A 移動のコピーは不可視である (言い換えれば再構築 (reconstruction) はない) ことが文献でも論じられている (Lasnik (1999))．[2]
　続いて「も」句の TP 指定部への繰上げは，EPP が T にあるという仮説のもとで予測できることであり，この移動は顕在的 (overt syntax) に行われることを示す．もし移動が TP の指定部位置への移動ならば，A′ 移動ではなく A 移動である．広く認められているように，A 移動のかき混ぜは弱交差 (weak crossover) の違反を犯さない．

---

[2] Miyagawa (2010) では，A 移動でもコピーを残すことができる可能性を指摘している．

(10)　ほとんど誰もを_i [そいつ_i の友達] が t_i 推薦した．

これは英語でも同様である (cf. Mahajan (1990))．

(11) a. ??Who_i does his_i mother love t_i?
　　 b. 　Who_i t_i seems to his_i mother t_i to be smart?

(11a) では wh 句が代名詞の his を A′ 移動で超えているので WCO 違反を起こしているが，(11b) では wh 句が代名詞の his を A 移動で超えているので WCO 違反を避けられている．さて，次を見てみよう（脚注の 2 も参照のこと）．

(12) a. 　ほとんど誰もを_i [そいつ_i の友達] が t_i 推薦した．
　　 b. ??ほとんど誰もを_i [そいつ_i の友達] が田中先生が t_i 推薦したと思った．

(12a) は，前に見た，局所的な A かき混ぜが WCO を抑制する例である．[3] 違いは僅かだが，(12b) のように「も」句を長距離 (long distance) で動かすと，この移動は A′ 移動のみになり WCO 違反を起こしてしまう (Saito (1992), Tada (1993), Yoshimura (1989) などを参照)．

　さて，「も」句が TP の指定部に移動するとなると，その左に起こる DP（例えば目的語の「も」節の左に来る主語）はその位置に移動したと予測される．この移動は A 移動であろうか，それとも A′ 移動なのであろうか．Miyagawa (2007) では A′ 移動であることを論じているが，Miyagawa (2010) では，A 移動である証拠をあげている．

(13)　太郎と花子がお互いの学生もほめた．

この例文では，目的語の「学生」が「も」句であることから TP の指定部に移動し，主語の「太郎と花子」はその左に移動したと考えるが，主語が「お互い」を束縛することができることから，主語は，A 位置 (A-position) に

---

[3] かき混ぜと焦点の関わりについては Abe (2003), Bailyn (2003), Ishihara (2000), Jung (2002), Miyagawa (1997, 2005, 2010), Otsuka (2005) などの文献で論じられている．

A 移動したと考える．従って，日本語には，TP と CP の間に A の位置があると仮定する（詳しいことは Miyagawa (2010) を参照）．Saito (1985) は主語はかき混ぜが起こらないと論じているが，Ko (2005) は実は日本語と韓国語の主語はかき混ぜが起こると論じている．上記の例は Ko の提案のさらなる証例となる．

次に「も」句がどのように T の EPP のターゲットとなり，TP の指定部に繰り上げられるのか考えてみよう．焦点卓立言語の日本語では C の焦点素性が T に継承される．

(14) 焦点卓立言語

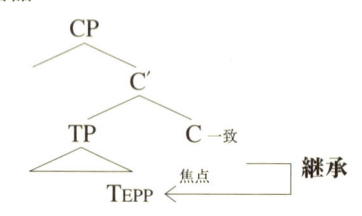

```
       CP
        |
        C'
       / \
      TP   C 一致
      |
    T_EPP 焦点  ← 継承
```

T の焦点素性は一致のように振る舞い，この素性は自らの search domain の中で合致する対象を探し，「も」の焦点素性を見つけ出す．本稿ではこれを「も」助詞の語彙的特性だと仮定する．

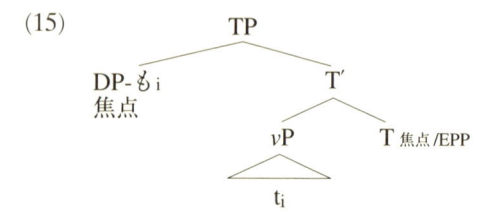

(15)
```
         TP
        /  \
   DP-も_i   T'
    焦点    /  \
          vP   T 焦点/EPP
          |
          t_i
```

以上のことは一致卓立言語の場合と同じように扱うことができる．(15) の「焦点」を「一致」と入れ替えれば，インド・ヨーロッパ語や他の言語によくある一致言語の構造を表す．基本的な違いは，一致卓立言語では，TP の指定部に繰り上がるのは，虚辞構造 (expletive construction) を除いた主語（又は，受身や非対格の外項目的語）である．しかし，焦点卓立言語では焦点素性を持っている限り，どんなものでも繰り上がることが出来る．（インド・ヨーロッパ語タイプの）一致は大抵主格の格と束になっている．実際，

インド・ヨーロッパ語タイプの一致がTに降りてくる理由は格のためで，始めは特定されていない (unspecified) が，TによってValuationを受けられる．これに対して，焦点の場合は格を伴わないので，EPPは自分のsearch domainの中で広くXPをターゲットにすることが出来る．

さらに観察を続けると，焦点卓立言語でTP指定部に移動があるのは，顕在的 (overt) wh-移動がある言語で，whがCPの指定部に移動するのと同様である．つまり，焦点卓立言語では，適当な素性 (焦点) を持っているものは何でもTPの指定部に繰り上がる．同様に，英語のようなwh-移動のある言語では，適当な素性 (wh) を持っているものは何でもCPの指定部に繰り上がる．Miyagawa (2001) で提案したように，焦点卓立言語でEPP移動を引き起す素性とwh-移動を引き起こす素性は同じである．本稿の最後にその分析を簡単に素描しておく．

先に見てきたように，「も」句は，否定が高い節にある場合，否定のスコープの内側に起こることが出来る．先ほどの例文 (7) を以下にくり返す．

(16) 太郎が [花子がステーキも食べたと] 思っていない．おすしだけだ．

これは焦点のEPP分析と矛盾がない．この例の「も」句は，従属節のTにある焦点素性のsearch domainにあるが，主節のTにはない (もしそのような素性が主節のTにあればだが)．従って，従属節TのEPPは「も」句をその指定部へ繰り上げる．[4]

4. 「も」節が2つある場合 (Miyagawa (2010))

焦点は，一致と同一という本稿の提案を裏付ける，もう1つの現象を紹

---

[4] 「も」と共に，Hasegawa (1991) は「か」を含む不定表現と「も」を含む全称 (Universal) 表現を肯定極性と定めているが，本稿は焦点表現と特徴付ける．これらの表現は日本語の「スコープの固定 (scope rigidity)」を示す際によく用いられる (Kuroda (1970), Hoji (1985))．
　　(i)　だれかが　だれもを　推薦した．
　　　　だれか＞だれも，*だれも＞だれか
焦点句は É Kiss (1998) で述べられた特徴を持っているので，これらの表現が表層のスコープを取るのは驚くことではない．一方，数量句は焦点ではないのでスコープの曖昧性を引き起こすことはよく指摘されている．

介する．これは Miyagawa (2010) で分析されている．まず，日本語では，かき混ぜの操作で，語順に柔軟性があることは周知の事実である．

(17) a. 花子がピザを食べた．
    b. ピザを花子が食べた．

しかしながら，「も」句は違った性質も持っている．

(18) a. 花子もピザも食べた．
    b. *ピザも花子も食べた．

「も」が両方の項につくと，主語—目的語の語順は，多少の解釈の努力は必要だが，文法的であるのに対し，目的語—主語の語順はまったく非文法的になってしまう．Miyagawa (2010) では，焦点は一致と同じであり，2つの焦点の句が現れた場合，一対一の一致は，locality の関係で不可能であり，(18) の場合，1つの焦点の素性が2つの「も」句と一致を起こしていると考える．そのような場合，Richards (2001) によると，locality の関係から，移動以降の語順は移動以前と同じ，「tucking-in」の構造を持たなければならない．従って (18a) は問題ないが，(18b) は locality 違反となる．この現象は wh 移動と全く同じ，superiority の現象である．なお，格助詞が現れないから (18b) がいけなのではないかといった可能性も考えられるが，これに対しては下記の例があげられる．

(19) a. 花子も太郎にも会った．
    b. *太郎にも花子も会った．

「に」格が内項の「太郎」につくにもかかわらず，かき混ぜの (19b) は非文法的である．

4.1. 否定極性項目 (NPI)「しか～ない」

NPI の「しか～ない」の構文では，「しか」が XP に付随し，否定の「ない」が文否定として現れる．

(20) a. 花子がピザしか食べなかった．
    b. 花子が太郎にしか手紙を送らなかった．

これらの例からすぐにわかるように，NPI は「も」句とは振る舞いが異なる．以上の例はどれも，「しか」を伴った XP は NPI から認可（license）されるために否定のスコープ内になければならない．対照的に，Hasegawa (2005) の例に見たように，「XP-も」は T にある EPP にターゲットとされるので同一節内の否定のスコープの外側に起こる．しかしながら，「も」と同じように「しか」は焦点の強調が起こる．

この問題の解決方法は，Aoyagi and Ishii (1994) によって提案されている．Aoyagi and Ishii (1994) は，「ない」が「しか」を認可する方法を一致の形として捉える．この，一致認可方法の証拠の1つは，「XP-しか」と否定が一対一の関係を持つことである．Kato (1985) で述べられているように，1つの否定には1つの「しか」しか起こることができない．

(21) *太郎しかピザしか食べなかった．

英語の同様表現（'Only Taro ate only pizza.'）は，解釈は難しいが，適切な文脈では意味がとれそうだが，日本語では単に非文法的である．このような一対一の関係は典型的に一致の構造を反映している．Aoyagi and Ishii (1994) は，この一致が指定部―主要部（Spec-Head）の一致として行われることを提案し，その主要部が Neg（否定）であると考える．従って (20a) は下記の構造を持つことになる．

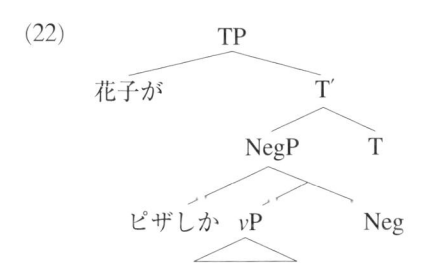

(22)
```
        TP
       /  \
    花子が   T′
           /  \
         NegP   T
         /  \
     ピザしか  vP   Neg
            /\
```

否定の指定部には1つの句しか許されないと仮定し，「しか」句は，1つの否定に対して1つだけが可能であることを予測できる．この構造で焦点はどのように扱われるだろうか．「しか」句は焦点があるという前提で考えてみよう（Nishioka (2000) 参照）．「しか」の焦点は，可能性として，Neg の指定部で認可されるか，ほかの位置に動いて（たとえば TP の指定部）認可

されるかの2つの可能性が考えられるが，ここでは，前者をより経済的として，焦点の素性は否定に継承されると仮定する．

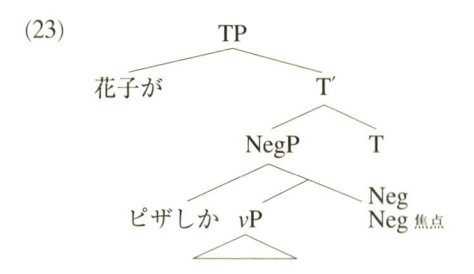

(23)
```
           TP
          /  \
        花子が   T′
              /  \
           NegP    T
           /  \    \
      ピザしか  vP   Neg
                   Neg 焦点
```

これは，焦点と否定が密接な関係を持つことからしても自然な見方であろう．なお，この分析の1つの特徴として，焦点が「しか」句の移動を引き起こすのではないということがあげられる．ここでは「しか」句は否定によって指定部に移動するのである．従って，焦点は「しか」句とはもともと一致の関係をもたなくてよく，その関係は，指定部―主要部の関係で出来上がる．この分析は，先ほどの2つの「も」句の場合と異なり，「しか」句と「も」句が同じ文に出て来た場合，2つの焦点の素性を許すということを予測する．

(24)　花子もピザしか食べなかった．

この文では，2つの焦点素性が存在し，1つはTに継承され，「花子も」の焦点を認可し，もう1つはNegに継承されて「しか」句の焦点を認可する．2つ目の焦点素性は，上記で説明したように一致の関係を持つ必要がないので，2つの焦点素性があるにもかかわらずlocalityの問題は避けられる．また，2つの「も」句の場合のように，1つの焦点素性によって認可されているのではないので，語順にも制約がない．

(25)　ピザしか花子も食べなかった．

このような2つの焦点句の文の観察は，焦点が一致と同一に振る舞うという本稿の仮説を裏付けることになる．

5. 焦点のない場合

これまで，日本語では XP に焦点が現れた場合，C から T に透過してきた焦点素性と合致することを見てきたが，全ての文が焦点要素を持っているわけではない．以下の談話では，例えば，(26b) の「太郎」は特別な焦点を含意しない．

(26) a. 太郎が本を買いましたか．
　　 b. はい，太郎がこの本を買いました．

(26b) の「太郎」は文が何について述べたものか (theme-rheme の theme，または広い意味での主題)，そして，文の残りの部分，またはその一部が，「新情報」(情報焦点) だということを示している．このような「主題」は主題主語に限られない．文脈が適切なら，目的語にも同様な性質が与えられ，文頭に移動することが出来る．

(27) 本を$_i$ 太郎が t$_i$ 買いました．

この文は「本」について述べたもので，残りは「本」についての新情報を提供していると考えられる．

ここで観察したのは，É Kiss (1998) が 'informational focus' (情報焦点) と呼ぶ典型的なケースである．情報焦点は主題の部分ではない．(26b) と (27) の例で主題に相当するのは左の外周 (periphery) にあるものである．左の外周にある句は焦点ではないので，強勢 (stress) がない．強勢は (26b) では目的語に，(27) では主語の「太郎」に置かれる．Miyagawa (2001) では，EPP の T は局所領域 (local domain, 'search domain') で XP を取り上げ，それを TP の指定部に繰上げると仮定する．これは，究極的には informational focus と解釈され，TP の指定部は「既知情報」('given information')，残りは，部分的にでも情報焦点となる．

(28)　　[$_{TP}$ … 　[$_{vP}$ …]]
　　　　　　‿‿‿　‿‿‿‿
　　　　　　主題　情報焦点

主語や目的語などのいくつかのカテゴリーは TP 指定部に繰り上がり，そ

の他は元の位置に留まる．ここで重要なことは，繰り上がるカテゴリーが焦点ではないことである．この場合は，EPP によって取り立てられて繰り上がったのであり，TP 指定部に繰り上がった要素には焦点の素性がないので，特別な焦点構造とは解釈されない．

　Miyagawa (2001, 2003) では，T の EPP 効果は，全称の「全員」の解釈が文否定との相関関係で決まることにも見られると主張する．以下に示すように，目的語位置にある「全員」は部分否定の解釈を取る．他の解釈の「全員...ない」は集合解釈の「全員」によるだろう）．

(29)　太郎が全員を知らなかった．　否定＞全員（全員＞否定）

Kato (1988) で述べられたように，全称表現が主語位置にあるときは否定のスコープの外に解釈される（中立の抑揚で）．

(30)　全員が試験を受けなかった．　*否定＞全員，全員＞否定

対照的に，Miyagawa (2001) で述べたように，目的語にかき混ぜが起これば，全称表現の主語は否定のスコープ内で解釈されることも可能である．

(31)　試験を$_i$　全員が　t$_i$　受けなかった．　否定＞全員，全員＞否定

(30) で見たように，SOV の語順で「全員」が主語の位置にあるとき，「全員＞否定」の解釈が好まれる（Kato (1988) 参照）．(31) では，かき混ぜで目的語が左端に行くことによって部分否定が可能になる（Miyagawa (2001)）．

　それでは，否定はどのように「全員」をスコープに入れて部分否定解釈を可能にするのだろうか．主語「全員」が否定のスコープの外側にある (30) では，「全員」は vP の指定部から始まって，否定の c-command の領域の外側に移動する．1 つの可能性として，TP の指定部に移動すると考えられよう．（否定の位置は Laka (1990) と Pollock (1989) で提案されたものとほぼ同じである）．

(32) (= (30))

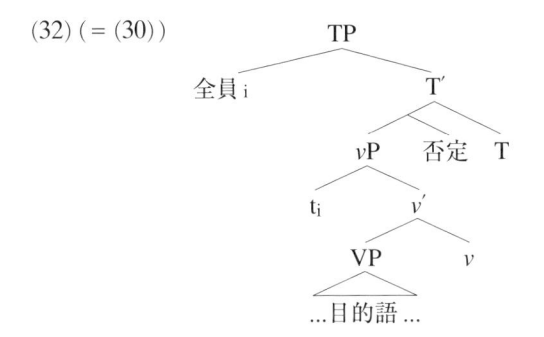

```
           TP
          /  \
       全員ᵢ   T'
             /  \
           vP   否定 T
          /  \
         tᵢ   v'
             /  \
           VP    v
           |
         ...目的語...
```

かき混ぜが起こった OSV の語順で主語「全員」が現れている (31) では，主語が否定のスコープ内で解釈されることが可能である．目的語が TP の指定部に移動したので，主語が vP の指定部に留まると考えるのがわかりやすい．

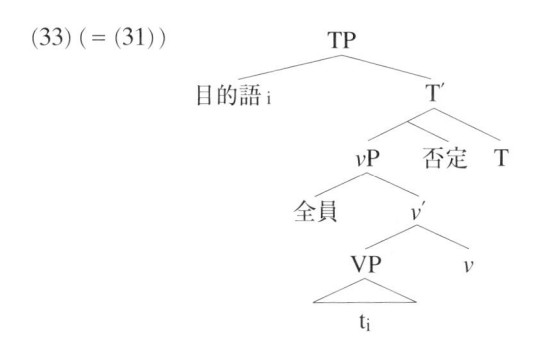

(33) (= (31))

```
           TP
          /  \
      目的語ᵢ   T'
             /  \
           vP   否定 T
          /  \
         全員   v'
             /  \
           VP    v
           |
           tᵢ
```

これらの構造から，T の EPP は何か（主語や目的語）を TP の指定部へ繰り上げるということが考えられる．しかし，繰り上がった XP は焦点ではない (Miyagawa (2001, 2003) 参照)．もし主語が TP 指定部へ移動するなら，(32) のように目的語は元の位置に留まる．一方，もし目的語が TP 指定部に移動するなら，(33) のように主語が元の位置に留まることになる．[5]

---

[5] Miyagawa (2010) では，このような EPP 移動を主題化（topicalization）と分析している．日本語の目的語が TP 指定部に移動する，という提案を最初にしたのは Kuroda (1988) である．Kuroda ではこれは純粋に任意の移動であるが，本研究 (Miyagawa (2001)) では EPP の要求を満たす義務的なもので，目的語，主語やその他を TP の指定部に移動することによって達成される．T の EPP 素性を用いるかき混ぜの分析については Kishimoto (2001), Kitahara (2002) も参照のこと．

6. 一致，かき混ぜ，Wh 移動

本稿の提案は以下の一般化を導く．

(34) 焦点卓立言語にはかき混ぜがある．

これは，一致がない言語ではかき混ぜが起こるという，Fukui (1988) や Kuroda (1988) の主張と本質的には同じ観察である．しかし，重要な違いが二点ある．第一点は，本稿では，かき混ぜは完全に任意ではなく，T の EPP が要求する操作であるという点であり，第二点は，一致を持つ言語が焦点卓立であっても構わないという点である．そのような言語のひとつはトルコ語である（Kornfilt (2004) 参照）．トルコ語は，一致があるにもかかわらず，語順は自由である．以下の例は Erguvanl1 (1984) の例に言及した Shibatani (1990) による．

(35) a. Murat buadam-a para-y$_1$ ver-di.
 Murat this man-DAT money-ACC give-PAST-3SG
 'Murat はこの男にお金をあげた．'
 b. Para-y$_1$ Murat buadam-a ver-di.
 c. buadam-a Murat para-y$_1$ ver-di.

本稿の提案が導きだすもう１つの予測は以下のものである．

(36) C へ wh 移動が起こるのは一致卓立の言語だけである．

これも，英語のような言語では，一致があることで wh 移動が起こるという提案をしている Fukui (1988) や Kuroda (1988) と似ているが，本稿の提案はこの一般化と少し異なる．すなわち，本提案では，一致言語で wh 移動が起こるのは一致そのもののためではなく，一致卓立言語の特質として，「焦点」が C に残されたためで，この焦点が C の EPP に便乗して焦点素性を持つことになる．このことが意味するところは，焦点卓立言語では，焦点は T に透過してしまって C には存在しないので，wh 移動が起こらないということである．[6]

---

[6] Miyagawa (2010) では，焦点言語でも疑問形の場合，焦点が C に残ることを提案している．

最後に，一致言語は必ず C への wh 移動が起こるというわけではない．トルコ語はそのような言語である (Shibatani (1990))．

(37)　Doktor-lar ne　　bul-du-lar?
　　　doctor-PL what find-PAST-3PL
　　　'医者は何を見つけたの．'

トルコ語は動詞の前に焦点の位置があることはよく知られているが，(37)の場合，wh 節はこの焦点の位置に移動している．よって，ϕ素性は C から T へ継承されているが，焦点素性は，この，動詞の前の位置に起こるという見方が自然である．実際にどのような操作によってこの位置にたどり着くかは，今後の課題として残す．

参照文献

Abe, Jun (2003) "An Economy on Scrambling," ms., Tohoku Gakuin University.

Aoyagi, Hiroshi and Toru Ishii (1994) "On NPI Licensing in Japanese," *Japanese/Korean Linguistics* 4, ed. by Noriko Akatsuka. 295-311, CSLI Publications, Stanford.

Bailyn, John (2003) "Does Russian Scrambling Exist?" *Word Order and Scrambling*, ed. by Simin Karimi, 156-176, Blackwell, Oxford.

Boeckx, Cedric (2003) *Islands and Chains: Resumption as Stranding*, John Benjamins, Amsterdam.

Carstens, Vicki (2003) "Rethinking Complementizer Agreement: Agree with a Case-checked Goal," *Linguistic Inquiry* 34, 393-412.

Chomsky, Noam (1981) *Lectures on Government and Binding*, Foris, Dordrecht.

Chomsky, Noam (2000) "Minimalist Inquiries: The Framework," *Essays on Minimalist Syntax in Honor of Howard Lasnik*, ed. by Roger Martin, David Michaels and Juan Uriagereka, 89-156, MIT Press, Cambridge, MA.

Chomsky, Noam (2001) "Derivation by Phase," *Ken Hale: A Life in Language*, ed. by Michael Kenstowicz, 1-52, MIT Press, Cambridge, MA.

Chomsky, Noam (2005) "Three Factors in Language Design," *Linguistic Inquiry* 36, 1-23.

Cinque, Guglielmo (1993) "A Null Theory of Phrase and Compound Stress," *Linguistic Inquiry* 24, 239-298.

Culicover, Peter and Michael Rochemont (1983) "Stress and Focus in English," *Language* 59, 123-165.

É Kiss, Katalin (1995) "Introduction," *Discourse Configurational Languages*, ed. by Katalin É Kiss, 3-27, Oxford University Press, Oxford.

É Kiss, Katalin (1998) "Identificational Focus versus Informational Focus," *Language* 74, 245-273.

Erguvanll, Eser (1984) *The Function of Word Order in Turkish Grammar*, University of California Press, Berkeley.

Fukui, Naoki (1988) "Deriving the Differences between English and Japanese: A Case Study in Parametric Syntax," *English Linguistics* 5, 249-270.

Haegeman, Liliane (1992) "Some Speculations on Argument Shift, Clitics and Crossing in West Flemish," ms., University of Geneva.

Hasegawa, Nobuko (1991) "Affirmative Polarity Items and Negation in Japanese," *Interdisciplinary Apporaches to Language: Essays in Honor of S.-Y. Kuroda*, ed. by Carol Georgopoulos and Roberta Ishihara, 271-285, Kluwer, Dordrecht.

Hasegawa, Nobuko (1994) "Economy of Derivation and A'-movement in Japanese," *Current Topics in English and Japanese*, ed. by Masaru Nakamura, 1-25, Hituzi Syobo, Tokyo.

Hoji, Hajime (1985) *Logical Form Constraints and Configurational Structures in Japanese*, Doctoral dissertation, University of Washington.

Ishihara, Shinichiro (2000) "Stress, Focus, and Scrambling in Japanese," *MIT Working Papers in Linguistics* 39, 142-175.

Jung, Yeun-Jin (2002) "Scrambling, Edge Effects, and A/A'-distinction," *The Linguistics Association of Korea Journal* 10.4.

Karimi, Simin, ed. (2003) *Word Order and Scrambling*, Blackwell, Oxford.

Kato, Yasuhiko (1985) *Negative Sentences in Japanese*, Sophia Linguistica Working Papers in Linguistics 19, Sophia University.

Kato, Yasuhiko (1988) "Negation and the Discourse-dependent Property of Relative Scope in Japanese," *Sophia Linguistica* 23.4, 31-37.

Kitahara, Hisatsugu (2002) "Scrambling, Case, and Interpretability," *Derivation and Explanation in the Minimalist Program*, ed. by Samuel David Epstein and T. Daniel Seely, 167-183, Blackwell, Oxford.

Klima, Edward (1964) "Negation in English," *The Structure of Language*,

246-323, Prentice-Hall, Englewood Cliffs, NJ.

Ko, Heejeong (2005) "Syntax of Why in-situ: Merge into [Spec, CP] in the Overt Syntax," *Natural Language & Linguistic Theory (NLLT)* 23, 867-916.

Kornfilt, Jaklin (2004) "Unmasking Covert Complementizer Agreement," presented at the Linguistic Society of America conference, Boston, Mass., January 10, 2004.

Kuroda, S.-Y. (1969/1970) "Remarks on the Notion of Subject with Reference to Words like *also, even, or only*, Illustrating Certain Manners in which Formal Systems Are Employed as Auxiliary Devices in Linguistic Descriptions; Part 1 and Part 2," *Annual Bulletin* 3, 4, Logopedics and Phoniatrics Research Institute, University of Tokyo.

Kuroda, S.-Y. (1965) *Generative Grammatical Studies in the Japanese Language*, Doctoral dissertation, MIT.

Kuroda, S.-Y. (1988) "Whether We Agree or Not: A Comparative Syntax of English and Japanese," *Linguisticae Investigationes* 12, 1-47.

Laka, I. (1990) *Negation in Syntax: On the Nature of Functional Categories and Projections*, Doctoral dissertation, MIT.

Lasnik, Howard (1999) "Chains of Arguments," *Working Minimalism*, ed. by Samuel Epstein and Norbert Hornstein, MIT Press, Cambridge, MA.

Mahajan, Anoop (1990) *The A/A-bar Distinction and Movement Theory*, Doctoral dissertation, MIT.

Miyagawa, Shigeru (1997) "Against Optional Scrambling," *Linguistic Inquiry* 28, 1-26.

Miyagawa, Shigeru (2001) "EPP, Scrambling, and Wh-in-situ," *Ken Hale: A Life in Language*, ed. by Michael Kenstowicz, 293-338, MIT Press, Cambridge, MA.

Miyagawa, Shigeru (2003) "A-movement Scrambling and Options without Optionality," *Word Order and Scrambling*, ed. by Simin Karimi, Blackwell, Oxford.

Miyagawa, Shigeru (2005) "On the EPP," *Proceedings of the EPP/Phase Workshop*, MIT Working Papers in Linguistics, ed. by Martha McGinnis and Norvin Richards.

Miyagawa, Shigeru (2006) "EPP and Semantically-vacuous Scrambling," *The Free Word Order Phenomenon: Its Syntactic Sources and Diversity*, ed. by Joachim Sabel and Mamoru Saito, Mouton de Gruyter, Berlin.

Miyagawa, Shigeru (2007) "Unifying Agreement and Agreementless Languages," *MIT Working Papers in Linguistics* 54: *Proceedings of the Workshop on Altaic Formal Linguistics 2*, ed. by Meltem Kelepir and Balkiz Öztürk, 47–66.

Miyagawa, Shigeru (2010) *Why Agree? Why Move? Unifying Agreement-based and Discourse Configurational Languages*, Linguistic Monograph 54, MIT Press, Cambridge, MA.

Nishioka, Nobuaki (2000) "Japanese Negative Polarity Items *wh-MO* and Phrases: Another Overt Movement Analysis in Terms of Feature-Checking," *Syntactic and Functional Explorations: In Honor of Susumu Kuno*, 159–184, Kurosio, Tokyo.

Otsuka, Yuko (2005) "Scrambling and Information Focus: VSO-VOS Alternation in Tongan," *The Free Word Order Phenomenon: Its Syntactic Sources and Diversity*, ed. by Joachim Sabel and Mamoru Saito, 243–280, Mouton de Gruyter, Berlin.

Pollock, J.-Y. (1989) "Verb Movement, Universal Grammar, and the Structure of IP," *Linguistic Inquiry* 20, 365–424.

Richards, Norvin (2001) *Movement in Language: Interactions and Architectures*, Oxford University Press, Oxford.

Rizzi, Luigi (1997) "The Fine Structure of the Left Periphery," *Elements of Grammar: Handbook in Generative Syntax*, ed. by Liliana Haegeman, 281–337, Kluwer, Dordrecht.

Saito, Mamoru (1985) *Some Asymmetries in Japanese and Their Theoretical Implications*, Doctoral dissertation, MIT.

Saito, Mamoru (1992) "Long Distance Scrambling in Japanese," *Journal of East Asian Linguistics* 1, 69–118.

Shibatani, Masayoshi (1990) "On Parametric Syntax," *Festschrift for Professor Hisao Kakeshi's Sixtieth Birthday*, 397–420, Kurosio, Tokyo.

Simpson, Andrew and Zoe Wu (2001) "Agreement, Shells, and Focus," *Language* 78, 287–313.

Tada, Hiroaki (1993) *A/A′ Partition in Derivation*, Doctoral dissertation, MIT.

Yoshimura, Noriko (1989) "Parasitic Pronouns," Southern California Conference on Japanese/Korean Linguistics, UCLA.

第 5 章

とりたて詞の多重生起と併合関係[*]

佐野　まさき

とりたて詞の研究において，それぞれの意味機能の違いや共通性については昔から多くが論ぜられてきた．しかしとりたて詞相互の関係を，素性分析によって捉えようとする試みはほとんどなされていない．また，同じ文に現れる複数のとりたて詞が，実は 1 つのとりたて詞から派生されたものと見られる現象もほとんど扱われてこなかった．本論文はまさにそのような現象を，素性分析から見たとりたて詞間の関係と，素性の集合の移動関係によって捉えようとするものである．そしてこのような分析が可能になるためには，音韻素性は初めから他の素性とともに語彙項目に内在しているのではなく，統語操作が終了した時点で挿入されるという，分散形態論の立場をとる必要があることを見る．

1. はじめに

一般に同じとりたて詞が 2 つ以上，1 つの文で起こることはまれである．「山田教授さえ怠慢な学生に A 評価を与えることがある」「山田教授は怠慢

---

[*] 本論での理論的に重要な事実観察の一部は Sano (2000) にさかのぼる．また分析や理論的考察は佐野 (2004, 2009c) の内容の一部を修正し拡大発展させ，新しい事実観察を加えたものである．長谷川信子氏には本論で述べられていることの一部を佐野 (2008, 2009b) として口頭発表する機会を頂いた．また本論の執筆過程でも同氏からは内容に関するコメントだけでなく，論の進め方などについても貴重な意見を頂いた．また，本論の内容の一部を筆者のゼミ生およびゼミ合宿参加者に聴いてもらう機会があり，そこで得られたコメントおよび例文に対する判断は有益であった．以下に名前を挙げて感謝の意を表したい：粟津愛実さん，岩島絵里佳さん，柴田康宏君，谷垣隆男君，土井健也君 (以上 2009 年度立命館大学文学部 4 回生)，中西亮太君，西口祐樹君，堀井亜美さん (以上 2009 年度立命館大学文学部 3 回生)，工藤和也君 (2009 年度関西学院大学大学院文学研究科)．言うまでもなく，本論の不備の責任は筆者のみにある．

な学生にさえ A 評価を与えることがある」「山田教授は怠慢な学生に A 評価さえ与えることがある」では，それぞれの文にサエが1回だけ出ていて問題のない文であるが，「?*山田教授さえ怠慢な学生にさえ A 評価さえ与えることがある」では，サエが3回出てきて許容度が下がっている．ところが単に同じとりたて詞が複数回起こればいつでも許容度が下がるかと言えば必ずしもそうではない．たとえば「山田教授は怠慢な学生に A 評価さえ与えさえすることさえある」では，サエの現れる回数は同じ3回でも，さきほどの文のような許容度の低下はなく，「くどさ」のような冗長性が感じられる程度である．また，今の文の3つのサエを「山田教授は怠慢な学生に A 評価さえ与えさえすることもある」や「山田教授は怠慢な学生に A 評価さえ与えもすることもある」のように，一部モに変えることもできる．

　本論では，どのようにこのようなとりたて詞の「多重生起」が起こるのか，その生成のメカニズムを掘り下げることを目的とする．その道すがら，問題の現象の適切な記述のためには，分散形態論 (Distributed Morphology; Hale and Marantz (1993)) の枠組みが不可欠であることを見ることになる．

　主に扱うとりたて詞は，今見たサエとモ，およびコソとハである．最初にコソから話を始め，次にコソと密接な関係にあるハを考え，そのあとサエとそれと関係するモという順番で話を進める．

2. コソとその認可子

　とりたて詞は，その多くが特定の文末表現と呼応することによって認可される．そして，ある1つのとりたて詞がどういう文末表現と呼応するかで，そのとりたて詞の用法が決まる．例えばとりたて詞コソには大きく2つの用法がある．1つは「特立のコソ」と呼ばれるもので，これと呼応する文末表現は，話し手の主観的判断が入るモダリティ要素である．具体的には断定のダ（の活用形）を伴う名詞述語や，形容詞述語，さもなければ助動詞（化されたモダリティ表現）である．[1] 例えば次のような例を見てみよう．

---

[1] 野田 (2003: 7) や日本語記述文法研究会 (2009: 74-75) 等を参照．

(1) a. 世間は犯人ばかり非難しているが，健には犯人の親｛が／こそ｝憎（らし）かった
   b. 世間は犯人ばかり非難しているが，健は犯人の親｛を／*こそ／?をこそ｝憎んだ
   c. 世間は犯人ばかり非難しているが，健は犯人の親こそ憎んだ｛はずだ／に違いない／だろう｝

(1a) では文末表現に「憎（らし）い」という形容詞述語が使われており，コソを使うことに問題はない．しかしもしそのような形容詞述語の代わりに，意味的には類似していても品詞的には動詞で，出来事をより客観的に描写する「憎む」のタ形を述語に使うと，(1b) が示すようにコソが使いにくくなる．このような場合は (1c) が示すように，「はずだ」などのような話し手の判断を示す助動詞的表現をさらに続けなければならない．同様の現象は，形容詞述語「悲しい」と動詞述語「悲しむ」などにも見られる．次のような例である．[2]

(2) 両親は高価な金魚鉢が落ちて壊れたことを悲しんだが，
   a. 綾には金魚が死んだこと｛が／こそ｝悲しかった
   b. 綾は金魚が死んだこと｛を／*こそ／?をこそ｝悲しんだ
   c. 綾は金魚が死んだことこそ悲しんだ｛はずだ／に違いない／だろう｝

また，形容詞述語だけでなく名詞述語も，動詞述語と違って特立のコソを認可することは，次の (3) のような対比から示唆される．

(3) 多くの親が自分よりも子供の将来を心配する中，
   a. 健には自分の将来こそ心配だった
   b. *健は自分の将来こそ心配した

---

[2] (1b)，(2b) が示すように，動詞述語で終わっていても，コソが付加した句が「...をこそ」のように格助詞ヲを含んでいる場合は，含んでいない場合に比べ許容度が上がる．これはヲ自体が焦点的機能を持っていることと関係しているかもしれないが，詳細は不明である．本論では，「...こそが」「...こそを」「...をこそ」のように，格助詞のガまたはヲとコソとが共起している場合は扱わない．

  c. 健は自分の将来こそ心配した｛はずだ／に違いない／だろう｝

(3a) では，名詞述語「心配だ(った)」が使われており，コソの使用を認可している．一方 (3b) では動詞述語「心配する」のタ形が使われており，コソを認可することはできない．この場合 (3c) のように助動詞的表現が必要となる．

 次のような対比は，完全なミニマルペアではないが，モダリティの概念的定義とも言える「発話時点における話し手の心的態度」(中右 (1994: 46)) がコソの認可に関わっていることを明確に示すものである．

(4) a. 僕は昼休み直後の眠くなる授業に（こそ）出る！
  b. 健はきのう昼休み直後の眠くなる授業に（*こそ）出た

(4a) は話し手の発話時における意思（心的態度）を示し，その場合は丸カッコ内のコソが使える．一方 (4b) は，過去の特定の時点での出来事を述べるものであり，コソが使えない．要するに，(1)–(4) の (b) 文のように，動詞の特にタ形で既成の出来事を客観的に述べているところに特立のコソを差し挟むことは，きわめて不整合な組み合わせを生むということである．

 コソのもう1つの用法は「譲歩のコソ」と呼ばれるもので，ケレドモ，ガ，モノノのような，逆接的な従属接続詞によって認可される．次のような例である．

(5) 健は自分の将来こそ心配した｛けれども／が／ものの｝，子供の将来は心配しなかった
(6) 健はきのう昼休み直後の授業にこそ出た｛けれども／が／ものの｝，ずっと居眠りしていた

(5) では，非文であった (3b) をケレドモ等の従属接続詞の補部にした結果，文法的なものになっている．(6) も，コソを用いることができなかった (4b) と同様の文のあとに問題の従属接続詞を続けることによって，コソの使用が可能になっている．本論で考察の中心になるのは，この譲歩のコソであり，以下単に「コソ」と言及するときも，そうでない旨の断りがない限り，譲歩のコソのことを言っていると理解されたい．以下の例で述語に動詞（の特にタ形）を使っているのは，特立のコソとの混同を避けるためである．

3. コソの長距離依存性に付随するハ

Sano (2000) で最初に指摘したように，譲歩のコソとその認可子（以下，ケレドモで代表させる）との関係は，節境界を越える長距離依存的特性を示す．下の例では，下付きのSで示される角カッコが節境界を示している．

(7) 私は [$_{S3}$ [$_{S2}$ 健が奥さんに [$_{S1}$ 女子学生と喫茶店でお茶こそ飲んだ $_{S1}$] と言った $_{S2}$] のを聞いた $_{S3}$] けれども，ホテルに入ったと言ったのは聞いていない

(8) 私は [$_{S4}$ [$_{S3}$ たしかニュースで [$_{S2}$ その女優が警察に [$_{S1}$ ストレス解消にマリファナこそ吸った $_{S1}$] と言った $_{S2}$] と聞いた $_{S3}$] と記憶している $_{S4}$] けれども，覚せい剤を打ったと言ったと聞いたようには記憶していない

これらの例では，最も内側の角カッコ内に現れているコソが，(7) では3つの，(8) では4つの節境界を越えてケレドモによって認可されている．[3]

今見た (7), (8) のような文では，コソとそれを認可するケレドモとの距離は，両者の間に介在する節の数だけ長くなっている．この距離を，両者の位置や介在する節自体はそのままにしながら間接的に短くする方法がある．それは，コソとケレドモとを結びつけるいわばリレー役として，コソと関係する別のとりたて詞ハを両者の間の適切な位置に入れることである．[4] その適切な位置とは，例えば介在する節を導入している補文標識 C(omplementizer) が作る句，CP である．(7) で言うと，S_1 を導入している接続助詞トや S_2 を導入している形式名詞ノは，これらのSを補部とする主要部Cと考えられるが，そのSとCとで形成されるCPにハを付けて次のように言うこともできる．

---

[3] コソが付加した句が問題の節S内に統語的にとどまっていることをできるだけ保証するため，その句の左側に，Sの連用修飾表現 ((7) では「女子学生と喫茶店で」，(8) では「ストレス解消に」) を入れてある．以下の例でも可能な限り同様の形式にする．また，コソなどの注意すべき語には，例文中に原則として下線を施すことにする．

[4] ハが「コソと関係する」とはどういう意味かは，あとで詳しく論ずる．

(9) a. 私は [CP2 健が奥さんに [CP1 女子学生と喫茶店でお茶こそ飲んだと CP1] は言ったの CP2] を聞いたけれども，ホテルに入ったと言ったのは聞いていない

b. 私は [CP2 健が奥さんに [CP1 女子学生と喫茶店でお茶こそ飲んだと CP1] 言ったの CP2] は聞いたけれども，ホテルに入ったと言ったのは聞いていない

c. 私は [CP2 健が奥さんに [CP1 女子学生と喫茶店でお茶こそ飲んだと CP1] は言ったの CP2] は聞いたけれども，ホテルに入ったと言ったのは聞いていない

(9c) ではト節 CP とノ節 CP の 2 か所両方にハが現れているが，どちらか 1 か所だけに現れている (9a, b) と同様に許容可能である．同じように (8) でも，ケレドモ節内の 3 つのト節 CP のどれにハを付けることもできる．次の例の丸カッコに入れたハがそれである．

(10) 私は [CP3 たしかニュースで [CP2 その女優が警察に [CP1 ストレス解消にマリファナこそ吸ったと CP1] (は)言ったと CP2] (は)聞いたと CP3] (は)記憶しているけれども，覚せい剤を打ったと言ったと聞いたようには記憶していない

この場合 3 か所のハを全部発音するのはかなりくどくなるが，どれか 1 か所だけ発音するのは何の問題もない．また，(10) でどれか 2 か所のハを発音した場合，3 か所すべてを発音した場合，あるいは次の例のように「記憶して」を主要部とするテ形動詞句のあとにもハを加えてハが 4 回発音された場合を互いに比べても，くどさの違い以上の許容度の差は出てこない．

(11) 私は [[たしかニュースで [その女優が警察に [ストレス解消にマリファナこそ吸ったと] は言ったと] は聞いたと] は記憶しては]いるけれども，覚せい剤を打ったと言ったと聞いたようには記憶していない

もちろん，ハが生起可能なト節 CP，ノ節 CP，テ形動詞句などのうち，実際にどこ（とどこ）で発音されているかということが，文内 CP の「流れ」の自然さに影響を与えることはあるかもしれない．（また次節で見るように，

ハの生起が一定の条件でコソとケレドモの関係に文法的影響を与える場合もある.)しかし,発音されるハの回数そのものは,表現上の冗長性は生んでも,文法性には影響しないと言える.

むしろ問われるべきは,(9)-(11)に見られる,コソとケレドモとの間に出てくるハが,本当にコソとケレドモとを結ぶリレー役として,両者の間の距離を間接的に短くするような効果を生んでいるのかということである.換言すれば,介在するハが,コソやケレドモとは無関係に付け加えられたものではなく,両者をリレーのように結びつけていると言える根拠はどこにあるのかということである.以下では,その根拠を見ていくことにする.

4. 島の効果とそれを解消するハ

コソとケレドモとの認可関係と同様,英語の wh 移動などでも,wh 句が元の位置から文頭の位置まで移動する際,複数の節境界を越えるような長距離依存的特性を示す.

(12) who do [you think that [Bob believes that [Tom said that [the President told a lie to t]]]]

この例では,t で示される位置にあった who が,角カッコで示される4つの節境界を越えて文頭に移動している.ところが,wh 句の元位置と移動先との間に,名詞と,それと修飾関係にあるような節(同格節や関係節)とで作られる複合名詞句(Complex NP, CNP)が介在すると,次のように許容度の低い文を生みだす.

(13) a. ?*who do you believe [$_{CNP}$ the news [$_a$ that the President told a lie to t]]
   b. *who do you believe [$_{CNP}$ the news [$_\beta$ that the President told to t]]

これらの例では,t で示された who の元位置と,文頭に移動したその wh 句との間に介在する節の数は (12) に比べ少ない.しかし,その t を含む,(13a) の α のような同格節や (13b) の β のような関係節は,その直前の名詞 news と複合名詞句 CNP を形成し,文の許容度の低下をもたらしている.

複合名詞句はその中と外との要素を結びつけるのを阻む「島 (island)」となるのである．いわゆる複合名詞句制約 (Complex NP Constraint; Ross (1967)) による島の効果 (Island effect) である．

　今見た複合名詞句の島の効果は，コソとケレドモとの長距離依存関係においても見られる．

(14) a.　私は [その女優がマリファナこそ吸ったと $_{CP}$] 聞いているけれども，覚せい剤を打ったとは聞いていない
　　 b.　私は [その女優がマリファナこそ吸ったの $_{CP}$] を聞いているけれども，覚せい剤を打ったのは聞いていない
　　 c.??私は [その女優がマリファナこそ吸ったニュース $_{CNP}$] を聞いているけれども，覚せい剤を打ったニュースは聞いていない

(14a, b) ではケレドモ節の主動詞「聞く」は角カッコで示されたト節 CP ないしはノ節 CP を補部に取っており，(14c) では名詞「ニュース」を主要部とする複合名詞句 CNP を補部に取っている．前者のような場合はすでに (7), (8) でも見たように，コソはケレドモと難なく結びついて譲歩として認可されるが，後者のように CNP の中にあるコソは，その外のケレドモとそのような結びつけをすることが難しくなる．同様に次のような例でも，((15a, c, d) で丸カッコ内の「テレビで」を補えば) 表している状況は意味的に類似しているにもかかわらず，許容度の差が見られる．

(15) a.　私は (テレビで) [プロ棋士が将棋を小学生とこそ指すの] を見たけれども，外国人と指すのは見たことがない
　　 b.?*私は [プロ棋士が将棋を小学生とこそ指すテレビ] を見たけれども，外国人と指すテレビは見たことがない
　　 c.?*私は (テレビで) [プロ棋士が小学生とこそ指す将棋] を見たけれども，外国人と指す将棋は見たことがない
　　 d.?*私は (テレビで) [将棋を小学生とこそ指すプロ棋士] を見たけれども，外国人と指すプロ棋士は見たことがない

(15a) では動詞「見る」が角カッコで示されたノ節 CP を補部に取っており，この節の中のコソはケレドモと自然に結びつくことができる．それに対し (15b-d) では，角カッコで示された部分は名詞「テレビ」「将棋」「プロ棋

第 5 章 とりたて詞の多重生起と併合関係

士」を主要部名詞とする複合名詞句を形成しており，その中のコソはケレドモと自然に結びつくことができず，許容度の低い文を生んでいる．

同じ複合名詞句の島の効果でも，(14c) より (15b-d) のほうが許容度が低い．これは，英語において同格節が複合名詞句を作っている (13a) より，関係節が複合名詞句を作っている (13b) のほうが許容度が低いのと同様の理由が関係しているものと思われる．(14c) に見られるような複合名詞句では，「その女優がマリファナを吸った（との）ニュース」のように，「との」（あるいはそれと同じような働きをする「という」）を連体修飾節と被修飾名詞との間に介在させることができ，連体修飾節は意味的には同格節的機能を果たしている．一方 (15b-d) では，「プロ棋士が将棋を小学生と指す (*との) テレビ」「プロ棋士が小学生と指す (*との) 将棋」などから分かるように，「との」などの介在を許さない．複合名詞句としては同じでも，それを形成する連体修飾節と被修飾名詞との関係が (14c) と (15b-d) とでは違うのである．[5] ただ，本論で重要なのは，コソとケレドモとの結びつけにおいて，程度の差こそあれ島の効果が複合名詞句によって現れるということであり，どのような複合名詞句がどの程度の強さの島の効果を生み出すかという細部に深く立ち入る必要はない．とはいえ，英語の (13a) と (13b) に見られる島の効果の差と類似した差が日本語の場合にも見られるということは，コソとケレドモとの結びつけが，英語の場合と同様の制約に従っているという見方を支持するものである．詳しくは佐野 (2001b) を参照されたい．

注目すべきは，このような島の効果が，問題の複合名詞句にハを付けることにより解消されるということである．(14) を次の (16) と比べられたい．

(16) a. 私は [その女優がマリファナこそ吸ったと CP] は聞いているけれども，覚せい剤を打ったとは聞いていない
　　 b. 私は [その女優がマリファナこそ吸ったの CP] は聞いているけれども，覚せい剤を打ったのは聞いていない
　　 c. 私は [その女優がマリファナこそ吸ったニュース CNP] は聞いているけれども，覚せい剤を打ったニュースは聞いていない

---

[5] さらに (15b-d) 同士でも連体修飾節と被修飾名詞との関係が異なる可能性があるが，深くは立ち入らない．

先の (14a, b) と (14c) との間に認められた許容度の差は, (16) では「聞く」の補部 CP/CNP にハを付けることで認めがたいものとなっている. すなわち, (14c) で見られた複合名詞句の島の効果が (16c) では見られなくなっているのである. 同様に, (15b-d) で見られた島の効果は, 問題の複合名詞句にハを付けることで次の (17b-d) のように解消される.

(17) a. 私は (テレビで) [プロ棋士が将棋を小学生と<u>こそ</u>指すの] <u>は</u>見たけれども, 外国人と指すのは見たことがない
　　 b. 私は [プロ棋士が将棋を小学生と<u>こそ</u>指すテレビ] <u>は</u>見たけれども, 外国人と指すテレビは見たことがない
　　 c. 私は (テレビで) [プロ棋士が小学生と<u>こそ</u>指す将棋] <u>は</u>見たけれども, 外国人と指す将棋は見たことがない
　　 d. 私は (テレビで) [将棋を小学生と<u>こそ</u>指すプロ棋士] <u>は</u>見たけれども, 外国人と指すプロ棋士は見たことがない

複合名詞句の中にあるコソをその外にあるケレドモと結びつけることが困難だったのが, 問題の複合名詞句にハを介在させることによって解消されるということは, ハがコソとケレドモとの間のリレー役として, 両者を間接的に結びつける働きをしていることを示唆している. 複合名詞句内のコソは外のケレドモと直接結びつくことは (いわばケレドモに直接バトンを渡すことは) できないとしても, 複合名詞句自体に付加したハとは結びつく (ハにバトンを渡す) ことができ, そのハが今度はケレドモと結びついて (ケレドモにバトンを渡して), 結果的にコソはハを介してケレドモと結びつく (コソがケレドモにバトンを渡す) ことになるのである. このように見れば, たとえ複合名詞句が介在せず, ハなしでも長距離依存関係がコソとケレドモとの間に成り立ちうる場合でも, (9)–(11) のようにハを介在させてやれば, そのハは複合名詞句に付加したハと同様, コソをケレドモに結びつけるリレー役として, 両者の間の距離を間接的に短くしていると見ることができる. 複合名詞句が介在する場合とそうでない場合の違いは, 前者では距離を短くするリレー役としてのハが必要であるのに対し, 後者は随意的であるということになる.

5. 多重生起するコソ

　それでは，このようなリレー役のハはどのように生成されるのであろうか．今までは，コソとケレドモとが「結びつく」というような言い方をしてきたが，この結びつけは統語派生的にはコソの移動によってなされると見ることができる．すなわち，英語などにおける wh 句が節の主要部 C に向かって（通例目に見える顕在的な）移動をするのと同様，コソもケレドモによる認可の必要上，ケレドモ節 CP の主要部である C＝ケレドモに向かって（通例目に見えない潜在的な）移動をしていると見るのである．[6] wh 移動が複合名詞句制約に従うのであれば，同様の移動が関与しているコソの場合も複合名詞句制約に従うのは当然であろう．そうすると，コソとケレドモとの間に現れるハは，ケレドモに向かって移動したコソがその移動の道すがら発音されたものという見方ができる．なぜコソが移動しているのに，（途中の）移動先で [koso] でなく [wa] と発音されるのかという疑問がすぐに出てくるが，実は [wa] でなく [koso] と発音される場合も存在する．次のような例である．

(18) a. 私は [その女優がマリファナこそ吸ったと _{CP}] こそ聞いているけれども，覚せい剤を打ったとは聞いていない
　　 b. 私は [その女優がマリファナこそ吸ったの _{CP}] こそ聞いているけれども，覚せい剤を打ったのは聞いていない
　　 c. 私は [その女優がマリファナこそ吸ったニュース _{CNP}] こそ聞いているけれども，覚せい剤を打ったニュースは聞いていない

これらの例は (16) の下線部のハをコソに変えたものである．実際は「マリ

---

[6] Chomsky (2000: 128) によれば，wh 移動の場合，wh 句が解釈不可能な素性 [wh] を持っており，これが移動（の前提となる一致操作 Agree）を活性化させる．これと並行的に，コソも何らかの解釈不可能な素性（あるいは値未付与の素性）を持っており，これがケレドモへの移動（の前提となる一致操作）を活性化させ，最終的には（値未付与の素性に値が与えられることにより）「譲歩のコソ」と解釈されると見ることができる．Chomsky は A'(A-bar) 移動である wh 移動を，A 移動である名詞句（NP/DP）移動とできるだけ並行的に扱おうとしているが，コソの場合も，ケレドモによる譲歩のコソの認可と，一定の述語による特立のコソの認可を，それぞれ A' 移動と A 移動になぞらえることができよう．

「ファナ」に付加した1つのコソが，そこだけでなく移動の途中でも [koso] と，つごう2回発音されているのであるから，そのことによる冗長性は感ぜられるが，非文とは言えないであろう．そのような冗長性を捨象すれば，(複合名詞句に付加した途中位置の発音形がコソでなくハである) (16c) の場合と同様に (18c) の場合も，(14c) で見られた複合名詞句の島の効果が解消されていると理解できる．次の例も同様である．

(19) a. 私は (テレビで) [プロ棋士が将棋を小学生と<u>こそ</u>指すの] <u>こそ</u>見たけれども，外国人と指すのは見たことがない
　　 b. 私は [プロ棋士が将棋を小学生と<u>こそ</u>指すテレビ] <u>こそ</u>見たけれども，外国人と指すテレビは見たことがない

(19a) と (19b) は (17a) と (17b) の下線部のハをそれぞれコソに変えたものである．ここでもコソの冗長性さえ捨象すれば，(19b) は (17b) の場合と同様，(15b) で見られた島の効果が解消されているのが分かる．

　強調しておくべきは，(18) や (19) で現れている2か所の発音形 [koso] は，それぞれが焦点 (取りたてて焦点を当てる相手) を独自に持つような別々のコソではなく，1つの語彙項目 (Lexcal Item, LI) であるコソが，移動の結果たまたま2か所で [koso] という発音形を受けたものにすぎないということである．Chomsky (2000, 2001, 2004) の枠組みおよび用語を用いるなら，辞書 (Lexicon, Lex) から取り出され統語派生で使われる語彙項目 LI の集合 (Lexical Array (語彙列挙，LA) のメンバーの1つになったコソは，まず (18) では「マリファナ」に，(19) では「小学生と」に外的併合 (external Merge) してそれを焦点とする．そしてケレドモに向かって移動する道すがら，ト節 CP やノ節 CP，ないしは複合名詞句 CNP に内的併合 (internal Merge) する．[7] 最終的にはコソはケレドモとも内的併合されて認可されると仮定しておくが，この最終位置では形態論的な理由により

---

[7]「内的 (internal)」というのは，CP や CNP の内側という意味ではなく (実際 (18) や (19) ではコソはその外側に併合されている)，すでに構築された統語構造内の要素 (「マリファナ」や「小学生と」に併合しているコソ) を同じ統語構造の別の位置に併合する (移動する) という意味である．外的 (external) 併合の場合は，統語構造の外の Lex/LA からの要素 (コソ) を統語構造に併合することになる．

[koso] という発音形が具現化することはない．しかし CP や CNP に内的併合したコソはそこで発音形を受ける形態論的な障害はない．（ト（節）やノ（節），あるいは名詞（句）は統語論的にも形態論的にもとりたて詞が一般に付着できる範疇である．）CP に内的併合した位置のコソが発音されたのが (18a, b) や (19a) であり，CNP に内的併合した位置のコソが発音されたのが (18c) や (19b) ということになる．

このような分析は，移動元の要素を移動先にコピーしているので，移動のコピー理論 (Copy theory of movement; cf. Chomsky (1995)) に基づいている．この分析が当該現象に対し正しい記述を与えてくれる利点はいくつかある．第一に，コソのようなとりたて詞（焦点化詞）が焦点化するのは外的併合先の要素（の構成素）であるという自然な仮定のもとでは，内的併合先の要素（の構成素）は焦点の解釈を受けないということを自然な帰結として導くことができる．例えば (18) では，ケレドモ節内の CP や CNP に付加した位置で発音されているコソは，「吸った」を（ケレドモ節外の対応する位置に出てくる）「打った」との対比において焦点化しているわけではない．「吸った」や「打った」という動詞が使われているのは，たまたまマリファナと言えば普通は吸うものであり，覚せい剤と言えば普通は打つもの（最近では吸うこともあるが）であるからにすぎない．したがって，コロケーションの不自然さを無視すれば (18) の「吸った」と「打った」のどちらも，意味の希薄な動詞スルを用いて「マリファナこそした」「覚せい剤をした」のようにしても，全体の文意に大きな変化はないのである．要するに (18) の文脈で（「した」で置き換えても間に合うほど希薄な）動詞「吸った」をコソの焦点とするのは無意味で，動詞の補部である「マリファナ」のほうこそ焦点化要素としてふさわしいものなのである．そしてこの補部を焦点化しているのは補部に直接付加したほうのコソである．結局，CP や CNP に付加したほうのコソが焦点化しているものは何もないのである．これは「マリファナ」に付加したコソが直接辞書 Lex（あるいは LA）から外的併合されたものであり，CP や CNP に付加したコソはそのコソをコピー／移動して内的併合した「派生物」にすぎないということからの自然な帰結である．

さらに (19) では，2 番目に現れたコソが何も焦点化していないということが一層はっきりしている．何よりも 2 番目のコソの直前に来ているのは，ケレドモ節以降の対応する位置に現れているのと全く同じ「指す（の）」ある

いは「テレビ」であるから，この同じものが対比／焦点化されるはずはない．(19)で焦点化されている要素はむろん「小学生と」であるが，これを焦点化しているのはこの要素に直接付加している1番目のコソであり，CPやCNPに付加している2番目のコソではない．もしこれら2つのコソが，お互いに独立のLIとして（Lex/LAからそれぞれ取り出され）別々に外的併合したものであったら，2番目のコソも独自の焦点化要素を持っているはずであるが，これは事実観察と合わないのである．

　念のため，1番目のコソが焦点化しているのはそれが付加している範疇全体であると同様，2番目のコソが焦点化しているのも，それが付加している範疇全体であるという見方もできないことに注意されたい．これは例えば(19b)で，1番目のコソが，それが付加している「小学生と」を焦点化している一方，2番目のコソは，それが付加している「プロ棋士が将棋を小学生と（こそ）指すテレビ」という複合名詞句CNP_1全体を焦点化している，というような見方である．しかしこのCNP_1は，やはり焦点化要素としての資格はない．このCNP_1が焦点化されるためには，この文脈ではケレドモ節以降の対応するCNP_2＝「（プロ棋士が将棋を）外国人と指すテレビ」と対比されているはずであるが，CNP_1とCNP_2とは事実上「小学生と」と「外国人と」の部分しか異なっていない．（実際「プロ棋士が将棋を」の部分は共通なのでCNP_2ではそれが省略されている．）したがってCNP_1に付加している2番目のコソは，結局その唯一異なる「小学生と」を，「外国人と」との対比において文脈上焦点化しているということになるはずであるが，この焦点化は「小学生と」に直接付加した1番目のコソがすでにすませているものであり，2番目のコソがしていることではない．やはり，2番目のコソは何も焦点化していないという結論は動かないのである．1番目のコソはある要素の焦点化のために外的併合されたものであっても，2番目のコソはそうではなく1番目のコソを単にコピーして内的併合したものにすぎないと考えるゆえんである．（ただし第10節を参照．）

　移動のコピー理論に基づいた分析の利点の第二に，同じ1つの語が複数回発音されていると分析することで，まさにそのことによる冗長性が正しく予測できるということがある．冗長性こそあれ，普遍文法的に派生可能なものであるということは，例えば英語を母語として獲得過程にある子供が話すchild Englishからも示唆される．Child Englishにおいては，wh移動や主

第5章 とりたて詞の多重生起と併合関係

要部移動 (Head movement) の際，問題の wh 句や主要部が次の例のように移動の最終位置だけでなく途中位置や元位置でも発音されることがある．

(20) *Who* do you think *who* the cat chased?　(Thornton (1995: 140))
(21) *Can* its wheels *can* spin?　(Radford et al. (2009: 295))

この現象は同じ1つの語彙項目 LI を1か所で発音すれば足りるところを複数個所で発音しているという点で冗長的であり，上で見たコソと同様の現象と見ることができる．

これに対し，明らかに2つの別々の LI としてそれぞれ外的併合されたコソを1つのケレドモが認可しなければならないような場合は，単なる冗長さではなくかなりの許容度の低下を生み出す．次の例を見てみよう．

(22) a. 健は子供にこそ［夏休みに旅行に行く］ことを約束したけれども，妻には約束しなかった
　　 b. 健は子供に［夏休みに旅行にこそ行く］ことを約束したけれども，海外に行くとは約束しなかった
　　 c.?*健は子供にこそ［夏休みに旅行にこそ行く］ことを約束したけれども，妻には海外に行くとは約束しなかった
　　 d. 健は子供に［夏休みに旅行にこそ行く］ことこそ約束したけれども，妻には海外に行くとは約束しなかった

(22a) は動詞「約束する」の補部の1つである「子供に」にコソが付きケレドモによって認可されている例であり，(22b) は「約束する」の別の補部であるコト節の中の「旅行に」にコソが付きケレドモによって長距離認可されている例である．（コト節は主要部がコトという形式名詞であり，かつ，この場合コト節内のル形動詞は英語の不定詞に近いものなので複合名詞句制約の効果はない．）(22c) はコソを「子供に」と「旅行に」の両方に付けた例であるが，その許容度は明確に落ちる．この2つのコソはお互いに c 統御の関係にないので，移動元と移動先が一般に c 統御関係になければならないという移動の性質を有せず，したがって移動によって関係づけることのできない別々のコソということになる．このような場合に生じる許容度の低さは，1つのコソが（c 統御関係にあって移動で関係づけられる）複数の場所で発音形を受けるときに生じる単なる冗長的な響きと，質的に異なる．(22c)

と最少対をなす (22d) で見てみよう．(22d) は「子供に」にはコソが付加していないが，「旅行に」と，それを含むコト節自体にコソが付加している．この場合2つのコソはc統御関係が成り立ち，「旅行に」に外的併合したコソがそれをc統御する位置であるコト節に内的併合したという派生が成立する．このような場合は (18) や (19) と同様，コソの複数回発音による冗長性が出てくるだけである．

　(22c) の許容度の低さは，1つのケレドモが複数のコソをそれぞれ認可しなければならないという，いわば多重認可による負担と関係していると思われるが，(18), (19), (22d) のような，移動によって関係づけられたコソの認可の場合はそのような多重認可の負担は起こらない．コソが譲歩としてケレドモによって認可されるのは，コソがケレドモともっとも局所的な関係にある，ケレドモと内的併合された位置においてであるという仮定を便宜的に保っておこう．(例 (19) の次の段落を参照．) (18), (19), (22d) に現れている2か所のコソは，ケレドモと内的併合し発音上は現れないコソとともに1つの連鎖 (Chain) (のメンバー) をなしており，1つのLIであるコソが数か所に渡って生起しまた場合によって発音されたものにすぎない．したがってコソがケレドモの位置で認可された場合，他の位置で [koso] と発音されているものの認可はどうなるのかといった問題は起こらない (Chomsky (2000: 116) 参照)．分かりやすく言えば，コソがある場所で（譲歩のものとして）認可されれば，他の場所で発音されている同じコソも，同時に（譲歩のものとして）認可されるのである (cf. Chomsky (1995: 381, n. 12))．

6.　コソとハの関係と分散形態論

　今までの例では，1つのコソが外的併合位置と内的併合位置との2か所で発音される例だけを見てきたが，文の埋め込みが重なれば，3か所（以上）での発音もありうる．例えば (9c)（以下に (23a) として再掲）の2か所の下線部のハを共に [koso] と発音して，外的併合の位置で発音されたコソと併せて (23b) のように3か所で [koso] という発音形が現れることもある．

(23)　a.　私は [CP2 健が奥さんに [CP1 女子学生と喫茶店でお茶こそ飲んだと CP1] は言ったの CP2] は聞いたけれども，ホテルに入ったと言っ

b. 私は [CP2 健が奥さんに [CP1 女子学生と喫茶店でお茶こそ飲んだと CP1] こそ言ったの CP2] こそ聞いたけれども，ホテルに入ったと言ったのは聞いていない

(23b) は「お茶」に外的併合したコソが，移動先の CP_1 と CP_2 の位置でもそのまま [koso] と発音されているので，移動のコピー理論にとって問題はない．問題は，(23a) のように移動先で [wa] と発音されている場合である．もともとコソであったものが，いかにして移動先で [koso] ではなく [wa] と発音することが可能なのだろうか．

大まかに言って，コソは対比的な意味合いを持つ点で，ハの対比的用法と共通性がある．次のような単純な例がそのことを分かりやすく示している．

(24) 太郎は日本酒｛こそ／は｝飲むけれども洋酒は飲まない

この例では明らかに「日本酒」と「洋酒」とが対比されているが，その対比のマーカーとして，ケレドモ節内ではコソまたはハが，ケレドモ節以降の主節でハが使われている．意味に微妙な差は出るが，ケレドモ節内でコソと対比のハが交替できるということは，対比のハとのコソの親和性を示している．同様に，今まで見てきた譲歩のコソの例すべてにおいても，ケレドモ節内のコソやハに対応するようなハが，ケレドモ節の外にも現れていたことに注意されたい．(23) で言えば，「...言ったの｛は／こそ｝聞いたけれども」の下線部の位置に対応する，ケレドモ節以降の「ホテルに入ったと言ったのは聞いていない」のハである．しかし，コソのほうがハより意味用法および分布が限定されていることもまた事実である．何よりもコソは（特立の用法でも譲歩の用法でも）特定の認可子が必要であるが，ハはそのような顕在的な認可子を必要とせず，より分布が自由である．((24) でも，ケレドモ節内ではコソが使えても，主節のほうではハをコソに変えることはできない．)このような共通性と相違を考えると，2つのとりたて詞は包摂関係 (hyponymy) にあるという見方が出てくる．すなわち，ハをコソの上位語 (hypernym) とみなすのである．

伝統的には，語彙項目 LI は，音に関する音韻素性，統語操作に関する形式素性，意味に関する意味素性といった各種の素性が束になった集合である

とされる．形式素性と意味素性とは重複することもある（同じ素性が形式素性でも意味素性でもあることがある（cf. Chomsky (1995: 230, 2001: 10)））ので，例えば「親」または英語の "parent" という LI の形式／意味素性の集合を $S_p = \{f_1, f_2, \ldots f_n\}$ としてみよう．（音韻素性に関してはすぐあとで述べる．）そうするとその下位語（hyponym）である「父」や "father" の形式／意味素性の集合 S_f は $\{[+male], S_p\}$ となる．すなわち S_f は S_p に [+male] という性質をさらに備えたものということになる．同様に，もしハがコソの上位語であるなら，ハの形式／意味素性の集合 S_{wa} を (25a) とすれば，下位語であるコソの形式／意味素性の集合 S_{koso} は (25b) のようになる．

(25)　a.　$S_{wa} = \{g_1, g_2, \ldots g_n\}$
　　　b.　$S_{koso} = \{h_1, h_2, \ldots h_n, S_{wa}\}$

そうすると，例えば (23b) はまず Lex/LA から取りだされた S_{koso} が「お茶」に外的併合し，その S_{koso} 全体がそのままト節 CP_1 に内的併合し，さらにそれがノ節 CP_2 に内的併合し，つごう3か所で [koso] と発音されたものであるということになる．それに対し (23a) は，「お茶」に外的併合した S_{koso} の部分集合である S_{wa} を CP_1 に内的併合し，さらにそれを CP_2 に内的併合した結果，「お茶」に外的併合した S_{koso} は [koso] という発音形態を，CP_1 と CP_2 に内的併合した S_{wa} は [wa] という発音形態を，それぞれ与えられたものということになる．移動をコピーと（内的）併合の少なくとも2つの合成操作とみなす（cf. Chomsky (2000)），移動のコピー理論の観点からは，ある位置に生起している素性集合全体をコピーして他の位置へ内的併合する操作を「完全移動 (full movement)」，その素性集合の部分集合をコピーして他の位置へ内的併合する操作を「部分移動 (partial movement)」と呼ぶことができる．実際，ドイツ語などで見られる次のような例は partial wh-movement と呼ばれている．

(26)　Was　glaubt　Luise [$_{CP}$ wen　Karl gesehen hat]?
　　　what believes Luise　　whom Karl seen　　has
　　　'Who does Luise believe that Karl saw?'　　　(Beck (1996: 4))

すなわち，従属節 CP の指定部の位置へ完全移動した wen 'whom' の形式

／意味素性の集合から素性 [＋human] を取り除いた部分集合を主節 CP の指定部の位置へ部分移動し，それに was 'what' という発音形を与えたものが (26) ということになる (McDaniel (1989), Cheng (2000), Cole and Herman (2000) 等参照).

この，素性集合の全部が移動するか，その部分集合のみが移動するかで移動先の発音形態が決まるという分析は，語の発音形が統語操作のあとで決まることを前提としている．すなわち，音韻素性は顕在的統語操作のあとの音韻部門（の入力となる形態部門）で初めて導入されるという，分散形態論の立場である．もしコソが統語構造に組み込まれる最初の時点で，発音につながる音韻素性をすでに持っているとしてしまうと上の分析は成り立たない．具体的に，仮にハとコソが始めから音韻素性の集合 Ph_{wa}, Ph_{koso} をそれぞれ持っているとしてみよう．そうするとハとコソは (25a), (25b) ではなく，それぞれに Ph_{wa} と Ph_{koso} を加えた，次の (27a), (27b) のような素性（集合）の束として表されることになる．

(27) a.　$\{S_{wa}, Ph_{wa}\}$
　　 b.　$\{h_1, h_2, ... h_n, S_{wa}, Ph_{koso}\}$
　　 c.　$\{h_1, h_2, ... h_n, S_{wa}, \{p_1, p_2, ... p_n, Ph_{wa}\}\}$

そうすると，コソが Lex/LA から統語構造の中に導入されるということは，(27b) が例えば (23a) の「お茶」に外的併合されることを意味する．しかしそのように外的併合された (27b) の何らかの部分集合を移動してどこかに内的併合しても，それが [wa] として発音される可能性はない．何よりも (27b) に含まれる Ph_{koso} はその中に Ph_{wa} を部分集合として含んでいるとは考えられず，[koso] という発音形しか保証しないからである．百歩譲って，Ph_{koso} が Ph_{wa} を部分集合として含んでいる（すなわち $Ph_{koso} = \{p_1, p_2, ... p_n, Ph_{wa}\}$）として，コソが (27c) のようであるとしてみても，その中の形式／意味素性の集合 S_{wa} と，音韻素性集合 Ph_{koso} の中の音韻素性の集合 Ph_{wa} との，レベルの違う2種類の集合が一緒に選ばれて移動する（一緒にコピーされてどこかに内的併合する）というようなことが可能であるのかどうかという，大きな理論的問題が生じてしまうのである．[8]

---

　[8] Chomsky (1995: 230) は "overt operations cannot detect phonological features at

分散形態論を前提にした，上で提唱した完全移動／部分移動による[koso]や[wa]の発現の仕方の分析は，発現のパターンが (23a) の [koso] … [wa] … [wa] や (23b) の [koso] … [koso] … [koso] のようなものだけでなく，次のような [koso] … [koso] … [wa] のパターンの存在も正しく予測する．

(28) 私は [$_{CP2}$ 健が奥さんに [$_{CP1}$ 女子学生と喫茶店でお茶こそ飲んだと $_{CP1}$] こそ言ったの $_{CP2}$] は聞いたけれども，ホテルに入ったと言ったのは聞いていない

ここでは，「お茶」に外的併合した S_{koso} がそのままト節 CP_1 に内的併合し，その内的併合した S_{koso} の部分集合である S_{wa} がノ節 CP_2 に内的併合して，形態／音韻部門で（音韻素性 Ph_{koso} や Ph_{wa} を与えられて）それぞれ発音形を受けたことになる．

7. コソとハの出現パターンと透明／不透明読み

以上の分析から，コソが XP に外的併合したのち，α や β に内的併合した場合の発音形の発現パターンはすでに見た (29) のようなものではあっても，(30) のようなものではあり得ないという予想が成り立つ．

(29) a. [… [$_β$ … [$_α$ … XP*koso* … $_α$] *koso* … $_β$] *koso* …] *keredomo*
(cf. (23b))
b. [… [$_β$ … [$_α$ … XP*koso* … $_α$] *koso* … $_β$] *wa* …] *keredomo*
(cf. (28))
c. [… [$_β$ … [$_α$ … XP*koso* … $_α$] *wa* … $_β$] *wa* …] *keredomo*
(cf. (23a))

(30) a. [… [$_β$ … [$_α$ … XP*koso* … $_α$] *wa* … $_β$] *koso* …] *keredomo*
b. [… [$_β$ … [$_α$ … XP*wa* … $_α$] *koso* … $_β$] *wa* …] *keredomo*

---

all"（顕在的操作が音韻素性の検出をすることは完全に不可能である）と仮定している．Chomsky (2001: 10f.) も参照．

(30a) において，XP（例えば「お茶」）に S_{koso} を外的併合し，その部分集合 S_{wa} を α（例えばト節 CP）に内的併合するところまでは (29c)/(23a) と同様に可能である．しかし，(29c)/(23a) と違って β（ノ節）で [koso] と発音されている以上，S_{koso} がこの位置に併合されているはずである．しかしこの S_{koso} の併合は内的併合ではあり得ない．S_{koso} を β に内的併合するためにはそのコピー元を β の中に探さなければならないが，α に併合している，[wa] という発音形に具現化されている S_{wa} は S_{koso} の真部分集合であるから，それをコピーして β に内的併合しても [koso] という発音形態は得られず，(29c) のパターンにしかならない．また α の内部の，XP に併合して [koso] という発音形を受けている S_{koso} をコピーして β に内的併合することは，α に併合している S_{wa} の介在によって阻止されると考えるのが自然である．いわゆる最小性条件 (minimality condition) の効果である．この条件は，とりたて詞について言えば，あるとりたて詞が別のとりたて詞を飛び越えて移動する（作用域を広げる）ことはできないというものである．[9] したがって，β に併合している S_{koso} は内的併合によるものではなく，XP に（外的）併合した S_{koso} とは独立に外的併合したものでなければならない．すなわち，(30a) の 2 つの [koso] は別々のコソの発音形ということである．その結果，ケレドモは複数のコソを別々に認可しなければならないという，例文 (22c) に関して述べた多重認可の負担がかかることになる．しかしこの多重認可の問題以前に，(30a) のような場合は，β に外的併合している S_{koso} はケレドモに内的併合して認可されることは可能でも，XP に外的併合している S_{koso} がケレドモに内的併合することは，さきほどの最小性条件によって阻止されるので，この S_{koso} はケレドモと局所的な関係になることができず，少なくとも直接ケレドモによっては認可されない．また，仮に XP に外的併合している S_{koso} の部分集合 S_{wa} を α に内的併合したとしても，その S_{wa} はやはり最小性条件によりケレドモにまでは届かない．β に外的併合している S_{koso} が介在しているからである．したがって，XP に付加した S_{koso} は α の中で何か認可子を見つけられない限り，非文法性を生じるこ

---

[9] 佐野 (2001a) では，本論で述べていることとはまったく別の現象から，この趣旨の一般化をした．

とになる．次のような例である．

(31) (*)私は [CP2 健が奥さんに [CP1 女子学生と喫茶店でお茶こそ飲んだと CP1] は言ったの CP2] こそ聞いたけれども，バーでお酒を飲んだと言ったのは聞かなかった

予測通り，CP_2（(30a) の β）に付加しているコソは譲歩のものと解することができるが，「お茶」((30a) の XP) に付加しているコソはそのように解釈できず，その意味で (31) は非文である．ただし「お茶」に付加しているコソは特立のコソと解釈できないこともない．第 2 節でも触れたように，特立のコソは普通「飲んだ」のような動詞のタ形によっては認可されない．しかしト節の中ではそのような制約が緩むことがある．少なくともこの「(お茶)こそ」という発言の責任者が話者（「私」）ではなく健であるという，あとでも触れるいわゆる不透明的（opaque）な読みでは特立のコソとして解釈することは不可能ではない．分かりやすく言えば，健自身が「女子学生とお茶こそ飲んだ」と直接話法的にコソを使った発言をしたのである．[10] (31) でアステリスクを丸カッコでくくっているのは，そのような特立の解釈の可能性がありうることを考えてのことである．この裏返しとして，ト節を（直接話法的な読みが不可能な）ノ節に変えると，問題のコソを不透明的な読みの特立と解する可能性も排除され，次の (32) のように明確な文法性の対照を見せる．ここでは動詞「言う」はノ節を補部に取りにくいので，ノ節もト節も両方補部に取れる「話す」を用いて比べている．

(32) a. (*)私は [CP2 健が奥さんに [CP1 女子学生と喫茶店でお茶こそ飲んだと CP1] は話したの CP2] こそ聞いたけれども，バーでお酒を飲んだと言ったのは聞かなかった

---

[10] 例えば，自然な文脈とは言い難いが，健の妻が「あなたは女子学生とお酒は飲んでもお茶は飲まなかったわよね」などと言ったのに対し健が「女子学生とお茶こそ飲んだ」と反論するような場合である．このような用法は「反論のコソ」と呼ばれることもある (cf. 野田 (2003: 11f.)) が，特立のコソの仲間だと思われるので，ここでは特立のコソに入れておく．いずれにせよ，コソという表現の発言の責任者がだれかということと，ケレドモと結びついた譲歩のコソではないということの 2 つがここでは重要で，分類や呼び方は重要ではない．なお，「直接話法」というのは下でも触れるように正確ではない．

b. ＊私は [$_{CP2}$ 健が奥さんに [$_{CP1}$ 女子学生と喫茶店でお茶こそ飲んだの $_{CP1}$] は話したの $_{CP2}$] こそ聞いたけれども，バーでお酒を飲んだと言ったのは聞かなかった

(32a) では「お茶」に付いたコソは (31) 同様，不透明的な特立の解釈の可能性があるが，ト節をノ節に変えた (32b) ではその可能性が完全に閉じられ，問題のコソが譲歩はもちろん特立とも解せず，非文を生ずる結果となっている．

さらに，これも我々の分析から予想されることであるが，(31) や (32) の下線部のハを取り去ると，「お茶」に付いているコソは CP$_2$ に付いているコソと移動によって関連づけることが可能になり，前者のコソを譲歩として解釈できるようになる．次のような例である．

(33) a. 私は [$_{CP2}$ 健が奥さんに [$_{CP1}$ 女子学生と喫茶店でお茶こそ飲んだと $_{CP1}$] {言った／話した} の $_{CP2}$] こそ聞いたけれども，バーでお酒を飲んだと言ったのは聞かなかった (cf. (31), (32a))

b. 私は [$_{CP2}$ 健が奥さんに [$_{CP1}$ 女子学生と喫茶店でお茶こそ飲んだの $_{CP1}$] を話したの $_{CP2}$] こそ聞いたけれども，バーでお酒を飲んだと言ったのは聞かなかった (cf. (32b))

言うまでもなく，これは「お茶」に外的併合した S$_{koso}$ が完全移動により CP$_2$ に内的併合しているという派生が可能であるからである．

さて，残るは (30b) である．すでに明らかであろうが，(30b) で α に付加している S$_{koso}$ と β に付加している S$_{wa}$ とは部分移動によって関係づけることができるが，XP に付加している S$_{wa}$ は，α に付加している S$_{koso}$ (および β に付加している S$_{wa}$) とは関係づけられない．したがって XP に付加している S$_{wa}$ と α に付加している S$_{koso}$ とはお互い独立の LI であり，それぞれの位置に外的併合しているものということになる．具体例は次のようなものである．

(34) 私は [$_{CP2}$ 健が奥さんに [$_{CP1}$ 女子学生と喫茶店でお茶は飲んだと $_{CP1}$] こそ言ったの $_{CP2}$] は聞いた] けれども，バーでお酒を飲んだと言ったのは聞かなかった

「お茶」と併合しているハはト節 CP₁ の外へ移動できないので，意味論的には，このハの使用が文全体の発話者によるものという透明的読み (transparent reading) はできず，ハの使用の責任者は健であるという，不透明的読み (opaque reading) しか許さないことになる。[11] 簡単に言えば，健が「お茶は飲んだ」のようにハを使って飲酒行為などとの対比を暗示したのである．これは例えば次のような文では，ハが透明読みと不透明読みとで曖昧であるのと対照的である．(同様の曖昧性については Hara (2006) を参照．)

(35) 健は奥さんに［私とお茶は飲んだ］と言った

(35) の角カッコで示された従属節内にある下線部のハは不透明的に解して健が言ったものとも，透明的に解して文全体の発話者が付け加えたものとも取れる．後者の読みは「…けれどもお酒を飲んだとは言わなかった」と続けると得やすくなるが，そのように続けなくても可能である．(またこのように続けても前者の不透明的読みが排除されるわけでもない．) 従属節内の「私」が文全体の発話者自身のことを指していても，ハの透明／不透明読みの曖昧さがあることに注意されたい．したがって不透明と透明との区別を単なる「直接話法」と「間接話法」との区別に帰することはできない．(35) でハを不透明的に解しても，直接話法としての健の文字通りの発言は「私とお茶は飲んだ」ではなく「佐野さんとお茶は飲んだ」のようなものであったと考えるのが文脈上自然である．

例 (34) に戻ると，「お茶」に付いたハがト節の外のコソやハと移動による関係づけができず，ト節内で解釈しなければならないということは，問題のハが，トで導入された節を独立文とした次の例 (36) におけるハが引き起こすのと同様の，「お茶」と他のもの ((36) では「酒」) との対比性を引き起こすということである．

(36) 女子学生と喫茶店でお茶は飲んだ（けれどもお酒は飲まなかった）

---

[11] 透明的／不透明的読み（ないしは事象的 (de re)／言表的 (de dicto) 読み）という用語は，伝統的には信念や間接話法の文脈における名詞句の解釈の曖昧性を言うのに用いられることが多いが，同様の曖昧性がとりたて詞の解釈にも見られるので，同じ用語を借りることにする．

第 5 章　とりたて詞の多重生起と併合関係　　　　　　　　　　175

興味深いことに，(34) が持つ (36) の対比性は，(34) のコソをハにして次のようにすると，強制されなくなる．(コソがなくなればその認可子のケレドモも必要でなくなるので，ケレドモ以降は丸カッコに入れておく.)

(37)　私は [CP2 健が奥さんに [CP1 女子学生と喫茶店でお茶は飲んだと CP1] は言ったの CP2] は聞いた（けれども，バーでお酒を飲んだと言ったのは聞かなかった）

　この例では，「お茶」，ト節それにノ節すべてに S_{wa} が併合し [wa] という発音形を受けた形になっている．ということは，S_{wa} がまず「お茶」に外的併合し，それがト節に内的併合し，その内的併合した S_{wa} がさらにノ節に内的併合されるような派生が可能ということである．S_{wa} がこのようにト節の外にいわば「出る」ことにより，それが文全体の発話者と関連づけられ，ハの透明的な解釈を生み出す．そして不透明的なハから出てくる (36) の「お茶」と「お酒」などとの対比性はなくなり，それに代わって透明的なハとともに出てくる対比性は，「女子学生と喫茶店でお茶を飲んだと言った」ことと「(女子学生と) バーでお酒を飲んだと言った」ことなどとの対比性である．
　また，(37) のト節に付いたハをとって次のようにしても同様である．

(38)　私は [CP2 健が奥さんに [CP1 女子学生と喫茶店でお茶は飲んだと CP1] 言ったの CP2] は聞いた（けれども，バーでお酒を飲んだと言ったのは聞かなかった）

　ここでは，「お茶」に外的併合した S_{wa} がト節を飛び越えてノ節に内的併合し，透明的な解釈を得ている．透明的解釈を許す (37) や (38) とそれを許さない (34) との違いは，理論中立的な簡単な言い方をするなら，間にコソのような別のとりたて詞が邪魔していないかということになる（注9の付いた本文参照）．
　もちろん (37) や (38) の「お茶は」のハは，(34) 同様「お茶」に外的併合したあとト節 CP の外の位置へさらに内的併合はしないような派生も可能である．その場合 (37) のト節に付いているハおよび (38) のノ節に付いているハは，「お茶」に外的併合されたハとは独立の LI としてそこに外的併合されたものということになる．このような派生では，「お茶」に併合した

ハは (34) 同様 (36) の対比的解釈をもたらす不透明的な読みになり，ト節やノ節に併合したハは文の発話者の責任で表現された透明的な読みになる．

　極端な場合は，積み重ねられた従属節の一番内側の従属節の中にしかハが現れないにもかかわらず，そのハが透明的な読みを許す場合がある．(38) からノ節のハを取り除いた次のような例である．

(39)　私は [CP2 健が奥さんに [CP1 女子学生と喫茶店でお茶は飲んだと CP1] 言ったの CP2] を聞いた (けれども，バーでお酒を飲んだと言ったのは聞かなかった)

このことから，たとえ外的併合したハ (S_{wa}) を内側に持つ節の外に [wa] という発音形が1つも現れなくても，コソ (S_{koso}) の場合と同様の，目に見えない潜在的長距離移動が問題のハに可能であることが分かる．このような移動がなければハは不透明読み，移動がかかって節の外に出れば透明読みが可能になるということになる．(最終的にどこに動くかについては第9節で考える．) 実際，透明読みの可能性は複合名詞句制約に従う．次のような例である．

(40)　健は奥さんに [女子学生とお茶は飲んだ{の／こと／?*事実}] を話した (けれども，お酒を飲んだ{の／こと／事実}は話さなかった)

先にも触れるところがあったように (例 (32) の2つ上の本文を参照)，不透明読みのためにはト節の存在が前提となる．(40) ではト節が現れていないので透明読みしか選択の余地がないことになる．この読みは複合名詞句を作らないノ節やコト節の場合は可能だが，形式名詞ノやコトの代わりに，複合名詞句を作る「事実」のような語彙的名詞が使われると，その強制された透明読みが困難になり，結果として許容度が落ちる．一般に連体修飾節の中にはハが現れにくいという，昔からよくなされている観察は，透明読みのために必要なハの (潜在的) 移動が複合名詞句制約によって阻止されるというように記述できる部分があることになる．コソの場合と同様，この複合名詞句制約の効果は，次の例のように問題の複合名詞句にハを付けることによって解消され，(40) で見られた形式名詞と語彙的名詞との対比はなくなる．

(41)　健は奥さんに [女子学生とお茶は飲んだ{の／こと／事実}] は話し

た（けれども，お酒を飲んだ{の／こと／事実}は話さなかった）

8. サエとモ

この節では，上で述べたコソやハについての性質がほとんどそのまま，別のとりたて詞サエとモについても当てはまることを見る．

日本語のサエは，英語の even 同様，いわゆる尺度含意（scalar implicature）を引き起こす．例えば次の例を考えてみよう．

(42) 山田先生のゼミ生は受かりっこない就職試験にさえ受かった

この例ではサエが「受かりっこない就職試験に」に付いてそれを焦点としている．[12] 一般に焦点となっているものは他のものとの対比の対象となるが，サエを含む (42) の場合この両者の関係は概略次の (43) のような尺度含意で表される．1 番目の角カッコでくくられた部がサエの焦点，2 番目の角カッコでくくられた部分はその対比部分に対応する．

(43) (42) の尺度含意： 山田先生のゼミ生が，［受かりっこない就職試験］に受かることは，(山田先生のゼミ生が)［他の受かる可能性のある就職試験］に受かるどの出来事よりも意外である．

「作用域（scope）」という言い方を用いると，サエの尺度含意は一般に次の (44) のように示される．(43) の一重下線部が (44) の E に，(43) の二重下線部が (44) の E′ に対応する．

---

[12] 厳密には，サエなどのとりたて詞（対応する英語の even などは焦点化詞と呼ばれる）が統語的に外的併合した結合相手全体を，そのとりたて詞の統語・意味的焦点（syntactic-semantic focus (Taglicht (1984: 63) の用語で，Jackendoff (1972: 249) の range に相当））と呼び，文脈で決まるその中の焦点を，文脈・語用論的焦点（contextual-pragmatic focus（やはり Taglicht (1984: 63) の用語で Jackendoff の focus に相当））のように呼んで，両者を区別すべきである．前者はいわば潜在的に焦点となりうる領域であり，後者は談話における実際の焦点であるが，本論ではその区別は重要ではないのであえて曖昧にしておく．いずれにせよ，これらはすぐ下に出てくる作用域（scope）とは別である．作用域を含めたこれらの区別については佐野 (2009a) を参照．

(44) サエの作用域で表された出来事 E が，E でサエの焦点になっている部分を他の要素で置き換えて得られるどの出来事 E′ よりも意外である．[13]

従属節を含まない単文 S にサエが現れる場合は，サエの作用域は当然その単文 S となる．(42) は単文であるので，それ自体がサエの作用域となっている．

当然のことながら，意外ではあり得ないことについて，それが意外であると含意されてしまえば，意味的に逸脱した結果になる．次のような例である．

(45) #山田先生のゼミ生は受かりっこない就職試験にさえ落ちた

ここでは (42) の「受かった」を「落ちた」に変えた結果，次のような逸脱した尺度含意をもたらしている．

(46) #「受かりっこない就職試験に落ちることは，他の受かる可能性のある試験に落ちることよりも意外である」[14]

興味深いことに，(45) が持つ逸脱した含意 (46) は，(45) と同等の文を従属節として他の文に埋め込むことで強制されなくなることがある．次のような例である．

(47) 山田先生は［ゼミ生が，受かりっこない試験にさえ落ちた］のを責めた

この例では，(45) が持つのと同様の逸脱した含意 (46) を持つ読みもあるが，それだけでなく，逸脱していない含意を持つ読みもあり，曖昧である．その逸脱しない含意とは次のようなものである．

---

[13] この定式化は，英語の even で提案されてきたものをサエに当てはめたものである．尺度含意に関わる「意外性」は，even に関しては古くからは "(un)likelihood" という概念で記述されてきた (Karttunen and Peters (1979), Rooth (1985), Wilkinson (1996)) が，Herburger (2000) は "noteworthiness" という概念で捉えることを提案している．

[14] 簡略化のため，「山田先生のゼミ生が」など，問題にする必要のない部分は省略したり，簡潔な表現に変えている．以下も同様である．

(48) 「受かりっこない試験に落ちたのを責めるのは，他の受かる可能性の
ある試験に落ちたのを責めることよりも意外である」

この含意は「責める」という (47) の主節動詞に対応する部分を含んでいるので，サエの作用域が主節にまで及んでいるときに得られるものである．すなわち，(47) の角カッコで示された埋め込み文の中にサエの作用域をとどめて解釈すれば (47) は (45) が持つのと同様の逸脱した含意 (46) を持つことになるが，作用域を主節にまで広げて解釈すれば (48) のような逸脱しない含意を持つことになるわけである．

　従属節内にあるサエが，その節境界を越えて主節にまで作用域を広げる「長距離作用域」は，コソのケレドモによる認可やハの透明読みの場合と同様，複合名詞句制約に従う．例えば次の例のように，複合名詞句の主要部名詞を修飾する連体修飾節内にあるサエは，その作用域をその節内にとどめざるを得ない．

(49) #山田先生は [[受かりっこない試験にさえ落ちた] ゼミ生 CNP] を責めた

すなわちこの例のサエは，(45) が持つのと同様の逸脱した含意 (46) しかもたらさない．仮に (49) のサエが作用域を主節にまで広げることができたとしたら，次のような逸脱しない含意をもたらすはずである．

(50) 「受かりっこない試験に落ちたゼミ生を責めることは，他の受かる可能性のある試験に落ちたゼミ生を責めることよりも意外である」

(49) が (47) と違ってこのような整合的な読みが得られないのは，サエと主節との間に介在する複合名詞句が，サエの主節への作用域拡大を阻止しているからである．

　しかしながら，(50) のような逸脱しない含意を引き出す手立てがいくつかある．まず，サエを複合名詞句の外側に付けてやれば，サエと主節動詞との間に介在する節境界は存在しなくなるので，サエは主節作用域を得て，逸脱しない含意 (50) を持つことができる．次のような例である．

(51) 　山田先生は [[受かりっこない試験に落ちた] ゼミ生 CNP] さえ責めた

この例ではサエは複合名詞句の中では発音されていない．しかしサエを(49)のように複合名詞句の中に置いたまま（そこで発音しながら），かつその作用域を主節に広げる方法がある．(51)のサエの位置にモを置き，サエは複合名詞句内に戻してやるのである．

(52)　山田先生は [[受かりっこない試験にさえ落ちた] ゼミ生 $_{CNP}$] も責めた

この例では，(49)（や(45)）と同様の逸脱した含意(46)を持つ読みだけでなく，(50)のような逸脱しない含意を持つ読みも可能である．

　ここまでくれば，コソとハでしたのと同様の分析が自然と見えてこよう．すなわち，一定の意味用法のコソとハとを包摂関係で捉えたのと同様に，一定の意味用法のサエとモについても，それらが包摂関係にあると捉え，(52)のサエとモを，部分移動（部分コピー＋併合）で結びつけるのである．一般にサエは尺度含意を引き起こすが，モはそうではない．一方サエはモと同様，いわゆる存在含意 (existential implicature) を引き起こすといった，モとの共通性もある．例えば次の(53)は，サエを選ぼうがモを選ぼうが，ともに(54a)のような存在含意を持つとされる．しかし(54b)のような（キャンセル不可能な）尺度含意は，(52)でサエを選んだ場合だけに生ずる．[15]

(53)　山田先生は花子 { さえ／も } 責めた
(54)　a.　花子以外にも山田先生が責めた人が存在する．（存在含意）
　　　b.　山田先生が花子を責めることは，花子以外の人を責めることよりも意外である．（尺度含意）

---

　[15] 「キャンセル不可能な」とつけ加えてあるのは，モの場合も，百科事典的知識からの語用論的推論で尺度含意と似たものが出てくることがあるからである．かつてのコマーシャルの「インド人もびっくり」のモなどがそうである．しかしサエの場合の尺度含意は百科事典的知識から出てくるものではなく，サエの意味の中に組み込まれたものでキャンセル不可能である．その一方で，サエの場合の存在含意のほうは語用論的推論から出てくるという分析もある．これに関しては坂原(1986)を，英語の even に関して同様の見解についてはHerberger (2000) を参照．いずれにせよ本論で重要なのは，単にサエがモの下位語であるという，以下の(55)で示されるような包摂関係だけであり，その具体的中身は重要ではない．

したがってサエを（モの意味をさらに限定したような）モの下位語として，両者を包摂関係で結びつけることは不自然なことではない．コソとハの場合と同様に，これを形式／意味素性の集合の包含関係で表わすと次の (55) のようになる．S_{sae} はサエの形式／意味素性の集合，S_{mo} はモの形式／意味素性の集合である．$s_1, s_2, \ldots s_n$ は，モが持っていない，サエ固有の形式／意味素性（例えば尺度含意に関わる素性など）である．

(55)　$S_{sae} = \{s_1, s_2, \ldots s_n, S_{mo}\}$

そうすると (52) の，逸脱しない読みにおける派生は，まず S_{sae} が「受かりっこない試験に」に外的併合し，その S_{sae} の部分集合の S_{mo} が複合名詞句 CNP に内的併合（部分移動）して，最終的にそれぞれ [sae] と [mo] という発音形を受けたものということになる．（もちろんここでも，音韻素性は統語派生の後の，形態／音韻部門で挿入されるという，分散形態論を前提としている．例 (27) の段落を参照．）CNP に内的併合した (52) の S_{mo} は同じく CNP に併合している (51) のサエ（＝ S_{sae}）同様，作用域は主節になるので，その S_{mo} と同じ連鎖のメンバーである（移動によってつながっている），複合名詞句内の S_{sae} の作用域も主節ということになり，(50) のような逸脱しない含意が得られることになる．

　もちろん (52) のモは，「受かりっこない試験に」に外的併合した S_{sae} の部分集合 S_{mo} を CNP に内的併合して発音したものではなく，S_{sae} とは独立に外的併合したものでもあり得る．この派生ではサエはモと移動によって関係づけられていないので，サエの作用域は自身の所属する連体修飾節内にとどまり，(49) と同様の逸脱した含意 (46) をもたらすことになる．そしてモは，それ自体の存在含意を引き起こす．結果，文全体としては「山田先生は，（受かる可能性のある試験に落ちた学生を責めたばかりか，）受かりっこない試験に（#さえ）落ちたようなゼミ生を責めるという，（ひどい）ことをもした」のような意味となる．すなわち，サエによる逸脱した含意を持つようなことがらを含む出来事が，他の出来事に加えてあったというような意味である．(52) が逸脱した含意を持つ読みも逸脱しない含意を持つ読みもあるのは，モの「出どころ」（S_{sae} からの内的併合か，S_{sae} とは無関係の外的併合か）の曖昧性によるのである．

　(52) の逸脱しない読みにおける派生は S_{sae} の部分集合を移動する「部分

移動」から得られるものであったが，S_{sae} 全体を完全移動すれば次のような，S_{sae} が複数箇所で発音される形が得られる．

(56) 山田先生は [[受かりっこない試験にさえ落ちた] ゼミ生 $_{CNP}$] さえ責めた

この派生では，2か所で発音されている [sae] は1つのサエでありその作用域は主節になるので，(50) のような逸脱しない含意を持つことができる．もちろん2か所で発音されている [sae] は別々の S_{sae} をそれぞれの位置に外的併合して発音したものである場合もある．この場合は2つの異なるサエがそれぞれ独自に尺度含意をもたらすことになるが，連体修飾節内のサエはそこに作用域をとどめ逸脱した含意 (46) をもたらすことになる．

9. 透明性と作用域

さて，第7節で特にトを主要部とするト節 CP 内に現れるコソやハが，不透明読みと透明読みとで曖昧になりうることを考察した．サエについてはどうか，考えてみよう．

次のような例の，角カッコで示されたト節の中に現れるサエは，透明不透明の曖昧性が見られる．[16]

(57) 山田先生は同僚に [ゼミ生が受かりっこない就職試験にさえ受かったと] 話した

まず，この例のサエは，その表現の責任者が主節の主語の「山田先生」であるという不透明読みを許す．そしてその時のサエの作用域は埋め込み文ト節の中にとどまり，尺度含意は，すでに見た (42) の尺度含意 (43) と同様の (58) となる．

(58) 埋め込み文作用域からの尺度含意： ゼミ生が受かりっこない就職試験に受かることは，他の受かる可能性のある就職試験に受かること

---

[16] 英語の even についても同様の曖昧性があることの指摘は Herburger (2000: 120) に見られる．

よりも意外である．

問題は透明読みの時のサエの作用域（尺度含意）である．透明読みの場合はサエという表現を使った責任者は文全体の話者ということになるが，その時のサエの作用域は，まず文全体であってよいことは間違いない．その時の尺度含意は次のようなものになる．

(59) 主文作用域からの尺度含意： 山田先生が同僚に，ゼミ生が受かりっこない就職試験に受かったと話すことは，他の受かる可能性のある就職試験に受かったと話すことよりも意外である

ここまでは先に見たコソやハの場合と同様である．ところがコソやハの場合とは違って，たとえ透明読みの場合でも，サエは(58)のような埋め込み文作用域から得られる尺度含意を持つことができると思われる．このことを確認するために，まずサエの不透明読みはコソやハの時と同様，次の例にあるようなノ節やコト節では不可能であることを見ておこう．

(60) 山田先生は同僚に [[ゼミ生が受かりっこない就職試験にさえ受かった]{の／こと}] を話した

すなわち，たとえ事実として山田先生が同僚に「うちのゼミ生が受かりっこない就職試験にさえ受かった」などとサエを用いた発言をしたとしても，(60)のノ節／コト節内に出てくるサエは，(57)のト節内に出てくるサエと違って，山田先生でなく話者の責任において使用されたという，透明読みの解釈しかない．そしてさらに重要なことに，この透明読みにおいて，尺度含意は(59)のような，サエの主文作用域からのものと，(58)のような，埋め込み文作用域からのものとで曖昧であろう．この観察が正しければ，たとえ主節作用域を阻止する複合名詞句が介在しても，その複合名詞句を形成する連体修飾節内に透明的なサエが現れることができることを予測するが，次の例はこれが正しいことを示している．

(61) 山田先生は同僚に [ゼミ生が受かりっこない就職試験にさえ受かった {事実／ニュース／経過}] を話した

この例でサエは当然透明読みしかあり得ず，かつ複合名詞句制約により主節

作用域は阻止されるにもかかわらず，まったく問題のない文である．この点で (40)（以下に (62) として再掲）のようなハの例と興味深い対照をなすのである．

(62) 健は奥さんに [[女子学生とお茶は飲んだ]{a. の／b. こと／c.?*事実}] を話した（けれども，お酒を飲んだ{の／こと／事実}は話さなかった）

このサエとハの違いはどのように説明されるべきであろうか．まず，ハが (62c) が示すような複合名詞句制約の効果を示し，語彙的名詞とともに複合名詞句を形成する連体修飾節（= (62) の内側の角カッコでくくられた部分）に現れにくいのは，そのような連体修飾節にはハの（潜在的）移動の最終着地点が用意されていないとすることで記述できる．仮にハが移動する最終着地点は（ケレドモ節の主要部ケレドモに加えて）TopP (Topic Phrase) の主要部 Top としてみよう．そして TopP は，ケレドモなどの従属接続詞が補部として選択しうる句ではあっても，[17] 一般に語彙的名詞を修飾する（あるいはその補部となる）連体修飾節にはならないとしてみよう．句構造的には，[TopP＋Conj]（ただし Conj はケレドモのような（従属）接続詞）のような構造はあっても，[TopP＋N] のような構造は許されないということである．そうすると，語彙的名詞句とともに複合名詞句を作る連体修飾節（≠ TopP）の中のハは，その複合名詞句を飛び越えて，より上の（主）節の TopP の Top まで（ないしはコソからの部分移動の場合，ケレドモまで）移動する必要があり，これが複合名詞句制約の効果を生むことになる．（ただし (41) のように問題の複合名詞句にハが「途中下車」すればその限りではない．[18]）一方，(62a, b) のように形式名詞ノやコトに対する連体修飾節の場合は，その連体修飾節が (62c) の場合と同様 TopP ではなくても，ノやコトは複合名詞句を作らず，直前の節と一緒に全体で CP を作る．その

---

[17] 実際，いわゆる南モデル（南 (1974, 1993)）では，ケレドモ節はハ句が入ることを許す C 類に分類されている．

[18] なぜこの場合複合名詞句制約が回避されるかについては Sano (2000) および佐野 (2009c) を参照．両者の説明は全く異なっているが，現段階では筆者は後者のほうがより妥当と考えている．

ようなCPは島を形成しないので，中のハはそれを飛び越えてより上位の節に用意されているTopPの主要部Topまで（ないしはケレドモまで）（潜在的に）移動することができるのである．

　(62a, b) でも，(62c) 同様，内側の角カッコ部分がTopPではないのは，(62a, b) のハの作用域がその中にとどまることができないことから分かる．そのことを次の例で確認しておこう．

(63)　山田先生は同僚に［ゼミ生が受かって当たり前の就職試験には受かった］{の／こと}]を話した

仮に山田先生が同僚に「（うちの）ゼミ生が受かって当たり前の就職試験には受かった」と，ハを「受かって当たり前の就職試験」に付けて発言したのが事実で，山田先生自身はそれによって「しかしほかの試験については受かる（受かった）かどうか分からない」というようなことを暗示しようとしたとしよう．そのようなことを話者が知っていたとしても，その話者が (63) のように発言した場合，「受かって当たり前の就職試験」に付いているハは（それを含む節がト節ではないので）その発言の責任者が山田先生であるという不透明読みはできず，責任者は話者自身であるという透明読みしかできない．さらに重要なことに，そのハの透明読みにおいて，何との対比が暗示されているか考えてみると，それは「ほかに試験については受かる（受かった）かどうか分からない」というような，ハの埋め込み文作用域から出てくる対比ではなく，「山田先生はほかの試験については受かったかどうか話さなかった」のような，ハの主節作用域から出てくる対比である．（これが上で見た (60) のサエの場合との重要な違いである．）ということは，(63) のような外側の角カッコが複合名詞句でなくCPであるような場合でも，内側の角カッコは，ハに着地点と作用域を与えるようなTopPではないということになる．

　一方，サエの場合は移動先かTopPの主要部Topではなく，複合名詞句を作る連体修飾節としても現れうる，TopPより「小さな」句，例えばFocP (Focus Phrase) の主要部Focであるとすれば，サエは複合名詞句内のそのFocにとどまることができる．[19] その結果，ハの場合とは対照的に，

---

[19] サエとFocPに関してはYanagida (1996) も参照．佐野 (2001a)，Sano (2001) で

たとえ透明読みしか許さない (61) のような複合名詞句の中でもサエが現れることができるということになる．その場合サエの作用域は複合名詞句内の FocP になり，その中で尺度含意が決まる．一方 (60) のようなノ節やコト節の場合も，内側の角カッコ部分は，複合名詞句の場合と同様，FocP になりうるので，サエはその主要部 Foc に移動して埋め込み文 FocP 内に作用域をとどめることができる．それだけでなく，ノ節やコト節は複合名詞句ではないので島を形成せず，サエは上の(主)節が用意している FocP の主要部にも移動することができる．そのため (60) は尺度含意が (58) と (59) とで曖昧ということになる．

以上のことは記述ではあっても，もちろん説明にはなっていない．なぜ複合名詞句を形成する連体修飾節は TopP であってはいけないのか，それに対しなぜ FocP はもっと分布が自由なのか，このようなことを導く一般原理は何か，これらの問題はこれからの課題となる．

10. 焦点に関するとりたて詞一般の問題

サエが，基本的にはコソと同様の分析が可能であることは第 8 節で論じたことから明らかであるが，この節ではこのことを，本論の冒頭第 1 節で出した例文をもう一度見ながら，8 節で扱い残した角度から確認し，さらにとりたて詞の分析にとっての一般的な問題を 1 つだけ見ておくことにする．次の例が第 1 節で示された対比であった．

(64) ?*山田教授さえ怠慢な学生にさえ A 評価さえ与えることがある
(65) 　山田教授は [[怠慢な学生に A 評価さえ与え] さえすること] さえある

例 (64) の 3 つのサエは c 統御関係になく，移動による関係づけはできない．それぞれ別個のサエであり，それによる多重認可の負荷がかかるので，許容困難な文となる．一方 (65) は，最初のサエが 2 番目のサエによって c

---

はサエの移動先を IP/TP の主要部 I/T としている (青柳 (2006), 佐野 (2007) も参照) が，いずれにせよサエの移動先は TopP より小さな句の主要部であることは間違いない．

統御され，それが 3 番目のサエによって c 統御されるような構造関係にあるので，この 3 つのサエは完全移動によって関係づけることが可能である．すなわち，同じ 1 つのサエの形式／意味素性の集合が，（主節 FocP の主要部 Foc への）移動の道すがら，3 か所で [sae] と発音されたという派生である．複数か所での発音によってくどさや冗長性は出ても，(64) のような許容度の低さは出ない．さらに (64) との重要な違いは，(64) では 3 つの別々のサエがそれぞれ独自の焦点（すなわち併合している相手である「山田教授」「怠慢な学生」「A 評価」の 3 つ）を持っているが，1 つのサエが 3 か所で発音されているだけの (65) では，サエの実質的な焦点はそれが最初に外的併合した「A 評価」だけということになる．そして (65) の 2 番目以降のサエは，1 番目ないしは 2 番目のサエからの部分移動により次のようにモになりうる．

(66) a. 山田教授は [[怠慢な学生に A 評価さえ与え] さえすること] もある
    b. 山田教授は [[怠慢な学生に A 評価さえ与え] もすること] もある

この例では最初にサエの形式／意味素性が「A 評価」に外的併合しているが，最初に外的併合したのがサエでなくモの形式／意味素性の場合，次の (67) のように 3 か所すべてで [mo] と発音されることが可能になる．第 7 節の例 (37) で見たハの場合などと同様である．

(67) 山田教授は [[怠慢な学生に A 評価も与え] もすること] もある

サエとモの関係がコソとハの関係と基本的に並行的であることが確認できたが，とりたて詞一般に共通する問題も指摘しておかなければならない．それは，1 つのとりたて詞が移動によって上に上がっていくのが，作用域でなく焦点を広げているとおぼしき例があることである．次の例を見てみよう．

(68) a. 山田教授は女子学生に油さえ売りさえする
    b. 山田教授は女子学生に油さえ売ることさえある
(69) a. 山田教授は女子学生に油も売りもする
    b. 山田教授は女子学生に油も売ることもある

(70) a. 山田教授は女子学生に油こそ売りこそするけれども手を出しはしない
　　 b. 山田教授は女子学生に油こそ売ることこそあるけれども手を出すことはない
(71) a. 山田教授は女子学生に油は売りはするけれども手は出しはしない
　　 b. 山田教授は女子学生に油は売ることはするけれども手は出すことはしない

「油を売る」というのは「むだ話をする」とうようなイディオムの解釈があるが，その場合でも (68)–(71) の例が示すように，そのイディオムの一部である「油」にとりたて詞が付くことが可能である．イディオムの一部である「油」は具体的な指示物を持たないので，これが焦点になるとは考えにくい．にもかかわらず，(68)–(71) の例ではそれにとりたて詞（の形式・意味素性集合）が外的併合し，さらにそれが，(a) 文のように「売り」という動詞連用形を主要部とする動詞句に，あるいは (b) 文のようにコト節に，内的併合しているかに見えるのである．((71) では，ケレドモ以降の主節にも「手を出す」というイディオムが関与しており，同様の現象が生じている．) この派生では，最初の外的併合の相手が焦点となるという一般化が成り立っていない可能性がある．むしろ最初の併合相手が焦点化されているのではなく，イディオム全体を含むような 2 番目の（内的）併合相手が焦点されているように思えるのである．((70) のケレドモ以降の文を参照.) しかしながら，このような「焦点の拡大」は我々の分析が予想することではなくても，とりたて詞の多重生起が考察の主な対象である本論の直接の問題とはならない．とりたて詞の結合先（併合相手）と焦点との関係という，とりたて詞の分析一般の問題である．[20] すなわち，とりたて詞の多重生起は別に，なぜそもそも下の例のようにイディオム切片にとりたて詞が付くことができるのかという問題である．

(72) 山田教授は女子学生に油 {さえ／も／こそ／は} 売った (けれども…)

---

[20] 「焦点の拡大」に関しては青柳 (2006) を，次の (72) のたぐいの例に関しては藤巻 (2009) を参照．

11. 結び

　本論では，譲歩のコソがケレドモのような従属接続詞への移動によって認可されることを論じ，その移動がどのようになされるかを考察した．そして移動の途中位置で，コソがそのまま [koso] として，あるいは [wa] として，「繰り返し」発音されることがあることを見，この現象は分散形態論の枠組みの中で，完全移動と部分移動というメカニズムおよびそのような統語操作のあとでの音韻素性挿入というプロセスで捉えられることを論じた．[21] そして同様の分析がサエについても当てはまり，サエが移動の途中でそのまま [sae] として，あるいは [mo] として，繰り返し発音されることがあることを見た．

　完全移動に対する部分移動の存在自体は，ドイツ語の wh 移動の例 (26) などでも見られる，それほど珍しい現象ではない．しかし本論で考察した現象は，とりたて詞という，機能語的な助詞（の形式／意味素性の集合）が，(最終的にはケレドモなどのゼロレベル範疇や TopP や FocP のゼロレベル主要部へ) 完全移動したり部分移動したりしていながら，wh 句の移動などと同様，A′ 移動的な，島の制約に従う長距離依存性を呈している．換言すれば，問題の移動は，ゼロレベルの範疇の移動である主要部移動のようにも，句レベルの範疇の移動に入る A′ 移動のようにも見えるのである．このような移動が，従来の移動のタイポロジーに収まりうるものなのか，それとも新しい種類のものなのか，今後の研究にゆだねなければならない．

参照文献

青柳宏 (2006)『日本語の助詞と機能範疇』ひつじ書房，東京．
Beck, Sigrid (1996) "Quantified Structures as Barriers for LF Movement," *Natural Language Semantics* 4, 1-56.

---

[21] Sano (2004) では，とりたて詞デモが，本論で論じている完全移動のオプションしかないがやはり「繰り返し発音」が見られることを論じている．

Cheng, Lisa Lai-Shen (2000) "Moving Just the Feature," *Wh-Scope Marking*, ed. by Uli Lutz, Gereon Müller and Arnim von Stechow, 77-99, John Benjamins, Amsterdam.
Chomsky, Noam (1995) *The Minimalist Program*, MIT Press, Cambridge, MA.
Chomsky, Noam (2000) "Minimalist Inquires: The Framework," *Step by Step*, ed. by Roger Martin, David Michaels and Juan Uriagereka, 90-155, MIT Press, Cambridge, MA.
Chomsky, Noam (2001) "Derivation by Phase," *Ken Hale: A Life in Language*, ed. by Michael Kenstowicz, 1-52, MIT Press, Cambridge, MA.
Chomsky, Noam (2004) "Beyond Explanatory Adequacy," *Structures and Beyond: The Cartography of Syntactic Structures* 3, ed. by Adriana Belletti, 104-131, Oxford University Press, Oxford.
Cole, Peter and Gabriella Hermon (2000) "Partial Wh-Movement: Evidence from Malay," *Wh-Scope Marking*, ed. by Uli Lutz, Gereon Müller and Arnim von Stechow, 101-130, John Benjamins, Amsterdam.
藤巻一真 (2009)「慣用句における取り立て」*Scientific Approaches to Language* 8, 27-42, 神田外語大学言語科学研究センター.
Halle, Morris and Alec Marantz (1993) "Dsitributed Morphology and the Pieces of Inflection," *The View from Building 20*, ed. by Kenneth Hale and Samuel Jay Keyser, 111-176, MIT Press, Cambridge, MA.
Hara, Yurie (2006) *Grammar of Knowledge Representation: Japanese Discourse Items at Interfaces*, Doctoral dissertation, University of Delaware.
Herburger, Elena (2000) *What Counts: Focus and Quantification*, MIT Press, Cambridge, MA.
Jackendoff, Ray S. (1972) *Semantic Interpretation in Generative Grammar*, MIT Press, Cambridge, MA.
Karttunen, Lauri and Stanley Peters (1979) "Conventional Implicature," *Syntax and Semantics* 11: *Presupposition*, ed. by Choon-Kyu Oh and David S. Dinneen, 1-56, Academic Press, New York.
McDaniel, Dana (1989) "Partial and Multiple Wh-Movement," *Natural Language and Linguistic Theory* 7, 565-604.
南不二男 (1974)『現代日本語の構造』大修館書店, 東京.
南不二男 (1993)『現代日本語文法の輪郭』大修館書店, 東京.
中右実 (1994)『認知意味論の原理』大修館書店, 東京.
日本語記述文法研究会(編) (2009)『現代日本語文法 5 第 9 部とりたて 第 10 部

主題』くろしお出版，東京．

野田尚史 (2003)「現代語の特立のとりたて」『日本語のとりたて——現代語と歴史的変化・地理的変異』沼田善子・野田尚史 (編), 3-22, くろしお出版, 東京．

Radford, Andrew, Martin Atkinson, David Britain, Harald Clahsen and Andrew Spenser (2009) *Linguistics: An Introduction*, 2nd ed., Cambridge University Press, Cambridge.

Rooth, Mats (1985) *Association with Focus*, Doctoral dissertation, University of Massachusetts.

Ross, John Robert (1967) *Constraints on Variables in Syntax*, Doctoral dissertation, MIT. [Published 1986 as *Infinite Syntax!*, Ablex, Norwood, NJ.]

坂原茂 (1986)「"さえ"の語用論的考察」『金沢大学教養部論集 (人文科学篇)』23.2, 127-158.

Sano, Masaki (2000) "Island Effects on Invisible Movement of Focus Particles: A Case Study of *Koso* and *Sae* in Japanese," *English Linguistics* 17, 330-360.

Sano, Masaki (2001) "On the Scope of Some Focus Particles and Their Interaction with Causatives, Adverbs, and Subjects in Japanese," *English Linguistics* 18, 1-31.

佐野真樹 (2001a)「日本語のとりたて詞の素性移動分析と Minimality 効果」*JELS 18: Papers from the Eighteenth National Conference of the English Linguistic Society of Japan*, 181-190.

佐野真樹 (2001b)「とりたて詞コソと WH 移動の共通性」『意味と形のインターフェイス』中右実教授還暦記念論文集編集委員会 (編), 665-676, くろしお出版, 東京．

Sano, Masaki (2004) "Visible Successive-Cyclic Movement of Focus Particles in Situ," *English Linguistics* 21, 376-408.

佐野まさき (2004)「とりたて詞の作用域と連鎖形成について」『日本語文法学会第5回大会発表論文集』185-194, 日本語文法学会．

佐野まさき (2007)「とりたて詞の認可と最小性条件——カラ節と主節との関係を中心に」『日本語の主文現象』長谷川信子 (編), 73-111, ひつじ書房, 東京．

佐野まさき (2008)「とりたて詞と Agreement-chain」理論言語学・日本語学ワークショップ『統語構造と文の機能 (Force): 項構造・命題を超えて』における口頭発表, 神田外語学院．

佐野まさき (2009a)「副詞と文の焦点」『日英対照形容詞・副詞の意味と構文』影山太郎 (編), 325-357, 大修館書店, 東京．

佐野まさき (2009b)「とりたて詞の素性併合と Agreement」理論言語学ワークショップ『日本語の統語研究の新展開：命題を超えて』における口頭発表, 神田外語学院.

佐野まさき (2009c)「完全移動と部分移動：とりたて詞からの事例研究」『立命館言語文化研究』第21巻第2号, 191-216, 立命館大学.

Taglicht, Josef. (1984) *Message and Emphasis: On Focus and Scope in English*, Longman, London and New York.

Thornton, Rosalind (1995) "Referentiality and Wh-Movement in Child English: Juvenile *D-Linkuency*," *Language Acquisition* 4, 139-175.

Wilkinson, Karina (1996) "The Scope of *Even*," *Natural Language Semantics* 4, 193-215.

Yanagida, Yuko (1996) "Syntactic QR in *wh-in-situ* Language," *Lingua* 99, 21-36.

第 6 章

日本語におけるかき混ぜ規則・主題化と情報構造[*]

青柳　宏

日本語のかき混ぜ規則は意味的に空だといわれている．文の真理条件を変更したり，英語の wh 移動のように演算子—変項構造を作ったりはしないからである．しかし，文の談話機能的な広義の意味解釈を含めると，かき混ぜ規則は決して意味的に空ではなく，文の焦点を構成する．この意味で，日本語では助詞ハによる主題化とかき混ぜ規則とで文の情報構造上の役割分担が厳密にできている．本稿では Vallduví が提案する情報構造 (IS) という独自の表示のレベルを採用し，これに修正を加えて，統語構造と情報構造の写像関係を明らかにすることを試みる．加えて，いわゆる主題のハ句と対照のハ句の統語的、情報構造的な違いについても論じる．

1. 序論

日本語のかき混ぜ規則 (scrambling) については，Saito (1989) 以来「意味的に空 (semantically vacuous)」であるという見方が一般的である．つぎの Saito (1989: 192) の例はかき混ぜ規則が論理形式 (LF) において完全に再構築 (radically reconstruct) されうることを示す．

---

[*] 本稿は第 18 回国際言語学者会議 (2008年8月，高麗大学 (韓国))，比較統語論と言語習得に関するワークショップ (2008 年 11 月，南山大学)，統語構造と文脈に関する公開シンポジウム (2009 年 6 月，東北大学) でそれぞれ口頭発表したものと内容が一部重複している．これらの会議の参加者や加藤幸子氏から有益なコメントや示唆を得た．また，本稿の執筆にあたっては，平成 20 年度文部科学省私立大学戦略的研究基盤形成支援事業 (事業番号 S0891052)，および 2010 年度南山大学パッヘ研究奨励金 1-A-2 の援助を受けている．ここに記して，関係各位に謝意を表する．

(1) ?どの本を_i［メリーが［［ジョンが　図書館から　t_i　借り出した］か］知りたがっている］（こと）

日本語の wh 疑問詞は疑問を表わす助詞（Q-marker）のカによる c-統御によって認可（license）されなければならない．例文 (1) では wh 疑問詞「どの本を」が従属節内から主節の先頭へかき混ぜ規則により移動している．(1) の主節にはこれを認可しうる助詞は存在せず，また従属節の補文標識（C=Complementizer）の位置にあるカによっても c-統御されていない．にもかかわらず，この文の間接疑問文としての容認度は高い．このことは，かき混ぜ規則によって移動した wh 疑問詞が LF において従属節内に再構築されうることを示している．すなわち，(1) の例は，かき混ぜ規則が適用していない，つぎの (2a) と同一の LF 表示 (2b) を持つと考えられる（(1) と (2a) の共通の LF である (2b) は以下の (3) との比較の簡便さを考慮して，英語で表現してある）．

(2) a.　［メリーが［［ジョンが　図書館から　どの本を　借り出した］か］知りたがっている］（こと）
　　 b.　Mary wonders [WH-Q$_x$ [John checked out [which book]$_x$ from the library]]

この点において，日本語のかき混ぜ規則は，次例 (3) における英語の wh 移動とは異なり，LF において演算子—変項構造（operator-variable construction）を形成しない．

(3) a.　?Which book does [Mary wonder [who checked out t from the library]]　（SS）
　　 b.　which book$_x$ [Mary wonder [who checked out x from the library]]　（LF）

例 (3a) は wh の島の制約（wh-island constraint）によって弱い下接条件の違反（weak subjacency violation）となるが，この文が容認可能であるかぎりにおいて，主節先頭に wh 移動した which book と従属節内の痕跡 (t) は，(3b) に示すように LF において演算子—変項構造をなす．つまり，(3a) は which book に関して直接疑問文として解釈される．

すなわち，英語の wh 移動は wh 句を [Spec, CP] に移動し，移動した wh 句は LF において演算子と解釈され，その痕跡（＝変項）を A′-束縛する．これに対して，日本語のかき混ぜ規則が wh 句に適用しても，LF においてその句は元位置に戻されてしまう．この意味において，Saito は日本語のかき混ぜ規則が「意味的に空」だと主張した．

しかし，たとえ上述のように限定された意味において「意味的に空」だとしても，かき混ぜ規則が文のあらゆる意味解釈において空であるとはかぎらない．本稿の主な目的のひとつは，主題（topic），焦点（focus）などの談話機能的な（discourse-functional）側面を含む広義の意味解釈においては，かき混ぜ規則が空ではないことを示すことにある．

第2節では，文法には表層構造（SS）や論理形式（LF）とは独立した情報構造（Information Structure = IS）という表示レベルがあるという Vallduví (1992, 1995) の仮説を紹介する．この枠組みのもとで，日本語におけるかき混ぜ規則と主題化（topicalization）という，語順変換を伴いうる2つの操作が情報構造的にはまったく別個の操作であることを第3節で示す．第4節では，日本語および英語のデータから SS から IS 表示を導く句構造の分割の方法について，あらたな提案を行う．第5節では，かき混ぜ規則と特定性（specificity）の観点から，Vallduví の仮説の妥当性の証拠と思われる事実を挙げる．第6節，第7節ではいわゆる対比のハの問題を論じる．最後に，第8節で全体をまとめ，残された問題に触れる．

2. 情報構造

英語の次例 (4) は，核強勢（nuclear stress）の置き方によって，(3a-c) のいずれの疑問文の答えにもなりうる（Selkirk (1984), Cinque (1993) などを参照）．[1]

---

[1] ただし，(5b) の答えになるときと同様に (4) で car に核強勢を置いたときは，焦点素性（[+focus]）の拡張（propagation）により，VP あるいは文全体が焦点にも解釈されうるので，つぎのような疑問文の答えにもなりうる．
   (i) a. What did John do?　（VP が焦点）
      b. What happened?　（文全体が焦点）

(4) John fixed the car.
(5) a. Who fixed the car?
    b. What did John fix?
    c. What did John do to the car?

(4)が(5a)の答えのときにはJohnに，(5b)の答えになるときにはcarに，(5c)の答えになるときにはfixedに，それぞれ核強勢が置かれ，これらが焦点だと解釈される．

　従来，情報構造を表示する仕組みとしては，文を主題（または話題）(topic)と評言 (comment)，または，焦点 (focus) と前提 (presupposition) に分ける二分割法が主流であった．[2] しかし，たとえば(4)が(5b)の答えで，かつ John が主題であるとき，二分割法では fixed が情報構造的にどう位置づけられるか，にわかには決定しがたい．なぜならば，この文脈において，fixed は主題―評言 (topic-comment) の二分割法では，評言の一部ではあるが焦点ではなく，焦点―前提 (focus-presupposition) の二分割法では，前提の一部ではあるが，主題ではないからである（下図参照）．

John	fixed	[F the CAR]
主題 (topic)	評言 (comment)	
前提 (presupposition)		焦点 (focus)

そこで，Vallduví (1992, 1995) は従来の二分割法にかえて，つぎのような三分割法を提案した．[3,4]

(6) a. S = {FOCUS, GROUND}

---

[2] 主題―評言 (topic-comment) の二分割法については，Li and Thompson (1976)，Kuno (1980)，Reinhart (1982) など，焦点―前提 (focus-presupposition) の二分割法については，Chomsky (1971)，Jackendoff (1972)，Prince (1981) などを参照のこと．

[3] より正確には，(6)は二段階の二分割法というべきである（第4節参照）．

[4] 以下，Vallduví のいう意味での IS の要素には以下英語の小型大文字を用い，さらに F = FOCUS, G = GROUND, L = LINK, T = TAIL と略称する．

第6章　日本語におけるかき混ぜ規則・主題化と情報構造　　197

b.　GROUND = {LINK, TAIL}

つまり，文 (= S) は，まず FOCUS と GROUND に分割され，後者はさらに LINK と TAIL に分割される．Vallduví (1992: chap. 3) によれば，これら文の情報構造の構成素はつぎのように定義される．まず，FOCUS とは発話時において聞き手の知識の蓄積 (the hearer's knowledge-store) に新たに寄与する（と話し手が考える）情報を担う部分であり，それゆえ文にとって不可欠の要素である．[5] また，FOCUS はふつう（イントネーションや強勢などによって）韻律的に卓立している．つぎに，GROUND は焦点―前提という二分割法の前提に当たり，集合論的には文から FOCUS を引いた補集合 (complement) であって，聞き手の情報の蓄積に新たな情報が適切に加わる枠組み (vehicular frame) を保証するものである．[6] そして，LINK は主題―評言の主題に該当し，聞き手の情報の蓄積のどこに新たに情報を加えるかを指し示すもの (address pointer) である．[7] 最後に，TAIL は GROUND から LINK を除いた補集合――すなわち，既知情報 (given information) の一部ではあるが主題のように卓立した存在ではない要素――である．[8] Vallduví の三分割法にしたがえば，(5b-c) の答えとしての (4) は，それぞれつぎのような情報構造表示を持つ．

(7)　a.　[F JOHN] [G fixed the car].
　　　b.　[G [L John] [T fixed]] [F the CAR].
　　　c.　[L John] [F FIXED] [T the car].

---

[5] ただし，FOCUS が必ずしも発話時に新たに導入される (new) 情報でなければならないわけではない．このことは，次例のように談話上既知 (given) 情報であるはずの代名詞が FOCUS となりうることからも理解されよう．
　　(i)　Mary hates HIM.

[6] Vallduví (1992: 46) によれば，GROUND という用語は Dahl (1974), Chafe (1976) の背景 (background) から拝借したものだという．

[7] Reinhart (1982), Heim (1983) などのいわゆるファイル・チェンジ意味論 (file-change semantics) におけるファイルに当たる．

[8] このように Vallduví は「主題 (topic)」や「前提 (presupposition)」という多くの著者に用いられるがゆえにその意味するところが多様な用語を避けている．詳しくは，Vallduví (1992: chap. 3) 参照．

(7a-c) において，それぞれ大文字で表示された語が核強勢を持ち，FOCUS（＝焦点）と解釈される．この三分割法の導入によって，(7b) における fixed（また，(7c) における the car）の情報構造上の位置づけが明確になった．

一般に文の情報構造はその真理条件（truth condition）には影響しない．たとえば，久野 (1973) が詳述しているように，主題を表わす助詞ハと主格助詞のガが併存する日本語では，つぎの二文は情報構造的には異なる．[9, 10]

(8) a. 太郎は　学生だ．（「太郎」：主題）
 b. 太郎が　学生だ．（「太郎」：総記）

(8a, b) はそれぞれ (9a, b) のような疑問文の答えとしては適切であるが，(9a) を (8b) で，(9b) を (8a) で答えることは，できない．[11]

(9) a. （太郎の職業・身分をたずねて）
  太郎は　何ですか／何をしていますか？
 b. （複数の人々のうちで）
  誰が　学生ですか？

すなわち，(8a, b) はそれぞれ (10a, b) の情報構造を持つと考えられる．

(10) a. [$_{G=L}$ 太郎は] [$_F$ 学生だ]．
 b. [$_F$ 太郎が] [$_G$ 学生だ]．

---

[9] Kuno (1973) は「対照 (contrastive)」のハ句に対する「主題」のハ句を theme と呼び，主題を文頭に位置させる操作を thematization と呼んでいるが，本稿ではこれをより一般的な用語を用いて topicalization という．以下，断わりがない限り，主題化 (topicalizaiton) とは久野のいう thematization と同義である．

[10] Kuno (1973) は，「総記」を exhaustive listing と呼んでいる．同書や久野 (1973) は「総記」のガが英語の only のように唯一性含意 (uniqueness implication) を持つと述べているが，Shibatani (1990), Heycock (1994) などが論じているように，むしろ義務的焦点の解釈がもたらす Grice (1975) のいう会話の含意 (conversational implicature) と解すべきである（この点については，青柳 (1999) で詳しく論じた）．

[11] ただし，(8a) の「太郎は」を対照 (contrastive) に解釈すれば，(9b) の答えとなりうる．そのときの (8a) の解釈は，「他の人々については知らないが，少なくとも太郎は学生だ」というものである．対照のハについては，第 6 節，第 7 節で詳しく論じる．

ところが，(8a, b) の真理条件を述語論理の言語 (language of predicate logic) で表現すれば，いずれもつぎの (11) ようになり，二文の間に差はない．[12]

(11)　student'(taro)

このように，情報構造が文の真理条件的意味に影響を与えないことから，Vallduví は IS は LF とは独立した表示のレベルであるとし，つぎのような文法モデルを提案している．[13]

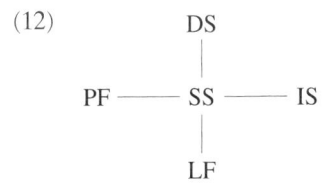

(12)
```
              DS
              │
PF ────── SS ────── IS
              │
              LF
```

本稿では，IS がもっぱら文の情報構造のみに関わる表示レベルであるという Vallduví の提案を受け入れる．

ただし，焦点を (あるいは主題も) LF で表示する分析 (たとえば，Rooth (1985, 1992) 参照) が提案されているのだから，IS という表示のレベルは必要ないのではないかとの疑問の向きもあろう．しかし，日本語は英語のような強勢アクセント言語ではないので，ある語に [+focus] 素性が付与されたとしても，必ずしもその語にアクセントが置かれるわけではな

---

[12]「学生だ」のような状態述語 (または，個体レベル述語 (individual-level predicate)) にも時空間的な項 (spatiotemporal argument) が存在するという Chierchia (1995) などの提案を受け入れ，つぎのように表記したとしても，やはり (8a, b) の間に差はない．ただし，(i) の R は個物 (ここでは「太郎」) を時空間的に定位させる 2 項述語である．
　　(i)　GEN_e [R(taro, e)] student'(taro, e)
(i) は「ほぼいつ，いかなる場所においても，太郎が学生である」ことを意味する．

[13] 本稿では，Chomsky (1993) 以来その存在が否定されている表層構造 (SS) というレベルを便宜的に用いる．これを極小主義 (minimalism) の精神に則って，論理形式 (LF) と音声形式 (PF) 各部門への入力となる Spell-Out 時点での句構造と考えても差し支えない．さらに，Numeration から LF へ至る派生の IS への分岐は，PF へのそれ (すなわち，Spell-Out) に前後するという可能性もあるが，この点は今後の検討課題としたい．

く，焦点の表示がアクセントからは予測できない．さらに，第5節で詳しく論じるように，かき混ぜ規則が適用した所有文や存在文が示す「特定性効果」[14] は LF における再構築では回避できない．これらの事実がある限り，LF（そして，PF とも）独立した表示のレベルが必要であると思われる．

3. かき混ぜ規則と情報構造

　第1節で Saito (1989) がかき混ぜ規則が「意味的に空」であると主張した論拠をみた．また，かき混ぜ規則は一般に文の真理条件を変えるような操作ではない．つぎの (13a) は基底語順の文，(13b) はそれにかき混ぜ規則を適用して派生した文であるが，いずれの意味も述語論理の言語では (14) のように表示される．

(13)　a.　太郎が　そのピザを　食べた．
　　　　　（SOV: 基底語順）
　　　b.　そのピザを　太郎が　食べた．
　　　　　（OSV: かき混ぜ規則適用）
(14)　eat'(taro, the pizza)

　ところが，Akizuki (1994) が指摘しているように，かき混ぜ規則の適用，不適用が文の談話上の妥当性 (discourse felicitousness) に影響を与える場合がある．[15]

(15)　誰が　そのピザを　食べたの？
　　　　（SOV: 基底語順）
(16)　a.　太郎が　そのピザ／それを　食べた．
　　　　　（SOV: 基底語順）
　　　b.　#そのピザ／それを　太郎が　t　食べた．
　　　　　（OSV: かき混ぜ規則適用）

---

[14] Enç (1991) のいう "specificity effect"（第5節参照）．

[15] 次例以下，談話上の妥当性の低さを（#）記号で表わし，主題化された主語，目的語をそれぞれ S_T, O_T と表示する．

c. そのピザ／それは　太郎が　食べた．
　　　　(O_TSV: 目的語主題化)

(15)の疑問文の主語「誰」はwh疑問詞であり，意味表示では変項に解釈される．[16] そのため，その答えにおいて，変項の値を決める「太郎」が焦点となる．[17] (16a)が基底語順のままの文であり，(15)の答えとして妥当であるのに対し，目的語「そのピザ／それを」がかき混ぜ規則によって文頭に移動した(16b)は(15)の答えとしては妥当ではない．しかし，かき混ぜ規則の代わりに助詞ハを伴う主題化を目的語に適用した(16c)は，(15)の答えとして妥当である．さらに，次例を参照されたい．[18]

(17)　　何を　太郎が　t　食べたの？
　　　　(OSV: かき混ぜ規則適用)
(18)　a.　そのピザを　太郎(?)が／は　t　食べた．
　　　　(OS_{(T)}V: かき混ぜ規則適用)
　　　b.　#そのピザは　太郎が　食べた．
　　　　(O_TSV: 目的語主題化)
　　　c.　太郎は　そのピザを　食べた．
　　　　(S_TOV: 主語主題化)

---

[16] すなわち，(15)の意味はwh疑問演算子を仮定すると，つぎのように表示できる．
　(i)　WH-Q$_x$ [x = a person] eat'(x, the pizza)

[17] Vallduví (1992)が述べているように，文の情報構造(IS)において必須の要素はFOCUSなので，むしろ普通の会話体では，(16a, c)より短い，つぎのような返答が好まれる．
　(i) a.　[$_F$ 太郎]　です．
　　　b.　[$_F$ 太郎が]　[$_G$ pro　食べました]
(ia)は実質的にFOCUSのみで構成されており，(ib)では目的語が音形を持たない．後者では，疑問文(15)の「そのピザ」が談話主題(discourse topic)として機能し(Huang (1984)参照)，目的語位置のproを束縛(bind)または制御(control)している．また，(ia)は，やはり(15)の答えとして可能である，つぎの分裂文からGROUNDを省略したものだと見ることもできる．
　(ii)　[$_G$ そのピザを　食べた　のは]　[$_F$ 太郎]　です．

[18] (18a)において「太郎」に付加される助詞にガが選ばれたときの談話的妥当性は話者によって感じ方が異なるようである．筆者自身の判断では，(17)で既出の「太郎」にはハを付加して主題化した方がより妥当であるが，ガのままでもよいという話者もいる．

(17)では目的語の wh 疑問詞「何を」がかき混ぜ規則により文頭に移動している。[19] wh 疑問詞に対する答え「そのピザ」を同様にかき混ぜ規則で文頭に置いた (18a) は妥当な答えとなるが，その答えをハによって主題化した (18b) は妥当性を欠く．しかし，主語「太郎」を主題化して文頭に置いた (18c) は (17) の答えとして妥当である．

(15)-(16)，(17)-(18) の事実は，かき混ぜ規則と主題化が談話機能的にはまったく別個の操作であることを示す．日本語の主題化は一般に助詞ハによってのみ可能であるが，前節で紹介した Valldluví の情報構造 (IS) の三分割表示に従えば，これは LINK をつくる操作だと考えられる．一方，かき混ぜ規則は，(16a, b) の妥当性の差から，GROUND（の一部）には適用できず，(17a, b) から文の焦点 (FOCUS) には適用できることが分かる．したがって，本稿では，日本語の主題化とかき混ぜ規則の情報構造的な意味について，つぎの仮説を提案する．

(19)　a.　主題化 (topicalization)
　　　　助詞ハを伴って文頭に基底生成される句は LINK をなす．[20]
　　　b.　かき混ぜ規則 (scrambling)[21]
　　　　かき混ぜ規則によって文頭に移動した句は FOCUS をなす．[22, 23]

---

[19] (17) で「何を」にかき混ぜ規則を適用せず，かつ主語「太郎」を主題化もしない，つぎの文はおうむ返しの疑問文 (echo question) でないかぎり，非常に容認度が低い．
　(i)　*太郎が　何を　食べたの？
この理由については第 4 節で論じる．

[20] 主題のハ句が文頭に基底生成されるという議論については，Hoji (1985)，Saito (1985) などを参照のこと．

[21] 本稿の提案でかき混ぜ規則 (scrambling) と呼ぶものは，あくまで日本語のそれに限る．たとえば，Grewendorf (2005) によれば，ドイツ語 (German) で "scrambling" と呼ばれてきたものには，本稿でいう LINK をつくるものもあれば，FOCUS をつくるものもあるという．また，Aoyagi (2006) が論じたように，日本語と同じ SOV 言語であるヒンズー語 (Hindi)，ペルシャ語 (Persian)，トルコ語 (Turkish) などにおける主語を超える "scrambling" は主として LINK をつくる操作，すなわち主題化である．この意味で "scrambling" という用語は一種のカバー・タームだと解すべきであろう．

[22] この逆は必ずしも成り立たない．つまり，FOCUS に解釈される句がすべてかき混ぜ規

この仮説にしたがうと，(16a-c), (18a-c) の IS は，それぞれ (20a-c), (21a-c) のように表示できる．

(20) a. [_F 太郎が] [_G そのピザ／それを　食べた].
    (SOV: 基本語順)
  b. [_F* そのピザ／それを] [_F 太郎が] [_G (t)　食べた].
    (OSV: かき混ぜ規則適用)
  c. [_L そのピザ／それは] [_F 太郎が] [_T 食べた].
    (O_TSV: 目的語主題化)

(21) a. [_F そのピザを] [_G [_L 太郎は] [_T 食べた]].
    (OS_(T)V かき混ぜ規則適用)
  b. [_L* そのピザは] [_G 太郎が　食べた].
    (O_TSV: 目的語主題化)
  c. [_L 太郎は] [_F そのピザを] [_T 食べた].
    (S_TOV: 主語主題化)

(20a, c), (21a, c) はいずれも (6) の分割法と矛盾しないかたちで，文の情報構造が表示されている．これに対して，(16b), (18b) の談話上の非妥当性は，それぞれ，GROUND（の一部）と解されるべき句がかき混ぜ規則適用の結果 FOCUS と解釈されたり ((20b) 参照)，[24] 逆に FOCUS と解されるべき句が主題化によって LINK を構成したり ((21b) 参照) しているためだと説明できる．特に，後者では文にとって必須の要素であるはずの FOCUS が存在しないことに注意されたい．

則の適用を受けるわけではない ((18c), (21c) 参照).

[23] この韻律的な証拠については，Aoyagi and Kato (2009) を参照のこと．

[24] Aoyagi (2006) では，(16b) のような文の非妥当性をすでに焦点が存在する文にさらにかき混ぜ規則によってあらたな焦点を加えていることから，焦点衝突 (focus clash) という概念で説明している．

4. 表層構造（SS）と情報構造（IS）

本節では，SS と IS の写像（mapping）関係について論じる．そもそも，Vallduví が IS をつぎの (22)（=(6)）ように集合論的（set-theoretic）に定義したのは，IS の構成素が統語的構成素と必ずしも一致しないからだと考えられる．

(22) a. S = {FOCUS, GROUND}
b. GROUND = {LINK, TAIL}

実際，前節までに見た英語や日本語の例には，SS における構成素構造と IS の構成素との間に齟齬がある例が含まれていた．まず，英語からの例を以下に再録する．

(23) a. What did John fix? (=(5b))
b. [G [L John] [T fixed]] [F the CAR]. (=(7b))
(24) a. What did John do to the car? (=(5c))
b. [L John] [F FIXED] [T the car]. (=(7c))

(23)，(24) の (a)，(b) 文のペアは，それぞれ，wh 疑問文とその答えとして妥当である．しかし，(22) にしたがえば，目的語が FOCUS となる (23b) における GROUND は主語と動詞からなり，統語的構成素ではない．さらに，動詞が FOCUS となる (24b) にあっては，GROUND（= LINK + TAIL）は線形的に連続でさえない（網かけの部分参照）．[25]

日本語の主題のハ句，主格主語の位置についてはいまだに不明の点も多いが，本稿では，まず主題のハ句については，[Spec, TP] に基底生成されると考える．[26] つぎに，少なくとも非状態述語（または，局面レベル述語

---

[25] Erteschik-Shir (2007) もこの問題を論じ，本稿とは別の提案を行っている．

[26] この仮説は必ずしも標準的なものではないが，ハが伝統的に係助詞に分類され，歴史的に「係り結び」の名残である事実を考慮すれば，あながち荒唐無稽ではない．Ikawa (1998) が論じているように，古語における「係り結び」が一致（agreement）現象であるとするなら，現代語においても，主格主語ではなく，むしろハ句（および，モ句）が [Spec, TP] に位置して，時制辞（T）と指定部―主要部一致（Spec-head agreement）の関係を結

(stage-level predicate))の主格主語ついては，Kuroda (1988)，Fukui and Takano (1998) らに従い，SS で基底生成位置（= [Spec, vP]）に留まると仮定する。[27] したがって，つぎの (25a)，(26a) の文の SS 表示は，それぞれ (25b)，(26b) のようになる．

(25) a.　太郎が　そのピザを　食べた．　　　　　　　　　(= (16a))
　　　b.　[TP [vP 太郎が [vP そのピザを　食べた]]]
(26) a.　そのピザは　太郎が　食べた．　　　　　　　　　(= (18b))
　　　b.　[TP そのピザ$_i$ は [vP 太郎が [vP pro$_i$ 食べた]]]

すなわち，日本語の主格主語は元位置に留まるため，SS において [Spec, TP] は空でもよく，主題は [Spec, TP] に基底生成され，vP 内の項位置 (argument position) にある pro と関係づけられる．さらに，かき混ぜ規則の着地点が，Kuroda (1988)，Miyagawa (1997, 2001) らが主張するように，[Spec, TP] であるとすると，(27a) の SS 表示は (27b) のようになる．[28]

(27) a.　そのピザを　太郎が　食べた．　　　　　　　　　(= (18a))
　　　b.　[TP そのピザを$_i$ [vP 太郎が [vP t$_i$ 食べた]]]

(27b) で [Spec, TP] にかき混ぜ規則で移動した「そのピザを」は VP 内の元位置の痕跡 (trace) と連鎖 (chain) をなす．

んでいると考えても，おかしくない．さらに，日本語の主格付与が T との一致によるものではないという主張については，青柳 (2006) 参照．

[27] 久野 (1973) によれば，つぎの 2 つの文の述語はいずれも色を表わす形容詞であるが，主格主語はそれぞれ「総記」と「中立叙述」に解釈される．
　　(i) a.　(何が青いか？) 空が　青い．　　(「空」: 総記)
　　　　b.　(あっ！) 空が　赤い．　　(「空」: 中立叙述)
果たしてこれらの主格主語の位置が SS で同じなのか異なるのかは興味深い問題であるが，本稿では論じない（青柳 (1999) 参照）．

[28] ただし，かき混ぜ規則が [Spec, TP] への代入 (substitution) か TP への付加 (adjunction) かの違いは本稿の主張にとって必ずしも重要ではない．かりに，[Spec, TP] がこの位置に基底生成された主題のハ句によって占められている場合は，TP に付加されると考える（第 7 節参照）．

以上の仮定のもとで，前節で扱った例のいくつかを再検討してみよう．

(28) a. 誰が そのピザを 食べたの？ (= (15))
　　 b. [TP そのピザ_i は [vP 太郎が [vP pro_i 食べた]]] (= (16c))
　　 c. [L そのピザは] [F 太郎が] [T 食べた] (= (20c))
(29) a. 何を 太郎が t 食べたの？ (= (17))
　　 b. [TP 太郎は [vP pro [vP そのピザを 食べた]]] (= (18c))
　　 c. [L 太郎は] [F そのピザを] [T 食べた] (= (21c))

前節でみたように，(28)，(29) の (a)，(b) 文のペアは，それぞれ，wh 疑問文とその答えとして妥当である．しかし，それぞれの (c) に示したように，(22) に則って (b) 文の IS を表示すると，いずれにおいても，GROUND (= LINK + TAIL) が構成素はおろか，線形的連続体さえなさない（網かけの部分参照）．

このことは，Vallduví (1992, 1995) が集合論的に表現した (22) と矛盾はしないが，SS における構成素構造と IS の構造には一対一の写像関係がないというに等しい．[29] しかし，SS と IS の構成素構造の関係が恣意的であるのは望ましくない．そこで，本稿では，日英語を含む多くの言語で文の左端の構成素が主題 (LINK) または焦点 (FOCUS) に解釈されることに着目して，Vallduví の提案につぎのような修正を加える．すなわち，文の情報パッケージ (information packaging) の方法には，つぎの2つの方法がある，と考える．

(30) a. 　S = (FOCUS, GROUND)
　　 b. 　GROUND = (LINK, TAIL)
(31) a. 　S = (LINK, COMMENT)
　　 b. 　COMMENT = (FOCUS, TAIL)

この提案では，(22) と本質的に変わらない (30) に加えて，(31) に示した

---

[29] また，Vallduví が (22) のように二段階の二分割法を採用した意図を汲まなければならない．もし，FOCUS，LINK，TAIL が文の任意の位置を占めてよいなら，
　　(i) 　S = {FOCUS, TAIL, LINK}
というより単純な表記法でもよかったはずだからである．

ように，文がまず LINK と COMMENT に分割され，後者がさらに FOCUS と TAIL に分割されることもあることを認める．[30] また，Vallduví が採用した集合論的表記 {a, b} に換えて，(a, b) という表記を採用しているが，これは a と b が IS において構成素をなすことを意味するものとする（ただし，a と b の線形的順序は任意である）．すなわち，本稿の新提案では，TAIL は LINK のみならず FOCUS とも構成素をなしうる，ということになる．SS から IS への写像の概要を示すと，つぎのようになる．

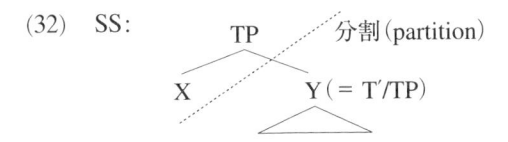

(32) SS:

```
        TP        分割 (partition)
       /  \
      X    Y (= T'/TP)
```

(32) の SS において，まず TP の左端の構成素 X が残りの構成素 Y と切離される．X は [Spec, TP]（または TP への付加位置）にあるため，Y は T'（または TP の下側の切片 (lower segment)）となる．ここで，もし X がかき混ぜ規則の結果生じたものであれば，(30) によって (33a) の IS に写像され，もし X が主題化によって基底生成されたものであるならば，(31) によって (33b) の IS に写像される．

(33) 情報構造 (IS)
    a. [F X] [G Y]   (F = FOCUS, G = GROUND)
    b. [L X] [C Y]   (L = LINK, C = COMMENT)

この新提案に沿って，問題となったケースを再検討してみよう．先の日本語の (28c), (29c) においては，IS で GROUND が構成素はおろか線形的連続体でさえなかった．これは，本質的に (30) と同じ Vallduví の (22) にしたがって SS を IS に写像した結果であるが，本稿の提案では (31) も可能である．(31) を用いて，それぞれの SS を IS に写像してみると，つぎのよ

---

[30] Rizzi (1997, 2004) のいわゆる C システムの言語地図化 (cartography) にすでに同様の提案がある．ただし，Rizzi の提案には主題―評言 (topic-commnent) に分割した場合の評言の内部構造や焦点―前提 (focus-presupposition) に分割した場合の前提の内部構造への言及はない．

うになる.

(34) a. SS: [_TP_ そのピザ_i_ は [_T'_ [_vP_ 太郎が [_VP_ pro_i_ 食べた]]]].
(＝(28b))
b. IS: [_L_ そのピザは] [_C_ [_F_ 太郎が] [_T_ 食べた]].
(35) a. SS: [_TP_ 太郎は [_T'_ [_vP_ pro [_VP_ そのピザを　食べた]]]].
(＝(29b))
b. IS: [_L_ 太郎は] [_C_ [_F_ そのピザを] [_T_ 食べた]].

(34),(35)の(a),(b)はそれぞれのSS, ISであるが,その対応関係をみると,[Spec, TP]に基底生成された主題がLINKに,TPの残りの部分(＝T′)がCOMMENTに,それぞれ写像されている.すなわち,SSの構成素構造がそのままISにおいても保持されている.

本稿で提案する分析は,英語にもそのまま延長が可能である.上述の(23b)ではGROUNDが主語と動詞からなり,構成素をなさないこと,(24b)ではそれが線形的連続体でさえないことが,Vallduvíの分析にとって潜在的問題であった.しかし,これらを(31)に沿って再分析すると,それぞれのSSとISの関係はつぎのようになる.

(36) a. SS: [_TP_ John [_T'_ [_vP_ fixed the CAR]]]. (＝(7b))
b. IS: [_L_ John] [_C_ [_T_ fixed] [_F_ the CAR]].
(37) a. SS: [_TP_ John [_T'_ [_vP_ FIXED the car]]]. (＝(7c))
b. IS: [_L_ John] [_C_ [_F_ FIXED] [_T_ the car]].

日本語の(34),(35)の場合と同様に,英語の(36),(37)においても,SSの[Spec, TP]がISでLINKに,残りの構成素(＝T′)がCOMMENTに,それぞれ写像され,SSとISの構成素の関係は一対一に対応する.

英語にも文中の要素を文頭に移動する操作がある.これらは,おおむね主題化(topicalization)とイディッシュ移動(Yiddish movement)に大別される.[31] つぎの(38a)の答えとしての(38b), (39a)の答えとしての(39b)がそれぞれ主題化,イディシュ移動の例である.

---

[31] Prince (1981), Erteschick-Shir (2007) などを参照.

(38) a. Who fixed the Mercedes that Mary owned?
b. That Mercedes, JOHN fixed.
(39) a. What did John fix?
b. The MERCEDES that Mary owns, he fixed.

(38), (39) の談話の流れから，(b) 文において前置された要素はそれぞれ LINK, FOCUS であることが分かる．Lasnik and Saito (1992) にならい，これらの要素が TP に付加されているとすると，SS から IS への派生の過程で (32) の分割の対象になる．したがって，(38b) は (31) によって，(39b) は (30) によって，それぞれ，(40a, b) の IS に写像される．

(40) a. [$_L$ That Mercedes], [$_C$ [$_F$ JOHN] [$_T$ fixed]].
b. [$_F$ The MERCEDES that Mary owns], [$_G$ [$_L$ he] [$_T$ fixed]].

(38b) から (40a), (39b) から (40b) への派生において，それぞれ TP に付加された要素が LINK, FOCUS をなし，残りの部分（＝TP の下側の切片）が COMMENT, GROUND をなしている．さらに，(40a) の COMMENT は FOCUS と TAIL に，(40b) の GROUND は LINK と TAIL に分割される．

　今節の最後に，つぎの日本語の wh 疑問文の情報構造について触れておく．日本語の主文における wh 疑問文は，一般に，主語自体が wh 疑問詞であるか，wh 疑問詞が文頭にないと，他に何らかの主題がないかぎり座りが悪い文となる．つぎの (41a) はまったく問題のない wh 疑問文で，(41b) (＝(17)) のように主題がなくても目的語の wh 疑問詞「何を」を文頭に移動すると，座りの悪さは生じない．しかし，(41c) のように，主題もなく，wh 疑問詞が文頭にない文は，たいへん座りが悪い．(41c) が許容されるとすれば，それは「おうむ返しの疑問文（echo question）」としてのみである（注 19 参照）．

(41) a. 太郎は　何を　食べたの？
b. 何を　太郎が　t　食べたの？
c. #太郎が　何を　食べたの？

この事実は，本稿の提案とつぎの補助仮説によって説明が可能である．

(42) a. wh 疑問詞は IS において，FOCUS をなす．

b. ハ句以外（ガ句も含む）は，IS において LINK をなしえない。[32]

(41a) の「太郎」は文頭にあって，ハが付加しているため，LINK に解釈することが可能で，残りの部分を COMMENT に，さらにそれを FOCUS＝「何を」と TAIL＝「食べた」に分けることができ，(43a) の IS 表示を得る．(41b) では，「何を」がかき混ぜ規則によって文頭（＝[Spec, TP]）に移動しているので，これは FOCUS に解釈される．また，文の残りの部分を GROUND に解釈することができ，(43b) の IS 表示が派生する．

(43)　a.　[L 太郎は] [C [F 何を] [T 食べた]] の？
　　　b.　[F 何を] [G 太郎が　(t)　食べた] の？

これらは，それぞれ (31), (30) の SS から IS を派生する分割方式に適合しており，適切な IS 表示である．ところが，(41c) の「太郎」にはハは付加していないため，(44a) のような IS 表示は不可能であり，また，何らかの理由で「太郎」が [Spec, TP] に移動して FOCUS の解釈を受けたとしても，FOCUS であるべき「何を」が GROUND の一部となっている (44b) のような表示も不適切である．

(44)　a.　*[L 太郎が] [C [F 何を] [T 食べた]] の？
　　　b.　*[F 太郎が] [G [F 何を] [T 食べた]] の？

(44a) はハが付加していない主格名詞句「太郎が」が LINK になっている点で不適格であり，(44b) では FOCUS と解されるべき wh 疑問詞「何を」が GROUND に埋め込まれているが，(30), (31) はこれを許さない．[33]

---

[32] Tomioka (2001, 2007) が論じているようにハ句が存在しない文においては事象項 (eventuality argument) が LINK として機能している可能性もあるが，ここではその可能性には立ち入らない．

[33] (41c) に許される IS 表示は，つぎの (i) のみであり，これが「おうむ返しの疑問文」に当たると考えられる．
　　(i)　（えっ！）[F 太郎が　何を　食べた] の？
元来 FOCUS と解釈されるのは wh 疑問詞の「何を」だけのはずであるが，(i) では「何を」が持つ [+focus] 素性が全文に拡張しているとみられる．焦点拡張については，青柳 (2006: 第4章) を参照のこと．

第 6 章　日本語におけるかき混ぜ規則・主題化と情報構造　　211

以上のように，本稿の (30)–(33) における提案は，Vallduví (1992, 1995) が文の情報構造を二段階の二分割法で表示しようとした意図を汲み，SS と IS の構成素構造間の関係をより透明化しようという試みである。[34]

5.　かき混ぜ規則と特定性 (specificity)

久野 (1973) によれば，日本語の所有文・存在文の基本語順は，(45a) のように，ニ (与格)—ガ (主格)—アル／イルである．(45)，(46) の (a) 文と (c) 文の容認度の差にみられるように，ニ句，ガ句の両方が [+animate] の所有文で動詞がアルのとき，最も顕著な特定性効果 (specificity effect)[35] が

---

[34] まだ問題になるケースは残る．たとえば，Erteschik-Shir (2007: 28) が指摘した (ia) の答えとしての (ib) や，富岡聡氏が指摘された (iia) の答えとしての (iib) ようなケースが挙げられる．
  (i) a. What happened to the dishes?
      b. [F John washed] [L them].
  (ii) a. 太郎は　花子に　[F 何を] あげたの？
      b. [L 太郎は] [C 花子に [F その本を] あげた].
(ib) では FOCUS (=COMMENT) が主語＋動詞であり，統語的構成素ではない．また，(iib) では，COMMENT であって FOCUS をなさない (すなわち，TAIL に当たる)「花子に」と「あげた」がやはり構成素をなさない．これらの例の分析は慎重になされなければならないが，可能性としてはつぎのようなことが言えるかもしれない．まず，(ib) に関しては，(iiia) のように目的語が右側接点上昇 (right-node raising) あるいは主題化 (Lasnik and Saito (1992) によれば，英語の主題化は TP への付加である) を受けている可能性があり，そして (iib) に関しては，いわゆる VP の殻 (Larson (1988) 参照) が存在し，(iiib) のように動詞「あげ」が下の殻から上の殻へ上昇している可能性がある．
  (iii) a. [TP [TP John washed t] them]
      b. [TP 太郎は [VP 花子に [VP その本を t_V] あげ] た]
これらの分析が妥当なものだとすると，それぞれつぎのような IS に写像される．
  (iv) a. [C=F John washed (t)] [L them]
      b. [L 太郎は] [C 花子に [F その本を (t_V)] あげ] (た)
すなわち，(iva) では右側接点上昇 (あるいは主題化) を受けた目的語が LINK をなし，残りの部分 (TP の下の切片) が COMMENT (この例では，=FOUCS と解釈される．(ivb) では VP の上の殻が COMMENT に，下の殻が FOCUS にそれぞれ当たる．

[35] これは，一般に「定性効果 (definiteness effect)」とよばれるものであるが，本稿では Enç (1991) にしたがい，「特定性効果 (specificity effect)」とよぶ．

生じる.³⁶

(45) a　太郎に　娘が　ある.
　　 b.?*娘が　太郎に　t　ある.
　　 c. *太郎に　その娘／花子が　ある.

ここで，注目すべき点は，(45b) が示すように，ガ句がかき混ぜ規則で文頭に移動すると，容認度が極端に下がるということである．この事実は，かき混ぜ規則によって文頭に移動した句に特定性効果が生じるということを示唆する．また，久野 (1973: 355) は，ニ句が [−animate] である存在文 (46) においても，かき混ぜ規則でガ句を文頭に移動すると特定性効果がみられるとの観察をしている．

(46) a.　山に　木が　ある.
　　 b.??木が　山に　t　ある.

(45b)，(46b) のいずれも，それぞれ (47a, b) のような意味表示と結びつけることは決して不可能ではない．

(47) a.　∃ₓ (daughter'(x) & have'(t, x))
　　 b.　∃ₓ (tree'(x) & in-the-mountain'(x))

しかし，日本語母語話者にはいずれの文もたいへん座りが悪く感じられる．この容認度の低さは，かき混ぜ規則によって生じた特定性効果が LF における再構築では解消できないことを示す．本稿では，Karimi (2003) にしたがって，特定性 (specificity) を談話機能的な概念だと捉え，特定性効果は IS で働くと考える．逆にいえば，この議論が正しい限りにおいて，LF とは独立した表示のレベルとしての IS の存在が支持されることになる．

　さらに，かき混ぜ規則で文頭に移動した句が特定性を示すという本稿の主張には，独立した根拠がある．日本語の 2 つの数量詞句 (QP) は (48)，(49) の各 (a) 文のように基底語順にあるときは，その作用域 (scope) に関して

---

　³⁶ Kishimoto (2000) は (45) のアルの代わりにイルを用いた文にも定性効果を認めている．

曖昧性を示さないが，かき混ぜ規則によって語順を変換すると曖昧性が生じることが知られている.[37] すなわち，(48)，(49) の各 (b) 文のようにヲ格の数量詞句をガ格のそれを越えて文頭に移動すると，2つの数量詞句の作用域は曖昧になる.

(48) a. 誰かが　誰もを　愛している.
　　　　（√誰か＞誰も，?*誰も＞誰か）
　　b. 誰かを　誰もが　t　愛している.
　　　　（√誰か＞誰も，√誰も＞誰か）
(49) a. 2人の先生が　3人のこどもを　叱った.
　　　　（√2＞3，?*3＞2）
　　b. 3人のこどもを　2人の先生が　t　叱った.
　　　　（√2＞3，√3＞2）

ところが，数量詞がノ格（属格）を伴って主名詞の前に表れた場合と，それが遊離している場合では事情が異なる.[38] つぎの (50)，(51) の各 (a)，(b) の対が示すように，遊離した数量詞 (floating quantifier) とヲ格の被修飾名詞をともにかき混ぜ規則で文頭に移動しても，ガ格数量詞句との間に曖昧性は生じない．すなわち，各 (b) 文は数量詞がノ格を伴って名詞句内にとどまっていて，(48b)，(49b) と同様に曖昧性を示す各 (c) と対照をなす．

(50) a. 誰もが　こどもを3人以上　叱った.
　　　　（√誰も＞3人以上，?*3人以上＞誰も）
　　b. こどもを3人以上　誰もが　t　叱った.
　　　　（√誰も＞3人以上，?*3人以上＞誰も）
　　c. 3人以上のこどもを　誰もが　t　叱った.
　　　　（√誰も＞3人以上，√3人以上＞誰も）

---

[37] この事実を初めて指摘したのは Kuroda (1970) であり，これを LF の条件として初めて定式化したのは Hoji (1985) である．また，この事実のかき混ぜ規則の連鎖 (chain) による説明については，Saito (2003, 2005) を参照のこと．

[38] この観察は，Hasegawa (1993) に基づく．

(51) a. 誰もが　ことばを３つ以上　知っている．
　　　　（√誰も＞３つ以上，?*３つ以上＞誰も）
　　b. ことばを３つ以上　誰もが　t　知っている．
　　　　（√誰も＞３つ以上，?*３つ以上＞誰も）
　　c. ３つ以上のことばを　誰もが　t　知っている．
　　　　（√誰も＞３つ以上，√３つ以上＞誰も）

この事実は，ノ格を伴った数量詞と遊離数量詞が特定性に関して示す違いと関連しているようである．たとえば，つぎの (52) は，話者が男たちを特定できず，ただ３つの異なった声色から彼らが口論していることが分るような場面である．

(52) 隣の部屋で口論をしている（話者が知らない）別々の３人の男の声がする…
　　a.　３人の男が　口論している（ようだ）．
　　b.　男が３人　口論している（ようだ）．

この場合，ノ格を伴った数量詞も遊離数量詞もともに使用することができる．しかし，逆に話者が３人の男を（たとえ，彼らの名前まで知らなくても）知っている (53) のような場合は，遊離数量詞は使えない．

(53) 話者が認識可能な３人の男（たとえば，太郎，次郎，三郎）はしょっちゅう口論する…
　　a.　今日もまた　３人の男が　口論している（ようだ）．
　　b.＃今日もまた　男が３人　口論している（ようだ）．

この事実は，ノ格を伴う数量詞が特定にも不特定にも解釈されうる（[±specific]）のに対し，遊離数量詞を伴う裸名詞句には不特定 [−specific] の解釈しかないことを意味する．さらに，(50)，(51) の各 (b)，(c) の差は，かき混ぜ規則により文頭に位置した名詞句が特定性を帯びる傾向があることを示唆する．よって，所有文・存在文に働く特定性効果が IS に適用するとすれば，(45b)，(46b) は適切に排除される．これに対して，数量詞句の作用域が LF で決定されるという一般的な仮定の下では，(50b)，(51b) の遊離数量詞を伴った裸名詞句には LF における再構築が義務的に適用すると

第 6 章　日本語におけるかき混ぜ規則・主題化と情報構造　　215

いうことになる．[39]

6. 主題のハと対照のハ

　日本語のハ句には主題（thematic topic）の解釈と対照（contrastive topic）の解釈の 2 つがあることが知られている．第 4 節までに取り扱ったのは，もっぱら前者のハ句である．久野（1973）が詳しく論じているように，すべてのハ句は対照に解釈しうるが，主題のハ句は文頭に現れねばならず，また，一文にハ句が複数生じた場合は，一般に，最も左のハ句のみが主題の解釈を受けうる．次例を参照されたい．

(54) a.　太郎は　そのピザを　食べた．
　　　　　(S_TOV，「太郎」: 主題または対照)
　　b.　太郎が　そのピザは　食べた．
　　　　　(SO$_T$V，「そのピザ」: 対照のみ)
　　c.　太郎は　そのピザは　食べた．
　　　　　(S_TO$_T$V，「太郎」: 主題または対照，「そのピザ」: 対照のみ)

前節では，主題のハ句は [Spec, TP] に基底生成されると仮定した．また，青柳（2006）は，対照のハ句は SS では vP 内に留まり，LF で T に上昇・付加して認可されるとの分析を提案している．青柳の分析の最大の根拠は，つぎの (55) への答えとして，(56a–c) のすべてが妥当になりうるという事実である．[40]

(55)　こどもたちはどうしていた？
(56) a.　太郎は　ピザを　食べて　いました．[41]　　(S_TOV)
　　b.　太郎が　ピザは　食べて　いました．　　(SO$_T$V)
　　c.　太郎が　ピザを　食べては　いました．　　(SOV$_T$)

---

[39] すなわち，本稿では IS の特定性効果で排除されるのは所有文・存在文のような文だけであると考える．

[40] この観察は Kuroda (1965) に遡る．

[41] (56a) の「太郎」はもちろん主題にも解釈しうるが，対照に解釈されるときは，助詞ハそのものに強勢を置く傾向が強い．

(56a-c) は表層のハの位置が異なるにもかかわらず，すべて，「他のこども，他の食べ物については，知らないが，少なくとも，『太郎がピザを食べていた』ことは知っている」と解釈できる．すなわち，対照のハは最大で文全体（＝vP）と焦点連結（association with focus）が可能なのである．

　これらが正しいとするならば，(54) の事実はつぎのように説明することが可能である．まず，(54a) の「太郎は」は文頭にあるので，(57a) のように主題として [Spec, TP] に基底生成される可能性と (57b) のように vP 内に留まって対照の解釈を受ける可能性がある．

(57) a. [TP 太郎iは [vP proi [vP そのピザを　食べ]] た].
　　　　（「太郎」: 主題）
　　 b. [TP [vP 太郎は [vP そのピザを　食べ]] た].
　　　　（「太郎」: 対照）

すると，これらはそれぞれつぎの IS に写像される．

(58) a. [L 太郎は] [C そのピザを　食べた].
　　 b. [F 太郎は　そのピザを　食べた].

すなわち，(57a) の「太郎」は [Spec, TP] に基底生成されるため (32) と (33b) によって LINK に，(57b) のそれは vP 内に留まっているため，(32) と (33a) によって FOCUS の一部と解釈される．

　本稿では主格名詞句が元位置（＝[Spec, vP]）に留まると仮定しているので，つぎの (59a) に示すように，(54b) の「そのピザ」には vP 内に留まる可能性しかないため，必然的に対照の解釈を受ける．

(59) a. SS: [TP [vP 太郎が [vP そのピザは　食べ]] た].
　　　　（「そのピザ」: 対照）
　　 b. IS: [F 太郎が　そのピザは　食べた]

このとき，(59a) は (33a) によって (59b) に写像されるが，この IS には LINK は存在せず，文全体が FOCUS の解釈を受け，「そのピザ」はその一部をなす．

　つぎに，久野 (1973) が初めて指摘したように，(54c) のように 1 つの文に 2 つ以上のハ句が現れた場合は，最も左側にあるハ句のみが主題と解し

うる．この事実は，かりに日本語の主題がひとつの T に対して最大ひとつしか基底生成できないとするならば，説明がつく（その歴史的根拠については，注26参照）．すなわち，(54c) の SS 表示にはつぎの2通りの可能性がある．[42]

(60) a. [$_{TP}$ 太郎$_i$ は [$_{vP}$ pro$_i$ [$_{vP}$ そのピザは　食べ]] た].
　　　　（「太郎」: 主題，「そのピザ」: 対照）
　　b. [$_{TP}$ [$_{vP}$ 太郎は [$_{vP}$ そのピザは　食べ]] た].
　　　　（「太郎」: 対照，「そのピザ」: 対照）

つまり，「太郎」には，(60a) のように [Spec, TP] に基底生成されるか，(60b) のように vP 内に留まるかの二通りがあるが，「そのピザ」には vP 内に留まる可能性しかない．これらが，IS に写像されると，(32) と (33b)，(33a) によりそれぞれつぎの表示を得る．

(61) a. [$_L$ 太郎は] [$_C$ そのピザは　食べた]
　　b. [$_F$ 太郎は　そのピザは　食べた]

「太郎」には，(60a) に示したように [Spec, TP] に基底生成される可能性があり，そのとき IS で主題（＝LINK）の解釈を受ける．しかし，(60a, b) いずれの場合も，「そのピザ」は vP 内に留まり，結果として対照の解釈しか受けられない．つまり，ハ句が SS で vP 内に留まるときは，IS で COMMENT または FOCUS の一部をなす，といえる．

7. 対照のハとかき混ぜ規則

つぎの例は，(16c)(＝(18b)) を再掲したものである．

(62)　そのピザは　太郎が　食べた．
　　　　（O$_T$SV，「そのピザ」: 主題または対照）

---

[42] Kuroda (1988) は日本語において主格名詞句と T との一対一の一致 (agreement) が任意であるとしたが，本稿の議論に沿えば，ハ句と T との一致が任意だと考えることもできる．さらに，[+thematic] 素性を持つ T だけがハ句の [Spec, TP] への基底生成を許す可能性もある．

第2節では「そのピザは」が主題に解釈される場合のみを考えたが，実は，このハ句は対照にも解釈しうる．「そのピザは」が対照に解される場合は，一体どのような派生をたどるのであろうか．本稿では主題 (LINK) のハ句のみが [Spec, TP] に基底生成可能だとしているので，対照に解されるハ句がこの派生をたどる可能性はない．また，前節では，対照のハ句が SS で vP 内に留まるとの青柳 (2006) の主張を支持する議論を展開した．すると，前節までの議論と矛盾せず，(62) のハ句に対照の解釈をもたらす SS 表示は，(63a) のようなものになるはずである．

(63) a. [TP [vP そのピザは[i] [vP 太郎が [vP t[i] 食べ]]] た].
 　　　 (「そのピザ」: 対照)
 　　b. [F そのピザは[i] 太郎が (t[i]) 食べた].

(63a) において，「そのピザは」はかき混ぜ規則によって vP に付加している．[43] この分析によれば，[Spec, TP] または TP への付加位置に LINK に当たる構成素は存在しないので，(63b) に示したように文全体が FOCUS となる IS 表示を得る．

つぎに，(64) の例を (54c) と比較されたい．

(64) 　そのピザは 　太郎は 　食べた． 　　　　　　　　(O[T]S[T]V)

(54c) では基底語順のままで主語と目的語にハが付加していた (S[T]O[T]V) が，(64) ではハが付加した目的語が文頭にある (O[T]S[T]V)．(64) の2つのハ句にはつぎの3通りの解釈が許される．ただし，前節で論じたように，2つのハ句がともに主題と解されることはない．

(65) a. 「太郎」，「そのピザ」: ともに対照
 　　b. 「そのピザ」: 主題，「太郎」: 対照
 　　c. 「太郎」: 主題，「そのピザ」: 対照

---

[43] 筆者の知る限り，かき混ぜ規則による vP への付加を積極的に認める独立した論拠はない．しかし，たとえば，二重目的語 (double object) 構文で基底の与格─対格の格配列を対格─与格に変換する VP への付加は認められている (Hoji (1985)，Takano (1998) 参照) ので，vP への付加だけを禁ずる根拠もないように思われる．

第 6 章　日本語におけるかき混ぜ規則・主題化と情報構造　　219

(64) が (65a-c) の 3 つの解釈を持つことは，(64) がつぎの (66a-c) のいずれの答えにもなるという事実が示す．

(66) a.　誰が　何を　食べたの？
　　 b.　そのピザは　誰が　食べたの？
　　 c.　太郎は　何を　食べたの？

(65a) のケースは，「太郎は」が vP 内の主語位置に留まり，上述の (52) の場合と同様に，「そのピザは」が vP に付加した場合だと考えられる．また，(65b) のケースは「そのピザは」が [Spec, TP] に基底生成され，「太郎は」が vP 内に留まっている場合だとの分析が可能である．したがって，(65a, b) の SS と IS はそれぞれつぎのようになる．

(67) a.　SS: [TP [vP そのピザは_j [vP 太郎は [vP t_j　食べ]]] た].
　　　　　(for (65a))
　　 b.　IS: [F そのピザは　太郎は　食べた].
(68) a.　SS: [TP そのピザは_j [vP 太郎は [vP pro_j 食べ]] た].
　　　　　(for (65b))
　　 b.　IS: [L そのピザは] [C 太郎は　食べた].

(67a) の 2 つのハ句はいずれも SS で vP 内にあるため，IS では FOCUS の一部として解釈される．一方，(68a) では，「そのピザは」は [Spec, TP] に，「太郎は」は vP 内にあるため，IS で前者は LINK に，後者は COMMENT の一部に解釈される．このように，(65a, b) のケースについては，本稿の主張通りの分析が可能である．

　一見したところ，(65c) のケースは本稿のこれまでの主張にとって問題であるように見える．なぜならば，本稿では主題のハ句だけが [Spec, TP] に基底生成されると考えているので，(64) が (65c) と解釈される場合の SS 表示はつぎのようになるからである．

(69)　[TP そのピザは_j [TP 太郎_iは [vP pro_i [vP t_j　食べ]] た]].
　　　(for (65c))

(69) において，「太郎は」は [Spec, TP] に基底生成され，「そのピザは」はかき混ぜ規則によって TP に付加している．したがって，対照に解される

「そのピザは」は vP 内に存在しない．しかし，(69) の SS はつぎの IS に写像することができる．

(70)　[F そのピザは] [G [L 太郎$_i$は] [T 食べた]].

(69) の文の左端にある「そのピザは」はかき混ぜ規則の適用によるものなので，(32) と (33a) の分割方式によって FOCUS をなし，文の残りの部分 (= TP の下側の切片) は GROUND をなす．さらに，後者は LINK =「太郎は」と TAIL =「食べた」に分割される．したがって，対照のハ句には，かき混ぜ規則によって vP 外へ移動する場合もある．[44]

(69) の文頭の対照のハ句の派生がかき混ぜ規則によるものであることを裏付けるもうひとつの証拠は，先の基本語順の (54c) (つぎに (71) として再録) との対比によってもたらされる．

(71)　太郎は　そのピザは　食べた．　　　　　　(= (54c)，S$_T$O$_T$V)

(71) において，主題と解しうるのは「太郎は」だけで，「そのピザは」には対照の読みしかない．このことは，Saito (1985) が論じたように，かき混ぜ規則が主語に適用できないからであろう．すなわち，(71) には (72) のような SS 表示は許されない．

(72)　*[TP 太郎は$_i$ [TP そのピザは$_j$ [vP t$_i$ [vP pro$_j$ 食べ]] た]].

(72) では，「そのピザは」が [Spec, TP] に基底生成されており，「太郎は」がかき混ぜ規則によって TP に付加している．この表示が可能であれば，前者が主題，後者が対照の解釈が存在するはずであるが，事実はそうではない．これは，「太郎は」の主語位置からのかき混ぜ規則による移動が許されないためであると考えられる．

---

[44] 文頭にある対照のハ句が移動によってもたらされるという分析は Hoji (1985) に由来する．また，このことが直ちに前節で触れた青柳 (2006) の対照のハ句の分析にとって問題となるわけではない．なぜなら，Saito (1989) が論じたように，かき混ぜ規則で移動した要素は LF で元位置に戻しうるからである．

8. 結語

本稿では，かき混ぜ規則がたとえ Saito (1989) のいうように LF で演算子―変項構造を作らないとしても，文の広義の意味解釈には影響を与えると主張した．具体的には，かき混ぜ規則は Vallduví (1992, 1995) の提案した情報構造 (IS) において FOCUS をつくる操作であり，同じく語順を変換する可能性がありながら，主題化が LINK をつくる操作であるのと一線を画する．また，日本語と英語の事実から，Vallduví の分割方式に加えて，文をまず LINK と COMMENT に分割する方式を提案した．この提案によって，Vallduví の方式では構成素構造をなさなかった多くの例で IS の要素を直接 SS の構成素構造から読み取ることが可能になった．さらに，日本語の主題と対照のハ句の統語構造的，情報構造的位置付けもより明確になった．

ただ，今後の課題も多い．まず，本稿は Vallduví の仮説を維持しつつ SS―IS 間の写像関係を透明にすることに意を用いたが，ほんとうにこの仮説が維持しうるものであるかどうかさらに検討を要する（注 34 参照）．特に，「誰が花子に何をあげたの？」のような多重焦点 (multiple foci) 文の分析が今後の課題である．

Rizzi (1997, 2004)，長谷川(編) (2007) などの C（補文標識）システムの言語地図化の試みが，最近注目を集めている．この試みは，C システムが統語構造と談話 (discourse) のインターフェースであるという仮説の下，C システムを重層的に捉え，主題や焦点をその指定部に牽引する主要部（それぞれ，Top, Foc）に加え，Force（発話の力）や Finiteness（定形性）などを表わす主要部が存在し，その階層的な出現順序に言語横断的な普遍性を見い出そうというものである．このように多数の機能範疇を仮定することは，一見 Chomsky (1993) 以来の極小主義 (minimalism) の考え方に反しているようにもみえるが，Rizzi (2004: 7-8) は「自然言語は（C システムの内部構造を複雑にすることにより）派生の全体的な経済性を犠牲にしても局所的な経済性を優先するようにできている」との主張を展開している．[45]

---

[45] Rizzi (2004: 8) はつぎのように述べている．
 "Local simplicity is preserved by natural languages at the price of accepting a higher global complexity, through the proliferation of structural units."

本稿の主張はより保守的であり，日本語においては同じ T の指定部や付加部といった文の左周辺部が主題化にも焦点化にも用いられるというものである．より広範なデータの検討を通じて，少なくとも日本語の事実を説明するのにどちらのアプローチがより優れているかを検討するのも今後に残された課題である．

参照文献

Akizuki, Kotaro (1994) "Scrambling: A Functional Approach," *Shoko Women's Junior College Research Report* 41, 135-146.
Aoyagi, Hiroshi (1998) *On the Nature of Particles in Japanese and Its Theoretical Implications*, Doctoral dissertation, University of Southern California, Los Angeles.
青柳宏 (1999)「いわゆる『総記』のガに関する覚え書き」『アカデミア』文学・語学編，第 67 号，769-788，南山大学．
青柳宏 (2006)『日本語の助詞と機能範疇』ひつじ書房，東京．
Aoyagi, Hiroshi (2006) "Discourse Effects, Case Marking and Scrambling in OV Languages," *English Linguistics* 23.2, 465-492.
Aoyagi, Hiroshi and Sachiko Kato (2009) "On Information Packaging of Topicalized and Scrambled Sentences in Japanese," *Current Issues in Unity and Diversity of Languages: Collection of the Papers Selected from the CIL* 18, 276-294, the Linguistic Society of Korea.
Chafe, Wallace (1976) "Givenness, Contrastiveness, Definiteness, Subjects, Topics, and Point of View," *Subject and Topic*, ed. by Charles N. Li, 25-55, Academic Press, New York.
Chierchia, Gennaro (1995) "Individual-level Predicates as Inherent Generics," *The Generic Book*, ed. by Gregory N. Carlson and Francis J. Pelletier, 176-223, University of Chicago Press, Chicago.
Chomsky, Noam (1971) "Deep Structure, Surface Structure, and Semantic Interpretation," *Semantics: An Interdisciplinary Reader in Philosophy, Linguistics and Psychology*, ed. by Danny D. Steinberg and Leon A. Jacobovits, 183-216, Cambridge University Press, Cambridge.
Chomsky, Noam (1993) "A Minimalist Program for Linguistic Theory," *The View from Building 20*, ed. by Ken Hale and Samuel J. Kayser, 1-52, MIT Press, Cambridge, MA.
Cinque, Guglielmo (1993) "A Null Theory of Phrase and Compound

Stress," *Linguistic Inquiry* 24, 239-297.
Dahl, Östen (1974) "Topic-comment Structure Revisited," *Topic and Comment, Contextual Boundedness and Focus (Papers in Text Linguistics* 6), ed. by Östen Dahl, 1-24, Helmut Buske, Hamburg.
Enç, Murvet (1991) "The Semantics of Specificity," *Linguistic Inquiry* 22, 1-25.
Erteschik-Shir, Nomi (2007) *Information Structure*, Oxford University Press, New York.
Fukui, Naoki and Yuji Takano (1998) "Symmetry in Syntax: Merge and Demerge," *Journal of East Asian Linguistics* 7, 27-86.
Grewendorf, Günther (2005) "The Discourse Configurationality and Scrambling," *The Free Word Order Phenomenon: Its Syntactic Sources and Diversity*, ed. by Joachim Sabel and Mamoru Saito, 75-135, Mouton de Gruyter, Berlin.
Grice, Paul (1975) "Logic and Conversation," *Syntax and Semantics* 3, ed. by Peter Cole and Jerry L. Morgan, 41-58, Academic Press, New York.
Hasegawa, Nobuko (1993) "Floating Quantifiers and Bare NP Expressions," *Japanese Syntax in Comparative Grammar*, ed. by Nobuko Hasegawa, 115-145, Kurosio, Tokyo.
長谷川信子(編) (2007)『日本語の主文現象』ひつじ書房，東京.
Heim, Irene (1983) "File Change Semantics and the Familiarity Theory of Definiteness," *Meaning, Use and Interpretation of Language*, ed. by Rainer Bäuerle, Christoph Schwarze and Arnim von Stechow, 164-189, de Gruyter, Berlin and New York.
Heycock, Caroline (1994) "Focus Projection in Japanese," *NELS* 24, Vol. I, 157-171.
Hoji, Hajime (1985) *Logical Form Constraints and Configurational Structures in Japanese*, Doctoral dissertation, University of Washington, Seattle.
Huang, James C.-T. (1984) "On the Distribution and Reference of Empty Pronouns," *Linguistic Inquiry* 15, 531-574.
Ikawa, Hajime (1998) "On Kakari-musubi: A Possibility under a Generative Grammatical Perspective," *Journal of Japanese Linguistics* 16, 1-38.
Jackendoff, Ray (1972) *Semantic Interpretation in Generative Grammar*, MIT Press, Cambridge, MA.

Karimi, Simin (2003) "On Object Positions, Specificity, and Scrambling in Persian," *Word Order and Scrambling*, ed. by Simin Karimi, 91-124, Blackwell, Malden, MA.

Kishimoto, Hideki (2000) "Locational Verbs, Agreement, and Object Shift in Japanese," *The Linguistic Review* 17, 53-109.

Kuno, Susumu (1973) *The Structure of the Japanese Language*, MIT Press, Cambridge, MA.

久野暲 (1973)『日本文法研究』大修館書店，東京．

Kuno, Susumu (1980) "The Scope of Question and Negation in Some Verb-final Languages," *CLS* 16, 155-169.

Kuroda, Shigeyuki (1965) *Generative-Grammatical Studies in the Japanese Language*, Doctoral dissertation, MIT.

Kuroda, Shigeyuki (1970) "Remarks on the Notion of Subject with Reference to Words like *also*, *even* and *only*: Part II," *Annual Bulletin* 4, 123-152, the Research Institute of Logopedics and Phoniatrics, University of Tokyo. [Reprinted in Kuroda (1992).]

Kuroda, Shigeyuki (1988) "Whether We Agree or Not," *Papers from the Second International Workshop on Japanese Syntax*, ed. by William Poser, 103-143, CSLI Publications, Stanford. [Reprinted in Kuroda (1992).]

Kuroda, Shigeyuki (1992) *Japanese Syntax and Semantics*, Kluwer, Dordrecht.

Larson, Richard (1988) "On the Double Object Construction," *Linguistic Inquiry* 19, 335-391.

Lasnik, Howard and Mamoru Saito (1992) *Move α*, MIT Press, Cambridge, MA.

Li, Charles N. and Sandra A. Thompson (1976) "Subject and Topic: A New Typology of Language," *Subject and Topic*, ed. by Charles N. Li and Sandra A. Thompson, 457-589, Academic Press, New York.

Miyagawa, Shigeru (1997) "Against Optional Scrambling," *Linguistic Inquiry* 28, 1-26.

Miyagawa, Shigeru (2001) "EPP, Scrambling, and Wh-in-situ," *Ken Hale: A Life in Language*, ed. by Michael Kenstowicz, 293-338, MIT Press, Cambridge, MA.

Prince, Ellen (1981) "Topicalization, Focus-movement, and Yiddish-movement: A Pragmatic Differentiation," *BLS* 7, 249-264.

Reinhart, Tanya (1982) "Pragmatics and Linguistics: An Analysis of Sen-

tence Topics," *Philosophica* 27, 53-94.
Rizzi, Luigi (1997) "The Fine Structure of the Left Periphery," *Elements of Grammar*, ed. by Liliane Haegeman, 281-337, Kluwer, Dordorecht.
Rizzi, Luigi (2004) "On the Cartography of Syntactic Structures," *The Structure of CP and IP*, ed. by Luigi Rizzi, 3-15, Oxford University Press, New York.
Rooth, Mats (1985) *Association with Focus*, Doctoral dissertation, University of Massachusetts, Amherst.
Rooth, Mats (1992) "A Theory of Focus Interpretation," *Natural Language Semantics* 1, 75-116.
Saito, Mamoru (1985) *Some Asymmetries in Japanese and Their Theoretical Implications*, Doctoral dissertation, MIT.
Saito, Mamoru (1989) "Scrambling as Semantically Vacuous A′-movement," *Alternative Conceptions of Phrase Structure*, ed. by Mark R. Baltin and Anthony S. Kroch, 182-200, University of Chicago Press, Chicago.
Saito, Mamoru (2003) "A Derivational Approach to the Interpretation of Scrambling Chains," *Lingua* 113, 481-518.
Saito, Mamoru (2005) "Further Notes on the Interpretation of Scrambling Chains," *The Free Order Phenomenon*, ed. by Joachim Sabel and Mamoru Saito, 334-376, Mouton de Gruyter, Berlin.
Selkirk, Eisabeth O. (1984) *Phonology and Syntax: The Relation between Sound and Structure*, MIT Press, Cambridge, MA.
Shibatani, Masayoshi (1990) *The Languages of Japan*, Cambridge University Press, Cambridge.
Takano, Yuji (1998) "Object Shift and Scrambling," *Natural Language and Linguistic Theory* 16, 817-889.
Tomioka, Satoshi (2001) "Information Structure and Disambiguation in Japanese," *WCCFL* 20, 552-564.
Tomioka, Satoshi (2007) "Pragmatics of LF Intervention Effects: Japanese and Korean WH-interrogtives," *Journal of Pragmatics* 39, 1570-1590.
Vallduví, Enric (1992) *The Informational Component*, Garland, New York.
Vallduví, Enric (1995) "Structural Properties of Information Packaging in Catalan," *Discourse Configurational Languages*, ed. by Katalin É Kiss, 122-152, Oxford University Press, New York.

第 7 章

統語，情報構造，一般認知能力[*]

奥　聡

本稿は，前半で日本語の数量詞繰上げを取り上げ，経済性の原則に従う「統語部門」（狭い意味での「文法」）と「一般知識」とが，インターフェイスにおいて有機的に相互作用することを論じる．後半では，日本語のスクランブリングと削除現象を取り上げ，従来の機能論的分析に対し，ミニマリストの視点から，より原理的な説明を与えることができることを論じる．そしてスクランブリングは，コストのかかる操作であるとすることにより，基本語順と有標語順との焦点解釈の違いが導き出せることを示す．全体を通して，インターフェイスにおける「解釈候補の比較計算」(Reinhart (2006))というメカニズムが，日本語においても，「文法」と「意味」とを結びつける上で，重要な役割を果たす場合があるということを論じる．

1.　はじめに

本稿では，意味と文法（統語システム）との相互作用をつかさどるメカニズムについて，日本語の例を中心に論じる．第 2 節では，本論考の基調となる Reinhart (2006) の「解釈候補の比較計算 (reference-set computa-

---

[*] 本稿の一部は，CLS 理論言語学ワークショップ『日本語統語研究の新展開: 命題を超えて』（神田外語学院，2009 年 9 月 3 日），WAFL 5 (SOAS, University of London, 2008 年 5 月 23-25 日)，言語学ワークショップ『日本語学と理論言語学』（神田外語学院，2008 年 1 月 26 日），日本英文学会北海道支部第 52 回大会語学部門シンポジウム「言語能力と一般認知能力との相互関係: 生成文法の試み」（札幌大学，2007 年 10 月 7 日）において発表した．有益なコメント・質問を下さった聴衆の皆さんに感謝します．特に，長谷川信子氏，宮川繁氏には，本稿の準備のさまざまな段階で有益なご指摘をいただきました．本稿の議論に不備や思わぬ誤りがあれば，その責任は全て筆者に属するものです．本稿の研究の一部は，科学研究補助金 (2152039109) の援助を受けています．

tion)」というメカニズムを，数量詞繰上げ (Quantifier Raising: QR) と英語の主強勢移動を具体例として用い，紹介する．これは派生の経済性（あるいは「計算の効率性 (computational efficiency)」）という原理に従う統語論（計算システム：狭い意味での言語能力）[1] と，意味解釈の可能性を扱うわれわれの認知能力とが，インターフェイスを介して有機的に結びつくことを示す興味深い議論となっている．次に第3節では，解釈候補の比較計算の考え方を日本語のスクランブリング (scrambling, かき混ぜ) と省略現象との相互作用に応用することによって，これまで日本語の省略現象の一部に対してなされてきた情報構造に基づく機能論的説明に対して，より深いレベルでの原理的な説明を与えることができることを論じる．このことは，統語論が，談話機能と深く結びついた意味解釈とどのように関係づけられるかを，明示的な形で論じると同時に，日本語のスクランブリングが，「自由 (free)」で「随意的 (optional)」な統語操作ではなく，インターフェイスの外側からの動機付けがある時のみ可能となるコストのかかる統語操作であることを示す強い証拠となることを論じる．第4節はまとめである．

2. 解釈候補の比較計算 (Reference-Set Computation)

この節では，Reinhart (2006) の提案する「解釈候補の比較計算」という考え方を紹介する．これは，簡単に述べると，文法と意味解釈とのインターフェイスにおいて，2つ（あるいはそれ以上）の意味解釈の候補を比較するという作業である．[2] 具体的現象として，はじめに 2.1 節で数量表現 (quantified expression) （たとえば，英語の some や every などを含む表現）を2つ含む文において，作用域 (scope) の解釈が多義的になる現象を議論し，日本語にも同様の説明がそのまま当てはまることを論じる．次に，2.2節では解釈候補の比較計算というメカニズムにより説明できる2つ目の具体例として，Reinhart (2006) で論じられている英語の主強勢移動と焦点解釈との関係を述べる．ここで紹介する考え方が，第3節以降の議論の重要

---

[1] Hauser, Chomsky and Fitch (2002).

[2] 詳しくは (6) 以下で説明する．

な土台となる．

2.1. 作用域と数量詞繰上げ

まずは次の英語の例 (1) を考えてみよう．

(1)　A student read every book.

この文は，a student と every book との相対的な作用域の違いによって，(2a) と (2b) の 2 つの解釈が可能である，というのが一般的・伝統的説明であった．

(2)　a.　ある一人の学生がいて，その学生が全ての本を読んだ．
　　　b.　どの本も，それを読んだ学生が少なくとも一人はいた．

(2a) の意味で解釈される場合には，(1) の存在数量詞 (existential quantifier) を持つ a student が普遍数量詞 (universal quantifier) を持つ every book よりも広い作用域を持ち，(2b) の場合は，(1) の every book が a student よりも広い作用域を持つ．そして，特に (2b) の意味を持つことを明示的に表示する統語構造 (3) を派生するために，LF で数量詞繰上げ (Quantifier Raising: QR) (Chomsky (1976)，May (1977, 1985)) を適用する．

(3)　[every book]$_i$, [a student read t$_i$]
　　　└──────QR──────┘

ところが，上記の議論に関して，古くから指摘されている問題が 2 つある．1 つは言語事実にかかわる問題である．すなわち，(2b) の「逆作用域 (inverse scope)」の解釈はそもそも非常に取りづらい読みであるという事実である．[3] もう 1 つは，QR のような随意的 (optional) な統語操作の存在を理論的にどのように位置づけるかという概念上の問題である．Chomsky (1991) 以来，移動 (Move) はコストのかかる統語操作であり，何らかの統

---

[3] たとえば，Reinhart (1976: 194) は，(1) のタイプの例文に (2b) のように普遍数量詞が広い作用域を持つ解釈を与えることはほとんど不可能であると述べている．

語上の必然性があるときにのみ適用されるという主旨の「派生の経済性 (economy of derivation)」という考え方が広く受け入れられてきている。たとえば英語の wh 移動は，それが適用されなければ非文法的になる（*Did you eat what?）という点で，義務的な統語移動である。しかし，QR は，それが適用されなかったとしても文が非文法的になるわけではないという意味で，随意的な（適用してもしなくてもかまわない）規則である。そして，「派生の経済性」という大きな原則を考えた時に，そもそもこのような随意的な規則の存在を許す理論的な根拠はあるのか，ということが問題となるのである。以下ではこの点を，日本語の具体例も加えて論じる。

英語の (1) で逆作用域の解釈 (2b) はたいへん取りづらいということを見たが，日本語に関しても同様の事実が，Hoji (1985) などによって指摘されている。たとえば，(4) において，目的語位置の名詞句が主語位置の名詞句よりも広い作用域を持つという解釈は，一般にたいへん困難であると考えられている。[4]

(4) a. 誰かが誰もを愛している。
　　 b. 学生が一人，どの本も読んだ。
　　 c. TA が一人，どの CALL 教室にも鍵をかけた。

たとえば，(4b) は「ある特定の一人の学生が全ての本を読んだ」という「順行作用域」の解釈が優勢であり，「どの本に対してもそれを読んだ学生が（少なくとも）一人いる」という逆作用域の解釈は著しく困難である。同様に (4c) は「ある特定の TA が一人で全教室に鍵をかけた」という解釈が優勢で，「どの CALL 教室の施錠も，それを行った TA が一人いる」と解釈するのはきわめて難しい。もし，QR が自由に適用されうる統語操作であるとすれば，(4) のような例において，「誰も」「どの本も」「どの CALL 教室にも」などの普遍数量詞表現が広い作用域をとる解釈（すなわち，逆作用域解釈）がたいへん困難であるという事実をどのように説明するのかが大きな問題となる。

---

[4] このような現象は作用域の「固定性 (rigidity)」と呼ばれている。Lasnik and Saito (1992)，Reinhart (1983) も参照。

ところが一方で，逆作用域をとる解釈が容易にできる例も存在する．[5]

(5) a. （正午には）兵士が一人，どの門の前にも立つ．
    b. TA が一人，どの CALL 教室にも待機します．

(5a) では，全ての門の前にそれぞれ兵士が一人立つ（つまり門と同じ数の兵士がいる）という解釈が容易に得られる．(5b) も同様に，CALL 教室と同じ数の TA がいるという解釈が容易に得られる．すなわち，(4) では難しかった逆作用域の解釈が，(5) では容易に得られるようになるのである．[6]

上記のような現象に対する，Reinhart (2006) の説明は概略以下の通りである．

(6) a. QR はコストのかかる統語操作であり，QR の適用は違法 (illicit) である
    b. QR が適用されていない構造に従って作用域が解釈される（= (4) の例）

---

[5] 英語に関しては，古くは Hirschbühler (1982) が以下の例を挙げている．
  (i) A flag is hanging in front of every building.
この例では，「ある 1 つの旗が全ての建物の前に掲げられている」という解釈は難しく，「全ての建物の前に旗が一本掲げられている」という逆作用域の解釈の方が自然に得られる．

[6] そもそも (5) が基本語順であるのかという問題がある（佐野まさき氏（個人談話））．たとえば，もし「待機する」という動詞の基本的項構造が「〜に，〜が待機する」であり，(5b) は「〜が」が基底の位置から表層の位置へ移動したと考えられる場合には，逆作用域の解釈が容易に得られるという事実に関して，本稿とは異なる説明が可能となり (Hoji (1985))，本稿の議論を支持する言語事実とはいえなくなる．これに関しては，第 3 節以下の議論にならい，(i) と (ii) のような対比が確認できることから，(5b) は基本語順であると仮定することに問題はないと考える．詳細は，第 3 節の議論を参照．(# は，談話の流れとして不自然であることを示す．)
  (i) 午前中は，次郎が CALL 教室に待機するの？
     a. はい，次郎が ∅ 待機します．
     b. はい，∅ CALL 教室に待機します．
  (ii) 午前中は，CALL 教室に次郎が待機するの？
     a. #はい，CALL 教室に ∅ 待機します．
     b. はい，∅ 次郎が待機します．

c. QR が適用されない構造による作用域解釈が，われわれの持つ世界の知識と矛盾する場合がある（=(5) の例：たとえばある特定の一人の TA が全ての教室にいる，ということは通常の世界の常識ではありえない状況である）
　　　d. QR を適用すれば，われわれの持つ世界の知識と矛盾しない解釈が得られる
　　　e. 最後の手段として QR を適用できる

統語部門（計算システム）はできるだけ経済的な派生を志向し (6a)，QR は通常許されない (6b)．ただし，計算システムとその外側の一般認知システム（われわれの世界に対する認識をつかさどるシステム）との接点（インターフェイス）において，(6c), (6d) が確認される場合に限り，インターフェイスでの最後の手段，「修復方略 (repair strategy)」，として QR を適用する，という考え方である．
　(4) では，語順通りの作用域で，われわれの持つ世界に関する知識と何ら矛盾しない解釈（たとえば，「ある特定の一人が全ての本を読んだ」という解釈）が得られるので，余分な操作である QR をあえて行うことはない．一方，(5) で語順通りの作用域で解釈すると，われわれの持つ世界に関する知識に照らし合わせて，通常は起こりえない非現実的な情況（たとえば，「ある特定の一人の TA が全ての教室に（同時に）存在する」という情況）を表すことになってしまう．しかし，もし QR を適用すれば，「どの教室にも，（それぞれ）一人の TA がいる」という解釈となり，われわれの持つ世界に関する知識と矛盾しない情況を表す構造が得られる．このように考えることによって，(4) においては「逆作用域」の解釈が極めて困難であるという事実，そしてそれにもかかわらず，（構造上関係する部分に関しては (4) と基本的に同じであると考えられる）(5) においては「逆作用域」が容易に得られるという事実が，同時に説明できる．
　ここで重要なことは，QR を適用した構造に与えられる解釈と適用しない構造に与えられる解釈とを，世界に関する知識（狭義の言語能力の外側にある認知能力）と照らし合わせながら，「比較」をするという作業をしているということである．2つ（あるいはそれ以上）の解釈の候補を比較するという作業が Reinhart (2006) のいう「解釈候補の比較計算 (reference-set

computation)」である．たとえば (5b) に関しては，(7a)，(7b) の意味表示が構築され（後者には QR が適用している），われわれの世界に関する知識と照らし合わせながら比較するのである．

(7) a. QR なしの構造に与えられる作用域解釈
There is x, x a TA, such that for all y, y a CALL room, x is in y.
b. QR で得られた構造に与えられる作用域解釈
For all y, y a CALL room, there is x, x a TA, such that x is in y.

このような解釈の可能性の「比較」は，厳密な条件の下で行わなければならない．具体的には，同じ語彙群 (Numeration) からなる構造同士の比較のみが許される．上記の例では，比較される 2 つの構造は，QR が適応されているかいないかの違いがあるだけで，他の点では全て共通である．[7]

この節では，QR という統語規則の適用が，狭い意味での言語能力（統語論・文法）の外側にある，われわれの世界に対する知識によって影響を受ける場合があるという Reinhart (2006) の議論が，日本語にも同じように当てはまることを示した．重要なポイントは，派生の経済性という考え方を明確にすることによって，統語と語用的知識との相互関係の一例を明示的にとらえることができるということである．また，ここでの理論的含意は，QR は決して適用してもしなくても構わない「自由な」随意的規則ではなく，その適用には統語的にコストがかかる操作であるということである．[8]

次に，「解釈候補の比較計算」のもう 1 つの分かりやすい具体例として，

---

[7] したがって，このモデルでは，たとえば能動文とそれに対応する受動文は，意味的には密接な関係にあるが，完全に同一の語彙群から成り立っているわけではないので（一方には受身の形態素があり一方にはない），ここでいう比較計算の対象とはならない．

[8] この点は，Fox (2000: 26) の Scope Economy（作用域の経済性）という考え方とも重要な点で異なる．Fox の主張は，作用域解釈に影響を与えない QR は経済性の原則から認められないというものである．しかし，本稿で見てきた例は，QR を適用すれば異なる作用域解釈が得られる場合でも，QR を適用しない構造で語用的に「自然な」解釈が得られる場合には QR は適用されないという，より厳しい条件を仮定している．

Reinhart (2006) で論じられている英語の主強勢付与と焦点解釈との関係を紹介する．

2.2. 主強勢と焦点投射

Reinhart (2006) は，英語の強勢と焦点解釈との関係に関して，次のような規則を提案している．[9]

(8) *Focus set*
The focus set of a derivation D includes all and only the constituents that contain the main stress of D.　(Reinhart (2006: 139))

すなわち，ある文において焦点として解釈される要素の候補は，主強勢 (main stress) を含む全ての構成素（そしてそれらのみ）であるということである．具体例を見てみよう．以下で太字（**bold**）標記は，その要素が主強勢を受けていることを示す．

(9) a. My neighbor is building a **desk**.
　　b. [IP My neighbor is [VP building [DP a **desk**]]]
　　c. 焦点候補 (focus set)
　　　{(a desk), (building a desk), (my neighbor is building a desk), ...}

(9a) では，desk に主強勢が置かれている．すると (8) に従い，desk を含む構成素である DP ⟨a desk⟩，VP ⟨building a desk⟩，IP ⟨my neighbor is building a desk⟩ が，焦点として解釈される候補となる．[10] そして，実際にそれぞれの焦点要素が焦点として要求される文脈で，(9a) の文は適切に使うことができる．(9a) は (10a)–(10c) のどの文の答えとしても適切である．

---

[9] 同様の主旨の観察・提案は，古くは少なくとも Jackendoff (1972: 237ff) からある．Neeleman and Reinhart (1998)，Zubizarreta (1998)，Szendrói (2001) なども参照．

[10] 実際には，冠詞 a を除いた desk のみや，be 動詞を含んだ is building a desk も (9c) に含まれる（焦点要素の候補である）が，本稿では議論と標記を簡潔にするために，(9c) の 3 つの焦点候補 (focus set) に絞って話を進めることにする．

(10) a.　What's your neighbor building?
　　　　　　　　　　　　　（目的語を焦点として要求する文脈）
　　 b.　What's your neighbor doing these days?
　　　　　　　　　　　　　（動詞句を焦点として要求する文脈）
　　 c.　What's that noise?　　（文全体を焦点として要求する文脈）

desk にのみに主強勢がある1つの構造 (9a) が，3つの異なる焦点要素を求める文脈で適切に使うことができるという事実が，(8) を仮定することによって正しく説明できる．

　では次に，(11) の例を考えてみよう．今度は主強勢が building に置かれている．

(11) a.　My neighbor is **building** a desk.
　　 b.　[IP My neighbor is [VP **building** [DP a desk]]]
　　 c.　焦点候補 (focus set)
　　　　｛⟨building⟩, ⟨building a desk⟩, ⟨my neighbor is building a desk⟩｝

規則 (8) に従えば，building を含む構成素である ⟨building⟩，⟨building a desk⟩，⟨my neighbor is building a desk⟩ が，焦点要素の候補となる．ここで注目すべきは，(11) は動詞句 (VP) が焦点となる解釈にも，文全体 (IP) が焦点となる解釈にも対応できるので，(10b) の文脈でも (10c) の文脈でも，(11a) は適切な答え方として認められるはずである．しかし，実際には (12), (13) に示すように，そのような文脈で (11a) を使うと大変不自然な談話となる（#は，談話のつながりとして不自然であることを示す）．

(12) a.　What's your neighbor doing these days?
　　　　　　　　　　　　　（動詞句を焦点として要求する文脈）
　　 b.＃My neighbor is **building** a desk.
(13) a.　What's that noise?　　（文全体を焦点として要求する文脈）
　　 b.＃My neighbor is **building** a desk.　　(Reinhart (2006: 156))

このような事実に対する Reinhart の説明は以下の通りである．まず，Cinque (1993)，Szendrői (2001) などに従い，構造上もっとも深く埋め込まれ

た要素に主強勢が与えられる構造が，無標の構造であると仮定する．姉妹関係にある要素同士の場合は，「選択 (select)」されている要素の方が構造上「より深い」と仮定する．したがって，文中一番深く埋め込まれた要素である desk に主強勢が付与されている (9a, b) の文は，(専門的に定義された意味で)「統語論的に」無標の構造，すなわちこの文を組み立てる上で必要最小限の統語操作によって派生された構造，であるとすることができる．一方，(11a, b) の構造は，一番深く埋め込まれた desk 以外の要素（この場合は building）に主強勢が置かれている．したがって，この構造を派生するためには，必要最小限の統語操作のほかに，「主強勢移動 (stress shift)」という操作を適用し，本来 desk に与えられるべき主強勢を building に移す必要がある．すなわち，(11) は無標の構造に対して「一手余分な手数」をかけて派生されたという点で，有標の構造であるといえる．

さて，無標の構造から得られる焦点候補 (focus set) (9c) と有標の構造から得られる焦点候補 (11c) とを比較してみよう．

(9) c. 焦点候補 (focus set)
  {(a desk), (building a desk), (my neighbor is building a desk)}
(11) c. 焦点候補 (focus set)
  {(building), (building a desk), (my neighbor is building a desk)}

すぐに気がつくことは，2つ目と3つ目の焦点解釈候補が (9c) と (11c) とで同一であるということである．(9c) は無標の構造（必要最小限の統語操作によって得られる構造）である (9a) から得られたものであるのに対して，(11c) は「焦点移動」という操作がさらに必要な有標の構造 (11a) から得られたものである．わざわざ余分な手数をかけて得られた構造であるにもかかわらず，無標の構造でも得られる焦点解釈を与えるということは，経済性の原則に反する．したがって，(11c) の焦点解釈候補のうち，2つ目と3つ目は (11a) に与えられる焦点候補のメンバーとしては認可されない．結果として，(11a) から得られる焦点候補は，(11c) ではなく (14) となる．

(14) (11a) に与えられる焦点候補
　　　｛(building), ~~(building a desk)~~, ~~(my neighbor is building a desk)~~｝

　このように考えることによって，desk に主強勢が与えられている (9a) では，動詞句全体や文全体が焦点要素となると解釈することができるのに対して，building に主強勢が与えられている (11a) では，それを含む構成素である動詞句全体や文全体を焦点として解釈することができないという事実を説明できる．

　要点をもう一度繰り返すと，同じ語彙群 (Numeration) からなる有標の構造と無標の構造がある場合に，両者に与えられうる解釈の候補を比較し，もし，共通の解釈の候補がある場合には，その解釈は有標の構造には認められない，ということである．同じ解釈がよりコストのかからない無標の構造においてすでに得られるから，という経済性の原理に基づき，解釈候補の比較計算 (reference-set computation) というメカニズムを用いた説明方法である．

　次節では，まず日本語の語順入れ替え現象と削除現象に対する伝統的な機能論的説明を概観し，次に本節で紹介した解釈候補の比較計算のメカニズムを応用することによって，そのような現象に対して，原理的な説明が与えられるということを論じる．

3. 日本語の情報構造と省略[11]

3.1. 序論

　日本語に限らず，おそらくあらゆる自然言語においてある種の省略現象は見られるであろう．直前の文や先行する文脈，あるいは発話がなされているその場の状況から明らかな場合，文中のある要素が省略される現象である．たとえば，日本語の例 (15) においては，2つ目の節の下線部に「宿題を」が，英語の例 (16) においては，do the homework がそれぞれ現れていないが，解釈上は何の問題もなく，当該の要素があたかもそこにあるかのように理解される．

---

[11] 以下の議論の中心的アイディアは，奥 (2008a)，Oku (2008b) に基づく．

(15)　太郎は宿題をやったが，花子はまだ＿＿やっていない．

(16)　John will do the homework, but Mary will not ＿＿．

このような省略が可能となる場合の重要な条件の1つとして，生成文法の統語論研究において古くから提案されているものに「復元可能性条件 (recoverability condition)」がある (Chomsky (1965))．そして何を持って復元可能であるとするのか，もう少し一般的な述べ方をすれば，省略されている要素とその先行詞との間に成立すべき「同一性の条件 (identity condition)」をどのように正確に規定すべきか，という問題に関して多くの研究がなされてきている．[12]

しかし，上記のような生成文法研究における「統語論的な研究」の一方で，久野 (1978) 以来，談話上の情報構造を積極的に考慮に入れた削除現象の機能論主義的な分析も盛んに行われてきている．たとえば，(17)，(18) のように，先行文に適切な先行詞の候補が存在しても，削除が不自然になる場合がある．[13]

(17)　a. #太郎はコーヒーを花子と飲み，次郎はココアを Ø 飲んだ．[14]
　　　b. 太郎はコーヒーを花子と飲み，次郎は Ø 夏子と飲んだ．
　　　　　　　　　　　　　　　　　　　　　　　(久野 (1978: 61))

(18)　a. #太郎はハムレットを図書館で読み，次郎はリア王を Ø 読んだ．
　　　　　　　　　　　　　　　　　　　　　　(神尾・高見 (1998: 132))

---

[12] ごく一部を述べると，Chomsky (1965)，Ross (1967)，Sag (1976)，Williams (1977)，Fiengo and May (1994)，Merchant (2001) など．また，日本語の主語や目的語などの項要素 (argument) の「省略」に関しては，古くは Kuroda (1965) から，Hasegawa (1984/85)，Otani and Whitman (1991)，Hoji (1998)，Oku (1998a, 1998b)，Tomioka (2003)，Takahashi (2006) など，数多くの研究がなされてきている．

[13] 久野 (1978) では，(17a) には「??」をつけ，神尾・高見 (1998) では (18a) に「*」を与えている．本稿では上記 2.2 節にならい，談話上のつながりの不自然さを示すものとして「#」をこれ以下一貫して用いることにする．また，神尾・高見は (18a) を「*」と判断しているが，(18a) はそれほど悪くないと感じる読者も多いかもしれない．しかし，以下で論じるように (18b) と比べるとその自然さに明らかな差があると思われる．

[14] 久野 (1978) ではカタカナで記されている部分を，本稿では読みやすさを考慮して，ひらがな表記に替えてある．

b.　太郎はハムレットを図書館で読み，次郎は ∅ 研究室で読んだ．

　(17a) では，後件節で省略されている要素の先行詞として，前件節の「花子と」があり，(18a) では，後件節で省略されている要素の先行詞として，前件節の「図書館で」がある．それにもかかわらず，(17a), (18a) とも不自然な文となっている．これは省略される部分を少し変えた (17b), (18b) との対比からも明らかである．すなわち，省略された要素とその先行詞との単純な「同一性」だけでは，(少なくとも日本語の) 省略現象を正確に説明することができないということである．
　本稿では，Reinhart (2006) の解釈候補の比較計算 (reference-set computation) を応用することにより，上記の事実に対して，原理的な説明を与えることができることを論じる．これは，近年ミニマリスト・プログラムの統語論研究において盛んに議論されるようになってきている統語 (狭い意味での言語能力 faculty of language — narrow sense: FLN) と，その外側にあるシステム (広い意味での言語能力 faculty of language — broad sense: FLB)[15] との相互関係を，具体的な形で論じようと Reinhart が提案した方法論に対して，日本語から貢献できる可能性を示すものである．では，3.3 節での議論に入る前に，(17), (18) の事実に対する久野 (1978)，神尾・高見 (1998) の情報構造に基づく説明を次節で見てゆくことにしよう．

3.2.　情報の重要度と省略の順序

　久野 (1978) 以来，情報構造に基づく省略現象分析において提案されている原理・制約のうち，本稿での議論に密接に関係してくるものをまず2つ紹介する．1つ目は，(19) である．

(19)　省略順序の制約
　　　省略は，より古い (より重要度の低い) インフォーメイションを表わす要素から，より新しい (より重要な) インフォーメイションを表わす要素へと順に行う．即ち，より新しい (より重要な) インフォーメイションを表わす要素を省略して，より古い (より重要度の低い) イ

---

[15] Hauser, Chomsky and Fitch (2002).

ンフォーメイションを表わす要素を残すことはできない．
(久野 (1978: 15))[16]

そして，たとえば上記 (18a) の後件節が不自然となるのは，情報上，より重要であるはずの「図書館で」が省略されているにもかかわらず，それよりも情報の重要度が低いはずの直接目的語が対比要素として残されているからである，と説明される．したがって，この文の省略の不自然さが (19) によって説明されることを示すためには，(18a) において場所句が目的語よりも情報の重要度が高いということが，何らかの独立の原理によって決まってくるということを示さなければならない．

これに関して，久野 (1978) は，次の原則 (20) を提案している．[17]

(20) 旧から新へのインフォーメイションの流れ
   a. 文中の語順は，古いインフォーメイションを表わす要素から，新しいインフォーメイションを表わす要素へと進むのを原則とする． (久野 (1978: 54))
   b. 日本語の構文法規則により，動詞の位置は文末に固定されているから，動詞が古いインフォーメイションを表わす場合には，その直前の位置が文中の最も新しいインフォーメイションを表わす要素のための予約席となる． (久野 (1978: 60))[18]

---

[16] 神尾・高見 (1998: 135) も参照．また，参考までに英語で書かれたまとまったものとして，Kuno (1995) で述べられている同様の制約を示しておく．
   (i) *Pecking Order of Deletion Principle* (削除の優先順位の原則)
       Delete less important information first, and more important information last. (Kuno (1995: 209))
       (情報の重要度のより低い要素を先に削除し，情報の重要度のより高い要素を最後に削除せよ)

[17] 久野 (1978) では，(17), (18) のような等位 (平行) 構造の他にも多くの文を例として採り上げ，先行文脈の情況や述語の特性などさまざまな要因を検討し，文中の情報の相対的重要度を決める原因をあぶりだしている．

[18] 神尾・高見 (1998: 131) も参照．また，Kuno (1995) では以下のように述べられている．

(20b) に従うと，たとえば，(18) の前件節において，動詞の直前の要素である「図書館で」が，さらにそれよりも前にある「ハムレットを」よりも情報の重要度が高いということが正しく説明される．

　さて，(20) による情報の相対的重要度の査定と，(19) の省略順序の制約に基づいて，上記 (17)，(18) の事実を説明するためには，(19) と (20) の他にもう 1 つ，重要な前提が必要となる．いま (18a)（(21a) として以下に再録）を例に考えてみよう．同様の議論が成り立つ例を神尾・高見からさらに 2 つ (21b)，(21c) として載せておく．

(21) a.＃太郎はハムレットを図書館で読み，次郎はリア王を Ø 読んだ．
　　 b.＃太郎は東大を 1980 年に卒業し，次郎は京大を Ø 卒業した．
　　 c.＃太郎は花子に新宿で会い，次郎は京子に Ø 会った．

　　　　　　　　　　　　　　　　　　　　　　　　（神尾・高見 (1998: 132)）

(21a) の前件節において，動詞の直前の要素「図書館で」が，さらにそれよりも前にある「ハムレットを」よりも相対的な情報の重要度が高いということは (20) の原則によって決まる．では，(21a) の後件節はどうであろうか．ここでは（久野 (1978) の類例においても同様に）Ø 記号によって，省略されている要素があたかも動詞「読んだ」の直前にあったかのように標記されているが，そもそも省略されている要素であるので，それが省略前に（あるいは意味解釈上復元される際に），Ø で記された位置にあるとは限らない．次の (22) の Ø 記号の位置にあった可能性も先験的には否定できないはずである．

(22)　太郎はハムレットを図書館で読み，次郎は Ø リア王を読んだ．

もし，問題の後件節が (22) の構造を持っているのであれば，動詞の直前の

(i) [I]n the case where the verb of a sentence does not represent the most important information, then [the Flow of Information Principle] marks the element in the immediately preverbal position as the most important focus element in the sentence.　　　　　　　　　　(Kuno (1995: 222))
（文の動詞が最も重要な情報を表さない場合には，情報の流れの原則により，動詞の直前の位置にある要素が，文中の最も重要な焦点要素としてマークされる）

要素「リア王を」は保持され，それよりもさらに前にある（したがってより情報の重要度が低い）「図書館で」が省略されていることになり，(19) と (20) の原則から (22) は自然な文であると予測されてしまう．事実としては，(21) ですでに見てきたように，「図書館で」の省略は不自然となるので，問題の後件節において「図書館で」が省略されている構造上の位置は，やはり (22) の Ø で示された目的語の前ではなく，(21) の Ø で示された動詞の直前の位置でなくてはならないことになる．では，そのことを保証している原理は何であろうか．筆者の見る限り，この点に関しては，久野 (1978: 60-61) でも神尾・高見 (1998: 130-134) でも明確に論じられていない．

　そこで本稿では，必要な3つ目の条件として，Fox (2000) にならい (23) を仮定する．

(23)　平行性維持の原則
　　　節内の要素が一部省略される場合には，その句構造は先件節と同一に保持されなければならない．

等位構造であっても，省略・削除が含まれていない場合には，構造関係が完全に平行関係を保っている必要は必ずしもない．たとえば，(24) では付加語と直接目的語の位置が，先件節と後件節とで入れ替わっているが，自然な談話の流れとして使うことができる．

(24)　太郎は図書館でハムレットを読み，次郎はリア王を図書館で読んだ．

一方，等位構造などにおいて省略・削除が含まれる場合には，含まれない場合に比べて厳しい平行性の条件が適用されることが，古くから観察されている (Lasnik (1972), Chomsky and Lasnik (1993), Rooth (1992), Tancredi (1992), Fox (1995, 2000) などを参照).[19] このことは理にかなっ

---

[19] たとえば，Fox (2000) は次の (i) の例に関して，前件節で語順どおりの作用域解釈がされた場合は，削除を含む後件節でも同じ作用域の解釈をしなければならない，あるいは，前件節で逆作用域の解釈がされた場合には，後件節でも逆作用域の解釈になる，という事実を挙げ，(ii) のような主旨の条件を提案している．
　　(i)　I introduced one of the boys to every teacher, and Bill did, too.

(Fox (2000: 31))

た現象であると考えられる．すなわち，後件節で何も省略・削除されていなければ，さまざまな音韻上の操作も含め，前件節とは異なる前提を仮定して後件節を述べることが可能である．たとえば，特別なイントネーションや強勢を用いることで，前件節で仮定されている前提をキャンセルする形で，後件節を述べることも比較的自由にできると思われる．それに対して，後件節に省略・削除が含まれる場合には，省略されている情報の復元には前件節の情報に頼らざるを得ないため，前件節に含まれる情報は，明示的なものも前提とされているものも含めできるだけ全て，変更を加えずに後件節に持ち越されると考えることができる．少なくとも，その要素がもし省略されていなければ，それに特別な音韻情報を加えることによって実現できるような意味・情報上の変化を，省略を含む節に与えることはできない．

さて，平行性維持の原則 (23) を仮定することによって初めて，(21a) の後件節において「図書館で」が省略されている位置が，前件節との平行性を保持するために，「リア王を」よりも重要度が高い動詞の直前の位置でなければならないことが保証できる．このように考えることによって，(19) と (20) の原則に従って，(21) の不自然さが説明できる．

次に，基本語順と有標語順の省略可能性の違いに関する，久野，神尾・高見の説明を見てみよう．はじめに (25) を考えてみよう．

(25) a.　太郎は図書館でハムレットを読み，次郎は研究室で Ø 読んだ．
　　 b.　太郎は 1980 年に東大を卒業し，次郎は 1990 年に Ø 卒業した．
　　 c.　太郎は新宿で花子に会い，次郎は渋谷で Ø 会った．
　　　　　　　　　　　　　　　　　　　　（神尾・高見 (1998: 132-133)）

(25) の例文は全て，もし，上記の「省略順序の制約」(19)，「旧から新への情報の流れの原則」(20)，「平行性維持の原則」(23) に従うとすると，(21) の例文と同様に不自然な文となるはずである．なぜなら，(25) のどの後件節でも動詞の直前の要素（目的語）を省略し，その前の要素（付加語）を対

(ii)　削除（あるいは強勢弱化 (downstress)）を含む文の意味構造表示 (LF) は，先行詞を含む文と構造的に同一 (structurally isomorphic) である．
　　　　　　　　　　　　　　　（正確な標記は Fox (2000: 91) を参照）

比要素として残しているからである．しかし事実は，(25) は (21) に比べはるかに自然な文となっている．この事実に対する，久野 (1978)，Kuno (1995)，神尾・高見 (1998) の説明は，概略，以下の通りである．

(26) 日本語の基本語順：[s 主語 … 付加語 … 補語 … 動詞]
(神尾・高見 (1998: 133))

(27) 談話法規則違反のペナルティー
談話法規則の「意図的」違反に対しては，そのペナルティーとして，不適格性が生じるが，それの「非意図的」違反に対しては，ペナルティーがない．　　　　　　　　　　　　　　(久野 (1978: 39))[20]

(27) の内容を，今検討している省略現象の例文にそくして解釈すると，無標の構造の文（ここでは基本語順の文）が，談話上のルールを破ることがあっても問題はないが，有標の構造の文（ここでは基本語順から逸脱している文）が，談話上のルールを破ることは容認度の低下につながる，ということになる．ここで対象となる談話上の原則は，(20) であると考えられる．すなわち，(25) の文は全て，(26) に示す日本語の基本語順に従った構造となっているので，(20) の談話原則に従わなくても構わない，つまり動詞の直前の要素が最も重要な情報を担うという解釈をされなくても構わない，ということになる．このことを神尾・高見は次のように述べている．

(28) この基本語順で要素が配列されて場合，付加語と補語の情報の相対的重要度は一律には決められず，付加語が補語より重要度が高いと考えられる場合もあれば，その逆の場合もある．
(神尾・高見 (1998: 133))

したがって，動詞の直前の要素である「補語」（直接目的語）がその前にある「付加語」よりも情報の重要度が低い（あるいは両者の情報の重要度は同等である）という解釈も可能であり，そうであれば「付加語」を残して「補語」を削除しても，「省略順序の制約」(19) に違反することにはならず，情報構造上問題ないということになる．

---

[20] Kuno (1995: 211) では，同様の主旨の原則が Markedness Principle for Discourse Rule Violations として英語で述べられている．

それに対して，容認度が下がっている (21) の例は全て，前件節において「... 補語 ... 付加語 ... 動詞」という有標の語順となっている．したがって，(27) に従えば，(21) の前件節では談話の原則 (20) に違反することをすれば容認度が下がることになってしまう．つまり，動詞の直前の要素である「付加語」が「補語」よりも重要な情報を担うという解釈をしなければならなくなるのである．すると (23) の平行性維持の原則に従い，後件節においても，「付加語」にあたる要素が動詞の直前に置かれ最も重要な情報を担う，という構造が保持されることが求められる．ところが，(21) の後件節では「補語」を残して，より重要度が高いはずの「付加語」を省略している．結果として，前件節と後件節の情報構造上のつながりが不自然となるという事実が説明される．

上記の説明方法に関して，本稿では以下の 2 つの点を詳しく掘り下げて検討してみたい．

(29) a. そもそも，なぜ (27) のような原則がなりたつのか？
b. 人間の言語能力のメカニズムの中で，「無標の構造（基本語順）」（「非意図的違反」）と「有標の構造」（「意図的違反」）との「比較」は，具体的にどのように行われるのか？

(29a) に関しては，「派生の経済性」という考え方を用いることによって，(27) の背後にあると思われる重要な概念を「派生にかかるコスト」(Chomsky (1995)) という考え方でとらえなおす．(29b) で問題としているのは，ある構文が有標であるとされるためには，それに対応する無標の構文があり，それとの比較の上で判断されるはずである．次節では，そのメカニズムを出来るだけ明示的な形で提示する．

3.3. 主強勢と焦点候補

第 2 節で述べた「解釈候補の比較計算 (reference-set computation)」にもとづく「インターフェイス方略」を日本語のスクランブリング (scrambling, かき混ぜ) にも適用できる，それによって上記 3.2 節で見た削除現象に原理的な説明を与えることができる，というのが本節の主張である．すなわち，移動が起こっても起こらなくても，文レベルでの文法性そのものには影響を与えないとされる日本語のスクランブリングのような操作も，実際

にはコストのかかる統語操作であり，その適用には何らかの動機が必要であると考えるのである．以下で具体的に論じるように，スクランブリングが許されるのは，スクランブリングを適用しない基本語順の構造では与えることのできない焦点解釈として用いられる場合に限られるのである．逆の述べ方をすると，スクランブリングが適用された構造に与えられる意味解釈としては，スクランブリングを適用しなくても得られるものは認可されないということである．

まず，上の3.2.節で観察した事実(30)は，(31)の一般化から帰結すると考える．

(30) a. 基本語順「付加語…補語…動詞」の場合，付加語と補語の相対的情報の重要度は一律に決められない．
　　 b. 有標の語順「補語…付加語…動詞」の場合，付加語が補語よりも重要な情報を担う．

(31) 日本語のスクランブリングは，スクランブリングを適用しないもとの構造では表すことのできない意味を表すときのみに使われる．

そして，(31)が成り立つのは，スクランブリングは統語上コストのかかる操作であり，コストをかけてわざわざそのような操作を行っているにもかかわらず，余分なコストをかけずに派生される構造でも表すことができる意味情報が要求される文脈では使うことができないからである，と主張する．このことを示すために，以下ではまず日本語の基本語順の構造がどのような焦点解釈に対応できるかを検討する．

　基本語順といわれる「太郎は図書館でハムレットを読んだ」と有標語順といわれる「太郎はハムレットを図書館で読んだ」とで，命題内容(propositional content)は同一であると考えられる．前者が真(true)でありかつ後者が偽(false)となるような状況を想定することはできないであろう．したがって，この2つの文の意味機能の違いは「命題を超えた」ところにあるといってよい．スクランブリングによる「有標語順」が基本語順とは異なる談話上の意味機能を持つことは，古くから多くの研究によって指摘・分析

されてきている。[21] ここで対象としている「談話上の意味機能」とは，主に「前提 (presupposition)」「焦点 (focus)」や「旧情報」「新情報」に関わるものであるが，このような談話上の意味機能と語順との関係を分析する際に，注意すべき重要な点は，強勢の置かれる位置やプロソディーなど，音韻上の特性をどのように扱うかということである．語順を変えなくても，主強勢の位置を変えれば，焦点解釈の可能性は変わってくるであろうし，語順を変えても強勢の与え方次第では，焦点解釈に（少なくとも部分的には）変化が起こらないということもあるかもしれない．したがって，純粋に語順の変更によって情報構造（焦点解釈の可能性）がどのように変化するのか（しないのか）を明らかにするためには，強勢やプロソディーを一定にコントロールしておくことが必要である．以下では，Ishihara (2000) に従い，強勢付与のメカニズムを一定に保って議論を進める．

　Ishihara は，Cinque (1993) を修正応用し，(32) を提案している．

(32)　主強勢付与規則
　　　The stress falls on the most deeply embedded XP.
　　　（強勢は，もっとも深く埋め込まれた句 (XP) に与えられる）
　　　　　　　　　　　　　　　　　　　　　　　(Ishihara (2000: 159))

さらに Ishihara は，語順に関わらず，(32) の規則によって与えられる主強勢 (Ishihara の N-Stress) が，その文の無標の主強勢であると仮定している．本稿では，さらに (32) が Reinhart (2006) の英語の主強勢付与と同様に，音韻上必要最小限の規則であり，(32) のみによって強勢を与えられている文は，強勢付与に関しては余分なコストはかかっていないデフォルトの構造であると仮定する．

　次に，Ishihara (2000: 165) は，(32) によって日本語でも，もっとも深く埋め込まれた句に主強勢が置かれるので，上記 2.2 節で見た (8) の Focus set の規則（下に (33) として再録）によって，文の焦点候補が決まると提案

---

[21] すでに述べた久野 (1978)，Kuno (1995)，神尾・高見 (1998) の他にも，日本語に関する論考だけでも，McCawley, N. A. (1976)，Masunaga (1983)，最近のミニマリストの枠組みにおける論考では，Ishihara (2000)，Miyagawa (2005, 2008)，日本語以外の言語を対象としたものも含めると多くの研究がある（ごく一部を述べると，Neeleman and Reinhart (1998)，Bailyn (2003)，Otsuka (2005) など多数）．

している。[22]

(33)　*Focus set* (= (8))
　　　The focus set of a derivation D includes all and only the constituents that contain the main stress of D.　(Reinhart (2006: 139))

(32) 及び (33) が正しい予測をすることは，次の (34) の文が，通常の自然な読み方で (35) の (a), (b), (c) のどの文脈にも対応できることからも確認できる．ここで言う「通常の自然な読み方」とは，(32) の規則により，目的語の「ハムレットを」に主強勢が置かれた読み方であると仮定する．以下，二重下線 X は主強勢を受ける要素を示す．[23]

(34)　a.　(太郎は) 図書館でハムレットを読みました．

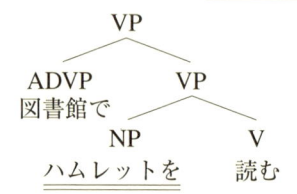

```
            VP
           /  \
       ADVP    VP
       図書館で  / \
              NP   V
          ハムレットを 読む
```

(35)　a.　太郎は図書館で何を読んだの？　　　(補語に焦点を要求する文脈)
　　　b.　太郎は図書館で何をしたの？
　　　　　　　　　　　　　(補語と動詞のまとまりを焦点に要求する文脈)

---

[22] 本稿の (33) は，Reinhart (2006) での述べ方を採用している．Ishihara (2000) では，Reinhart (1995) の Focus Rule の定式化を採用しているので，述べ方が (33) とは若干異なっているが，主旨は同じである．

[23] ここで言う「主強勢」の音韻的卓越性 (prominence) は，日本語においては英語ほど顕著ではなく，そのことが，焦点解釈と「自然な」強勢・プロソディーとの関係の研究を難しくしてきた要因の1つかもしれない．発話は一般に下降効果 (declination effect) により，文末に行くに従って，各語の音調核ピークが低くなってゆく傾向がある．ところが，日本語では動詞の直前の語の音調核ピークが，その前の語のピークと同じ高さかあるいは若干それよりも高くなるということが観察される (Selkirk and Tateishi (1991))．このことにより Ishihara (2000: 153) は，動詞の直前の要素に主強勢が置かれるのが日本語におけるデフォルトの主強勢付与であると論じている．したがって，本稿で議論する例において，通常の主強勢が置かれる要素は，その前の語の音調核ピークと同等かそれよりも若干高いという音韻的特性を示すと考える．

c.　太郎は何をしたの？
　　　　（付加語，補語，動詞のまとまりを焦点に要求する文脈）

(34) では，主強勢付与規則 (32) により，最も深く埋め込まれた句 (XP) である目的語「ハムレットを」に主強勢が置かれる．そして，焦点候補を指定する規則 (33) を適用すると，(34) の焦点候補として，(36) が得られる．この例で，主語の「太郎」は，トピックマーカー「は」でマークされているため，焦点（新情報）には含まれず，文全体は焦点要素の候補にはならない．

(36)　焦点候補 (focus set)
　　　｛(ハムレットを), (ハムレットを読んだ), (図書館でハムレットを読んだ)｝

(36) において，場所句と目的語と動詞を含んだ外側の動詞句構成素「図書館でハムレットを読んだ」が，焦点（新情報）解釈を受ける要素の候補の1つとなっている．この分析が正しければ，上記 (28) で述べたような，基本語順の場合「付加語と補語の情報の相対的重要度は一律に決められず」という神尾・高見 (1998: 133) の主張に対して，1つの原理的な説明が与えられたことになる．したがって，(34) を先行文とした場合，後件節で補語（直接目的語）だけを省略しても場所句だけを省略しても，「重要度の低いものを残しながら，より重要なものを省略するのは許されない」という省略順序の制約 (19) に違反することはない．結果として，後件節において，(37a) のように動詞の直前の目的語を省略しても，(37b) のように目的語の前の場所句を省略しても，どちらも自然な談話のつながりとなっているという事実が，正しく説明できる．

(37)　a.　太郎は図書館でハムレットを読み，次郎は研究室で Ø 読んだ．[24]

---

[24] Kuno (1995) は，(37a) に対応する例文に「？」をつけている．確かに，(37b) に比べ，(37a) は若干不自然に感じる話者もいるかもしれない．これは，上記の説明に従えば，情報の重要度が同じである「場所句・補語・動詞」のうち補語だけを省略していることから来る不自然さと考えることができる．一方，(37b) には「図書館で」のみが焦点要素ではない解釈の候補もあるので，場所句のみが省略されても，まったく問題ない．しかし，いずれ

b.　太郎は図書館でハムレットを読み，次郎は Ø リア王を読んだ．

　では次に，スクランブリングをかけた (38) を考えてみよう．ここでは，V が v に上がり目的語 NP が vP へ付加していると仮定する (Holmberg (1999))．また，(32) に従い，もっとも深く埋め込まれた句 (XP) である ADVP「図書館で」に，自動的に主強勢が与えられる．

(38)　太郎は，ハムレットを図書館で読んだ．

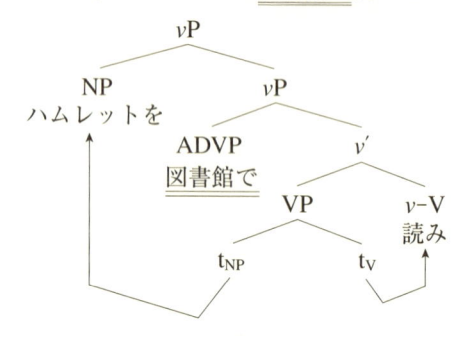

```
              vP
          ／      ＼
        NP         vP
     ハムレットを  ／   ＼
              ADVP     v'
             図書館で  ／  ＼
                    VP    v-V
                   ／ ＼   読み
                 t_NP   t_V
```

(38) では，場所句である「図書館で」に主強勢が与えられているので，焦点規則 (33) により，(39) の焦点候補 (focus set) が得られる．

(39)　焦点候補 (focus set)
　　　{(図書館で), (図書館で読んだ), (ハムレットを図書館で読んだ)}

　さてここで，基本語順（無標の構造）で得られる焦点候補 (36) とスクランブリングをかけた有標の構造から得られる焦点候補 (39) とを比較してみよう．すると (36) と (39) の最後の要素は，論理的な意味価 (logico-semantic value) が同一であることが分かる．すなわち，どちらも太郎がおこなった「動作とその動作の対象及び動作をおこなった場所」という述部全体が焦点情報である．わざわざ統語的コストのかかるスクランブリングを適用しておきながら（有標の構造を派生しておきながら），もとの基本語順の

にしても，(37a) でも「重要度の低いものを残しながら，より重要度の高いものを省略」しているわけではないので，削除順序の制約 (19) には違反しておらず，(19) に違反している例（たとえば，(41)）ほど不自然ではない．

構造（もっともコストのかからない基本の構造）で表すことのできる焦点解釈を表そうとするのは，経済性の原則に反する．したがって，(39) の焦点解釈候補のうち最後のメンバーは，(38) に与えられうる解釈としては認可されない．(38) の焦点候補は結果として (40) となる．

(40) (38) に与えられる焦点候補
　　　｛(図書館で), (図書館で読んだ), ~~(ハムレットを図書館で読んだ)~~｝

(40) では，場所句「図書館で」は常に焦点（新情報）を表す構成素（の一部）であるのに対して，「ハムレットを」は焦点要素に含まれることはない．すなわち，「ハムレットを」は場所句に比べて，常に情報の重要度が低い要素であるといえる．言い換えると，スクランブリングをかけた (38) の構造は，常に「ハムレットを」が場所句よりも情報の重要度が低い文脈でしか使用することができないということである．このように考えることによって，上記 (18a)（下に (41) として再録）の前件節の場所句は常に目的語よりも情報の重要度が高いことが原理的に説明できる．さらに平行性維持の原則 (23) から，(41) の後件節でも場所句が目的語よりも重要な情報を担うという構造が要請される．それにもかかわらず，(41) では場所句だけを省略しているので，結果として大変不自然な談話のつながりとなる，と説明することができる．

(41) #太郎はハムレットを図書館で読み，次郎はリア王を Ø 読んだ．
　　　　　　　　　　　　　　　　　　　　　　　（神尾・高見 (1998: 132)）

さて，「目的語—付加語—動詞」という構造が，基本語順からのスクランブリングによって派生されるのではなく，もともとその語順で基底生成されるという考え方もある．[25] また，Takano (1998) は，本稿と同様に，目的語が vP に付加する動詞句内スクランブリング（Takano の用語では short scrambling）を想定しているが，その統語操作にはコストがかからないと提案している．しかし，もし本稿の議論が正しければ，これらの提案とは相容

---

[25] Neeleman and Reinhart (1998) は，オランダ語における「目的語—付加語—動詞」の構造は（「付加語—目的語—動詞」の構造も），基底生成されると論じている．

れず，少なくとも日本語の「目的語―付加語―動詞」という語順は，スクランブリングによって派生されているということ，そしてさらに，スクランブリングには，統語上のコストがかかっているということが，理論上の帰結として導かれる．

では次に，目的語が主語を越えてスクランブリングされている例を考えてみよう．以下では，主語にトピックマーカー「は」がつかないように，時の副詞をトピックとして文頭に置いている．まず，基本語順であると考えられる(42)では，構造上もっとも深く埋め込まれている句(XP)である「数学を」に主強勢が与えられ，結果として「太郎が数学を教え」の部分の焦点候補は(43)のようになる．状況としては，たとえば塾講師のスケジュールが話題となっていると考えるとよい．

(42)　土曜日は，太郎が数学を教える．

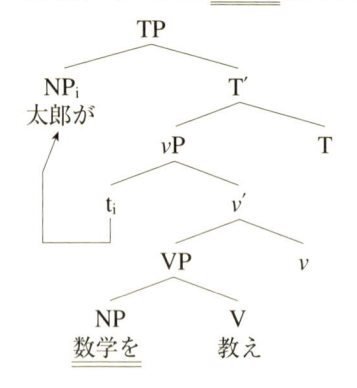

```
              TP
           /      \
        NPi        T′
        太郎が    /    \
              vP       T
             /  \
            ti    v′
                /  \
              VP    v
             /  \
            NP   V
           数学を 教え
```

(43)　(42)の焦点候補
　　　{(数学を), (数学を教え), (太郎が数学を教え)}

「太郎が数学を教え」全体が焦点として解釈される読みが可能であるので，この場合主語の「太郎が」と目的語の「数学を」の相対的重要度に差がない解釈が存在するということができる．このことは，(44)のyes-no疑問文からも確認できる．

(44)　土曜日は，太郎が数学を教えるの？

a．うん，∅ 数学を教えます．
　　b．うん，太郎が ∅ 教えます．

(43) が (44) の疑問文における焦点解釈の候補であるとすれば，(44) が尋ねているのは，「(太郎が教えるのは) 数学か？」(「数学を」が焦点)，「(太郎がするのは) 数学を教えることか？」(「数学を教え」が焦点)，「(土曜日に行われるのは) 太郎が数学を教えることか？」(命題全体が焦点) の3つの可能性がある．命題全体を尋ねる解釈 (よって「太郎が」と「数学を」の情報の重要度には差がない解釈) の可能性があるので，したがって，(44a)，(44b) に見られるように，どちらか一方を残して，どちらか他方を省略しても，省略順序の制約 (19) の違反にはならず，談話のつながりに不自然さは生じない．同様の事実が，(45) に示すように，並列構造での省略でも確認できる．(45a)，(45b) ともに自然な文となっている．

(45)　土曜日は，太郎が数学を教える．
　　a．　日曜日は，次郎が ∅ 教える．
　　b．　日曜日は，∅ 英語を教える．

　では，目的語を主語の前にスクランブルした例ではどうであろうか．(46) と (47) を考えてみよう．

(46)　土曜日は，数学を太郎が教えるの？
　　a．うん，∅ 太郎が教えます．
　　b．#うん，数学を ∅ 教えます．
(47)　土曜日は，数学を太郎が教える．
　　a．#日曜日は，英語を ∅ 教える．
　　b．　日曜日は，∅ 次郎が教える．

(46b) は (46a) と比べても，(44b) と比べても，容認度がかなり落ちると思われる．同様に (47a) は (47b) と比べても，(45a) と比べても，不自然になる．これも本稿で提案しているメカニズムできれいに説明できる．
　まず，「目的語—主語—動詞」の構造を，Ishihara (2000: 180) にならい，

(48) と仮定する。[26]

(48)　数学を太郎が教える．

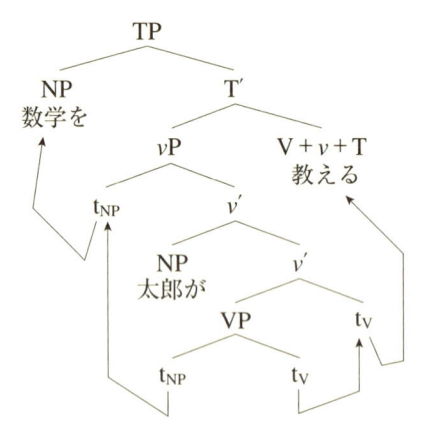

```
              TP
            /    \
          NP      T′
         数学を   /  \
               vP    V+v+T
              /  \   教える
           t_NP   v′
                 /  \
                NP   v′
               太郎が /  \
                    VP   t_v
                   /  \
                 t_NP  t_V
```

動詞が v を経て T まで繰り上がり，目的語名詞句「数学を」が vP への付加を経て TP の指定部まで移動している．この構造を仮定すれば，発音される句（XP）で構造上もっとも深く埋め込まれているものは，主語 NP の「太郎が」であるので，そこに自動的に主強勢が置かれる（規則 (32) による）．主強勢付与に関してはこの場合主語への付与がデフォルトとなる．そして，焦点候補を決める (33) の規則に従うと，(48) に与えられる焦点候補は，(49) となる．

(49)　(48) の焦点候補
　　　｛(太郎が)，(太郎が教え)，(数学を太郎が教え)｝

ここで，有標の構造 (48) から得られる焦点候補 (49) と無標の構造 (42) から得られる焦点候補 (43) とを比べてみる．すると，それぞれの集合の最後のメンバーの論理的意味価が同一（命題全体が焦点）であることが分かる．(48) の構造を派生するスクランブリングがコストのかかる統語操作であると仮定すると，(49) の最後のメンバーは (48) が担うことができる意味解釈

---

[26] Ishihara (2000: 179ff) は，Chomsky (1998, 1999) におけるスカンジナビア諸言語の目的語移動 (Object Shift) の分析が，日本語のスクランブリングの派生にも応用できる可能性を論じている．

第7章　統語，情報構造，一般認知能力　　　255

としては認可されない．わざわざ余分なコストをかけておきながら，すでに基本構造で得られるのと同一の意味解釈を与えようとするのは，経済性の原則に反する．したがって，(49) は最終的に (50) と表されることになる．

(50)　(48) の焦点候補
　　　｛(太郎が)，(太郎が教え)，~~(数学を太郎が教え)~~｝

(50) を見ると，主語の「太郎が」は常に焦点（の一部）であるのに対して，目的語の「数学を」が焦点要素の一部に入る解釈は存在しない．したがって，(48) では主語「太郎が」が目的語「数学を」よりも情報の重要度が常に高いということになる．これによって，(46b), (47a) が不自然な談話のつながりになることが正しく説明できる．どちらも，情報上より重要な方の要素を省略している．[27] すでに見てきた目的語と付加語の入れ替えの例と同じ論理で，(46) や (47) のような目的語を主語の前に移動した例も説明することができる．

　本稿のこれまでの議論において重要な仮定は，(i) 有標の語順（構造）は基本構造からスクランブリングによって統語的に派生されているということ，そして (ii) スクランブリングには統語上のコストがかかっているということ，の2点である．したがって，本稿の議論が正しければ，スクランブリングはコストフリーであるという考え方とは相容れない．スクランブリングには統語上の動機，具体的には，移動を引き起こす素性 (triggering feature(s)) が必要であるということになる．

　Miyagawa (2001, 2003) は，OSV を派生するスクランブリングが TP の EPP 素性によって引き起こされる義務的な移動操作であると論じているが，Miyagawa の提案しているメカニズムは，本稿の (46), (47) に対する分析

---

[27] Ishihara (2000: 169) は，「目的語―主語―動詞」においても，節全体を焦点とする解釈が，基本語順の「主語―目的語―動詞」の場合と同じように可能であると判断している．
　　(i)　(Ishihara の [26a])
　　　　何があったの？
　　　a.　[IP 太郎が　本を　買った] の
　　　b.　[IP 本を　太郎が　買った] の
この判断は，本稿の (46), (47) の判断と矛盾する．筆者の耳には，(ib) は (ia) よりも容認度が下がるように感じられる．

とは相容れない．Miyagawa の分析では，(51) に示すように，V が v を経由して T まで繰り上がることにより，TP の指定部が vP 内の主語名詞句からも，VP 内の目的語名詞句からも「等距離 (equidistant)」となる．したがって，どちらか一方の名詞句が TP の指定部に移動して EPP を満たせば，他方の名詞句は元位置に留まったままでよい（したがって，移動の必要性がないので留まっていなければならない）と論じている．

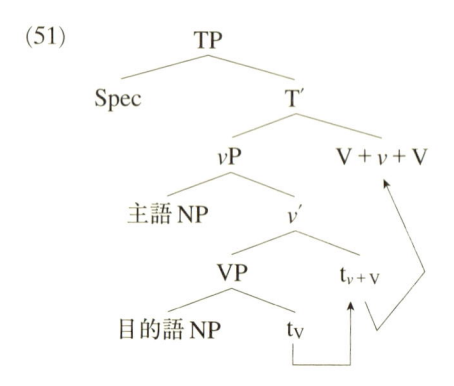

(51)

```
            TP
           /  \
        Spec   T'
              /  \
            vP    V+v+V
           /  \
      主語NP   v'
              /  \
            VP    t_{v+v}
           /  \
     目的語NP   t_v
```

ここで興味深いのは，SOV を派生するコストと OSV を派生する統語上のコストが同等であるということである．このことによって SOV と OSV とが統語的には自由変異であることが説明できると Miyagawa は論じている．しかし，(46), (47) に対する本稿の分析が正しいなら，「等距離」に基づく分析は採用できない．何らかの形で，OSV の方が SOV よりも統語的にコストがかかっている派生のメカニズムを仮定しなければならないからである．OSV の構造を派生するためには，目的語が一度 vP フェイズの左端 (edge) に立ち寄ってから TP の指定部へ移動してゆくというメカニズムが必要である (Ishihara (2000), Miyagawa (2008) など．Takano (1998) も参照)．

この節の最後に，二重目的語構文を考えてみよう．[28]

---

[28] 日本語の二重目的構文は，その基本構造及び派生のメカニズムに関して，未解決の問題も多く，活発な議論がなされている（論点が分かりやすくまとめられているものとして，Takano (2008) が参考になる）．本稿では，作業仮説として，Hoji (1985) の提案に従い，

(52) 太郎は，花子に手紙を渡した．
　　a. 次郎は，∅ 絵本を渡した．
　　b. 次郎は，好子に ∅ 渡した．
(53) 太郎は，手紙を花子に渡した．
　　a. #次郎は，絵本を ∅ 渡した．
　　b. 次郎は，∅ 好子に渡した．
(54) 太郎は，花子に手紙を渡したの？
　　a. うん，(彼は) ∅ 手紙を渡したの．
　　b. うん，(彼は) 花子に ∅ 渡したの．
(55) 太郎は，手紙を花子に渡したの？
　　a. うん，(彼は) ∅ 花子に渡したの．
　　b. #うん，(彼は) 手紙を ∅ 渡したの．

判断はデリケートであるが，強勢・プロソディーを適切にコントロールすると，すなわち本稿で一貫して仮定してきているように，前件節において動詞の直前の要素（構造上もっとも深く埋め込まれた要素）にデフォルトの主強勢（上記の例では，二重下線＿＿で標記）が与えられると仮定すると，(53a) は (52b) と比べても (53b) と比べても談話としての自然さが落ちるように思われる．同様に，(54)，(55) の質問文においても，動詞の直前の要素にデフォルトの主強勢を与えてやると，(55b) の答え方は，(54b) と比べても (55a) と比べても，談話のつながりとしての自然さがかなり落ちるように思われる．この判断が正しければ，本稿で提案してきている議論を支持する証拠となる．いま，(54)，(55) を例にとって考えてみよう．「〜に〜を」の語順となっている (54) に与えられる焦点候補 (focus set) は (56) となり，「〜を〜に」の語順となっている (55) に与えられる焦点候補は (57) となる．

(56) 「〜に〜を」語順の (54) に与えられる焦点候補
　　 {(手紙を), (手紙を渡し), (花子に手紙を渡し)}

「〜に〜を」が基本語順であり，「〜を〜に」は基本語順からスクランブリングによって派生されると仮定して議論を進める．

(57) 「〜を〜に」語順の (55) に与えられる焦点候補
　　　{(花子に), (花子に渡し), (手紙を花子に渡し)}

(56) と (57) を比べると，それぞれの最後のメンバーの論理的意味価は同一である．もし，(54) と (55) の質問文の派生にかかる統語上のコストが同じであるなら，どちらの質問文においても，直接目的語と間接目的語を含む動詞句全体が質問の焦点となる解釈が存在する．すなわち，「〜に」と「〜を」の相対的な情報の重要度に差がない解釈が可能となるはずである．しかし，(55b) が不自然なのは，情報の重要度の低い方を残しながら，より情報の重要度の高い方を省略しているからだとすると，(55) においては「手紙を」は「花子に」よりも情報の重要度が低いということになる．このことは，本稿の論理に従えば，(55) の派生には (54) の派生よりもコストがかかっている，したがって，「解釈候補の比較計算」の結果，(57) の最後のメンバーは (55) に与えられる焦点候補としては認可されないことになる．

(58) 「〜を〜に」語順の (55) に与えられる焦点候補
　　　{(花子に), (花子に渡し), ~~(手紙を花子に渡し)~~}

(58) から明らかなように，(55) において「花子に」は常に焦点要素（の一部）であるのに対して，「手紙を」は決して焦点要素（の一部）にはなっていない．このように考えることによって，(55) では「花子に」が常に「手紙を」よりも情報の重要度が高いということが，正しく説明できる．

　本稿での論理及び (52)–(55) の事実判断が正しければ，日本語の二重目的語構文関して，次の帰結が得られる．

(59) a.　二重目的語構文は，それぞれの語順がどちらも基底生成されるのではなく，「〜に〜を」が基本語順であり，「〜を〜に」は基本語順からスクランブリングによって派生される．[29]

---

[29] これは, Hoji (1985) の仮説を支持する．同様の結論に関して, Koizumi (1995, 2005), Takano (1998), Sugisaki and Isobe (2001), Miyamoto and Takahashi (2002) なども参照．両方の語順が基底生成される可能性に関しては，たとえば Miyagawa (1997), Miyagawa and Tsujioka (2004) を参照．

b. 「～を～に」を派生するスクランブリングには，統語上のコストがかかる．[30]

4. インターフェイスにおける比較計算: 随意的統語操作への示唆

　本稿での論点を，統語論における計算と意味をつかさどる認知能力との関係という観点からもう一度まとめてみよう．狭い意味での言語能力 (faculty of language — narrow sense: FLN)，すなわち与えられた語彙項目群 (Numeration) から「計算の効率性 (computational efficiency)」あるいは「派生の経済性の原理」に従い文を組み立ててゆくメカニズムが，何らかの形で，一般的認知知識・言語外の知識と相互作用を持つことは確かである．さもなければ「言語」を実際に「使用」することはできないであろう．問題はその「相互作用」というのが具体的にどのようなものであるのか，ということである．統語部門の強い「自律性 (autonomy)」を仮定してきた生成文法の伝統においては，意味的に不自然であるとか現実的にありえない情況を表しているということには，文法（狭い意味での言語能力）そのものは影響を受けることはないとされてきた．たとえば，(60a) は「意味不明 (non-sensical)」であるが，「文法的には正しい」英語文である．また，(60b) も現実的はありえない情況を表しているが，文法的な日本語文である．

(60)　a.　Colorless green ideas sleep furiously.
　　　b.　4つの CALL 教室全てで，TA の山田君が待機します．

ところが，Reinhart (2006) は一定の限られた条件の下で，この「現実的にありえる，ありえない」という言語外の一般的認知知識が文の構造に変化をもたらす場合があると論じている．このような例の典型が，本稿 2.1 節で見た「数量詞繰上げ (QR)」の例で，日本語においても全く同じ論理が当てはまることを論じた．

---

　[30] Takano (1998: 857) は，「～を～に」は「～に～を」からスクランブリングによって派生するとしているが，そのスクランブリングには統語上のコストはかからないと提案している．

(61) a.　TA が一人，どの CALL 教室にも鍵をかけた．
　　 b.　TA が一人，どの CALL 教室にも待機します．

日本語では，数量表現（ここでは「一人」「どの～も」）は，実際に発音される構造に従ってその相対的作用域が決まるのが普通であるとされてきている (Hoji (1985))．ここでの分析にそくして言えば，そのような解釈には，QR など余分な操作を加える必要がなく，与えられた語彙群（Numeration）を用いてもっとも効率的な方法で構築された文構造であるからである．このことは (61a) にはそのまま当てはまる．ある一人の特定の TA が全教室に鍵をかけたという解釈がもっとも自然に得られる解釈で，「どの～も」を文頭に移動する QR を想定した場合に得られるはずの「どの CALL 教室に対しても，それに鍵をかけた TA が一人いた」という解釈は，大変むずかしい．一方，(61b) では，そのままの語順に従って得られる相対的作用域から決まる解釈では，ある一人の特定の TA が同時に複数の教室に存在するということになってしまい，通常のわれわれの世界に対する知識に照らし合わせて，大変不自然な情況を表わしていることになる．ところが，もし (61b) で QR を適用した作用域の解釈を採用すれば，各教室に一人ずつ TA がいるという自然な情況を表わす解釈が得られる．この例は，われわれの世界に対する一般的知識の観点から見た情況の自然さに照らし合わせて，コストのかかる統語操作である QR が適用される場合があることを示している．言語外の一般知識が特定の統語操作の適用・否適用に影響を与える場合がありうるということである．このことをもう一度，(62) としてまとめておく．

(62) a.　QR はコストのかかる統語操作である（統語部門・文法における要件）
　　 b.　そのままの構造の作用域では，非現実的な状況を表す解釈になる（一般認知能力からの要件）
　　 c.　QR なしの構造に与えられる解釈の可能性と QR ありの構造に与えられう解釈の可能性をインターフェイスで比較する
　　 d.　QR によって (62b) が解消される場合のみ，インターフェイスでの修復機能として，QR が適用されうる

そして，(62c) を行う具体的なメカニズムの提案が，本稿での基調概念と

なっている Reinhart (2006) の「解釈候補の比較計算 (reference-set computation)」である．

では，本稿第3節の後半で論じたスクランブリングと省略現象の場合は，どのように考えることができるであろうか．上記の議論では，基本語順の構造に与えられる焦点解釈の可能性と，スクランブリングを適用した有標語順の構造に与えられる焦点解釈の可能性との比較を行っている．ここで比較の対象とされた焦点解釈の可能性は，われわれの世界に関する知識と照らし合わせて判断しているというわけではないという点で，上記 QR の場合とは少し事情が異なる．つまり，スクランブリングの場合は，基本語順に与えられる「焦点候補 (focus set)」の内容と，派生語順に与えられる焦点候補の内容とに重複がないかどうかを確認する「解釈候補の比較計算」を行っているが，その際に，問題となる解釈の候補をわれわれの世界に対する知識と照らし合わせて，現実的か非現実的かという判断をしているわけではない．その意味で，スクランブリングと省略現象に関する上記の議論は，言語知識そのものの方に近い領域の問題であると考えることができる．

スクランブリングが，新しい焦点解釈の可能性をもたらすことは，すでに多くの研究で論じられている．[31] 本稿での新しい主張は，スクランブリングを適用した構造に対して，スクランブリングを適用しなかった構造でも得られる焦点解釈は，認可されないという事実を確認し，それに対する原理的な説明を提案した点にある．

ミニマリスト・プログラム (Chomsky (1995, 1998, 1999, 2004, 2007, etc.)) における大きなテーマの中に，「計算の効率性 (computational efficiency)」という原則に基づいて，文派生のメカニズムがどこまで明らかにできるかという課題がある．この観点から見ると，いわゆる適用してもしなくても文法性には影響しないと考えられるスクランブリングのような「随意的 (optional)」な統語操作を理論上どのように考えるべきかが大きな問題となる．ミニマリスト・プログラムのもう1つの大きなテーマは，狭い意

---

[31] 久野 (1978)，Masunaga (1983)，Neeleman and Reinhart (1998)，神尾・高見 (1998)，Zubizarreta (1998)，Ishihara (2000)，Bailyn (2003)，Otsuka (2005)，Miyagawa (2008)，など．

味での統語部門（計算システム）とその外にある認知システムとの相互関係がどのようなものであるのかを明確にしてゆくことである.[32]

本稿第3節での論考は，日本語のスクランブリングは，情報構造に動機づけられており，その意味で任意ではないということを論じた．したがって，スクランブリングという統語操作の存在は，ミニマリスト・プログラムにおいて理論上・概念上の問題とはならない．本稿では，また，すでに久野 (1978), Kuno (1995) などで，記述的一般化としてとらえられていた「有標の構造は，無標の構造に比べ，その談話情報上の機能が限定される」という事実に対し，インターフェイスにおける「解釈候補 (reference-set)」の比較という具体的なメカニズムを用いることによって，より原理的かつ明示的な説明が与えられることを提案した．理論的には, Reinhart (2006) の「インターフェイス方略」というメカニズムに対して，日本語からの具体的なサポートを1つ与えたことになる．さらに，随意的 (optional) であるとされてきたスクランブリングに，情報構造上の効果があるということは，Fox (2000: 2) のいう「interpretation-sensitive economy」という考え方と合致する．Fox は主に QR の問題を取り上げているが, Miyagawa (2008: 37) は，スクランブリングが焦点解釈の可能性に影響を与えることから, Fox の考え方をさらに一般化して，随意的移動はそれが行われなければ得られないような新しい解釈を与えるものでなかればならないという主旨の「解釈上の経済性 (Interpretive Economy)」という考え方を提案している．本稿では，このような考え方を支持する1つの具体的な可能性を論じた．

---

[32] インターフェイスの特性，統語と言語運用能力との関係を具体的に論じる有効な手段としての Reinhart の「解釈候補の比較計算」というメカニズムに対して, Chomsky (2007) では，以下のように述べられている．

"Of interest in this connection is the investigation of interaction of syntactic structure and derivation with principles that facilitate communication, typically neo-Gricean, involving some form of "reference-set computation" (Reinhart 2006);" (Chomsky (2007: 13, fn. 18))

（この関連で興味深い研究領域は，統語構造や統語派生とコミュニケーションを促進する諸原理との相互作用に関するものである．典型的には，何らかの形で「解釈候補の比較計算」(Reinhart (2006)) を含む新グライス的研究である）

参照文献

Bailyn, John Frederick (2003) "Does Russian Scrambling Exist?" *Word Order and Scrambling*, ed. by Simin Karimi, 156-176, Blackwell, Oxford.
Chomsky, Noam (1965) *Aspects of the Theory of Syntax*, MIT Press, Cambridge, MA.
Chomsky, Noam (1976) "Conditions on Rules of Grammar," *Linguistic Analysis* 2, 303-351.
Chomsky, Noam (1991) "Some Notes on Economy of Derivations and Representations," *Principles and Parameters in Comparative Grammar*, ed. by Robert Freidin, 417-454, MIT Press, Cambridge, MA.
Chomsky, Noam (1995) *The Minimalist Program for Linguistic Theory*, MIT Press, Cambridge, MA.
Chomsky, Noam (1998) "Minimalist Inquiries: The Framework," *MIT Occasional Papers in Linguistics* 15.
Chomsky, Noam (1999) "Derivation by Phase," *MIT Occasional Papers in Linguistics* 18. [Also in Chomsky (2001).]
Chomsky, Noam (2001) "Derivation by Phase," *Ken Hale: A Life in Language*, ed. by Michael Kenstowicz, 1-52, MIT Press, Cambridge, MA.
Chomsky, Noam (2004) "Beyond Explanatory Adequacy," *Structures and Beyond: The Cartography of Syntactic Structures, Volume 3*, ed. by Adriana Belletti, 104-131, Oxford University Press, Oxford.
Chomsky, Noam (2007) "Approaching UG from Below," *Interfaces + Recursion = Language? Chomsky's Minimalism and the View from Syntax-Semantics*, ed. by Uli Sauerland and Hans-Martin Gärtner, 1-29, Mouton de Gruyter, Berlin.
Chomsky, Noam and Howard Lasnik (1993) "The Theory of Principles and Parameters," *Syntax: An International Handbook of Contemporary Research*, ed. by Joachim Jacobs, Arnim von Stechow, Wolfgang Sternefeld and Theo Vennemann, 506-569, Gruyter, Berlin. [Also in Chomsky (1995).]
Cinque, Guglielmo (1993) "A Null Theory of Phrase and Compound Stress," *Linguistic Inquiry* 24, 239-298.
Fiengo, Robert and Robert May (1994) *Indices and Identity*, MIT Press, Cambridge, MA.
Fox, Danny (1995) "Economy and Scope," *Natural Language Semantics* 3,

283-341.

Fox, Danny (2000) *Economy and Semantic Interpretation*, MIT Press, Cambridge, MA.

Hasegawa, Nobuko (1984/85) "On the So-called "Zero Pronouns" in Japanese," *Linguistic Review* 4, 289-341.

Hauser, Marc D., Noam Chomsky and W. Tecumseh Fitch (2002) "The Faculty of Language: What Is It, Who Has It, and How Did It Evolve?" *Science* Vol. 298 (24 November 2002), 1569-1579.

Hirschbühler, Paul (1982) "VP Deletion and Across-the-Board Quantifier Scope," *NELS* 12, 132-139.

Hoji, Hajime (1985) *Logical Form Constraints and Configurational Structures in Japanese*, Doctoral dissertation, University of Washington.

Hoji, Hajime (1998) "Null Objects and Sloppy Identity in Japanese," *Linguistic Inquiry* 29, 127-152.

Holmberg, Andres (1999) "Remarks on Holmberg's Generalization," *Studia Linguistica* 53, 1-39.

Ishihara, Shinichiro (2000) "Stress, Focus, and Scrambling in Japanese," *A Few from Building E39: Working Papers in Syntax, Semantics and Their Interface*, *MITWPL* 39, 151-185.

Jackendoff, Ray (1972) *Semantic Interpretation in Generative Grammar*, MIT Press, Cambridge, MA.

神尾昭雄・高見健一（1998）『談話と情報構造』研究社出版，東京．

Koizumi, Masatoshi (1995) *Phrasal Structure in Minimalist Syntax*, Doctoral dissertation, MIT.

Koizumi, Masatoshi (2005) "Syntactic Structure of Ditransitive Constructions in Japanese: Behavioral and Imaging Studies," *The Proceedings of the Sixth Tokyo Conference on Psycholinguistics*, ed. by Yukio Otsu, 1-25. Hituzi Syobo, Tokyo.

久野暲（1978）『談話の文法』大修館書店，東京．

Kuno, Susumu (1995) "Null Elements in Parallel Structures in Japanese," *Japanese Sentence Processing*, ed. by Reiko Mazuka and Noriko Nagai, 209-233, Lawrence Erlbaum Associates, Hillsdale.

Kuroda, Shige-Yuki (1965) *Generative Grammatical Studies in the Japanese Language*, Doctoral dissertation, MIT.

Lasnik, Howard (1972) *Analysis of Negation in English*, Doctoral dissertation, MIT.

Lasnik, Howard and Mamoru Saito (1992) *Move α: Conditions on Its Ap-

plications and Output, MIT Press, Cambridge, MA.

Masunaga, Kiyoko (1983) "Bridging," *Proceedings of the XIIIth International Congress of Linguistics*, ed. by Shiro Hattori and Kazuko Inoue, 455-460.

May, Robert (1977) *The Grammar of Quantification*, Doctoral dissertation, MIT.

May, Robert (1985) *Logical Form: Its Structure and Derivation*, MIT Press, Cambridge, MA.

McCawley, Noriko Akatsuka (1976) "Reflexivization: A Transformational Approach," *Syntax and Semantics* 5: *Japanese Generative Grammar*, ed. by Masayoshi Shibatani, 51-116, Academic Press, New York.

Merchant, Jason (2001) *The Syntax of Silence: Sluicing, Islands, and the Theory of Ellipsis*, Oxford University Press, Oxford.

Miyagawa, Shigeru (1997) "Against Optional Scrambling," *Linguistic Inquiry* 28, 1-25.

Miyagawa, Shigeru (2001) "EPP, Scrambling, and wh-in-situ," *Ken Hale: A Life in Language*, ed. by Michael Kenstowicz, 293-338, MIT Press, Cambridge, MA.

Miyagawa, Shigeru (2003) "A-Movement Scrambling and Options without Optionality," *Word Order and Scrambling*, ed. by Simin Karimi, 177-200, Blackwell, Oxford.

Miyagawa, Shigeru (2005) "EPP and Semantically Vacuous Scrambling," *The Free Word Order Phenomenon: Its Syntactic Sources and Diversity*, ed. by Joachim Sabel and Mamoru Saito, 181-220, Mouton de Gruyter, Berlin.

Miyagawa, Shigeru (2008) "Optionality," ms., MIT.

Miyagawa, Shigeru and Takae Tsujioka (2004) "Argument Structure and Ditransitive Verbs in Japanese," *Journal of East Asian Linguistics* 13, 1-38.

Miyamoto, Edson T. and Shoichi Takahashi (2002) "Sources of Difficulty in Processing Scrambling in Japanese," *Sentence Processing in East Asian Languages*, ed. by Mineharu Nakayama, 167-188, CSLI Publications, Stanford.

Neeleman, Ad and Tanya Reinhart (1998) "Scrambling and the PF Interface," *The Projection of Arguments: Lexical and Compositional Factors*, ed. by Miriam Butt and Wilhelm Geuder, 309-353, CSLI Publications, Stanford.

Oku, Satoshi (1998a) *A Theory of Selection and Reconstruction in the Minimalist Perspective*, Doctoral dissertation, University of Connecticut.

Oku, Satoshi (1998b) "LF Copy Analysis of Japanese Null Arguments," *CLS* 34, 299-314.

奥　聡 (2008a)「言語能力と一般認知能力との相互関係: 生成文法の試み」『北海道英語英文学』第 53 号, 41-77.

Oku, Satoshi (2008b) "Minimalism and Information Structure: A Case of Ellipsis in Japanese," *WAFL* 5 (MITWPL 58), 257-269.

Otani, Kazuyo and John Whitman (1991) "V-Raising and VP-Ellipsis," *Linguistic Inquiry* 22, 345-358.

Otsuka, Yuko (2005) "Scrambling and Information Focus: VSO-VOS Alternation in Tongan," *The Free Word Order Phenomenon: Its Syntactic Sources and Diversity*, ed. by Joachim Sabel and Mamoru Saito, 243-279, Mouton de Gruyter, Berlin.

Reinhart, Tanya (1976) *The Syntactic Domain of Anaphora*, Doctoral dissertation, MIT.

Reinhart, Tanya (1983) *Anaphora and Semantic Interpretation*, Croom Helm, London.

Reinhart, Tanya (1995) "Interface Strategies," *OTS Working Papers in Linguistics*, TL-95-002, University of Utrecht.

Reinhart, Tanya (2006) *Interface Strategies: Optimal and Costly Computations*, MIT Press, Cambridge, MA.

Rooth, Mats E. (1992) "A Theory of Focus Interpretation," *Natural Language Semantics* 1, 75-116.

Ross, John Robert (1967) *Constraints on Variables in Syntax*, Doctoral dissertation, MIT.

Sag, Ivan (1976) *Deletion and Logical Form*, Doctoral dissertation, MIT.

Selkirk, Elizabeth and Koichi Tateichi (1991) "Syntax and Downstep in Japanese," *Interdisciplinary Approaches to Language: Essays in Honor of S.-Y. Kuroda*, ed. by Carol Georgopoulos and Roberta Ishihara, 519-543, Kluwer, Dordrecht.

Sugisaki, Koji and Miwa Isobe (2001) "What can Child Japanese Tell us about the Syntax of Scrambling?" *WCCFL* 20, 538-551.

Szendrői, Kriszta (2001) *Focus and the Syntax-Phonology Interface*, Doctoral dissertation, University College London.

Takahashi, Daiko (2006) "Apparent Parasitic Gaps and Null Arguments in Japanese," *Journal of East Asian Linguistics* 15, 1-35.

Takano, Yuji (1998) "Object Shift and Scrambling," *Natural Language and Linguistic Theory* 16, 817–889.

Takano, Yuji (2008) "Ditransitive Constructions," *The Oxford Handbook of Japanese Linguistics*, ed. by Shigeru Miyagawa and Mamoru Saito, 423–455, Oxford University Press, London.

Tancredi, Christopher D. (1992) *Deletion, Deaccenting, and Presupposition*, Doctoral dissertation, MIT.

Tomioka, Satoshi (2003) "The Semantics of Japanese Null Pronouns and Its Cross-Linguistic Implications," *The Interfaces: Deriving and Interpreting Omitted Structures*, ed. by Kerstin Schwabe and Susanne Winkler, 321–339, John Benjamins, Amsterdam.

Williams, Edwin (1977) "Discourse and Logical Form," *Linguistic Inquiry* 8, 101–139.

Zubizarreta, Maria Luisa (1998) *Prosody, Focus, and Word Order*, MIT Press, Cambridge, MA.

第 8 章

日本語の焦点に関する主文現象*

北川　善久

　この論文では，日本語の東京方言における焦点，特に Wh 焦点の韻律と解釈の相関に関する研究の経過報告をおこなう．まず，Wh 焦点が主節を作用域にとる場合に限って，焦点となる Wh 語句そのもののピッチが顕著に高められるという音声的特徴を音声の実験を通して示す．さらに，そのような特殊な韻律が「網羅的な焦点」の解釈と義務的に連動していることを指摘，議論し，この「音声と解釈の両方に同時にあらわれる主文現象」の統語分析の試案を示す．

1.　はじめに

　「文の統語的特質を正確に見きわめるためには，そこに含まれる情報構造 (information structure) や韻律 (prosody) にきちんと注意をはらう必要がある」という認識が生成文法の研究者の間で高まりつつある．これら「統語外」の要因が文の解釈や容認性の判断に大きく影響をあたえることが近年の研究によって徐々に明らかにされ，韻律に注意を払うと容認性の判断が変

---

　* 共同研究者として，たくさんの重要な例文，意味論に関するコメント，アドバイスなどを提供してくれた富岡諭氏に深く感謝する．この論文でとりあげる現象を「主文現象」という視点からとらえ，その研究成果を発表する機会を与えてくれた長谷川信子氏にも感謝したい．また，*CIL 18* と *The Workshop on Syntactic Structure and Force* at Kanda University of International Studies の参加者のみなさん，とくに石原慎一郎氏と Chris Tancredi 氏は貴重なコメントを提供してくれた．種々の事情から，この論文の中ではそれらをきちんと反映できなかった部分もあり，将来への課題を残した．音声の実験や統計処理を研究助手として実行してくれた吉田健二君にも感謝したい．論文内に残る全ての誤りや不備は筆者に帰するものである．This paper is based upon work supported by the National Science Foundation under Grant No. BCS-0650415.

わってしまうケース，情報構造の不自然さが文の非文法性として誤認されているケースなどが，すでに出版されている文献中にも存在することが指摘されてきているからである．この論文では，このような統語研究における警告を考慮に入れつつ，東京方言における韻律と焦点 (focus) の解釈の間にみられる関係を考察し，その経過報告を行なう．

分析をはじめる前に，この論文の中で扱う，情報構造に関するいくつかの概念を定義しておく．まず，Chafe (1976: 33–35) や Rooth (1992: 76–77) にしたがって，「焦点」とは文の解釈において，ある選択肢が「他の選択肢の集合 (set of alternatives)」という概念を喚起する場合の呼び名とする．また，Hamblin (1973) にしたがって，Wh 疑問文に現れる Wh 表現と，その回答の一部としてこの Wh 表現の内容を明示する語句を，どちらも焦点とみなす．

また，Krifka (2007: 33) の定義を一部拡大解釈して，焦点の概念を次のように，さらに細かく下位区分する．まず，「焦点として言及されている選択肢だけが命題を真にみちびく」こと，そして「そこで採用されなかった選択肢は真の命題をみちびかない」ことを文がはっきりと含意している時，その焦点は「網羅的 (exhaustive)」であると位置づける．また，「焦点を選び出す際の母体となった選択肢の集合に序列があたえられ，焦点の指示的意味 (focus denotation) がその中でもっとも高い，あるいは低いものである」ことが含意されている時，その焦点は「序列的 (scaler)」であると位置づける．

ここで採用された定義は，今後さらなる変更を必要とするかもしれないが，少なくとも，この論文の中で筆者がこれらの用語をどのような意図で使っているかが明らかになり，不必要な誤解や混乱をさける助けになると思われる．同じ趣旨から，強調焦点 (emphatic focus)，対比焦点 (contrastive focus)，提示焦点 (presentational focus)，識別焦点 (identificational focus)，情報焦点 (informational focus) などの用語は採用しない．

2. Wh 焦点と韻律

日本語の東京方言（以下，単に「日本語」と言及する）では焦点が，ある特有の韻律パターンを示すことが郡 (1989)，Maekawa (1991) などで観察されている．たとえば，下の (1) における Wh 疑問文とその回答文におい

て，□で示された焦点（「誰」および「メアリー」）は，ある程度ピッチと強度 (intensity) を高めて強調され，下線で示された，それに続く語句は焦点後縮小 (post-focal reduction) とよばれる音声の操作によって，その抑揚が極端におさえられる．

(1) A: 今日は誰が来たの？
    B: 今日はメアリーが来ました．

以下，焦点を含む文に特有のこのような韻律パターンを焦点韻律 (Focus Prosody: 略して FPD) と呼ぶ．[1]

2.1. Wh 焦点の作用域と韻律との相関関係

Nishigauchi (1990: 33) は日本語では，Wh 表現が「Wh 島」の中にある時でも「極端な強勢を伴った音調 (a marked intonation with a heavy stress)」を与えれば主文を作用域 (scope domain) にとれるようになり，下接の条件がゆるめられることがある，と報告している．

(2) 警察は［彼女があの晩誰と会っていたか］調べているの？
    ＝あの晩彼女と会っていたかどうか警察に調べられている人物は誰ですか？

ここでは，Wh 疑問文の解釈が Wh 表現の強調を伴うことは正しく指摘されているのであるが，このような Wh 表現の強調が，一般的に，その直後から始まる post-focal reduction によってその作用域の主要部である補文標識 (COMP) と結び付けられている，という韻律の現象は見過ごされてしまっている．（例：(2) の 誰 ... の）

同様の FPD は，下の (3) に見られるように，Wh 表現が埋め込まれた平叙文の中から主文を作用域に取る時でも要求される．

(3) 警察は［彼女があの晩，誰と会っていたと］考えているの？

---

[1] 例えば (1A, B) において，FPD をより正確にあらわすと (i), (ii) のようになるが，意味解釈との関連を重視して，焦点となる語全体を□で囲むことにする．
  (i) だ'れが来たの↑　（↑＝疑問文の文末における上昇音調）
  (ii) メ'アリーが来ました

つまり，FPD が下接の条件を無効にするためだけに用いられる特殊な韻律のパターンであると考えるのは間違いであることがわかる．さらに，FPD は，下の (4) のように，補文中の Wh 表現がその補文を作用域に取る場合でも付与される．ここで，(4) と (2) が FPD の長さ以外は全く同一の表層構造を持っていることに注目してもらいたい．((4) で post-focal reduction が補文の「か」で終わっていることは，その直後の主文の動詞「しら'べている」のアクセントがそのまま保たれることでマークされている．)

(4) 警察は [彼女があの晩, 誰と会っていたか] しら'べているの？
= 彼女があの晩会っていた人物が誰かを警察は調べているの？

ここで注目すべきなのは，(2) は Wh の直接疑問文，つまり主文が Wh 疑問文として解釈されているが，(4) は Wh の間接疑問文，つまり，その主文は肯定・否定を問う yes-no 疑問文として解釈されていることである．

これらの観察がさし示しているのは，焦点の韻律（FPD）の範囲と Wh 解釈の作用域が一対一に対応していることである．Deguchi and Kitagawa (2002), Ishihara (2002), Ishihara (2003), Kitagawa (2005) などですでに指摘されているように，(2), (3) のように，FPD が主文の最後までのばされている時はこの韻律パターンを開始する Wh 表現は主文をその作用域とするし，(4) のように，FPD が補文内で終了する時には Wh 表現は補文をその作用域とする．以下，前者のタイプの FPD を全体的 FPD (*Global* FPD), 後者のタイプを局所的 FPD (*Local* FPD) と呼ぶ．

2.2. 二種類の Wh ピーク

筆者には，ほかの話者や自分が発音した Wh 疑問文を録音して分析する機会が何度かあったが, *Global* FPD が与えられた時のほうが *Local* FPD が与えられた時よりも Wh 表現そのもののピッチが高く発音されるという一般的な傾向が比較的はっきりみられることに気がついた．つまり，主文を作用域とする Wh 表現のほうが，補文を作用域とするものよりもピッチが高く発音されるようなのである．(5ai/bi) に示した筆者自身の録音のピッチトラック図 (Kitagawa (2005: 306-307)) でも, Ishihara (2003: 61) から引用した (5aii/bii) の図でもこの傾向ははっきり観察できる．

第 8 章　日本語の焦点に関する主文現象　　　273

(5) a.　Global FPD:
　　　(i)　ジョンはメアリーが何を選んだと今でも思っているの？

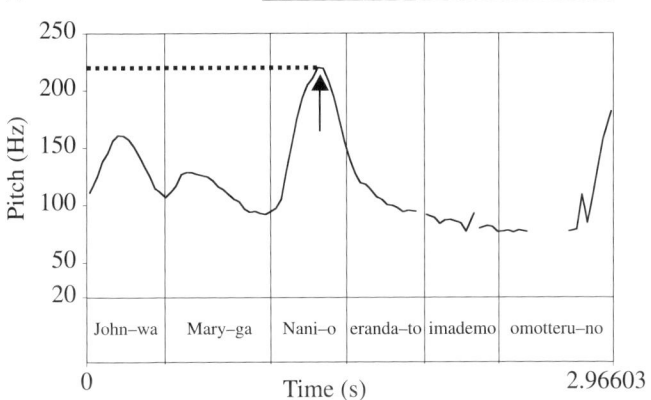

　　　(ii)　直也は真理が何を飲み屋で飲んだか今でも覚えてるの？

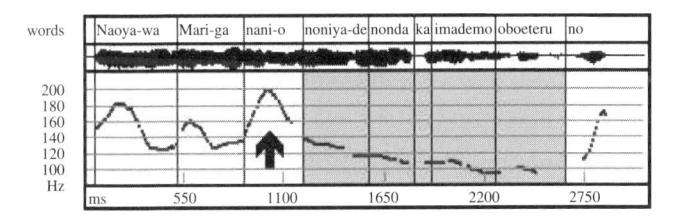

b.　Local FPD:
　　　(i)　ジョンはメアリーが何を選んだか今でも知らない．

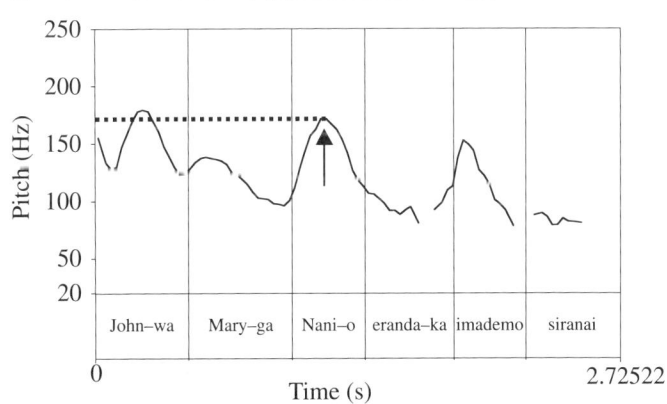

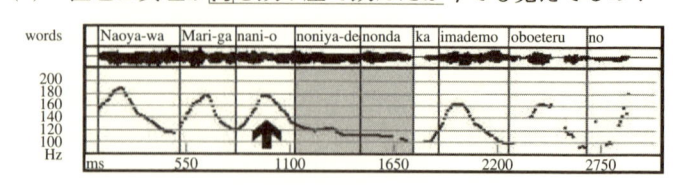

(ii) 直也は真理が何を飲み屋で飲んだか今でも覚えてるの？

　これらの第一印象がはたして日本語話者に共通の一般的な特性を正しく捉えたものであるかどうかを確かめるために，以下の (a)–(f) の要領で音声録音の実験を行い，統計分析をおこなった．(a) 7つの Wh 疑問文と 12 のフィラー文を準無作為化して 4 つの異なる順番で提示した．(b) 東京とその近辺 (神奈川と千葉) 出身の 19 歳から 23 歳の日本語の話者に，これらの文を，黙読して内容を理解してから，なるべく自然なイントネーションで声に出して読んでもらった．(c) Wh 疑問文が直接疑問文にも間接疑問文のどちらにも解釈できる文には，どちらか片方の解釈が特定できるような答えを含む談話を作成して提示した．(d) マイクロフォン (Sony ECM-CS10) をラップトップコンピューター (Toshiba Satellite M45) に直接接続し，各文を 11 回録音，最初の録音を破棄して，10 回の録音の音声を分析した．(e) すべての Wh 表現のピーク F_0 の値を Praat 5.0.30 を用いて測定した．(f) 上の (c) の要領で区別された同一の Wh 文の各対に関して，2 つの個別のサンプルの平均を取り，t 検定をおこなった．

　この実験は，次の (i)–(iii) の異なる条件のもとで，Wh 表現が有意で安定したピッチ差を示すかどうかを調べるためにデザインされたものである．(i)「作用域の違い (scope asymmetry)」——Wh 表現の解釈が異なる作用域 (主文対補文) を含む場合．(ii)「位置の違い (location asymmetry)」——主文を作用域にとる Wh 表現が異なる節 (主文対補文) の中に位置する場合．(iii)「Wh-COMP 間の距離の違い (distance variation)」——Wh 表現と，それが連係している COMP との距離 (つまり，FPD の領域の長さ) がはっきり異なる場合 (遠距離対近距離)．以下の 2.2.1–2.2.3 節で，(i)–(iii) の実験の結果とその分析をそれぞれ紹介する．

2.2.1. 作用域の違い

　作用域の違いが Wh 表現のピッチにおよぼす影響を調べる実験では，下

の，直接疑問文をふくむ (6a) と間接疑問文をふくむ (6b) の 2 つの文が比較された．(CP-M は主節を，CP-S は従属節をあらわす．)

(6) a. [_CP-M_ どの力士が勝ったの]？
　　b. Q: お相撲の場所中は，毎日夕方になると
　　　　　[_CP-M_ [_CP-S_ どの力士が勝ったか] 気になりますか]？
　　　　A: ええ，そうですね．かなり気になっちゃいますね．

(6a, b) の 2 つの Wh 疑問文は，ふくまれる語句も長さもほぼ同一であり，Wh の作用域が主文であるか補文であるかという点においてのみ異なる．これら 2 つの文の間で Wh 表現のピッチの最高点（以下，Wh ピークと呼ぶ）を測定，比較した．

表 (7) は，この実験で得られたデータに t 検定を適用した結果をまとめたものである．主文を作用域とする Wh 表現は Wh_M，補文を作用域とするものは Wh_S と表示されている．以下のすべての表において示されている p 値は両側検定によるもので，四捨五入された 1/1000 の値をそのまま，p 値が 0.001 以下の場合は不等号を使って示してある．統計的に有意な結果には陰影がかけられている．

(7) T-test: Wh_M vs. Wh_S

	df	t	p (2-tailed)	Δ peak (Hz: Wh_M minus Wh_S)
Speaker 1	18	5.795	> 0.001	48.40
Speaker 2	18	9.673	> 0.001	21.77
Speaker 3	18	4.333	> 0.001	14.01
Speaker 4	18	5.617	> 0.001	60.13
Speaker 5	18	4.114	0.001	28.63
Speaker 6	18	3.340	0.004	9.32
Speaker 7	18	4.472	> 0.001	18.17
Speaker 8	18	2.466	0.018	9.11
Speaker 9	18	5.352	> 0.001	13.59
Speaker 10	18	1.960	0.066	5.58

(7) が示すように，この実験では，10 人中 9 人の話者に関して，Wh_M のピッチの最高点が Wh_S のそれよりも高い，という統計的に有意な結果が得られた．つまり，主文を作用域とする Wh 表現のほうが，補文を作用域とするものよりも高いピッチが与えられる一般的な傾向があると考えられる．(2.2.3 節末尾のピッチトラック図 (13a) と (13b) の対比を参照.)

2.2.2. 位置の違い

位置の違いが Wh 表現のピッチにおよぼす影響を調べる実験では，Wh 表現が主文にあらわれている (8a) と，補文にあらわれている (8b) の文が比較された．

(8) 〈食中毒の話題〉
 a. [_{CP-M} 患者達はその店で何を食べたの]？
 b. [_{CP-M} pro [_{CP-S} 患者達はその店で何を食べたと] 思いますか]？

どちらも，Wh が主文を作用域にとる直接疑問文 (Wh_M) であるが，Wh 表現が主文 (CP-M) に位置するか補文 (CP-S) に位置するかという点において異なる．ここでも，2 つの文の Wh ピークを測定，比較した．

表 (9) は，この実験で得られたデータに t 検定を適用した結果をまとめたものである．

(9) *t*-test: "Wh_M in CP-M" vs. "Wh_M in CP-S"

	df	t	p (2-tailed)
Speaker 1	18	0.333	0.743
Speaker 2	18	1.221	0.238
Speaker 3	18	0.341	0.737
Speaker 4	18	1.754	0.096
Speaker 5	18	1.943	0.068
Speaker 6	18	0.677	0.507
Speaker 7	18	1.365	0.189
Speaker 8	18	1.319	0.203
Speaker 9	18	0.221	0.827
Speaker 10	18	1.044	0.31

ここでは 10 人すべての話者に関して，Wh_M の文中の位置が異なっても，その Wh ピークには有意な差が観察されなかった．つまり，Wh の作用域が同じ（Wh_M）である場合，Wh 表現そのものが主文にあっても補文にあっても，その強調度にはあまり差がない，という一般的な傾向がみられたことになる．(2.2.3 節末尾のピッチトラック図 (13a) と (13c) の類似を参照.)

2.2.3. Wh-COMP 間の距離の違い

　Wh-COMP 間の距離の違いが Wh 表現のピッチにおよぼす影響を調べる実験では，2 つの直接疑問文（Wh_M）(10a) と (10b) が，そして 2 つの間接疑問文（Wh_S）(11a) と (11b) がそれぞれの間で比較された．どちらの対も Wh の作用域は同じであるが，連係される Wh と COMP の間の距離，すなわち FPD の長さが大きく異なる．ここでも，それぞれ 2 つの文の Wh ピークを測定，比較した．

(10) a. [$_{CP-M}$ どの力士が勝ったの]？　（= (6a)）
　　 b. [$_{CP-M}$ [$_{CP-S}$ どの力士が勝ったと] 思いますか]？
(11) a. Q: [$_{CP1}$ 保健所は [$_{CP2}$ 患者達が何を食べたか]
　　　　　　 確かめたんですか]？
　　　 A: はい，それは，既に確認済みです．
　　 b. [$_{CP1}$ 直人は [$_{CP2}$ ママが何を入学のお祝いにくれるつもりか]
　　　　　　 あ'に (兄) にたずねてみた]

　表 (12) は，この実験で得られたデータに t 検定を適用した結果をまとめたもので，(12a) では Wh_M に関して比較し，それをふくむ FPD の距離が短いもの (SD) と長いもの (LD) を，(12b) では Wh_S に関して同じような対を比較している．

(12) *T*-test: **SD** vs. **LD**

a. Wh$_M$: ((10a) vs. (10b))

	df	t	p (2-tailed)
Speaker 1	18	0.701	0.493
Speaker 2	18	0.367	0.717
Speaker 3	18	0.283	0.78
Speaker 4	18	1.575	0.133
Speaker 5	18	**2.265**	**0.036**
Speaker 6	18	1.882	0.076
Speaker 7	18	**3.929**	**0.001**
Speaker 8	18	1.504	0.15
Speaker 9	18	**3.137**	**0.006**
Speaker 10	18	0.480	0.637

b. Wh$_S$: ((11a) vs. (11b))

	df	t	p (2-tailed)
Speaker 1	18	0.298	0.769
Speaker 2	18	**2.839**	**0.011**
Speaker 3	18	**8.248**	**> 0.001**
Speaker 4	18	1.087	0.291
Speaker 5	18	**2.250**	**0.037**
Speaker 6	18	0.373	0.714
Speaker 7	18	**4.716**	**> 0.001**
Speaker 8	18	**4.342**	**> 0.001**
Speaker 9	18	**4.142**	**0.001**
Speaker 10	18	0.491	0.63

ここでは，何人かの話者に関して，Wh と COMP の間の距離が大きい，すなわち FPD が長い場合，Wh ピークのピッチも高くなっているという統計的に有意な結果が見られた．しかし，一方で，(12a) と (12b) の差が示すように，このような Wh-COMP 間の距離が与える影響は，異なる話者の間でも (Speakers 5, 7, 9 vs. Speakers 2, 3, 8)，また異なる文の間でも ((10) vs. (11)) 不規則な変動がみられる．また，上の (8a) と (8b) の例では，どの話者に関しても，Wh-COMP 間の距離の違いは Wh ピークに有意な影響をおよぼさなかった．((9) の実験結果を参照．)

また逆に，表 (7) の実験結果で示されたように，(下に繰り返す) (6a, b) の例の中では，Wh-COMP 間の距離が全く同一であるにもかかわらず Wh_M が Wh_S よりも高いピッチで発音される強い傾向が観察された．

(6) a. [$_{CP-M}$ どの力士が勝ったの]？
　　b. Q: お相撲の場所中は，毎日夕方になると
　　　　　[$_{CP-M}$ [$_{CP-S}$ どの力士が勝ったか] 気になりますか]？
　　　　A: ええ，そうですね．かなり気になっちゃいますね．

つまり，Wh_M と Wh_S の差は，Wh-COMP 間の距離の違いではなく，Wh 焦点の作用域の違い（主節対従属節）によってこそ引き起こされていることを明確に示唆している．(なお，Wh 焦点が主文に位置するか補文に位置するかがこのような差を引き起こさないことは，すでに 2.2.2 節で確認ずみである．)

ここまでの 3 つの音声実験の結果を分析した結果をまとめると，次のような一般化が得られる．まず第一に，Wh の作用域の違いは，はっきりとした Wh ピークのピッチの違いを引き起こす——主文を作用域とする Wh (Wh_M) は補文を作用域とするもの (Wh_S) よりも，より高いピッチで発音される．(以下，この観察を $Wh_M > Wh_S$ と示す.) 第二に，Wh 表現の文中での位置の違いは Wh ピークに大きな影響はおよばない．最後に，Wh-COMP 間の距離の違いは Wh ピークに何らかの影響をおよぼすが，その効果は話者や文によってまちまちで，一定せず，それが Wh ピーク変動の決定的な要因とは考えにくい．つまり，2.2 節の冒頭で紹介した，「Global FPD が与えられた時のほうが Local FPD が与えられた時よりも Wh 表現そのもののピッチが高く発音される」という筆者の非公式な観察が実験に

よって再確認されたことになる．言いかえれば，日本語（東京方言）話者には，主文を作用域とする Wh 表現（Wh$_M$）のほうを，補文を作用域とするもの（Wh$_S$）よりも高いピッチで発音する一般的な傾向があることが観察された．

参考までに，下の (13) に，この節の音声実験でえられた (6a), (6b), (10b) の文の録音例のピッチトラックを示しておく．

(13) a. Wh$_M$ in CP-M: (= (6a)/(10a))
 どの力士が勝ったの？

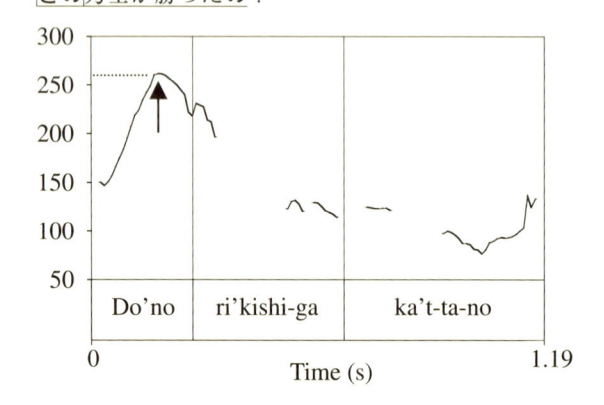

b. Wh$_S$ in CP-S: (= (6b))
 どの力士が勝ったか気になりますか？

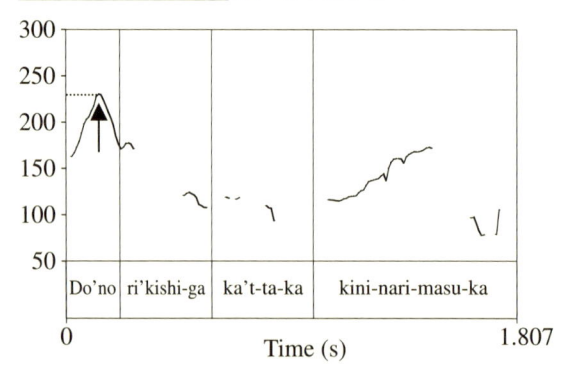

c. Wh$_M$ in CP-S:　(= (10b))
　　　どの力士が勝ったと思いますか？

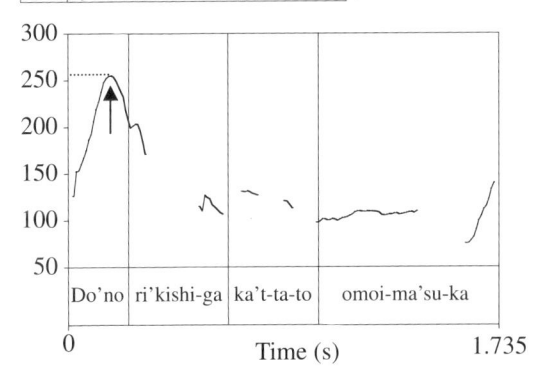

[図: ピッチ曲線 Do'no ri'kishi-ga ka't-ta-to omoi-ma'su-ka, 0〜1.735秒]

2.3. E-Accent と N-Accent

下にくりかえす (1A-B) の□で示されているように，焦点となる語句は一般的に，すでにある程度の音韻的な強調を与えられている．

(1) A: 今日は誰が来たの？
　　 B: 今日はメアリーが来ました．

これに対して，下の (14) で太字の大きなフォントで示されているように，FPDにおける焦点がさらに強調され，一段と高いピッチと音量で発音されることがある．

(14) 今日は**メアリー**が来ました．

そして，このように発音された焦点の強調は，たとえば (14) の場合，「ほかの予測されていた人ではなくて（あるいは最も予想されなかった）**メアリーが**」というような意味合いを含意している「網羅的な焦点」，もしくは「序列的な焦点」を意図していると思われる．同じような現象が，具体的なコンテクストを付けた，下 (15) と (16) の間，(17) と (18) の間の対照によって，さらにはっきり観察できる．

(15) 〈ふたりの看護婦の会話〉
　　 A: 201号室の患者さんは，晩ご飯に何を食べましたか？

B：　お肉を食べました．
(16)　〈看護婦の発話〉
　　　201号室の山下さんは，きょうは調子がいいですよ．
　　　なにしろ**お肉**を食べましたから．
(17)　A：　あなたはどんな車にのってるの？
　　　B：　僕はポルシェに乗ってます．
(18)　あの人は金持ちだと思うよ．だって**ポルシェ**に乗ってるもん．

　(15B) と (17B) では，焦点は，採用された選択肢が単なる Wh 疑問の答えとして，特別な意味を含意せずに示されているのに対し，さらに強調された焦点を含む (16) と (18) では，それぞれ，「ほかの一般的な病人食ではなく（あるいは，最も病人食らしくない）**お肉**を」，「ほかの一般向けの車ではなく（あるいは，最も一般向けの車ではないと思われる）**ポルシェ**に」という含意が強くあらわされている．
　つまり，(16) と (18) にみられる「極度の強勢による焦点の強調」は網羅的あるいは序列的な解釈が意図されていることを示す韻律のパターンであり，(15B) と (17B) にみられる，そのような極度の強調を含まない焦点の韻律のパターンとは区別されていると考えられる．ここでは，前者を「強勢 (Emphasis) の置かれた焦点の音調」（以下，*E*-Accent），後者を「中立的な (Neutral) 焦点の音調」（以下，*N*-Accent）と呼ぶことにする．[2]
　さらに，Szabolcsi (1981: 519) が提案した下のような意味解釈のテストを使うと，E-Accent は「網羅的な焦点」を必ずひき起こすが，N-Accent は必ずしもそうではないケースが確認される．まず，下の Wh 疑問文 (19A) の答え (19B-i) の中では，等位接続された DP「レーズンとピーナッツ」が焦点として N-Accent を与えられている．

(19)　〈食物アレルギーを起こした娘の親と医者の会話〉
　　　　A：　ナッツとかのアレルギーを起こしやすいものを食べたのかな？
　　　　　　今日はこれまで何を食べましたか？

---

[2] Deguchi and Kitagawa (2002), Kitagawa (2005) の「強勢の音調 (Emphatic Accent)」とは N-Accent のことであり，E-Accent とは異なるので注意を要する．

B： (i) 彼女は レーズンとピーナッツ を食べました．
　　 (ii) だから，確かに彼女は ピーナッツ を食べています．

ここでは，(19Bi) の内容から (19Bii) の内容が論理的帰結として推論されうるため，(i), (ii) と続く談話は，ピーナッツを食べたかどうかが問題になっている時の自然な談話として問題なく解釈できる．一方，(19Bi, ii) の N-Accent を下の (20a, b) のように E-Accent に置きかえてしまうと，同じ文の連続を自然な談話として解釈するのがむずかしくなる．

(20) a. 彼女は**レーズンとピーナッツ**を食べました．
　　 b.#だから，確かに彼女は**ピーナッツ**を食べています．

なぜこのような問題がおきるのかというと，(20a, b) では両方の文に網羅的焦点があらわれているため，両者の間に，(19Bi, ii) では可能だった推論が成り立たなくなるためと思われる．つまり，(20a) はレーズンとピーナッツが食べられた全ての食物であることを含意するし，(20b) は食べられたのはピーナッツだけであることを含意し，両者が矛盾してしまうのである．

　ここまでをまとめると，日本語の焦点には N-Accent と E-Accent という，二種類の異なる音調が与えられることがあり，E-Accent が文に付加されると，必ず網羅的，もしくは序列的焦点の解釈が導き出される．[3]

---

[3] É Kiss (1998: 249) は，下の (ia) と (ib) にみられる解釈のちがいを報告して，ハンガリー語においては，網羅的焦点の性質をもつ識別焦点 (identificational focus) は左方への移動によってのみ表現されうると議論している．((ia) は識別焦点を，(ib) は情報焦点 (informational focus) を含むと報告されている．)

(i) a. Mari **EGY KALAPOT** nézett ki magának.
　　　 Mary a　　 hat.ACC　 picked out herself.to
　　　 'It was **A HAT** that Mary picked for herself.'
　　　 (メアリーが自分用に選んだのは帽子であった．)
　 b. Mari ki nézett magának EGY KALAPOT.
　　　 Mary out picked herself.DAT A　 HAT.ACC
　　　 'Mary picked for herself A HAT.'
　　　 (メアリーが自分用に帽子を選んだ．)

そうすると，ハンガリー語では移動によって示されていることが，日本語では基底の位置で焦点の音調を変化させることによって示されていることになる．ただし，Identificational Focus が上の 1 節で定義された「網羅的焦点」と同じ概念をさし示しているかどうかは定かでない．

こうして見ると，2.2節でWh疑問文に関して観察されたWh$_M$＞Wh$_S$という対比は，この節の冒頭で(14)と(1B)に関して観察されたE-Accent＞N-Accentという対比に酷似していることに気が付く．どちらも，前者の方がはっきりとピッチが高く発音されているのである．そして，E-Accent＞N-Accentという韻律の差は，焦点となっている語句に網羅的／序列的な解釈を要求するかどうかと直結していると思われるので，Wh$_M$＞Wh$_S$の対比も何か解釈の違いをもたらすのではないか，あるいは，さらにもう一歩踏み込んで，Wh$_M$とWh$_S$に与えられる韻律は，それぞれE-AccentとN-Accentであり，それにしたがってWh焦点の解釈も対比するのではないか，という可能性に思い当たる．

3. Wh 焦点の意味解釈

この節では，上で観察したWhピークのピッチの違いがWhの作用域の違いと連動しているだけでなく，Wh焦点の意味解釈に関する異なる制約とも連動していること，具体的には，主文を作用域とするWh$_M$には「網羅的な焦点」として解釈されなければならないという制約がはたらくが，補文をその作用域とするWh$_S$にはこのような制約がかからないということを指摘し，議論する．

3.1. 二種類の Wh 焦点

まず，Groenendijk and Stokhof (1981: 157) は，下の英文 (21a-c) のあらわす演繹的推論が妥当であることを根拠に，(21a) 内の補文 [$_{CP}$ that Bill and Suzy walk] があらわす命題は網羅的であると結論している．

(21) a. John believes [$_{CP}$ that Bill and Suzy walk].
    b. Only Bill walks.
---
    c. John doesn't know [$_{CP}$ who walks].

彼らの議論では (21a) 内の補文が網羅的であるという主張しかなされていないが，この論法が成り立つとすれば，(21c) の補文にあらわれる Wh$_S$ も同様に網羅的な焦点であるという結論も導かれるはずである．

しかし，下の (22a-c) 日本語の文で同じような演繹的推論を構築しようとするとまったく異なる結果がえられる．

(22) a. ジョンは [$_{CP}$ 今夜のパーティーにメアリーとスーザンが呼ばれていると] 信じている．
b. メアリーは呼ばれたけれど，スーザンは呼ばれなかった．

c. ジョンは [$_{CP}$ 今夜のパーティーに誰が呼ばれているか] 知らない．

ここでは，(21) の英語の例で得られたような演繹的推論は成立しない．結果的にジョンは呼ばれた人達の一部が誰なのかを知っていたことになるので，日本語の話者にとっては，「ジョンは今夜のパーティーに誰が呼ばれているか知らない」という主張は強すぎると感じられる．つまり，日本語では，(22c) 内の Wh$_S$ は，必ずしも網羅的な焦点として解釈される必要がないということになる．このような直観が正しいことは，(22c) に「ひとりだけ」という修飾語を加えた (23) の文が解釈可能であることからからもわかる．

(23) ジョンは [$_{CP}$ 今夜のパーティーに誰が呼ばれているか] ひとりだけ知っている．
= ジョンは，呼ばれている人達の中でひとりに関してだけ，その人が誰であるか知っている．
（議論と無関係の可能な解釈: ジョンひとりだけが知っている）

非常に興味深いのは，全く同一の Wh 表現が (24a, b) のように主文を作用域とする時には，部分表現がその意味内容を制限できなくなることである．

(24) a. ジョンは [$_{CP}$ 今夜のパーティーに誰が呼ばれていること] をひとりだけ知っているの？
≠ パーティーに呼ばれている人達の中で，ひとりに関してだけ，その人の正体／名前をジョンが知っているというのは誰なのですか？
（議論と無関係の可能な解釈: ジョンだけが知っている）

b. 誰がひとりだけ呼ばれてるの？
≠ 呼ばれている人達の中のひとりは誰なのですか？
（その人の名前だけ教えて下さい．）
（議論と無関係の可能な解釈：ひとりだけ呼ばれているゲストは誰？）

つまり，一般的に，Wh_M は網羅的な焦点として解釈されることが要求されているが，Wh_S にはそのような要求が課されないことになる．これまでの観察をまとめると，日本語の Wh 疑問文に関して，以下のような韻律と解釈の相関関係があるという仮説がたてられる．主文を作用域とする Wh の直接疑問文は，それが単文であっても複文であっても E-Accent が与えられ，網羅的な焦点を含む解釈が得られる．一方，従属節を作用域とする Wh の間接疑問文には N-Accent があたえられ，その焦点が網羅的に解釈される必要はない．[4]

この仮説は，下の (25a-c) 間の対照によって，さらに支持される．

(25) a. [$_{CP}$ 誰が参加するか] だいたいわかっています．
= 参加者のほとんどの人に関して，それが誰であるかわかっています．
b. #誰がだいたい参加しますか？
≠ 参加者のほとんどの人達は誰なのですか？
（議論と無関係の可能な解釈：ほとんどのイベントに誰が参加しますか？）
c. 三年生はだいたい参加します．
= 三年生のうちのほとんどが参加します．

(25a) では，この解釈可能な文にあらわれている副詞は「だいたい」という部分表現であるから，(25a) で埋め込まれた Wh 疑問とその答えには網羅

---

[4] E-Accent が与えられた Wh 焦点は網羅的な焦点としては解釈されるが，序列的な焦点としては解釈されないようである．これは，Wh 表現が特定の指示物をもたず，「誰」における「人」，「何」における「物体」のように，その通常の意味内容が，序列を構成するには不充分で一般的なものに限られているからだと思われる．

的な焦点を引き起こす解釈が要求されていないことがわかる．ここでの解釈は，主文に位置している数量副詞（adverbs of quantification）が埋め込まれた疑問（もしくはその下位疑問）の答えの数量を示しているという点で，Berman (1991), Lahiri (2002), Beck and Sharvit (2002) などで議論されている「数量化変異効果」(Quantificational Variability Effects; 以下，QVE) の一種であると考えられる．ここで興味深いのは，(25b) のように Wh 疑問が主文を作用域とする場合，QVE でみられたような，「部分表現が Wh 焦点を制限する解釈」が不可能になってしまうことである．また，(25c) のように，Wh$_M$ を取り除いてしまえば，主文でも部分表現が名詞句を制限する解釈が可能になり，(25b) での問題が Wh$_M$ のもたらす網羅的な焦点の存在に起因していたことが確認できる．同じような理由で，(25b) でも，部分表現が Wh 焦点を制限せずに，例えば「ほとんどのイベント」と解釈されれば問題はおこらない．つまり，部分表現と網羅的な焦点との衝突が避けられれば問題は消失する．

　このように，Wh$_M$ と Wh$_S$ は Wh 焦点の意味解釈に関して対照されるが，ひとつ注意を要するのは，ここで観察されたのは，Wh$_M$ が網羅的な焦点として解釈されることが要求されているが，Wh$_S$ にはそのような要求が課されないという特性であって，Wh$_S$ を網羅的な焦点として解釈するのは不可能だということではない．たとえば，下の (26a, b) で観察されるように，Wh$_S$ は「ひとりだけ」という部分表現とも，「ひとり残らずという」網羅的な表現とも共起できる．

(26) a.　[$_{CP}$ **誰が参加するか**] **ひとりだけ**わかっています．
　　 b.　[$_{CP}$ **誰が参加するか**] **ひとり残らず**教えてください．

　このような一般化に関連して，長谷川信子氏から以下のような観察と考察が提供された．まず，下の例 (27) では，「3 人」が「主部内在関係節」の中にあっても外にあっても，「学生」と結びつけた解釈が可能であるが，部分読み (partitive reading) は，節の外側から限定する時に限られているようである．

(27)　太郎は，[学生が走ってくるの] を〈3 人〉やり過ごした．

これは，(23) などの，疑問詞と関わる数量詞が間接疑問文を超えて，その

外側から限定しているのと同じ現象なのではないか．つまり，数量詞は統語的，意味的に単位を構成している節の内部の要素を，その外側から限定できるという一般化ができるのではないか．

たしかに，(23) と (27) では，どちらも埋め込み文の内部の要素が外部の要素よって意味的に限定されているので，何らかの共通の原理がはたらいている可能性はある．その意味で，今後の研究の参考になる興味深い示唆である．しかし，数量詞が常に埋め込み文の内部の要素を限定できるわけではない．

(28) a. 彼は，［生ビールを10杯も飲んで］，腹をこわした．
　　　b. *彼は，［生ビールを飲んで］，〈10杯も〉腹をこわした．

また，(27) のような文では遊離数量詞 (floating quantifier) が部分読みしか許さないという判断を下すにはもう少し注意が必要であり，恐らく，上の観察は，ある限定的な文の分析においてのみ見られる現象に注目したものと思われる．というのは，(27) は下の (29) に示したような二通りの分析を許す．(// は音声の句の切れ目を示す.)

(29) a. 太郎は，［学生が走ってくるのを］// [3人 やり過ごした]
　　　b. 太郎は，［学生が走ってくるのを3人］// やり過ごした

たしかに，(29a) のように「3人」に核プロミナンス (nuclear prominence) を与えて強調し，動詞の付加詞 (adjunct) としてしか解釈できないようにすると，部分読みしか許さないようである．[5] しかし，(29b) のように，数量詞を，「の」を主要部とする名詞句と構成素をなすかのように分析すると，全体読み (non-partitive reading) も可能になるようである．下の (30) のように，(29a) よりも全体読みが自然になる語用的環境をととのえてやれば，この解釈はさらに簡単になる．

(30) 　泥棒が，［車が倉庫に残っていたのを3台］// 盗んでいった．

---

[5] 厳密に言うと，この現象は「学生が走ってくる」を単一の出来事 (event) とみなして，「非個別的解釈」(non-distributive interpretation) を与えた場合に限って起こると思われる．

また，Kitagawa and Kuroda (1992) で指摘されているように，「非個別的解釈」において遊離数量詞の部分読みが強制されるのは，修飾される名詞そのもの ((27) の場合「学生」) の直後に数量詞が位置していない場合に限られるという別の要因がはたらいている可能性が高い．

3.2. 反例の検証と制限的網羅性

下の (31) のような文で，「例えば」は部分をあらわす表現だと考えると，Wh_M の網羅的な焦点の解釈とは矛盾することが予想されるが，この文は明らかに容認可能である．

(31)　*例えば*誰が参加しますか？

したがって，この文は，ここまで検討してきた仮説の反例になるのではないかという印象を与えるが，[6] さらに細かく分析を進めると，必ずしもそのように考える必要がないことがわかる．

まず，下の (32) のような文の主題 (topic) となる句を含む Wh の直接疑問文をみてみよう．

(32)　*三年生は*誰が参加しますか？

ここでは，主題の「三年生は」は，話者によってその発話に限定的に付加された語用的な制約であり，Wh 疑問は，この制約の中での網羅的な答えを要求していると考えられる．つまり，「今この場では対象を三年生に限って，参加する学生の網羅的なリストをください．」という内容の発話と言える．ここでの答えは，この要求を満たせば充分であり，厳密な意味での網羅的な参加者のリストを提供する必要はない．したがって，答えは三年生のみに言及していて，実際の参加者の中にたとえば二年生が含まれていても何ら問題はない．つまり，(32) の環境では Wh_M の「誰」には「制限的網羅性 (restricted exhaustivity)」が要求されていると考えることができる．実際，(32) の Wh 疑問文を使って，上の (25) で観察したのと同じような対比を示すパラダイムを作ることができる．

---

[6] (31) と (35) は富岡諭氏，(38) は Chris Tancredi 氏の指摘による．

(33) a. [CP **三年生は誰が参加するか**] だいたいわかっています．
   = 三年生に限定した時，**参加者のほとんどに関して，それが誰であるか**わかっています．
b. #**三年生は誰**がだいたい参加しますか？
   ≠ 三年生に限定した時，その**参加者のほとんどの人達は誰なのですか？**
   (議論と無関係の可能な解釈：三年生のうち，ほとんどのイベントに参加するのは誰ですか？)
c. **三年生は男子**がだいたい参加します．
   = 三年生に限定した時，**男子のうちのほとんど**が参加します．

ここでも，「だいたい」という部分表現は，Wh 疑問が埋め込まれている (33a) では Wh 焦点の一部に言及することができるが，Wh 疑問が主文となっている (33b) では，同じように解釈できない．また，(33c) のように，主文の Wh 疑問を取り除いてしまえば，名詞句の意味内容を制限する解釈が再び可能になるし，(33b) でも部分表現が Wh 焦点の意味内容を制限していない「ほとんどのイベント」の解釈は可能である．つまり，(32) の Wh$_M$ は，「三年生は」という主題によって制約は受けているが，その制約の中では網羅的な焦点として解釈されていることが確認できる．

ここで，反例として挙げられた (31) に戻って，この文が (32) と同じように分析できることを指摘したい．つまり，「例えば」という表現は，話者によって進行中の発話に課された語用的な制約で，(31) では，「全ての参加者のうちの小さな部分をサンプルとして取り出して，そのサンプルの網羅的なリストをください」という内容を導いている．ここでも Wh 焦点の答えに網羅性は要求されているが，それは**質問を受ける人が選択したサンプルの範囲内に限られての網羅性**であることが許されている．[7] つまり，ここでも「制限的な網羅性」がふくまれていると言える．(31) の Wh 焦点が「例えば」と共起していても網羅的に解釈されていることは，(34a, b) の Wh$_S$ と Wh$_M$ の対照からもうかがえる．

---

[7] その意味では，網羅性の制約が「緩和」されていると言ってもよい．

(34) a. [CP 例えば誰が参加するか] ひとり挙げてみて下さい．
　　　　＝参加者の一部を何人か例として取り出したとして，その中のひ
　　　　　とりだけ，それが誰であるか名前を挙げて下さい．
　　b. #例えば誰がひとり参加しますか？
　　　　≠参加者の一部を何人か例として取り出したとして，その中のひ
　　　　　とりは誰ですか？
　　　　（議論と無関係の可能な解釈：ひとりだけで参加するのは誰です
　　　　　か？）

「誰」が Wh_S として現われている (34a) では，部分表現の「ひとり」はこの Wh 焦点の一部に言及することができるが，「誰」が Wh_M として現われている (34b) では，このような解釈はできない．後者では Wh 焦点の「制限的な網羅性」と「ひとり」の部分性が矛盾をきたすためと考えられる．

下の (35) の談話も，上で提案された仮説の反例となるのではないかという印象を与える．

(35)　A：　JR の時刻表はどこで買えますか？
　　　B：　そこの駅前の本屋で買えますよ．

(35A) の Wh 疑問文に対して (35B) のように答えることは可能であるが，この答えは，明らかに，(35A) に対する可能な答えの網羅的なリストではない．つまり，(35A) の Wh 焦点は Wh_M であるにもかかわらず部分的な解釈を許すのではないかと思われる．しかし，(35) が自然な談話を構成するのであれば，(35A) の質問には，明らかに，(36) に示したように「この辺では」という暗黙の語用的制約が含まれていると考えられ，この制約の中では，(35B) は網羅的な答えを提供している．つまり，ここでも「制限的網羅性」が成立していると考えられる．

(36)　(この辺では) JR の時刻表はどこで買えますか？

下の (37a) が例証するように，「この辺では」という制約が実際に示されていようが，暗黙のうちに示されていようが，「一カ所(だけ)」というような部分表現は Wh_M としてあらわれている Wh 焦点の (制限的) 網羅性と矛盾してしまう．

(37) a. #(この辺では) JR の時刻表は どこ で一カ所(だけ)買えますか？
　　　 ≠この辺で JR の時刻表が**買える**場所の中の一カ所(だけ)，そこ
　　　　はどこですか．（その場所を教えてください．）
　　　 (議論と無関係の可能な解釈: この辺ではそこ一カ所だけでしか
　　　　JR の時刻表が買えない場所はどこですか？)
　　 b. [CP (*この辺では*) JR の時刻表が どこ で買えるか] 一カ所だけで
　　　　もわかれば，すぐに買いに行かせるのだが．

しかし，(37b) のように，Wh 疑問が埋め込まれている場合は，同じ部分表現が Wh 焦点の一部に言及する解釈が可能になる．[8]

最後に，(25b) の部分表現「だいたい」を (38) のように Wh 表現の左に置くと，Wh$_M$ とも共起できるようになるので，Wh$_M$ も網羅的な焦点として解釈される必要はないのではないかという印象を受ける．

(38)　　だいたい 誰 が参加しますか？
　　　 ≠参加者のほとんどの人達は誰なのですか？
　　　 =大雑把に言って，誰が参加しますか？

しかし，ここでの「だいたい」は，Wh 焦点の部分に言及しているのではな

---

[8] 次のような分析も可能かもしれない．(35A) の Wh 疑問は，実際に網羅的な焦点をふくんでいて，(35B) の答えは部分的な答えであるが，このような質問と回答の間の食い違いは，Grice (1975: 45) の「会話における量の格律」の一部である下の (i) によって許される．

　　(i)　要求されている以上の情報を会話への貢献（=発話）に盛り込むな．
　　　　(Do *not* make your contribution *more informative than is required*.)

つまり，Wh 疑問そのものは網羅的な答えを要求しているのだが，この会話のようなコンテクストで真に網羅的な答えを与えることは，質問者に対してかえって不親切になるので，(35B) のような答えを提供する．(もちろん，(35A) が一般的な質問である場合は別である．) 言ってみれば，(i) は，Krifka (1992) や Srivastav Dayal (1992) などがその存在を指摘している「協調的回答 (cooperative answers)」とは逆の結果をもたらしているケースと考えられる．

回答者の労力の経済性という観点からも，網羅的答えを与えるのは望ましくない，あるいは不可能であろうから，(ii) のような答えに「制限的な網羅性」を加えて (35B) のような答え方を導き出すのは自然な行為と考えられる．

　　(ii)　本屋ならどこ(で)でも買えますよ．
　　　　(例えば，)そこの駅前の本屋で(も)買えますよ．

く，文全体に言及していて，「おおざっぱに言って」と同義に解釈されていると思われる．その意味では，「だいたい」がある種の「制限的網羅性」を成立させていると考えてもよい．実際，「ひとりだけ」のように，「だいたい」の持つ発話行為的な機能がもてない部分表現では，(39) のように語順を変えても (38) と同じような効果は得られない．[9]

(39) 　ひとりだけ誰が参加しますか？
　　　≠参加者の中のひとりは誰ですか？
　　　(議論と無関係の可能な解釈: ひとりだけで参加するのは誰ですか？)

3.3. 「何故」の網羅性

Wh 表現の「何故」の解釈をくわしく分析することによって，Wh_M には網羅的な焦点の解釈が要求されるが，Wh_S にはそれが要求されないことをさらに示すことができる．まず，下の (40) が例証するように，Wh_M として使われている「何故」は，真に網羅的な焦点として解釈されなければならず，「制限的な網羅性」をも拒否すると思われる．したがって，(40a, b) で

---

　[9] 下の (i) のように，(38) では「だいたい」が「誰」と構成要素を形成していて，Wh 焦点の語彙的な意味の一部として解釈され，Wh 焦点全体は網羅的に解釈されているという分析も可能かもしれない．その場合，両者の間にはポーズが置かれないで発音される．
　　(i) 　[$_{DP}$ だいたい誰]が参加しますか？
両者の間にポーズをはさんでこの分析を排除すれば，下の (ii)–(v) のように従属節の中に「だいたい」を配置して Wh_M との語順を変化させても，(38) のような解釈は可能にならないようである．
　　(ii) 　ジョンは [$_{CP}$ 今夜のパーティーに誰がだいたい呼ばれていること] を知っているの？
　　(iii) 　ジョンは [$_{CP}$ 今夜のパーティーにだいたい // 誰が呼ばれていること] を知っているの？　　　　　　　　　　　　　　　　　　　　　　　　(// = pause)
　下の (iv), (v) のように Wh 焦点が Wh_S の時でも，「だいたい」はその語順にかかわらず，Wh 焦点の一部のみには言及できないようである．
　　(iv) 　ジョンは [$_{CP}$ 今夜のパーティーに誰がだいたい呼ばれているか] 知っている．
　　(v) 　ジョンは [$_{CP}$ 今夜のパーティーにだいたい // 誰が呼ばれているか] 知っている．
従属節の中では「だいたい」に「大雑把に言って」という発話行為的な解釈を与えにくくなるのは理解できるが，網羅的な解釈をされない Wh 焦点とどう関わるのかは不明であり，今後の研究課題としたい．

は,「例えば」はその位置にかかわらず,「何故」の意味内容を制限して,複数の理由の一部に言及することはできない.[10]

(40) a. #*例えば*あなたは**何故**あの会社を辞めたのですか？
b. #あなたは*例えば***何故**あの会社を辞めたのですか？
≠いくつかある**理由**のうちの**一部**を教えてください.
(議論と無関係の可能な解釈: いくつかある質問のうちの1つを訊くと)

しかし,下の (41) のように,同じ疑問文を従属節に埋め込んで「何故」を Wh$_S$ として解釈すると,「だいたい」のような部分表現による制限ができるようになる.

(41) [$_{CP}$ あなたが**何故**あの会社を辞めたの**か**] だいたいわかっています.
= 会社を辞めた**理由の主なもの**は,それがどのようなものであったかわかっています.

このような (40) と (41) の対比は,Wh$_M$ と Wh$_S$ に課せられた解釈の制限が異なることをはっきりと示してくれる.

4. 網羅的焦点の統語構造

ここまで,Wh$_M$ は網羅的な焦点として解釈されることが要求されているが Wh$_S$ にはそのような要求が課されないと議論してきたが,これは,別の言い方をすれば,Wh 表現が網羅的な焦点として義務的に解釈されるという要求がある種の主文現象であると主張していることにほかならない.ただし,網羅的な焦点は Wh$_S$ の解釈として必ずしも排除される必要はない.このような意味解釈の現象は,はたして文の統語構造と対応したものなのであろうか.もし,そうだとしたら,どのように対応しているのだろうか.

ここでは,上で観察した Wh 表現の意味解釈の制約が,文の統語構造を

---

[10] このような「何故」の特性を指摘して,ここでの議論の可能性を示唆してくれた富岡諭氏に感謝したい.

第8章 日本語の焦点に関する主文現象　　295

忠実に反映したものあると仮定して，Wh 疑問文の統語分析を試みる．まず，Wh の網羅的焦点の解釈は，「ある特定の要素が文の LF 表示の中のある特定の位置にあらわれた時，それが意味をつかさどる言語運用での解釈に反映されておこる現象」であるという仮説を採用する．そうすると，この「特定の要素」は主節，従属節を問わず，全ての Wh 疑問文の中にあらわれることが可能で，しかも，主節ではそれが義務的にあらわれるという分析が必要になる．

　まず，ここで問題にしている網羅性は，焦点の特性の一部としてあらわれ，焦点の作用域全体の解釈にかかわる．したがって，もし，Deguchi and Kitagawa (2002), Ishihara (2003), Kitagawa (2005) などが主張するように，Wh 焦点の作用域は COMP に付与された焦点素性 "[F]" によって決定されるとしたら，その作用域に対応する焦点の網羅性も，この焦点素性の特性の一部としてとらえるのが妥当だと思われる．そこで，「網羅的な焦点素性」"[F_{EX}]" を設ける．Wh 焦点があらわれる CP の主要部（COMP）に [F_{EX}] が付与されていれば，その Wh 焦点には網羅的焦点の解釈が与えられ，単なる焦点素性 [F] が付与されている時はその解釈は網羅的ではなくなる．

　では，Wh_M と Wh_S の解釈の制限をとらえるためには，[F_{EX}] の正しい分布をどのようにして保証したらいいのだろうか？　まず，Wh_M の場合，主節の COMP には必ず [F_{EX}] が付与されることを保証する必要がある．生成統語論の枠組みでは，句の主要部にある種の素性が必ずあらわれるという現象は，その句を選択する上位の主要部の選択特性によってとらえることが多い．通常は発話の一番上位に位置していると分析される主節の選択を統語分析でとらえるのは一見不可能に思えるが，Ross (1970) が提案した遂行分析 (performative analysis) を採用すれば，(42) のような分析が可能になる．[11]

(42) a.　$\emptyset_{ASK}$: + [Q, (WH, F_{EX})]
　　 b.　[$_{CP}$ [$_{IP}$ <u>誰</u>$_F$ が参加します] [$_{COMP}$ <u>か</u>-[F_{EX}]]] $\emptyset_{ASK}$?

---

[11] たとえば，ミニマリスト・プログラムにおいても，Root Spell-Out などの分析に，このような遂行分析が必要になる可能性がある．

この分析では，まず，(42a) のような選択特性を持つが音声的内容は持たない「疑問の遂行動詞 ($\emptyset_{ASK}$)」が仮定される．そして，$\emptyset_{ASK}$ が (42a) の全ての選択素性をもってあらわれた時，(42b) のように，[F_{EX}] の特性をもつ疑問の COMP の投射，すなわち網羅的 Wh 焦点をふくむ Wh 疑問文を，かならず選択することになる．

さらに，下の (43a, b) の対比は，疑問動詞が [F_{EX}] を選択するという分析を支持する．

(43) a. [$_{CP}$ 誰が参加するか] ひとりだけ知っています.
= 参加者のうちのひとりに関してだけ，その人が誰か知っています.
b. # [$_{CP}$ 誰が参加するか] ひとりだけ訊ねました.
≠ 参加者のうちのひとりに関してだけ，その人が誰であるか訊ねました.
(議論と無関係の可能な解釈: だれかひとりだけが，参加者が誰か訊ねました.)

(43a, b) にあらわれる Wh 焦点はどちらも従属節を作用域とする Wh_S であるが，(43a) では部分表現の「ひとりだけ」が Wh 焦点の一部に言及でき，(43b) ではできないという差がみられる．つまり，(43b) においてのみ，予測に反して Wh_S にも Wh 焦点の網羅的な解釈が要求されていることがわかる．そして，(43a) では従属節を選択している主文の動詞が「知っています」，(43b) では「訊ねました」であることを根拠として，「疑問の内容を持つ動詞が [F_{EX}] を選択しているため Wh 焦点の網羅的な解釈が要求されている」という分析を採用すると (43a, b) の対比をうまくとらえることができる．下に示したように，(43b) では，「訊ねました」によって選択された COMP の [F_{EX}] と「ひとりだけ」のもつ部分性 ([−EX]) が相容れなくなるのである．

(43'b)　[$_{CP}$ [$_{IP}$ 誰$_F$ が参加する][$_C$ か-[F_{EX}]]] ひとりだけ訊ねました
　　　　　　　　　　　　　　　* [−EX]　　　+[F_{EX}]

もし，この分析が (43a, b) の対比を正しくとらえているのであれば，遂行

動詞 $\emptyset_{ASK}$ を仮定する (42b) の分析にもひとつの根拠が与えられることになる．主節においても従属節においても，上位の動詞が [F_{EX}] を選択することによって Wh 疑問文が網羅的焦点の解釈を要求されるようになるという一般性のある分析が可能になるからである．

3.2 節で観察した「制限的網羅性」の現象も，主文の周辺部の統語構造にさらなる機能範疇を仮定することによって，統語的にとらえることができるかもしれない．たとえば Krifka (2001) や Kitagawa et al. (2004) などで主張されているような疑問の発話行為をあらわす QUEST(ION) という範疇を CP の上位に，そして，さらにその上位に，発話に一時的な語用的制約を導入する一般的な「制約」という範疇 REST(RICTION) を仮定する．この分析では，下の (44) に示したように，遂行動詞の $\emptyset_{ASK}$ は QUEST の具現化，(31), (32), (38) の文頭の表現「三年生は」，「例えば」，「だいたい」などは，REST P の主要部に選択されて指定部にあらわれた表現として分析できる．

(44) [REST P {*三年生は／例えば／だいたい*} [QUEST P [CP **誰**$_F$が参加しますか-*[F_{EX}]*] [QUEST $\emptyset_{ASK}$]] [REST $\emptyset$]]?

この分析を採用すると，「制限的網羅性」の現象は Wh 疑問が REST の指定部 (Spec-REST) の作用域である QUEST P の中において $\emptyset_{ASK}$ に選択され，その作用域が決定されるため生じるものとして捉えられる．

下の (45a-c) に，それぞれ (42b), (43b), (44) の樹形図を示す．((43b) の「ひとりだけ」は省略されている．)

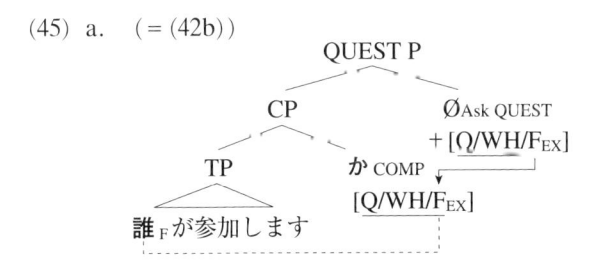

(45) a. (= (42b))

```
              QUEST P
             /       \
           CP         ØAsk QUEST
          /  \        + [Q/WH/F_EX]
        TP    か COMP
       /  \      [Q/WH/F_EX]
  誰_F が参加します
```

b. (= (43b))

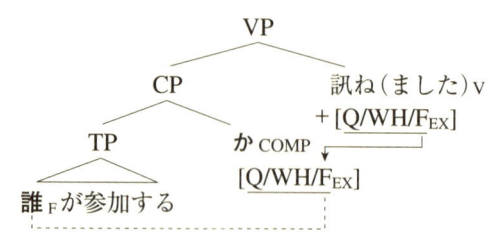

```
         VP
        /  \
      CP    訊ね（ました）v
     /  \   +[Q/WH/F_EX]
    TP   かCOMP
   /|\   [Q/WH/F_EX]
  誰_Fが参加する
```

c. (= (44))

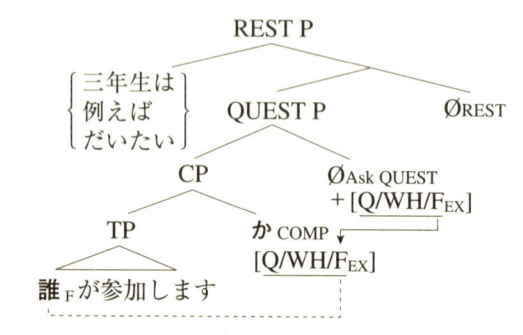

```
              REST P
             /      \
   ｛三年生は｝   QUEST P        Ø_REST
   ｛例えば  ｝  /      \
   ｛だいたい｝ CP       Ø_Ask QUEST
              /  \     +[Q/WH/F_EX]
             TP   かCOMP
                  [Q/WH/F_EX]
            誰_Fが参加します
```

以上，網羅的焦点の解釈を導く統語分析を提案したが，明らかに，これを充分に支持するためにはさらなる調査・研究が必要である。[12]

5. まとめ

この論文では，日本語の東京方言における焦点，特に Wh 焦点の韻律と解釈の相関に関する研究の経過報告をおこなった．すでに文献で指摘されている Wh 焦点の韻律（FPD）の領域とその作用域との連動に加えて，Wh 焦点となる語句そのものに関しても，以下のような韻律と意味解釈の相関が

---

[12] 発話の「焦点」は，一般的な範疇 REST の一種の下部概念として分析できる．また，下の (i), (ii) のように2つ以上の Spec-REST が共起できるので，REST は循環的に生成できると考えられる．
 (i) [REST P 今年は [REST P 三年生は [QUET P **誰**が参加しますか]]]？
 (ii) [REST P 例えば [REST P 三年生は [QUET P **誰**が参加しますか]]]？

みとめられることを指摘し，議論した．まず，主節を作用域にとる Wh 焦点には「強勢の置かれた焦点の音調」(E-Accent) が与えられ，網羅的な解釈が義務的になること．そして，従属節を作用域にとる Wh 焦点には「中立的な焦点の音調」(N-Accent) が与えられ，そのような解釈の制約は受けないことである．このように，「Wh 表現が網羅的な焦点として義務的に解釈されるという要求」がある種の主文現象であることを指摘し，そのような主節と従属節の違いを，遂行動詞を採用してとらえる統語分析の試案の概略を示した．

参照文献

Beck, Sigrid and Yael Sharvit (2002) "Pluralities of Questions," *Journal of Semantics* 19, 105–157.

Berman, Steve (1991) *On the Semantics and Logical Form of Wh-Clauses*, Doctoral dissertation, Uniersity of Massachusetts at Amherst.

Chafe, Wallace L. (1976) "Givenness, Contrastiveness, Definiteness, Subjects, Topics and Point of View," *Subject and Topic*, ed. by Charles N. Li, 27–55, Academic Press, New York.

Deguchi, Masanori and Yoshihisa Kitagawa (2002) "Prosody and Wh-questions," *Proceedings of the Thirty-second Annual Meeting of the North-Eastern Linguistic Society*, 73–92.

É Kiss, Katalin (1998) "Identificational Focus versus Information Focus," *Language* 74, 245–273.

Grice, H. Paul (1975) "Logic and Conversation," *Syntax and Semantics* 3: *Speech Acts*, ed. by Peter Cole and Jerry L. Morgan, 41–58, Academic Press, New York.

Groenendijk, Jeroen and Martin Stokhof (1981) "Semantics of Wh-complements," *Formal Methods in the Study of Language, Part 1*, ed. by J. A. G. Groenendijk, T. M. V. Janssen and M. B. J. Stokhof, 153–181, Mathematisch Centrum, Amsterdam.

Hamblin, Charles Leonard (1973) "Questions in Montague English," *Foundations of Language* 10, 41–53.

Ishihara, Shinichiro (2002) "Invisible but Audible Wh-scope Marking: Wh-constructions and Deaccenting in Japanese," *WCCFL* 21, 180–193.

Ishihara, Shinichiro (2003) *Intonation and Interface Conditions*, Doctoral dissertation, Massachusetts Institute of Technology.

Kitagawa, Yoshihisa (2005) "Prosody, Syntax and Pragmatics of Wh-questions in Japanese," *English Linguistics* 22, 302-346.

Kitagawa, Yoshihisa and S.-Y. Kuroda (1992) "Passive in Japanese," ms., Indiana University and University of California, San Diego.

Kitagawa, Yoshihisa, Dorian Roehrs and Satoshi Tomioka (2004) "Multiple Wh-Interpretations," *Generative Grammar in a Broader Perspective: Proceedings of the 4th GLOW in Asia* 2003, 209-233.

郡史郎 (1989)「強調とイントネーション」『講座日本語と日本語教育2　日本語の音声・音韻(上)』杉藤美代子(編集), 316-342, 明治書院, 東京.

Krifka, Manfred (1992) "Definite NPs Aren't Quantifiers," *Linguistic Inquiry* 23, 156-163.

Krifka, Manfred (2001) "Quantifying into Question Acts," *Natural Language Semantics* 9, 1-40.

Krifka, Manfred (2007) "Basic Notions of Information Structure," *The Notions of Information Structure*, ed. by Caroline Fery, Gisbert Fanselow and Manfred Krifka, 1-42, University of Potsdam, Potsdam.

Lahiri, Utpal (2002) *Questions and Answers in Embedded Contexts*, Oxford University Press, Oxford.

Maekawa, Kikuo (1991) "Perception of Intonation Characteristics of WH and Non-WH Questions in Tokyo Japanese," *Proceedings of the XXIInd International Congress of Phonetic Science* 4, 202-205.

Rooth, Mats (1992) "A Theory of Focus Interpretation," *Natural Language Semantics* 1, 75-116.

Ross, John Robert (1970) "On Declarative Sentences," *Readings in English Transformational Grammar*, ed. by Roderick Arnold Jacobs and Peter S. Rosenbaum, 222-277, Ginn and Company, Waltham, MA.

Srivastav Dayal, Veneeta (1992) "Two Types of Universal Terms in Questions," *Proceedings of NELS 22*, 443-457.

Szabolcsi, Anna (1981) "The Semantics of Topic-Focus Articulation," *Formal Methods in the Study of Language Part 2*, 513-540.

第 9 章

発話行為と対照主題

富岡　諭

日本語の主題を示す助詞「は」が対照の表現として使われ，不完全性，不確実性，非排他性といった意味論／語用論的効果をもたらすことはよく知られている．本論では，そうした効果が発話行為の代替集合 (a set of alternatives) 内での比較と，Grice の提唱した会話論理に基づく推論を通して派生するという仮説のもとに，対照の「は」の文法的特質と制約を音韻論，統語論，意味論，語用論の多角的な観点から検証を試みる．また対照の「は」とフォーカスとの方法論的比較という新たな要素を加えることにより，これまで顧みられることのなかった対照の「は」の意味の制約が系統的に説明できることを提示する．

1. 「不完全性」の表現としての対照主題

　対照の概念は，形式意味論及び形式語用論においてフォーカス，強調の表現の関連としてしばしば取り上げられる．具体的な例として，Wh-疑問文に対する完全な回答 (Complete Answer: (1a/a'))，否定肯定の対比の表現 (A ではなく B: (1b/b'))，分裂文／擬似分裂文 (1c/c') などが挙げられる．

(1)　a.　Who failed the exam?　[KEN]$_{Focus}$ did.
　　　a'.　誰が試験に落ちましたか？　[**ケン**]$_{フォーカス}$が落ちました．
　　　b.　You should major in [LINGUISTICS]$_{Focus}$, not [SOCIOLO-GY]$_{Focus}$.
　　　b'.　君は [**社会学**]$_{フォーカス}$でなく [**言語学を**]$_{フォーカス}$専攻すべきだ．
　　　c.　It is [Erica]$_{Focus}$ that I want to introduce to you.
　　　c'.　あなたに紹介してあげたいのは，[**エリカ**]$_{フォーカス}$です．

こうした場合，対照の意味論的効果は完全性 (completeness)，確実性

(certainty)，排他性 (exhaustivity) などであるとされている．例えば (1a/a′) では，解答が完全であるということから，「他に落ちた人はいない」という意味が暗示されるし，(1c/c′) の文も，使えるコンテクスト（会話状況）として他の候補者を話者が紹介したくない場合や，「話者は真理を紹介したがっている」と聞き手が誤解しているのを訂正する場合といったケースが挙げられ，いずれも完全性，排他性を要求するコンテクストであると言えよう．しかし，対照の概念が取りざたされるのはフォーカスとの関連だけには限らない．例えば主題性 (topicality, thematicity) は，プラハ学派や久野 (1978) の語用論ではフォーカスとの対極に置かれているが，対照性との組み合わせが可能であることは，Kuno (1973) などで既に指摘されており，対照主題 (Contrastive Topic) という用語で意味論，語用論の研究の対象となっている．ただしその意味論的効果は，フォーカスの場合と異なり不完全性 (incompleteness)，不確実性 (uncertainty)，非排他性 (anti-exhaustivity) というフォーカスにおける対照の効果と対極にあるものである点が興味深い．この意味のシフトは，日本語で対照のフォーカスと主題を比べることにより比較的簡単に観察することができる．例えば (1a) の質問の答えに部分的回答を示唆する表現を加えると，(1a) の助詞の「が」を使った文は不適当になり，代わりに主題を示すとされる助詞の「は」を使うことが要求される．

(2) 誰が試験に落ちましたか？ 全員について知っているわけではありませんが，#ケンが／ケンは落ちましたよ．

本論では，対照主題の例としてこの日本語の対照の助詞「は」の文法と用法を取り上げ，その意味論的及び語用論的な効果について考察する．

　不完全性，不確実性及び非排他性の表現の研究は，主に英語，ドイツ語などの西洋言語の観点からなされて来たが，こうした意味論的，語用論的な効果は特殊なプロソディー（韻律，イントネーション）と関連づけて論じられている．例えば，英語において語用論的必要性に基づく強調のプロソディーには2種類あり，それぞれが異なる機能を持つと考えられている．いわゆる「A-/B-アクセント」と呼ばれるもので，A-アクセントがピッチの高い位置からの下降であるのに対し，B-アクセントはA-アクセントに似た下降の後再び上昇するというパターンとなる．この2つのアクセントが与える効

果について，具体的な例を挙げて見てみよう．

(3) FRED ate BEANS.
 B-Accent A-Accent

(3) の文はどのようなコンテクストで使われるのだろうか？ 典型的な例として，「学生たちは何を食べたか？」というような疑問文に対する回答としての状況が挙げられる．ただこの疑問文の主語が複数形であることから推測できるように，(3) は部分的回答 (Partial Answer) して解釈され，「フレッド以外の学生については知らない／言及しない」といった不完全性，非排他性を示唆する．不完全性の対象となるのは B-アクセントある句であり，A-アクセントのついた句，*BEANS*，はフォーカスであるから逆に完全性／排他性の意味をもたらす．また (3) の文は，「誰が何を食べたか？」という問いに対する完全な最終的回答にはなり得ない．その場合は，主語も目的語も両方 A-アクセントにならなければならないのである．英語の A-/B-アクセント，そしてその意味論的，語用論的効果については，Jackendoff (1972)，L. Carlson (1983)，von Fintel (1994)，Kadmon (2001)，Büring (2003) などの先行研究がある．

ドイツ語における不完全性，不確実性及び非排他性の表現は，いわゆる Rise-Fall Contour と呼ばれているプロソディーを使うことにより派生し，(4a) の文に見られるようなスコープの曖昧性を消す効果が出ることが知られている．[1]

(4) a. Alle Politiker sind nicht korrupt. (Büring (1997) から)
 all politicians are not corrupt
 '全て＞否定' のスコープ：'全ての政治家が潔癖である' 又は
 '否定＞全て' のスコープ：'全ての政治家が汚職しているのではない'

---

[1] この Rise-Fall Contour は，対照主題に当たる箇所（上記の (4b) では Alle）でピッチが上昇し，その後高く維持されたピッチがフォーカスに当たる箇所（(4b) では nicht）の直後に下降するというプロソディーのパターンである．上昇下降のパターンが，帽子や橋の形を連想させることから Hat Contour, または Bridge Contour と呼ばれることもある．

b. /ALLE Politiker sind NICHT\korrupt.←Rise-Fall Contour
'否定＞全て'のスコープのみ可能

　'全て＞否定'のスコープの意味即ち「全ての政治家が潔癖である」の解釈は，「汚職した政治家がどのぐらいいるか？」という問いに対する最終的な答えとなるのに対し，逆のスコープの「全ての政治家が汚職しているのではない」という解釈は，同じコンテクストで使われた場合，英語のB-アクセントと同様に部分的回答と解釈することができる．実際 (4b) の答えを聞いた後でも，聞き手にとっては「全てでなくても，大部分の政治家はそうなのか？」「全てでないのなら，何人くらいがそうなのか？」といった，元の疑問に関連した他の疑問に発展することが予想される．これは (4b) が元の疑問に対しての最終的な答えではなく，ある意味で不完全な答えであったことを示唆するものである．

　本論では，まず日本語の対照主題（対照の「は」）は英語，ドイツ語の例と類似した効果を出す一方で，西欧言語にない様々な特徴があり，西欧言語の対照主題に基づいて主張された既存の分析の直接の応用は不適応であると主張する．この点に関しては主として Hara (2006) を踏襲するが，平叙文以外の様々な発話行為文における対照主題や，普通の主題と対照主題との共通点など，これまで顧みられなかった新たな視点から対照主題をより総括的に捉えようと試みる．本論の核をなす仮説は「対照の主題は発話行為 (speech act) の代替集合 (a set of alternatives) を派生させる」というもので，この仮説と Grice (1975) で主張された会話論理の法則に則った演繹／推測を組み合わせることにより，対照の「は」の効果が引き出されると主張する．本論の分析では，対照主題の不完全性，非排他性は，発話行為の代替集合内での比較によって生じるため，Hara (2006) で主張されている話者の知識状況の不完全さだけでなく，礼儀，ためらい，じらしなどといった広義な意味での「言い残し」の効果と解釈される．また，発話行為レベルまでの抽出を助詞の「は」の基本的機能と推定することにより，対照の「は」と普通主題の「は」との接点を見いだすことができるという利点も持つ．第4節では，対照主題とフォーカスとの相互作用について考察する．対照主題は，「言い残し」の理由の多様な憶測を招くが，対照主題とフォーカスの方法論（ストラテジー）の比較というプロセスを経て憶測の可能性の制限が起こること

を，実際の例の検証を通して明示する．第5節では，本論で提案する仮説の最も重要な課題といえる埋め込み文の中に現れる対照主題の分析を試みる．この問題は，発話行為という意味範疇が構文的な埋め込みの対象となるかどうかという研究者の間でも論争の的になっている問題と密接に関係している．本論では決定的な確証は提出できないが，少なくとも発話行為の埋め込みの可能性を示唆する事実を示し，対照主題との関連を考察する．

2. 日本語の対照主題
2.1. 不完全性の表現としての対照主題

第1節で挙げた英語のA-/B-アクセントの例を日本語に当てはめてみると，B-アクセントが対照の「は」の句に，そしてA-アクセントが強調，フォーカスの句に対応する．

(5) A: 学生たちは**何**を食べた？
    B: **エリカ**は豆を食べた（けど）

(5B)は「他の学生については知らない／よくわからない／言いたくない」というような効果をもたらし，英語のA-/B-アクセントの例と同様に(5A)の問いに対する部分的回答の役割を果たす．重要な点は，こうした不完全性の効果を日本語で出すのには，イントネーション，プロソディーだけでなく正しい助詞の選択が不可欠だということである．例えば，前出の(2)でも観察されたように，「は」を「が」に置き換えてしまうと，イントネーション，プロソディーをどう変えても同じ効果は出せない．

また Hara (2006) では，ドイツ語の Rise-Fall Contour で見られたスコープの曖昧性の排除と似た現象が，日本語の対照の「は」でも見られることが指摘されている．

(6) a. **みんな**が来なかった．   'みんな＞否定' のスコープ
    b. **みんな**は／みんな**は**来なかった． '否定＞みんな' のスコープ

(6a)のような否定文で主語である普遍数量詞が格助詞の「が」と現れる場合，普遍数量詞が否定の「ない」より高いスコープを取るが，「が」が対照主題の「は」に置き換えられると，スコープは逆転する．パターンとしては，

前述のドイツ語の Rise-Fall Contour はスコープの曖昧性の消去，日本語の場合はスコープの逆転と全く同一ではないが，対照主題により'否定＞みんな'のスコープが出るという点が共通している．

2.2. プロソディー

日本語の対照主題の解釈においてプロソディーが重要な要素であることは疑いがないが，英語，ドイツ語とは異なり，日本語の対照主題はそれ特有のプロソディーがあるのではなく，基本的にフォーカスと同じパターンのプロソディーが与えられている．日本語のフォーカスのプロソディーは，(i) フォーカスされた句内のピッチが上がり，(ii) フォーカスの句の後になる部分のピッチの急激な下降 (Ishihara (2003) では Post Focus Reduction と呼ばれているもの) というパターンを示す．この (i) と (ii) のプロソディーの型は，対照主題においてもフォーカスの場合と同じように現れる．(日本語のフォーカスのプロソディーに関しては，Pierrehumbert and Beckman (1988), Nagahara (1994), Ishihara (2002, 2003) などを参照．)[2]

このように見ていくと，日本語の対照の「は」を，フォーカス＋助詞の「は」と捉え，それを英語の B-アクセント，ドイツ語の Rise-Fall Contour の Rise の部分の意味機能と対応させることができるのではないか，という仮

---

[2] 対照主題のプロソディーには，「は」がつく句に高いピッチが来るパターンと，「は」そのものに高いピッチが来るパターンと2種類あり，また「は」を高く発音する方が普通という人も多い．助詞のピッチを高くするプロソディーもフォーカスプロソディーと呼べるのか，またどちらのピッチが高くなるかで意味が違うのではないか，という疑問が当然出てくるのであるが，ピッチの頂点の位置の曖昧性は，(i) の例でも見られるように，一般的に取り立ての表現全般に見られることであって，対照主題だけの問題ではない．
 (i) a. **なおやだけ**／なおや**だけ**
   b. **なおやさえ**／なおや**さえ**
   c. **なおやも**／なおや**も**
取り立ての表現は，通常フォーカス現象の1つと考えられており，その観点から言えば対照の「は」のプロソディーが基本的にフォーカスプロソディーであるという説に問題はないと思われる．この結論は，「は」を「だけ」「さえ」などと同様に取り立て詞の1つとして捉える Oshima (2008) の主張とも互換性を持つ．また (i) の例において，ピッチの頂点の位置によって意味が変わるかについてであるが，決まったパターンはこれまで報告されておらず，判断の難しさを反映しているように思われる．

説が当然出てくるのであるが,これには大きな問題がある.日本語の対照主題は,文の中での唯一のフォーカスになることが可能であり,また下の例文に見られるようにWh-疑問文の答えに対照主題が使用可能であることを考慮すると,主題という概念に通常伴うと考えられている「既知の情報」の制約が対照主題には当てはまらないことがわかる.

(7) A: 誰が試験に受かったの？
　　 B: **ケン**は／ケン**は**　受かった（けど）.
(8) A: 明日の食事会に何人来るだろうねえ.
　　 B: **10人**は／10人**は**　来るでしょう.
(9) A: ハイブリッドの車って,いくらするもんなんですか？
　　 B: まあ,**25000ドル**は／25000ドル**は**しますよ.

この問題は既にHara (2006)で指摘されているように,英語のA-/B-アクセント,ドイツ語のRise-Fall Contourの説明としてよく知られているBüring (1997, 2003)の分析の日本語への応用に対するハードルとなっている.Büringの理論では,A-/B-アクセント,Rise-Fall ContourのRiseとFallのアクセントといった2種類のことなったアクセントの存在が前提となっているが,日本語の対照主題のアクセントは基本的にフォーカスのプロソディーであり,また対照主題が文の唯一のフォーカスでありうるため,Büringの理論を日本語に応用するには大幅な修正が必要となる.

2.3. 対照主題と様々な発話行為

　これまでの対照主題の研究は,平叙文内での分析が殆どでその他の発話行為文における使用例はあまり顧みられることがなかった.これは恐らくは西欧言語において対照主題が使われることが平叙文以外にあまりないことに起因していると思われる.日本語の場合,対照主題の「は」は平叙文以外の様々な発話行為につながる文にも表れる.[3]

---

　[3] 唯一対照主題が現れない発話行為文は,感嘆文である.
　　(i) ｛#マリは／マリは｝なんてやさしいんだろう！
この理由に関しては現時点では憶測の域を出ないが,感嘆文が談話の進歩に寄与しないこと（例えば,感嘆文は疑問文の答えとして使えない）が関連していると考えられる.

(10) 疑問文 (Interrogative)
じゃあ，**エリカは**／エリカは　どこに行ったの？
(11) 命令文 (Imperative)
英語は／英語は　ちゃんと勉強しておけ．
(12) 勧誘文 (Exhortative)／意思文 (Volitional)
せっかくだから，**京都には**／京都には　行こう（よ）．
(13) 遂行文 (Performative)
ストライキのため，**今日は**／今日は　休講とする．

こうした現象は，Hara (2005, 2006) や Hara and van Rooij (2007) で主張された話者の知識状態を基本とする分析では簡単に解決できない．例えば Hara (2006) では，対照の「は」の使用は，表現された命題より意味の強い代替命題 (alternative proposition) の存在を前提とし，また話者はその意味の強い代替命題が偽である可能性があると信じている，という含意 (implicature) が派生すると主張されている．しかし Hara の分析は，疑問文において「意味の強い代替疑問」をいかに定義するか，また疑問文に対して「真偽」という概念があてはまるか，といった複雑な問題を抱えることになる．また，命令文，勧誘文，遂行文などは，礼儀の問題，遂行の可能性といった話者の知識状況とは異なるレベルの意思が問題になることがあり，単に話者の知識状況だけでなく，より多面的な視点が必要であろう．

2.4. 助詞の「は」の使用

　2.1 節でも触れたように，日本語の不完全性の表現には，プロソディーだけでなく特定の形態素，すなわち助詞の「は」の使用が不可欠であり，この点が日本語と西欧言語との最も顕著な違いであると言えるだろう．助詞の「は」が普通の主題 (thematic topic) を表すことは日本語研究者のみならず海外の情報構造研究者にもよく知られている．その主題の助詞がなぜ対照主題にも使われるのか？　普通の主題と対照主題は，「は」が使われているという点を除けばあまり共通点はなく，かえって相違点の方が目立つ．例えば対照主題の「は」は，動詞句や形容詞句の一部などにもつけられるが（例：*読め***は**する，*美しく***は**ある），こうした述語的な範疇は「こと」「の」などにより名詞化されない限り普通の主題になり得ない．また，普通の主題がほぼ決

まって文頭に現れるのに対し，対照主題にはそうした傾向はなく，文頭，文中，文末（特に前述の述語的な範疇につく場合）と取り立てて決まった位置はない．加えて2.2節で述べたプロソディーの違い，情報構造的性質の違いなどを含めると，普通の主題と対照主題の相違点は，音声音韻的なもの，構文的なもの，語用論的なもの，と多岐にわたることがわかる（表1参照）．

表1

	普通の主題 (TT)	対照主題 (CT)
フォーカスプロソディー	なし	あり
文内の位置	一般的に文頭	文頭以外でも現れる
主題になりうるもの	名詞句かそれに近いもの	範疇の制約なし
談話的制約	殆どが既知の情報	制約なし

こうした状況の下では，普通の主題と対照主題との間に原則的な共通点を探るという試みはあまり顧みられることがなく，同じ助詞に2種類の違った用法があるというカタログ化で終わってしまいがちである．だが，韓国語の主題の助詞 -(n)un にもほとんど全く同じパターンが観察されること，主題の位置が構文論的に固定されているマジャール語では，その主題の位置が対照主題に使われ，また日本語とよく似た特質を持つこと（例：不完全性の意味の派生，述語的範疇が対照主題に限って主題の位置に来ること，など）を考慮すれば，対照の「は」の意味における主題性の役割，また2種類の主題に共通している要素を探ることは有意義であると言えるだろう．

2.5. 概略

日本語の対照主題の特徴をまとめてみると以下のようになる．

(14) a. 英語，ドイツ語のように，不完全性を示唆する表現として使われる．
　　　b. 特別なプロソディーではなく，フォーカスのプロソディーである．
　　　c. 情報構造的な既知／未知の制約はない．
　　　d. 平叙文以外の文にも使われる．

e.　普通の主題と同じ助詞が使われる．

本論では，こうした特徴を解明するに際し，対照主題専用にあつらえた法則，前提，含意などを取り除き，必要最小限の要素を組み合わせることを試みる．具体的には，対照主題のフォーカスプロソディーの貢献と，助詞の「は」の役割を結合し，それに独自に必要とされる法則，とりわけ Grice (1975) の会話論理に基づく推論を加えることによって対照主題の意味論／語用論的効果を出すシステムを提案する．

3.　発話行為の対照

3.1.　新仮説：発話行為の代替集合

　日本語の対照主題の特異性と英語，ドイツ語のプロソディーによる不完全性の表現に似た効果を出すために次のような仮説を立てる．

(15)　a.　対照主題は発話行為 (speech act) レベルの現象である．
　　　b.　「不完全性」「不確実性」「非排他性」などの効果は発話行為の代替集合 (set of alternative speech acts) を通して発生する．

上記の仮説に必要な理論的背景は次の2点である．まず，Krifka (2001, 2002, 2004) で主張されているように，発話行為は文構造の一部として存在し，Speech Act P 或いは Force P として具現化されると推定する．意味論の領域でも，発話行為は個体 (Type e)，真偽の値 (Type t)，可能世界 (Type s) などとともに，基本タイプ (Krifka (2001) にならい Type a とする) としてタイプ理論の中に組み入れられる．発話行為のオペレーター (演算子) のタイプは，ファンクション (function: 関数) f: $D_\tau \rightarrow D_a$ であり，τ は個々のオペレーターが選択する文のタイプと推定する．例えば，主張行為のオペレーターの場合，τ は命題のタイプ (Type $\langle s,t \rangle$)，質問行為のオペレーターの場合は命題の集合のタイプ (Type $\langle \langle s,t \rangle, t \rangle$ 或いは $\langle \langle s,t \rangle, \langle s,t \rangle \rangle$) となる．[4] 本論ではタイプ理論の詳細よりも，発話行為が統語論的，意味論的実

---

　　[4] 英語の assertion にあたる発話行為を，本論では「主張行為」と呼ぶ．論理学などでは，普通「断定」と訳されているが，日本語学では「断定」という用語が「のだ」文のような構

第 9 章　発話行為と対照主題　　　　　　　　　　　　　　311

体を持つことにより，スコープや接続などの現象に直接関連したり，また以下で述べるフォーカスの代替意味論との関連により代替集合の対象となるなどの実践性の側面に注目したい．

　次に，フォーカスの分析として標準理論となっているフォーカスの代替意味論（Alternative Semantics for Focus: Rooth (1985, 1992), Kratzer (1991) など多数）を本論でも採用する．フォーカスの定義には様々なものがあるが，代替意味論ではフォーカスされた表現以外の選択肢の存在に注目し，それを形式化しようとする理論である．代替意味論の仕組みを理解するのに最も適しているのは，(16a, b) にあるようなフォーカスの位置の他は全く同一である文のセットである．

(16)　a.　真理は [**神戸で**]_フォーカス エリカに会った．
　　　b.　真理は神戸で [**エリカに**]_フォーカス 会った．

(16a, b) はフォーカスの位置は異なっているが，どちらも「真理は神戸でエリカに会った」という命題を意味することには違いがない．代替意味論では，これを通常の意味 (ordinary semantic value) と呼び，フォーカスの位置に左右されない意味として定義される．しかし通常の意味だけでは (16a, b) の使われるコンテクストの違いを説明することはできない．ここで焦点となるのがフォーカスされた表現以外の選択肢の存在である．例えば (16a) では「神戸で」がフォーカスされているが，この文は「神戸以外の他の候補地」が考慮されている場合に使われ，一方で (16b) は「エリカ以外の候補者」が発話の際に念頭に置かれている．(17a, b) はこうした他の候補を含む集合であるが，これらは一般的に代替集合 (set of alternatives) と呼ばれている．

(17)　a.　(16a) の代替集合
　　　　　｛真理は神戸でエリカに会った，真理は大阪でエリカに会った，

造の記述として用いられることもあるため，ここではあえて使用しない．ただ「主張行為」でも「何か争点となっていることに関して自分の意見を述べる」という一般的解釈よりは弱く，「話者が真であると思う命題を新情報として提供し，会話の進歩に貢献する行為」という捉え方をする．

真理は京都でエリカに会った，真理は奈良でエリカに会った}
b. (16b) の代替集合
　　{真理は神戸でエリカに会った，真理は神戸で由加に会った，真理は神戸で奈々子に会った，真理は神戸でジュンに会った}

　この代替集合は，文の二義的な意味範疇であるフォーカスの意味 (focus semantic value) がさらに制約されたものと定義されており，この意味範疇が取り立て詞 (only, even など) の領域を制約したり，どのようなコンテクストでフォーカスを伴った文が発話されるかを規制したりする役割を果たすのである．

　この代替意味論を，発話行為が統語論的，および意味論的実体を持つという仮説と組み合わせると，これまでにあまり考慮されなかった可能性を引き出すことができる．すなわち命題だけでなく発話行為も代替集合の対象となるという点である．前述のように対照主題もフォーカスのアクセントがあるので，フォーカスと同様に代替集合が作成されると考えることはごく自然であるが，対照主題の代替集合がどのように機能するかがフォーカスとの違いを決定づける鍵となる．これが (15a) で述べた主張の核となる部分であり，対照主題が発話行為レベルの現象であるという考えは，具体的には対照主題で派生した代替が命題レベルでとどまらず，<u>発話行為の代替集合まで達する</u>というものである．フォーカス表現の代替集合は，取り立ての副詞 (only, even, always など) や排他オペレーター (exhaustivity operator) の領域となりうるが，対照主題の場合そういった命題レベルでの数量化はされずに，<u>必ず発話行為レベルまで代替集合が保存され，その結果として発話行為の代替集合が派生する</u>と仮定するのである．この仕組みを比較的単純な例を使って検証してみよう．

(18)　A:　誰が試験に受かったの？
　　　B:　**ケンは／ケンは**　受かった (けど)．

(18B) は (19a) で示される LF 構造を持つと仮定する．(19a) で注目すべきなのは，発話行為が SAP (Speech Act Phrase) として構造に具現されていること，および対照主題にフォーカス指標 (focus index) がついていることである．後者は Kratzer (1991) のシステムを踏襲するもので，一般によく

知られている指示指標 (referential index) とは異なり，代替集合，すなわちフォーカスの意味を発生させる際にのみ必要なもので，フォーカスの意味の演算の時に変数となって代替の派生を起こす．ただし通常の意味の演算の際には意味を持たず無視される．(詳しくは Kratzer (1991) および Beck (2006) を参照．)

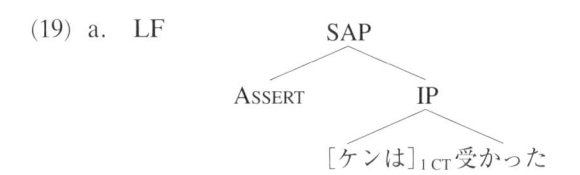

(19) a. LF

```
        SAP
       /    \
   ASSERT   IP
            |
      [ケンは]₁CT 受かった
```

b. 通常の意味: ASSERT (λw. Ken passed in w)
即ち，ケンが受かったという主張行為

c. フォーカスの意味:
{a: $\exists$h, h is a distinguished assignment, a = ASSERT $[\![[[\text{KEN}]_{F1\,CT}\text{ passed}]\!]^{g,\,h}$} = {a: $\exists$x $\in$ D$_e$. a = ASSERT (λw. x passed in w)}
即ち，「X が受かった」という形の命題の主張行為の集合．

仮に，ケン，エリカ，マリの 3 人が考慮されている場合，(19c) は次のような集合に制約される：

(20) {ケンが受かったという主張行為, エリカが受かったという主張行為, マリが受かったという主張行為}

これより先は，Grice (1975) の主張した会話の論理に基づいた推論 (以下 Gricean Reasoning) を聞き手がすることになり，具体的には (21a, b, c) のような思考プロセスになる．

(21) a. 話者はケンが受かったという主張行為を行った．
b. 対照主題によって派生した代替集合の中に，他にされた主張行為はない．
c. 話者が他の主張行為をしなかったのには理由があるはずだ．

可能な理由としては，例えば次のようなものがある．

(22) a. 話者は，エリカやマリが受かったかどうか知らない．
b. 話者は，エリカとマリは（たぶん）落ちたと思っている．或いは2人が落ちたことを知っている．
c. 話者は，エリカとマリは落ちたことを知っているが，落ちたことをはっきり言うのは失礼だと思っている．

聞き手が (22a) と推論した場合，話者の知識の不完全性，不確実性と解釈されることから，対照主題の典型的な意味効果が生み出される．しかし，2.3節で述べたように不完全性は話者の知識によるものだけとは限らない．(22c) の推論によれば，話者の知識は完全であるのにかかわらず，言えることをあえて言わなかった，という発話行為としての不完全性となる．一般的に言って，対照主題は話者の立場からすれば「言い残し」という感覚があり，一方聞き手にすれば「物足りなさ」を感じてしまうことになるが，こうした傾向は発話行為の代替集合と，それに伴う Grice の会話論理から派生すると考えられる．ここで問題になるのは (22b) の推論で，これが可能な場合，不完全性は消えて完全な答え，あるいは排他的な答え（exhaustive answer）と解釈されてしまうのではないか，という疑問が出てくる．しかし (22b) のような推論はいつも可能ではなく，答えとしてフォーカスの可能性があるかないかに影響される．この点に関しては次節で詳しく分析する．また，仮に (22b) の推論をしても，「ケンは受かった」の後に，「でも，エリカとマリは受からなかった」という続きの文を期待してしまいがちである．その意味で，聞き手は話者が「だれが受かったか」に対して完全な知識を持っていると仮定しても，「ケンは受かった」を最終的な答えと見なしていない，と言えるであろう．

3.2. 新仮説の特徴，利点および課題

新仮説の第一の特徴は普通の主題と対照の主題「は」の間に共通項を見いだすことができる，という点であり，これは既存の分析にない全く新しい観点と言える．発話行為がどの程度文構造に組入れられているかは未だに意見の分かれる所であるが，仮に本論で推定されているように発話行為が文構造の一部をして具現されたとして，発話行為のレベルよりも高いスコープをとるものがあるとすれば，最も可能性が高いものは主題であると言われてい

る．例えば Krifka (2001) は Jacobs (1984) をふまえ次のように述べている．(Endriss (2009) も参照．)

> ... Going one step further, one could argue that topics even *have to* scope out of speech acts. Topic selection is a speech act itself, an initiating speech act that requires a subsequent speech act, like an assertion, question, command, or curse about the entity that was selected. This was suggested, for example, in Jacobs (1984), where topics are assigned illocutionary operators of their own. (Krifka (2001: 25))
>
> 訳：...もう一歩進めて，主題は（ただ単に発話行為より高いスコープを取り得るのではなく）発話行為より高いスコープを取らなければならないと主張することも可能である．主題の選択はそれ自体が発話行為であり，その後の主張，質問，命令，など，主題に選択された個体に関する発話行為の実現に必要不可欠な行為なのである．この考えは既に Jacobs (1984) によって主張されており，Jacobs の理論では主題が独自の発語内オペレーター (illocutionary Operator) を伴っているとされる．

これに関連して，今回の分析の中で鍵となる要素が「対照主題の代替集合は発話行為レベルまで保存される．それまでに他のオペレーターの領域として使われてはならない」という点であることに注目してほしい．これは対照主題のフォーカスの意味（代替集合）のスコープが発話行為レベルよりも上にある，ということと同義であり，「は」の役割が発話行為以上のスコープを具現化させるものと考えることにより，普通の主題と対照主題との共通点を見いだすことができるのである．さらに推し進めれば，対照主題が Logical Form (LF) のレベルで発話行為より高い位置まで移動するという仮説も可能であり，その場合「は」の2種類の機能の関連はより直接的なものとなるが，LF 移動をサポートするデータはない上，問題点もいくつかあるため，現時点では LF 移動はないと仮定する．[5]

---

[5] LF 移動に対する問題の1つとして，数量化詞の対照主題があげられる．前例の普遍数量詞「みんな」に対照の「は」がついた場合，フォーカスのスコープは発話行為レベルより

今回提案する「発話行為の対照としての対照主題」という仮説は，対照主題の助詞「は」にのみ適応される特殊な前提 (presupposition) や含意 (implicature)，特殊な意味のカテゴリー (例: Büring (1997, 2003) の分析で提案されたトピックの意味 (topic semantic value) など) を必要としないという点で，これまでに提案されて来た分析の中で最も経済的なものと言える．また，分析の対象を発話行為のレベルで捉えることによって，平叙文以外の発話行為の文タイプでの「は」の使用や，話者の知識状況の不完全性以外の理由での「言い残し」効果 (例えば礼儀的な理由) が説明できる．
　こうした利点はあるが，現時点では解明の出発点に過ぎず，新たに生じる問題点，課題点もある．「発話行為の対照としての対照主題」という仮説は，別の観点から見れば対照主題の「スコープ理論的分析」とも言えることは，助詞の「は」の基本的役割との関連で既に述べた．対照主題という特別な産物があるわけではなく，高いスコープのフォーカス (発話行為レベルで演算されるフォーカス) として捉えられているからであるが，ではフォーカス自体はどう構造的に捉えられるべきであるか？ここで暗示されているのは，対照主題よりも構造的に低い位置で演算されるもの，さらに具体的に言えば命題レベルで代替集合の意味が使われるケースを，一般的に言われているフォーカスとするという考えであるが，それとフォーカス特有の完全性，排他性の意味がどう関連するのかを明示する必要がある．また，対照主題とフォーカスはどのような相互作用をもたらすか，とりわけ文中に対照主題とフォーカス両方が現れる場合の効果についての検証は欠かせない．

も上にあるが，意味論的スコープは否定の「ない」よりも低くなければならない．解決法としては，LF 移動の際に残されたトレースを一般数量化詞句のタイプ ($\langle\langle e,t\rangle,t\rangle$) とし，意味論的再構築 (semantic reconstruction) をするという方法があるが，意味論的再構築が強要されるというケースはこれまでに報告されていない．数量化詞の問題に加え，述語的範疇の対照主題 (例: 美しく**は**ある) のケースも，一般的に文頭への移動がほとんど見られないものであるだけに，対照主題の場合だけ LF 移動できるのはなぜか，という疑問も出てくる．その一方で，Hara (2006: Chapter 3) では対照主題の分布が，いわゆる Island Constraints の対象となると報告されていることは注目に値する．Hara の分析は対照主題の句を移動するのではなく，対照主題の句に付随した含意オペレーター (implicature operator) を動かすという解決法をとっているが，本論の分析では含意オペレーターは存在しないため，Hara の分析の応用は難しい．

埋め込み文中の対照主題も，本論の仮説の重要な課題である．対照の「は」は主文だけでなく，「けど」「が」「し」などで接続された文内や，「思う」「言う」などの動詞に選択された従属文内にも使われる．もし対照主題が本論で提案されているように発話行為レベルの現象であるとするなら，対照主題を含む埋め込み文は発話行為の埋め込みという結論になるが，発話行為の埋め込みの可能性は研究者の間で必ずしも合意に至っていない．

また，本論は英語，ドイツ語の対照主題の先行研究が日本語には応用できないことを出発点としたが，日本語の対照主題の事象に基づいた本論の分析が，逆に西洋言語対照主題の解明に貢献できるかという課題が出てくるのは必至である．言語類型学的にみて，日本語の対照主題と同じ，又は酷似した用法を持つ言語（韓国語）がある一方，英語のように日本語的な対照主題が使えない言語がある．また，主題という概念を日本語や韓国語のように形態素で表現するのではなく，構文内の特定の位置によって表すマジャール語などとの比較は有効かつ必要不可欠であろう．

本論ではこうした課題点，問題点のうち，フォーカスと対照主題の関係に関する問題の一部（第4節）と埋め込み（第5節）に重点をおいて検証する．

4. フォーカスと対照主題との競合

4.1. 数量の表現＋「は」の解釈

前節では，対照主題の意味論的，語用論的効果が発話行為の代替集合の存在とGricean Reasoningと通して導かれると言う仮説により，対照主題に伴う「言い残し」の感覚が，話者の知識状況の不完全性だけでなく礼儀やためらいなどの理由にも関連しうることが説明できることを示した．勿論話者が代替集合の他の選択肢を取らなかった理由は「なんでもあり」というわけではなく，発話のコンテクストや，話者と聞き手の共有する知識などによって制約されることは言うまでもない．[6] しかし，そうした非言語学的な制約

---

[6] 例えば，前出の (16) における「だれが受かったの？」という質問に対して「ケンは受かった」答えたのが試験官であったならば，「エリカとマリが受かったかどうか，話者は知らない」という仮定は不適切であり，（礼儀等の理由で）エリカとマリについては言いたくない，などと憶測するのが自然であろう．

だけではなく，言語学の領域内での制約もあることは事実であり，代替集合をもとにした Gricean Reasoning だけでは説明の付かない例もある．その中で，言語学的な制約の必要性を最も明白に示すのが数量の表現の対照主題である．2.2 節で見た例文を再考してみよう．

(23)　A:　明日の食事会に何人来るだろうねえ．
　　　 B:　**3 人は**／3 人は　来るでしょう．
(24)　A:　ハイブリッドの車って，いくらするもんなんですか？
　　　 B:　まあ，**25000 ドルは**／25000 ドルはしますよ．

これらの例においては，数量の表現は「少なくとも」と意味になり（実際「少なくとも」という表現を付けても意味はあまり変わらない），「ちょうど」という意味にはとれない．「ちょうど」の意味は「少なくとも」の意味を包含するのであるから，「少なくとも」の意味の付加は意味の弱化につながる．(23)/(24) の例文は，数量の表現に対照の「は」が使われた場合意味の弱化が強要されるという事実を表しているが，Gricean Reasoning によれば，意味の弱化が強要される必要はなく，「ちょうど」という強化された意味が取れてもよいはずである．そのプロセスを (23) を例として追ってみることにしよう．(23B) では，数量の表現「3 人」が対照主題となっているので，(23B) のフォーカスの意味は (25) のような発話行為の代替集合となる．

(25)　{1 人来るだろうという主張行為，2 人来るだろうという主張行為，3 人来るだろうという主張行為，4 人来るだろうという主張行為，5 人来るだろうという主張行為，6 人来るだろうという主張行為，7 人来るだろうという主張行為 ...}

この中で，話者は 3 人来るだろうという主張行為を行ったが，それ以外は行わなかった．その理由は何であるか？ 最初の 2 つに含まれる命題は，「3 人来るだろう」という命題に含意されるため，意味的に弱いものである．そういう命題の主張行為は，情報が偽にならない限り最大限提供するという Grice (1975) の Maxim of Quantity に反するものであるから，容易に排除できる．ではその他（3 人以上の場合）はどうか？ この際問題となるのは「話者は 4 人以上来ないことを知っており，「3 人来るだろう」以外の主張行為は偽の主張となるためしなかった」という憶測が十分に可能であるという

点である．この憶測が正しかった場合，話者は「ちょうど3人来るだろう／3人しか来ないだろう」と言う意味で言ったという結論になってしまう．

　この問題の解決法として対照主題とフォーカスの比較という概念を提案する．この考えの根底にあるのは，対照主題が使われた場合，聞き手は文のフォーカスの意味として派生した発話行為の代替集合の比較だけでなく，対照主題とフォーカスという2つの強調のストラテジーの比較もしているというものである．具体的に (23) の例文で見てみると，(23) と同じコンテクストで B は (23′) と言うこともできた．

(23′)　A：　明日の食事会に何人来るだろうねえ．
　　　　B：　**3人**来るでしょう．

B の答えで，「3人」は A の疑問文の疑問詞「何人」に相当するため，B の文のフォーカスである．そして，(23′B) では，フォーカスされ，かつ修飾語のつかない数量の表現に典型的な「ちょうど」というスケールの含意を持つ．対照主題とフォーカスという強調の2つの方法の比較を聞き手がしたとすれば，次のような推測になる．

(26)　発話行為の代替集合には入っていないが，話者は「3人来るだろう」ということもできた．しかしそうは言わず，「3人は」を使った．その選択には理由があるはずだ．

仮に話者が4人以上来ないことを知っており，それ以外の主張行為は偽の主張となるためしなかったとしよう．その場合，話者の意図は「(ちょうど)3人来るだろう」というメッセージを伝えることであるが，それには「3人くるだろう」と発言すればよい．ところが，話者はそうしないで「3人は来るだろう」と発言したのだから，聞き手としては「話者が4人以上来ないことを知っていた」という憶測を拒絶することになる．結果的には，「話者は4人以上来るかどうかはっきりわからず，それ以外の主張行為は偽の主張となる可能性があるためしなかった」という推測が最も適切であることになり，これが意味的には「少なくとも3人」という解釈になる．

　対照主題とフォーカスという2つのストラテジーの比較，競合という考えは，(27) の擬似方程式に要約される．

(27)　発話行為の代替集合を　　フォーカスの　　対照主題
　　　ベースとした推測から　－　排他性から　　＝　に可能な
　　　生まれた解釈　　　　　　出る解釈　　　　解釈

(27) は，対照主題の効果を派生させるプロセスにさらに比較のステップを加えることで，対照主題の解釈に言語学的制約を与えるものであり，数量の表現の他にも多様の対照主題の現象に利用することができる．その点を，いくつかの例を挙げて検証してみよう．

4.2.　普遍数量の表現＋「は」の制約

　(27) の擬似方程式で，イコールの右側がゼロになってしまうと，対照主題に可能な解釈がなくなってしまうわけであるから，対照主題を使う理由がなくなってしまう．その場合，対照主題は使うことができないという予測になる．その例として，普遍数量詞が挙げられる．2.1 節の例文 (6) で，普遍数量詞の対照主題と否定のスコープについて述べたが，普遍数量詞の対照主題は肯定文では使えない．

(28) #**みんなは**／みんなは　来た．

仮に (28) が可能だと仮定して，そのフォーカスの意味としての代替集合を見てみると (29) のようなものになるだろう．

(29)　｛みんなが来たという主張行為，大部分の人が来たという主張行為，
　　　何人かの人が来たという主張行為，1 人も来なかったという主張行為｝

話者は (29) の中の選択肢のうちで，「みんなが来た」という主張行為をしたわけであり，聞き手は残りの主張行為がなぜされなかったかについて推測するわけであるが，どういう理由が可能であろうか？「1 人も来なかった」という主張は「みんなが来た」という主張された命題と矛盾するものであるから簡単に排除できる．その他の主張行為の中の命題は，「みんなが来た」という命題に包含されているという意味で，そういう命題を主張するのは前例のように Grice (1975) の Maxim of Quantity に反するものであるから，これらも排除できる．しかし，問題はストラテジーの選択肢としてある

フォーカスであり，(28) のコンテクストで (28′) が比較の対象となる点である．

(28′)　**みんなが　来た．**

この文では「みんな」がフォーカスであり，その結果，(28′) のフォーカスの意味は (29) と全く同一になってしまう上に，その代替集合から生じる推論の流れも全く変わらない：他の選択肢の命題は，「みんなが来た」と矛盾するか又はそれに包含されるため排除される，という結論である．これを (27) の方程式にあてはめると，対照主題に可能な解釈がゼロになってしまう結果になるため，普遍数量詞の対照主題が肯定文では使えないことの説明が可能になる．

4.3. 「は」による意味の弱化の選択性

　数量の表現の対照主題のケースでは，「ちょうど」という強化された意味の欠落が，対照主題とフォーカスとの競合の結果であることを検証した．フォーカスの排他性に起因する解釈が，対照主題の解釈から排除された結果であるが，このプロセスが正しければ，前述の数量の表現に見られる意味の弱化は，フォーカスとの競合がない場合にはおこらないという予測になる．
　対照主題とフォーカスが競合しないケースには，例えば (30) のような例が挙げられる．

(30)　A：　ケンもエリカも受かったの？
　　　B：　**ケンは**／**ケンは**　受かった（けど）
　　　B′：#**ケンが**受かった（けど）

(30A) の問いに対し，対照主題は使えても普通のフォーカス（＝フォーカスアクセントと格助詞「が」の組み合わせ）は不適切である．ここで重要なのは，(30B) の答えで話者がエリカが受かったかどうか知らないという可能性の他に，話者がエリカが落ちたことを知っているという解釈も成り立つという点である．即ち，4.1 節の数量の表現で観察されたような意味の弱化が必ずしもおこらないということを意味する．これによりフォーカスと対照主題の競合がない場合には，強い意味の示唆も可能になるという予測は正し

いことが検証された.[7]

　また，対照主題の意味の弱化を主としてフォーカスとの比較の結果として捉えるならば，フォーカスに関連しない意味の弱化は起こらないと予測することになる．この予測が正しいかどうか，離接 (disjunction) の「か」のケースを使って検証してみよう．

(31)　A：　誰が受かるでしょうねえ？
　　　B：　マリかエリカが　受かるでしょう．

(31) のように離節の句が Wh-疑問文の答えとして使用された場合，2種類の意味の強化がおこる．第一には，「マリとエリカの両方は受からない」という意味であり，これは接続詞 (conjunction)「と」との比較を通して派生する，Grice (1975) のスカラー含意 (scalar implicature) である．第二の強化された意味は，「マリとエリカ以外の人は受からない」という命題であるが，これは離節の句「マリかエリカ」が Wh-疑問文の答えの中心であり，文のフォーカスであることに起因する．(31) と同じコンテクストで対照の「は」を「マリかエリカ」に加えると，フォーカスに起因する意味の強化は消去されるが，スカラー含意の意味は残る.[8]

(32)　A：　誰が受かるでしょうねえ？
　　　B：　**マリかエリカは／マリかエリカは**　受かるでしょう．

Bの発言を「しかしマリとエリカ以外の人についてはよくわからない／確証がない」といった意味に解釈することは極めて自然である．しかし対照の「は」が加えられても，Bがマリとエリカの両方は受からないと思っている

---

[7] この際重要なのは，「ケンだけが受かった／ケンしか受からなかった」などの排他性が明示された文は，対照主題の文と競合しないという点である．これは，数量の表現，5人，7個，などが普通「ちょうど5人／7個」と解釈される場合に，ちょうど5人／7個という表現自体を考慮に入れてしまうと，望ましい含意が派生しないというケースと同じである．(Horn (1972) を参照.)

[8] スカラー含意を消すことも可能だが，その場合助詞の「か」か，あるいは「…のどちらか」にフォーカスアクセントをおくことになる．
　　(i)　マリかエリカは／マリかエリカの**どちらか**は　受かるでしょう．

と印象は残る．これは，「マリとエリカは受かるでしょう」との比較によるスカラー含意の派生が，「は」を使った場合にも可能であるためと考えられる．

4.4. 対照主題とフォーカス：まとめと今後の課題

対照主題の解釈に際し，対照主題によって派生する発話行為の代替集合の他に，フォーカスと対照主題という強調の方法論的比較という仕組みが，いかに対照主題を意味論的／語用論的に制約するかについて見て来た．数量詞や普遍数量化詞などの数量化現象と対照主題の相互関連や，離接の対照主題の解釈などを通して，ストラテジー比較の過程で予測される事象が実際に存在することが示された．

本論では，ストラテジー比較において，フォーカスによる意味の強化という性質を前提とした上で，対照主題における強化の欠落の過程を考察したが，フォーカスの意味の強化，排他性がどのような過程で出てくるのか，という問題点が残っている．これは，フォーカスと対照主題が同時に現れる場合（例えば(33)の例文）に特に深刻な課題となる．

(33) A： 学生たちは**何**を食べた？
    B： **エリカ**は**豆**を食べた（けど）　（＝ (5)）

本論で仮定しているように対照主題が発話行為レベルにLF移動せずそのままの位置で解釈されるとすると，そのフォーカスの代替集合の意味が誤ってフォーカスの排他性の過程の対照となってしまう恐れが出てくる．この問題に関しては，Tomioka (2009) で詳細にわたって検証しており，本論ではその基本的な仕組みを簡単に紹介することにする．

フォーカスと対照主題との選択性に必要な理論的背景として，Tomioka (2009) では，Wold (1996) の選択性束縛 (selective binding) の理論と，Fox (2006) で提唱された構文内に具現化された排他性オペレータ (exhaustive operator) の分析を応用している．(33)の例を使うと，(33B)の文は(34)で示されるLF構造を持つとされる．

(34)　[$_{SAP}$ OP$_{1,\,3}$ [$_{SAP}$ Assert [$_{IP}$ Exh$_2$ [$_{IP}$ [**エリカ**は]$_{CT1}$ [[**豆**を]$_{F2}$]$_{F3}$ 食べた]]]]

(34) 内での数字はフォーカス指標であるが，フォーカスの意味を演算するオペレーターは，そのスコープ内にあるフォーカスの意味を盲目的に利用するのではなく，フォーカス指標を共有するものに関してのみ選択的に利用するというシステムになる．また (34) において，対照主題の「エリカは」のフォーカス指標は排他性オペレーター Exh に束縛されていないこと，そして「豆を」に 2 つのフォーカス指標（= 2 と 3）が付属している点に注目してほしい．前者は，本論の主仮説である「対照主題の代替集合は発話行為レベルまで保存される．それまでに他のオペレーターの領域として使われてはならない」という制約の具現化であり，後者は望ましい発話行為の代替集合を派生されるのに必要な要素である．また，フォーカスが二重に指標され異なるオペレーターに束縛される可能性，必要性に関しては Wold (1996) に具体例，詳しい説明がある．(34) の LF 構造は，エリカが豆を食べたという命題の主張行為，エリカが豆以外のものを食べなかったというフォーカスの排他性から来る含意，そして対照主題の効果として，話者はエリカ以外の人が何を食べたか知らない／知っているが言いたくない，という不完全性の意味を出すことになり，(33B) の文の意味が正しく把握できることになる．

5. 対照主題，および発話行為の埋め込み

　第 2 節で日本語の対照主題の様々な特質を列挙した際に，1 つだけあえて触れずに置いた特質が，対照主題の埋め込みの可能性である．この問題は，対照主題を発話行為レベルで捉えようとする本論の分析にとってだけではなく，他の分析，とりわけ「議論中の質問」(Question-under-Discussion : QUD と呼ばれる) を談話主題 (discourse topic) と定義し，談話主題を対照主題の不完全性，非排他性の尺度につかう分析（例：Büring (1997, 2003)，Kadmon (2000)，日本語の対照主題の分析では Yabushita (2008)）にとっても難問であると言える．

　Hara (2006: Chapter 3) で示されているように，埋め込み文内の対照主題には大きく分けて 3 つのタイプがある：「けど」「が」「し」などの接続詞で接続された文内 (35)，「言う」「思う」などの命題態度の動詞の従属文内 (36)，そして「ので」「から」で終わる理由節の中 (37) である．

第 9 章 発話行為と対照主題　　　　　　　　　　　　325

(35) a. **エリカ**は来たけど，**マリ**は来なかった．
　　 b. **ケン**は来たし，**エリカ**も来たけど，**マリ**は来なかった．
(36) ［ケンが**マリ**には会ったと］エリカは思っている．
(37) ［**主賓は**もう来ていたので］（全員そろっていなかったが）時間通りに歓迎会を始めた．

これらの 3 つのタイプについて，発話行為の埋め込みという可能性と関連させながら考察してみよう．

5.1. 接続詞の場合

　英語の接続詞 and/but/or が文を接続する際，意味論的には命題を接続する論理的オペレーターであると考えられているが，日本語の接続詞は 命題の接続だけにとどまらず発話行為の接続という特質が顕著であるように思われる．例えば，(38) の例文にも見られるように，接続詞の「けど」「し」は異なる発話行為の文を接続することができる．

(38) a. あそこに置いといた本なくなってる**けど**，誰か持ち出したの？
　　 b. まだちょっと早い**けど**，もう終わりにしなよ／もう終わろうよ．
　　 c. 暗くなって来た**し**，もう帰りなよ／もう帰ろうよ．

こうした例を日本語では簡単に挙げることができるが，類似した文を英語にした場合では and/but が使える時と使いにくい時があるように思う．この日本語の接続詞の特質を考慮すると，(35) のような例文も発話行為の接続であるという仮説は可能であり，文中に現れる対照主題の説明にも本論で提唱した分析が対応できる．[9]

---

　[9] 接続の構造において最初の接続詞に発話行為をしめす助詞のないものや，動詞句自体がないケースがある．例えば：
　　(i) a.　**鈴木君**は，京都に行って／行き，**山田君**は，名古屋に行った．
　　　 b.　**鈴木君**は，京都に行って／行き，**山田君**は，名古屋に行け．
　　(ii) a.　**鈴木君**は，京都に，**山田君**は，名古屋に行った．
　　　　b.　**鈴木君**は，京都に，**山田君**は，名古屋に行け．
このような場合は，発話行為の接続という考えを維持しつつ，次のように分析することが可能である．(i) 両方の接続節に動詞句，および発話行為の構造がある．(ii) 発話行為の句のヘッド (Speech Act[0]) が ((ii) の場合は動詞のヘッドとともに) ATB 移動する．

またもう1つ重要な点は，離接 disjunction としての「か（あるいは）」で接続される文内には対照主題が使えないことである．

(39) A: 今回の新製品の提案が通る条件は？
    B: ???**社長**は賛成するか，あるいは役員の**過半数**は賛成するかだ．

これは対照主題の不完全性，非排他性の意味自体が不可能な訳ではない．なぜなら，対照の「は」の代わりに「少なくとも」という修飾語をつけた場合，(40) に見られるように文には全く問題がない．

(40) A: 今回の新製品の提案が通る条件は？
    B: 少なくとも**社長**が賛成するか，あるいは役員の少なくとも**過半数**が賛成するかだ．

つまり，(39B) の意図する意味には問題がないが，その表現として対照主題が使えないということになる．離接接続文に対照主題の「は」が使えないという事実は，Krifka (2001) によって提示された，「発話行為の離接はできない」という一般化に沿うものである．

5.2. 命題態度の動詞の場合

命題態度の動詞の従属文内の対照主題の問題は，ただ単に従属文に現れると言うことではなく，Hara (2006) で指摘されているように，誰の視点からの不完全性なのかに関して曖昧性を持つという点である．例えば前出の (36) を見てみると：

(36) ［ケンが**マリ**には会ったと］エリカは思っている．

この文の不完全性は，(i) エリカは，マリ以外の人に関してはケンが会ったどうか知らないか，あるいは会わなかったと思っているというエリカの観点からの不完全性，または，(ii) 話者は，マリ以外の人に関してはエリカがどう思っているか知らないという話者の観点からの不完全性，の曖昧性を持つ．解釈の (ii) は，文全体の発話行為の代替集合から派生するもので特に問題はないが，解釈の (i) が成り立つためには，命題態度の動詞が命題ではなく発話行為を選択する，あるいは命題か発話行為の選択の曖昧性を持つ，と考える必要がある．

発話行為が命題態度の動詞に選択されるかどうかという問題は，多岐にわたる考察と綿密な検証が必要であり，本論で最終的な結論が出せるものではないが，少なくとも日本語の命題態度の動詞の従属文の場合，従属文内の形態素を見る限り，選択されるカテゴリーが命題よりもレベルの高いものである可能性があることを指摘し，今後の研究の焦点として取り上げたい．

日本語の命題態度の動詞の従属文で顕著であるのは，発話行為を表す助詞または活用形が従属文内でも使用される点である．

(41) a. マリは，エリカが誰とつきあってる<u>か</u>知っている．
b. マナは，ケンに猫を飼<u>おう</u>と提案した．
c. 社長は，社員に不正の証拠を消<u>せ</u>と／消<u>すように</u>命令した．

これらの例を直接の引用の埋め込みとし，真の従属文ではないとする考えもあるだろうが，これには問題がある．

(42) 社長が秘書に昨日までにその報告書を出せと命令したのにもかかわらず，秘書はすっかり忘れてしまっていた．

命令の発話行為は未来志向の行為であり，「昨日までに出せ」という命令はできない訳であるから，(42) は直接引用ではあり得ない．それでも命令形の「出せ」という形が出ているのであるから，発話行為を表す助詞または活用形が従属文内でも使用されることと，直接引用とは切り離して考えるべきであろう．こうして見ると，少なくとも日本語では従属文の構造は典型的なIP/CP だけでなく，談話に関する機能を持った構造も含んでいる，と考えることもでき，対照主題以外の様々な視点からその必要性が最近指摘されている発話行為の埋め込みの可能性 (Krifka (2001, 2002, 2004)，Hasegawa (2008)，Madigan (2008) など多数) との関連の模索が必要となるだろう．

5.3. 理由節の場合

正直に言って，理由節内での発話行為というのは最も正当化しづらいものであり，その意味で理由節内の対照主題の分析は，本論の提案する仮説にとって最も大きな難問と言えるかもしれない．だが，Hara (2006) で既に指摘されているように，理由節の中に話者あるいは文に出てくる人の観点が

反映されているかどうかが，対照主題の現れ方に影響している点に注目したい．

　理由節には，大まかに言って2つのタイプがあるが，タイプにより異なる接続詞が使われるわけではなく，英語でも日本語でも同じもの (because, ので／から) が使用される．英語の例でタイプの違いを見てみよう．

(43) a.　The tree fell because a big storm hit our area.
　　 b.　The company hired Tom because he can use Unix.

(43a) は2つの事象の因果関係を表現しているだけで，誰かの判断に関わるものではない．それに対し (43b) は，トムがユニックスが使えるということが，会社がトムを雇用すると判断した要因であり，この判断には会社の視点が関わっている．Davidson (1967) では，前者が Single Causal Statement，後者が Causal Explanation として区別されており，前出の対照主題の例文は，Causal Explanation のタイプに属する．

(37)　[**主賓は**もう来ていたので]（全員そろっていなかったが）時間通りに歓迎会を始めた．

「少なくとも主賓は」というスカラーの意味が，その後の行動（歓迎会を始めるという行動）の判断の理由であると考えられるからである．これに対し，1番目のタイプには対照主題が現れにくいことが，Hara (2006) で指摘されている．

(44) ??[**風**は／風は　強かったので] 家の庭の木が倒れた．

このように，主文の主語の主観性が理由節の中にあるかどうかが，対照主題に関係しているのであるが，発話行為の埋め込みに主語の主観性が必要条件であるという点で，(37) と (44) の差はある程度期待通りと言えるかもしれない．しかし，主語の主観性の存在だけで理由節内に発話行為レベルの構造が組み込まれているという証拠にはならない．この点は，今後の研究の課題である．

6. 本論の総括

　本論では，日本語の対照主題の「は」の意味論的／語用論的効果について，発話行為との関連を軸に考察した．不完全性，「言い残し」の表現としての対照主題は，英語，ドイツ語等のプロソディーを使った表現に相通ずる側面がある一方，独自の特徴も数多くある．平叙文以外の発話行為文にも現れること，文の唯一のフォーカスになりうること，普通の主題と同じ助詞が使われること，といった特異性の分析として，「対照主題は発話行為の代替集合を派生させる」という仮説の下に，多岐にわたる現象を考察し本論の仮説の有効性を検証した．発話行為の埋め込みの正当化，本論の仮説の言語類型学的考察といった課題もあるが，対照主題にのみ適応される特殊の前提や含意，特殊な意味カテゴリーを必要とせず，他にも独自に必要とされているもののみを組み合わせることで分析が可能であるという主張は，これまでに提案されて来た分析の中で最も経済的なものであり，また普通の主題と対照主題との共通点を，助詞の「は」の存在と機能をからめて理論的に考察することを試みたのは，本論が初めてである．

　対照主題の問題は，音韻論，統語構文論，意味論，そして語用論と幅広い言語学の分野にまたがる現象であり，その複雑性，多様性などを考慮すれば，本論はその問題に対する最終回答というよりは，ある方向性への出発点と考えるべきであろう．その意味で，本論が対照主題の研究への関心の高まりと論議の活発化につながることを期待したい．

参照文献

Beck, Sigrid (2006) "Intervention Effects Follow from Focus Interpretation," *Natural Language Semantics* 14, 1–56.

Büring, Daniel (1997) "The Great Scope Inversion Conspiracy," *Linguistics and Philosophy* 20, 175–194.

Büring, Daniel (2003) "On D-trees, Beans, and B-accents," *Linguistics and Philosophy* 26, 511–545.

Carlson, Lauri (1983) *Dialogue Game: An Approach to Discourse Analysis*, Reidel, Dordrecht.

Davidson, Donald (1967) "Causal Relations," *Journal of Philosophy* 64,

691-703.

Endriss, Cornelia (To appear) *Quantificational Topics — A Scopal Treatment of Exceptional Wide Scope Phenomena*, Doctoral dissertation, 2006, University of Potsdam, *Studies in Linguistics and Philosophy*, Springer.

von Fintel, Kai (1994) *Restrictions on Quantifier Domains*, Doctoral dissertation, University of Massachusetts, Amherst.

Fox, Danny (2006) "Free Choice and a Theory of Scalar Implicature," ms., MIT.

Grice, Paul (1975) "Logic and Conversation," *Syntax and Semantics 3: Speech Acts*, ed. by P. Cole and J. Morgan, Academic Press, New York.

Hara, Yurie (2005) "Contrastives and Gricean Principle," *Proceedings of the 15th Amsterdam Colloquium*, ed. by Paul Dekker and Michael Franke, 101-106, University of Amsterdam.

Hara, Yurie (2006) *Grammar of Knowledge Representation: Japanese Discourse Items at Interfaces*, Doctoral dissertation, University of Delaware.

Hara, Yurie and Robert van Rooij (2007) "Contrastive Topics Revisited: A Simpler Set of Topic-Alternatives," talk presented at NELS, University of Ottawa.

Hasegawa, Nobuko (2008) "Licensing a Null Subject at CP: Imperatives, the 1st Person, and PRO," *Scientific Approaches to Language* 7, 1-34, Kanda University of International Studies.

Horn, Laurence (1972) *On the Semantic Properties of Logical Operators in English*, Doctoral dissertation, UCLA.

Ishihara, Shin-ichiro (2002) "Invisible but Audible Wh-scope Marking: Wh-constructions and Deaccenting in Japanese," *The Proceedings of WCCFL 21*, ed. by L. Mikkelsen and C. Potts, 180-193, Cascadilla Press, Somerville.

Ishihara, Shin-ichiro (2003) *Intonation and Interface Conditions*, Doctoral dissertation, MIT.

Jackendoff, Ray (1972) *Semantic Interpretation in Generative Grammar*, MIT Press, Cambridge, MA.

Jacobs, Joachim (1984) "Funktionale Satzperspektive und Illokutionssemantik," paper presented at *Linguistische Berichte*.

Kadmon, Nirit (2001) *Formal Pragmatics*, Blackwell, London.

Kratzer, Angelika (1991) "Representation of Focus," *Handbook of Semantics*, ed. by A von Stechow and D. Wunderlich, 825-834, De Gruyter, Berlin.

Krifka, Manfred (1998) "Scope Inversion under Rise-fall Contour in German," *Linguistic Inquiry* 29.1, 75-112.

Krifka, Manfred (2001) "Quantifying into Question Acts," *Natural Language Semantics* 9, 1-40.

Krifka, Manfred (2002) "Embedded Speech Acts," handout for the talk given at Workshop *In the Mood*, Graduiertenkolleg *Satzarten: Variation und Interpretation*, Universität Frankfurt am Main.

Krifka, Manfred (2004) "Semantics below and above Speech Acts," handout for the talk given at Stanford University.

Kuno, Susumu (1973) *The Structure of the Japanese Language*, MIT Press, Cambridge, MA.

久野暲 (1978)『談話の文法』大修館書店, 東京.

Madigan, Sean William (2008) *Control Constructions in Korean*, Doctoral dissertation, University of Delaware.

Nagahara, Hiroyuki (1994) *Phonological Phrasing in Japanese*, Doctoral dissertation, UCLA.

Ohima, David Y. (2008) "Morphological vs. Phonological Contrastive Topic Marking," *Proceedings of CLS*, vol. 41 (Main Session), 371-384.

Pierrehumbert, Janet and Mary Beckman (1988) *Japanese Tone Structure*, MIT Press, Cambridge, MA.

Rooth, Mats (1985) *Association with Focus*, Doctoral dissertation, University of Massachusetts, Amherst.

Rooth, Mats (1992) "A Theory of Focus Interpretation," *Natural Language Semantics* 1, 75-116.

Tomioka, Satoshi (2009) "A Scope Theory of Contrastive Topics," *Current Issues in Unity and Diversity of Languages: Collection of the Papers Selected from the CIL 18*, 2282-2296.

Wold, Dag E. (1996) "Long Distance Selective Binding: The Case of Focus," *Proceedings from Semantics and Linguistic Theory (SALT) 6*, ed. by T. Galloway and J. Spence, 311-328, Cornell University.

Yabushita, Katsuhiko (2008) "A New Approach to Contrastive Topic: Partition Semantics and Pragmatics," to appear in *Semantics and Linguistic Theory 18*, Cornell University.

第 10 章

節の Left Periphery
(左端部) 構造の精緻化に向けて*

Luigi Rizzi　　　　（長谷部郁子（翻訳））

1. 導入[1]

現行の理論的枠組みでは，節の構造は 3 種類の階層構造から成ると考えられている．下に示すように，個々の階層は，X バースキーマの様々な部分が具現化されたものである．

1. 語彙階層: 動詞を主要部とし，θ 役割の付与が行われる階層構造である．
2. Inflectional layer（屈折辞階層）: 動詞の特性を述べる形態素（例えば時制辞要素など）に相当し，項を認可する格や一致素性などに関わる機能範疇を主要部とする．

---

* 〈訳者注〉本論文は，Luigi Rizzi (1997) "The Fine Structure of the Left Periphery," *Elements of Grammar: Handbook in Generative Grammar*, ed. by Liliane Haegeman, 281–337, Kluwer, Dordrecht の前半部分（第 1 節〜第 6 節）の日本語訳である．脚注 (1, 2, 3, ...) は Rizzi のものであるが，必要に応じて，訳者の注も加えてあり，それらは，後注として①，②，③... としてある．また論文末の文献も，この翻訳部分に言及されている文献のみをリストした．

[1] 本論の草稿は，ジェノバ大学での講義（1993 年から 1994 年，1994 年から 1995 年），1994 年 1 月の Neuchâtel における the 3ème Cycle Romand on Syntax and Pragmatics，1994 年 6 月，1995 年 4 月のフローレンス大学での講演，1995 年 2 月のミラノの San Raffaele Institute での DIPSCO における講演で発表されたものである．本研究は FNRS のプロジェクト（11-33542.93）の一環である．なお，頂いたコメントに関して，Adriana Belletti 氏，Guglielmo Cinque 氏，Brent De Chenes 氏，Grant Goodall 氏，Maria Teresa Guasti 氏，Liliane Haegeman 氏，Ur Shlonsky 氏，Michal Starke 氏に御礼を申し上げる．

Ⓒ 2009 Springer Science and Business Media, 1997 Kluwer Academic Publishers. A translation of "The Fine Strcuture of the Left Periphery," by Luigi Rizzi (pp. 281–300) of *Elements of Grammar* (ed. by Liliane Haegeman, 1997), with kind permission from Springer Science and Business Media.

3. Complementizer layer（補文標示階層）： 自由機能形態素（従属接続詞の that など）が典型的な主要部であるが，主題となる要素や，疑問詞や関係代名詞，焦点要素といった演算子となる要素がここに現れる．

80年代半ばにおいては，個々の階層は VP, IP, CP といった単一の X バー投射に対応するとされたが，すぐにこうした考え方は単純すぎると判明した．Pollock (1989) における動詞移動の分析の影響力は大きく，この分析の影響を受けて，IP は AGR や T, ASP といったさらに細かい一連の機能範疇に分解され，それぞれの機能範疇は動詞のシステムに表われるひとつひとつの素性（性・数・格などの一致要素，時制要素，相を表す要素など）に対応するとされた．こうした素性は，音形を持って現れることもあれば音形を持たないこともある．また，VP についても，Kayne (1984) による二枝構造仮説のもとでは，複数の項をもつ動詞には多層化された VP の構造（たとえば Larson (1988) の二重目的語構文の分析など）が想定されるに至ったのは自然の成り行きである．

最近の文献における多くの提案においては，Complementizer layer も IP や VP と同じように多層化構造を持つであろうことが示されている．つまり，複数の層を持った X バー構造が節の left periphery 部分（左端部）（つまり，IP より上にある構造）を形成していると思われるということである．[2]

本論では，節の left periphery にあたる部分の構造の精緻化を試みる．前

---

[2] 単一の X バースキーマが含むことができる以上のものを CP システムに組み込もうとする試みの1つに，CP には限られた数の recursion（反復投射）が可能という仮定（Rizzi and Roberts (1989), Rizzi (1991), McCloskey (1992)）が含まれる．他には，語彙的な補文標識とは異なる C の主要部を置くことを直接的に仮定する試み（例えば，Culicover (1992) の極性主要部や Shlonsky (1994) の C における一致についての議論（Cardinaletti and Roberts (1991) や Roberts (1993) における AgrS の反復投射の考え方を発展させたもの））や，焦点に関する最近の多くの研究（以下参照）もある．また，Nakajima (1993) による Split C 仮説に対する明確な言及も参照のこと．V-2 言語に関する研究もまた，構造化された C システムの可能性を示している（例えば Muller and Sternefeld (1993))．多様化された C 構造に関する Reinhart (1981) の初期の提案は，境界理論に関する考察に動機づけられたものだった．

半（第2節から第6節まで）では，基本となる階層構造がどのようなものであるかを確認し，left periphery に典型的に現れる4つの要素（疑問代名詞，関係代名詞，話題要素，焦点要素）について考察する．そして，これらの要素間の相互作用について検討することで，CP システムを構成すると考えられる X バー投射の階層的配列を提案する．後半部分（第7節から第12節まで）は，前半部分で想定された C システムの構造による説明に従うと思われる C システムの要素や主語位置を占める様々な要素（音形をもって現れる DP や，PRO や痕跡などの空範疇）を含む隣接効果および非隣接効果に関する議論である．以下で議論される経験的実例は主に，イタリア語，フランス語，英語からのものであるが，他のロマンス系言語やゲルマン系言語との比較も含まれる．[1]

　先ず，本論における理論的な枠組みについて説明しておく．本論では，Chomsky (1993) で提示されている理論体系での考え方が重要な役割を果たす．つまり，統語構造上での移動（より中立的には，統語における2つ以上の要素を含む連鎖の形成）は，主要部の準形態的な要求の充足のために引き起こされなければならないという厳密な意味においての「最後の手段」であるという考え方である．本論では，A バーシステムに関しては，こうした要求は，単なる素性照合ではなく，「なんらかの基準を満たす」という形をとっていると考える．このように考える主な理由は，こうした素性が「疑問」や「否定」，「話題」や「焦点」といった重要な意味解釈を担っているからである．これらの素性は，素性をもつ範疇とその範疇に隣接した構成素の解釈を決定したり（たとえば3節を参照），ある局所的な構造において数量的解釈を持つ句の作用域を表す要素として機能したりするのであり，単に移動を引き起こして表示から消えるといった役割だけを持つものであるはずがないのである．具体的な表示様式のあり方とは関係なく，この「最後の手段」という考え方は，left periphery に移動してくる様々な種類の要素を受け入れる豊かで整った構造を仮定するにあたって概念的な正当化を与えてくれるものである．言い換えると，自由な IP への前置や付加は許されておらず，left periphery への移動は全て，なんらかの基準を満たすことによって，つまり，移動される句と指定部―主要部の関係となる主要部が存在することによって，動機づけられなければならない．「最後の手段」という指針は，left periphery の構造を構築する上でかくも重要なのである．こうした複数主要

部の存在とそれらの働きは，本論の後半部分で触れる様々な(非)隣接効果によって，明らかにされる．また，付加に関する限定的な理論 (Kayne (1994) など) もまたこの試みにおいて助けとなろう．

また他方で，以下の議論においては，Chomsky (1993) とは異なり，Rizzi (1990) で述べられているように，相対的最小性理論 (Relativized Minimality) は統語表示に課せられる原理であること，また，普遍文法 (UG) が認める本質的な構造関係のひとつは，主要部統率であること，の２つを仮定し続ける．２つ目の点だが，筆者が理解する限り，that 痕跡のような様々なよく知られている主語と目的語の非対称性についての最適なすっきりとした説明を与えるためには，主要部がその補部の指定部と (格の付与・照合や様々な種類の空範疇の認可など) なんらかの「離れた位置での作用」を行う場合と同じように，主要部統率は必要であり続けるのである．この種の例は以下で多く分析される．本論では，主要部統率に基づくアプローチを採用するが，時には，体系的な比較は行わないが，主要部統率とは異なる他の可能な分析の特性に言及する．[2]

相対的最小性理論が統語表示に課せられる原理であるという見方をすることについてだが，この理論的な選択が正しいことを論じることは本論の目的ではないので，この問題はまた別の論文で改めて議論することにしたい (関連する議論については Manzini (1992, 1995) や Brody (1995) も参照)．それでも，上の２つの保守的な仮定の間には (必然的ではないにしろ) 重要な関係があるということは明らかであろう．相対的最小性理論が表示に課せられるという考え方の１つの帰結は，主要部統率が，主要部がある最大投射に対して「離れた位置で作用」できる範囲の局所性を持つ環境では，自動的に保証されるということである．この主要部とある最大投射の間に起こる「離れた位置での作用」やその他の種類の連鎖は，この考え方のもとでは同じ根源的な局所性の原則に従うことになる．もし連鎖の局所性が派生的に課されるとするならば，このような統一化は得られないのである．

2. 発話の力 (発話力) と定性のシステム

CP システムについての考察を始めるにあたって，問われなければならない重要な問題が１つある．節の構造において補文標識はどのような役割を

第 10 章　節の Left Periphery（左端部）構造の精緻化に向けて

果たしているのだろうか？

　CP システムとは，命題内容（IP によって表わされる）とさらなる上位構造（より上の構造にある節や，主節であると考えれば談話表現）との間に介在するインターフェイスと考えられる．そうであるなら，C システムは少なくとも 2 つの種類の情報を表わしていよう．1 つは命題内容の外側と関わる情報で，もう 1 つは命題内容の内側と関わる情報である．

　最初に命題内容より上の構造にある情報について考えてみよう．補文標識は，その文が疑問文であるのか，平常文であるのか，感嘆文であるのか，関係節であるのか，比較級の文であるのか，ある種の副詞句であるのかということを表すが，それは，より構造的に高位にある要素に選択されることによる．このような情報は節のタイプ（Type）と呼ばれたり（Cheng (1991)），発話力（Force）を特定するもの（Chomsky (1995)）と呼ばれたりする．ここでは後者の用語，Force「発話力」，を採用する．発話力はその主要部に記号化される音形をもった形態素によって実現されることもあれば（ある文が平常文であるのか疑問文であるのか関係節であるのかを表わす特殊な C の形態素など），単に演算子が現れる構造を提供することによって実現されることもあり，どちらの手段によっても実現されることもある（これはまれなケースである．おそらく，主要部や指定部のどちらかに（同時に両方ではなく）なんらかの音形をもった要素が実際に現れることを好むという表示タイプの経済性の原理によるものであろう．Cheng (1991) や Sportiche (1992) も参照）．

　C システムによって表わされる 2 つ目の情報は命題内容の内側，つまり，C システムの下に埋め込まれている IP によって表わされる部分に関するものである．補文標識の選択が節内の動詞のシステムのなんらかの特質を反映しているということは，伝統的に観察されている．たとえば，that と時制をもった動詞の共起関係，英語の補文標識 for と不定詞との関係（Chomsky and Lasnik (1977)）といった，C と I の間の「一致」規則に関する観察がある．こうした依存関係を説明する簡単な方法は，C がより構造的に低い位置にある屈折のシステムに現れる時制要素と一致する時制を表わすものを含んでいると仮定することであろう（この考え方は，少なくとも den Besten (1977) までさかのぼる）．しかし他方で，C によって記号化される「時制的な」特質は非常に未分化的なものである．例えば，イタリア語では，

che という形は直接法の現在時制，過去時制，未来時制，そして過去形の接続法と条件法といった形式と共起し，これらの形式を不定詞節や動名詞節，分詞節と区別しているわけだが，こうした状況はロマンス語やゲルマン語では非常に一般的である．少なくともこうした語族においては，Cは時制と関連してはいるが，動詞のシステムに現れる時制やその他の屈折的な特徴よりは未分化的である．つまり「定性」を表すのである．

　本論では，定性の区別は，形態的な実現のされ方は言語によって異なるが，言語に普遍的に存在する区別であると仮定する．言語においては動詞の語形変化は二種類の形式に分かれる傾向がある．定形は法（mood）の区別（直接法と接続法と条件法，その他の現実／非現実のタイプの形の区別）や時制と主語（人称）の一致を表わし，音形をもった主格の主語と共起することができる．不定形は，人称の一致を表さないような中心的な事例においては，法の区別を表さず，主格主語とも共起しないが，こうした不定形の時制の区別システムはより未分化的なものである（たとえば多くの言語では不定形は現在／未来の形態的な区別を持たず，助動詞と過去分詞から成る迂言的表現によってのみ過去を表わすことができる，など）．第一の種類の形式（定型）は that のような補文標識と共起するが，第二の種類の形式（不定形）は共起しない．このような中心的な例から逸脱する様々な例外は明らかに大目に見なければならないが，[3] こうした区別があることは通言語的にしっかりと検証されている．

　そこで，最近の多くの研究（たとえば，Holmberg and Platzack (1988)）に従い，本論では，C システムは定性を明示し，この定性がさらに，よく

---

[3] 一致に関しては，音形を伴う主語との一致の形態的形式をはっきり示さないが（英語の過去時制と未来時制，英語の接続法，メインランドスカンジナビア語における通常の動詞の語形変化），that タイプの補文標識と共起するといったパラダイムもある．逆に，ポルトガル語の屈折した不定詞は，主語の人称一致において，形態的な表示を持つが，that タイプの補文標識とは共起しない．時制に関しては，ラテン語の不定詞は現在と過去（そして迂言的未来）の区別を示すが，ここでは（主語に主格が付与されない，などの理由で）こうした形式を定形とは考えない．こうした特異な例や他の似たような例があるものの，定形は，時制―人称―法の複合体を表わす素性に関してより豊かである（そうした複合体の素性は，定形に特有の特徴である）という一般原則は保持される．こうした考え方に関する初期の議論については，George and Kornfilt (1981) も参照のこと．

第 10 章　節の Left Periphery（左端部）構造の精緻化に向けて

知られている定性の特徴，つまり，法（mood）の区別や主格を認可する主語の一致や音形を伴う時制の区別のある IP システムを選択すると想定する（上でみたように，こうした定性を表わすものは言語間で異なる）．

　繰り返しになるが，定性を，complementizer system が表す IP に関係する中心的な特徴として考える必要がある．[3] 追加される IP の情報が complementizer system にどの程度写像されるかは言語によって異なる．例えば，ある言語は法（mood）の区別を写像し（例えば，ポーランド語の特殊な接続法を表わす補文標識など），ある言語は主語の一致を写像し（例えばドイツ語など (Haegeman (1992), Bayer (1984), Shlonsky (1994))），ある言語は純粋なテンスの区別を写像し（アイルランド語 (Cottell (1994))），否定を写像する言語もある（ラテン語，ケルト語））．[4]

---

[4] もし定形の動詞の形式が素性 [+fin] をもつ C システムに選択されなければならないとするならば，上位の動詞が直接 IP を選択するのはその動詞が不定形の場合にのみ限られるという事実を説明できることとなる．このことは，定形構造において例外的格付与が見られないことや，重名詞句転移が不可能であることによって示される（Rizzi (1990: 34-35) における分析に基づく）．

(i)　a.　*I believe [him is smart]
　　b.　*I believe [t is smart] every student who ....
cf.
(ii)　a.　I believe [him to be smart]
　　b.　I believe [t to be smart] every student who ....

例外的格付与構文に似た構文は，不定形の動詞の形式が欠落している，もしくはそうした形式が非常に制限されている言語においては，接続法の補文と共起できるようである．アルバニア語の使役構文については Guasti (1993) や Turano (1993) を，ルーマニア語については Rivero (1991) を参照のこと．おそらく，V は当該言語が許容する最小限の定性の指定で直接 IP を選択することができ，この最小限の定性の指定は，不定形が欠落している言語においては接続法として現れるのであろう．

　間接疑問文は定形節にも不定形節にもなりうるが，小節にはなりえないことも観察すべきである．

(iii)　a.　John does not know of what he can be proud.
　　b.　John does not know of what to be proud.
　　c.　*John does not know of what proud.

もし C システムが常に ±fin から始まるのなら，C システムは定性の素性が定義される IP を選択しなければならないだろう．定性は動詞の素性なので，動詞を持たない小節は C システムを有することができず，ゆえに，小節は wh 要素が現れることのできる構造上の場所を提供できないので，小節の構造を持つ疑問文は存在しないことが予測される．小節が

CP システムは，節構造内のその他の部分とどのような関係にあるのだろうか．最近の提案では，IP システムは V システムの延長線上にあるものであると考えられている．つまり，様々な屈折要素を表わす主要部は，動詞の形態的な特性を照合するために動詞を（音形を伴うか伴わないかにかかわらず）牽引するという点において V に関連するので (Chomsky (1993))，IP システム全体が動詞の投射の延長線上にあるとの考えである（これは Grimshaw (1991) における拡大投射 (extended projection) である）．CP システムは，IP システム，そして究極的には VP システムの延長線上にあるものであると類推的に考えられるべきだろうか？ 本論では，CP システムと IP システム (VP システム) には根本的な違いがあると考える．どのような「屈折的な」特性を C が反映するにしても，それらは，一般的には，動詞の形態の形式には記号化されない．こうした特性は，自由機能形態素 (that や que など) に表わされるが，それは，どちらに近いかといえば，指示代名詞や wh 句，例えば "fact" のようなある種の名詞との類似性が示すように，動詞というよりも名詞に近い．よって，本論では，C システムは I システムとは根源的に異なり，I システムのみが一般的には V に関わると仮定する．[5,6]

C システムを持たないことのもう 1 つの帰結は，もし PRO が 8 節で議論されるように −fin によって認可されるのなら，コントロールを要求する項（目的語としての節）としての小節は (*John wants PRO rich の非文法性が示すように) 存在しないということである（であるなら，(iii) の非文性もより一般的なケースに属することになる）．コントロール構文である小節は while PRO at home や if PRO in doubt などの表現のように副詞的な位置では可能なようだが，こうした表現においては，副詞的な従属節は，定性を指定できない命題的な意味内容を持ちながらも PRO を認可できるという点において，通常の C システムとはおそらく異なると思われる．Starke (1994) で分析されているこうしたある種の小節を導入する C に似た小節は，−fin の指標としてではなく，(注 6 で述べているような意味における) 従属節標示として扱うことができるだろう．

[5] 完全な V-2 言語において，事情は異なるかもしれない．こうした言語では，屈折した動詞は典型的に，時制のある節においては C に移動する．こうした事例では，ある特定の +fin の選択が，定形動詞を，V における時制の指定によってその定性素性を照合するために牽引すると思われる．しかし，このような事例でも，V 移動が動詞の特別な接辞によって認可されていないという点において，動詞の屈折主要部 (IP) への移動とは異なるのである．

[6] 発話力を表わす主要部が C システムのそれ以上の投射を閉じるという仮定については，

3. 主題と焦点のシステム

　もし発話の力と定性のシステムが，あるCシステムとそのCシステムの上位と下位に隣接する構造システムとの間に生じる選択的な関係を表わすのならば，そのCシステムは，選択制限とは多かれ少なかれ独立した他の機能を備えている可能性がある．

　Left peripheryと典型的に関わる節に見られる伝統的な表現形は，主題化と呼ばれる英語の構文にみられる，主題とコメントを用いた記述である．

(1) Your book, you should give t to Paul (not to Bill)

主題とは「コンマイントネーション（コンマで区切られた音調）」により節のその他の部分と切り離されて前置された要素であり，通常，先行する談話から取得可能で際立った旧情報を表わす．コメントとは複雑述語の一種であり，主題を叙述し新情報を導入する開放文である．[4]

　主題―コメント表現に形式的に似ているが，しかし意味解釈的に全く異なるのは，焦点―前提表現である．

(2) YOUR BOOK you should give t to Paul (not mine)

焦点―前提の場合，前置された要素は焦点のアクセントを持ち，新情報を導入するが，開放文（文の後続の要素）はコンテクストによって与えられる旧情報，つまり，話し手が聞き手と共有していることを前提としている知識で

演算子は常にCシステムの最も高い指定部を占めているわけではないことに注意を払うべきである．例えば，イタリア語では疑問詞の独算子はより低い指定部の位置に現れる．第6節を参照のこと．本論では，このような場合でもCシステムの最も高い位置にある主要部は，厳密に局所的な相対的構造関係において選択が起こるなら，当然のことながら，Forceを表わすと仮定し続ける．このことは，演算子の実際の位置は関連するA′基準（これについては次節を参照）によって決定され，必ずしもForceの指定部とは限らない．代案はBhatt and Yoon (1991) によって提示されており，彼らの枠組みでは，文のタイプの標識（ここでいうForceの主要部）と，発話力とは無関係に節を（範疇）選択に利用可能とする主要部である単純な従属接続詞とは，区別がなされている．もしこの提案がここでの提案と結びつけられるとしたら，（従属接続詞，Force，定性という）3部門から成るシステムが結果として生じる．こうした精緻化は可能だが，ここではそのような方向は追求しない．

ある（さらなる精緻化に関しては以下を参照）．もし前置要素と後続の開放文の間に大きな解釈の違いがあるなら，実質的には (1) と (2) のように新・旧の情報の表れ方が正反対であるということだが，2つの表現記述（つまり，主題—コメント，焦点—前提という表現）の形式は，英語においては（たとえ，より精緻な分析において重大な差異が現れようとも）一定なようである．[5] (Gundel (1974) の初期の分析に部分的に基づいた Culicover (1992) を参照．焦点については，Rochemont and Culicover (1990) を参照．)

他の言語でもこの2つの表現記述の形式は，（一般的な叙述文とは）はっきりと区別されている．ここでは，要点を例示するためにイタリア語の2つの構文を簡単に分析する．イタリア語，もっと一般的にはロマンス言語では，主題—コメント表現は典型的に Cinque (1990) が接語左方転移 (Clitic Left Dislocation (CLLD)) と呼んでいる構文によって表わされる．接語左方転移は，主題と同一指示の残留接語を含んでいる（この構文は接語を持たない言語における左方転移とは様々な点で異なる．ゆえに，例文の英語訳は，接語でない残留代名詞を含んでおり，やや誤解を招くものである．関連する議論については Cinque (1990: 57-60) を参照．Cecchetto (1994) や Iatridou (1991) も参照のこと）．

(3) Il tuo libro, lo ho letto
    'Your book, I have read it'

焦点—前提表現は，イタリア語では焦点要素の前置（焦点化）と焦点を表わす特別なストレスの付与によって表わすことができる．

(4) IL TUO LIBRO ho letto(, non il suo)
    'Your book I read(, not his)'

イタリア語では，この構造の選択は対照の焦点にのみ限定されている．つまり，(4) は「あなた」（聞き手）は「私」が「あなたの本」とは異なった本を読んでいると信じていることを前提としており，この誤った確信を訂正している．(4) が，「あなたは何を読んだか？」といった質問に対する答えのような，対照を表わさない新情報を伝達するものとして発話されることはありえない．他の言語では，節の最初の焦点位置を，対照を表わさない焦点を表わすためにも用いている（ハンガリー語 (Kiss (1987), Horvath (1985),

第 10 章 節の Left Periphery（左端部）構造の精緻化に向けて 343

Brody (1990, 1995b), Puskas (1992), およびこれらの文献で参照されている文献), アラビア語 (Turano (1995)), ギリシャ語 (Tsimpli (1994)). また, その他の言語 (たとえば, フランス語) では, 少なくとも統語的に顕在的な形では, 構造的焦点位置といったものは使用しない. (スペイン語は, Laka (1990) によると, イタリア語と似たような焦点構文を持つようである.)

　本論では, これらの 2 つの表現記述は, 一般的に用いられている統語表示の構造構築単位により表現されると仮定する. その構造構築単位とは, (X バースキーマが根源的な存在であるのか, より基本的な原理から派生されるものなのかという問題 (Kayne (1994), Chomsky (1995)) はさておき) X バースキーマのことである. 主題とコメントは以下の構造を持つ.

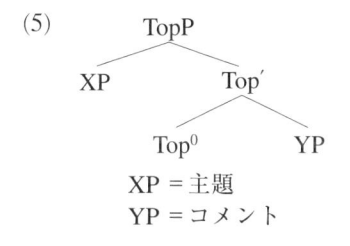

(5)　　　　TopP
　　　　　／　＼
　　　　XP　　Top′
　　　　　　　／　＼
　　　　　Top^0　YP

　　XP = 主題
　　YP = コメント

主要部 Top^0 は, complementizer system に属する機能的な主要部であり, 次のような機能的な解釈を持つ独自の X バースキーマを投射する. その解釈とは, 投射された X バースキーマの指定部が主題であり, 補部がコメントとなる解釈である. Top^0 は, ある種の「より構造的に高い位置にある predication (主述) 関係」を定義し, その関係とは Comp システムの内側にあるものである. ゆえに, その機能は IP システム内の AgrS の機能と似ている. AgrS もまた, 構造的に主語と述語を結び付ける働きをしている. Comp システムにおける predication と IP システムにおける predication の最も基本的な違いは, Comp システム内のものは非項位置となる指定部を含んでいるということである.

　同じように, 主要部 Foc^0 は焦点を指定部に選択し前提を補部に取る.

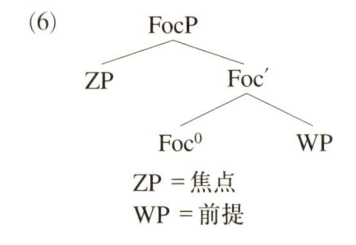

(6)
```
        FocP
       /    \
      ZP    Foc'
           /    \
         Foc⁰   WP
```
ZP = 焦点
WP = 前提

ここでもイタリア語は焦点ストレスを含んだより構造的に低い位置での焦点化（恐らく対照的な焦点だが，必ずしもそうである必要はない）をある要素に対して基底生成位置で行うと思われる（Antinucci and Cinque (1977), Belletti and Shlonsky (1995), Calabrese (1982), Cinque (1993) を参照）.

(7) Ho letto IL TUO LIBRO(, non il suo)
    'I read YOUR BOOK, not his'

しかし，もし Chomsky (1976) の弱交差に関する古典的な分析が示すように焦点要素が peripheral position（周縁位置）へ移動していなければならないのなら，LF において (7) は (6) の構造を含む表示を持っていることになる.

イタリア語では Top⁰ や Foc⁰ は音声的に空だが，他の言語では発音される可能性がある．例えば，Aboh (1995) は Gungbe 語の焦点を表わす不変化詞 wè は Foc⁰ として分析されるべきだと議論している．こうした分析は他の言語に見られるこのような標識の多くの例にとっても可能なものである（本論では，分裂文や繋辞倒置 (Moro (1995)) のような焦点化を含んだ他の構文については分析しない）.

(5) や (6)[6] における指定部の主題や焦点の解釈については，本論では主題素性や焦点素性を与えられている構成素は，それぞれ，Top や Foc と指定部と主要部の位置関係とならなければならないと仮定する．言い換えれば，Wh 基準や Neg 基準 (Rizzi (1991), Haegeman (1995)) と似た Topic 基準や Focus 基準が存在することになる．ということは，焦点移動や主題移動は，移動（もっと中立的な用語を用いるなら，2 つ以上の位置を含む連鎖の構成）は「最後の手段」であり，基準を満たすこと (Chomsky

(1993) の用語で言うと，素性照合）によって引き起こされなければならないという考え方へつながる．実際，このような制限的な理論のもとでは，left periphery への統語的な移動に，IP への自由で随意的な付加を含むものはないと予測される（もし May (1985) で議論されているようにある表現が適切に解釈される必要性によって IP 付加が引き起こされるなら，LF 移動が IP 付加を含む可能性はまだ残る）．異なった種類の前置に関するこのかなり一般的に用いられている分析（IP への付加分析）に反対し，(5) と (6) のような構造を含む統一した X バー分析を支持する強い経験的な理由を，後にみてゆく．

　主題—焦点システムはどのように発話の力—定性のシステムに統合されるのだろうか．発話力—定性システムは C システムの基本をなす部分であると考えられるので，このシステムは全ての CP が存在する (non-truncated, 省略されていない) 構造（つまり，例外的格付与構文 (ECM) の補文やその他 S′ 削除が起こる環境を除く全ての構造）に存在すると仮定する．他方，主題—焦点システムは必要とされる場合のみ，つまり，ある構成素が指定部と主要部の関係によって認可される主題素性や焦点素性を持つ場合にのみ，それらは構造に存在する．主題—焦点の領域が活性化されると，発話の力と定性は CP の最上部と最下部に位置するため，主題—焦点領域は，異なった選択要求を満たし，C システムを適正に統語構造に組み込むために，必然的にこれら 2 つの特性の間にサンドウィッチのように挟まれることになる．

(8)　　... Force ... (Topic) ... (Focus) ... Fin IP

この主題—焦点システムの位置的な特性は，数々の(非)隣接効果を説明するために役立つことは後にみてゆく．さしあたって，本論では単に，今姿を表わそうとしている C に関する理論を反映する 2 つの直接的な経験的な事例を観察するにとどめる．

　イタリア語，もっと一般的にはロマンス語では，(9b) の di のように不定詞を導入する前置詞的要素は，一般的に (9a) の定形の補文標識 che に対応する不定形の補文標識であると考えられている（関連する根拠については Kayne (1984), Rizzi (1982) を参照）．それでも che が常に左方に移動された句に先行するのに対し，di は常に左方に移動にされた句の後に現れる

((11b) のような例は，定形の埋め込み文が現れる対応する接語左方転移の事例 (10a) と比べると幾分まれな表現だが，(11a) との対比はとてもはっきりしている)．

(9) a. Credo che loro apprezzerebbero molto il tuo libro
   'I believe that they would appreciate your book very much'
 b. Credo di apprezzare molto il tuo libro
   'I believe 'of' to appreciate your book very much'
(10) a. Credo che il tuo libro, loro lo apprezzerebbero molto
   'I believe that your book, they would appreciate it a lot'
 b. *Credo, il tuo libro, che loro lo apprezzerebbero molto
   'I believe, your book, that they would appreciate it a lot'
(11) a. *Credo di il tuo libro, apprezzarlo molto
   'I believe 'of' your book to appreciate it a lot'
 b. Credo, il tuo libro, di apprezzarlo molto
   'I believe, your book, 'of' to appreciate it a lot'

この分布は単一の C 位置を仮定する理論とはほとんど相いれないが，che が発話の力を表わす位置を占める一方，di は定性の位置を占めると想定すれば，これらの要素は主題の位置を挟んで相対する側に現れることになり，本論で明確にされている C に関する理論においては簡単に説明することができる．この分布については第 6 節で再び見る．[7]

同じような議論は C システムに現れる異なる種類の演算子の分布によって提示できる．イタリア語では，関係詞の演算子は主題に先行しなければならないが，疑問詞の演算子は主文の疑問文においては主題の後ろに現れ，埋め込み節の疑問文では主題の後ろに現れることもできるし，(少し容認度は落ちるが) 主題に先行することもできる．[8]

---

[7] 精緻化された C システムのさらなる直接的な証拠としては，幾つかの言語で固定した順序で起こる補文標識の連鎖が存在することがあげられる．例えば，Vinker (1991) で議論されているデンマーク語の現象など．

[8] wh 要素に強勢が置かれると，(13a) はより許容度が高くなる．このような場合，この構造はある種の聞き返しの解釈を受ける (例えば，他の誰かの発言に対する驚きや懐疑を

(12) a. Un uomo a cui, il premio Nobel, lo daranno senz' altro
'A man to whom, the Nobel Prize, they will give it undoubtedly'
b. *Un uomo, il premio Nobel, a cui lo daranno senz' altro
'A man, the Nobel Prize, to whom they will give it undoubtedly'

(13) a. *A chi, il premio Nobel, lo daranno?
'To whom, the Nobel Prize, will they give it?'
b. Il premio Nobel, a chi lo daranno?
'The Nobel Prize, to whom will they give it?'

(14) a. Mi domando, il premio Nobel, a chi lo potrebbero dare
'I wonder, the Nobel Prize, to whom they could give it'
b. ?Mi domando a chi, il premio Nobel, lo potrebbero dare
'I wonder to whom, the Nobel Prize, they could give it'

この分布は，関係詞の演算子は構造上最も高い位置にある指定部の位置，つまり Force の指定部に現れるが，疑問詞の演算子は Topic と Focus の領域内にあるもっと低い位置を占めることが可能であることを示している（(13a) の配列は，I から C への移動は主文の疑問文においては義務的なものであるという事実によって阻まれる (Rizzi (1991)))．こうした位置的な特性に関するさらに詳しい議論は以下を参照されたい．ここで重要となる点は，繰り返しになるが，単一の C の主要部と投射を仮定する理論ではこのような分布に関する単純な制約を扱うことはできないようであるということだ．

4. 主題と焦点の差異について

主題構文と焦点構文は，節の left periphery を含む A′構文として，幾つ

表わす)．(12) と (13) の対比は既に Cinque (1979: 113-114) によって指摘され，Cinque はこれをもとに，関係詞と疑問詞の位置が異なると議論した（この文献に筆者の関心を向けさせてくれたことについては Guglielmo Cinque に御礼申し上げる）．この問題に関する初期の議論については，Grosu (1975) も参照のこと．

もの点で類似しており，これらの構文の構造的類似性は，2つの構文には同じ構造的なスキーマが含まれているという仮定によってさらに強調される．そうであるにもかかわらず，2つの構文は多くの点において異なり，これらの点は根本的に異なる性質を際立たせている．これら2つの構文の詳細な分析は本論が扱う範囲を超えているが，Cinque (1990) の分析を参考に，次の5つの際立った相違点に注目してみよう．これらは，本論の中心となる問題に直接関係する．[9]

1. 残留接語: 主題はコメント内に残留接語を含めることができる．主題化された構成素が直接目的語なら，接語は義務的となる．他方，焦点化された構成素は残留接語とは共起できない (Cinque (1990: 63))．

(15) a.　Il tuo libro, lo ho comprato
　　　　'Your book, I bought it'
　　b.　*Il tuo libro, ho comprato t
　　　　'Your book, I bought'
(16) a.　*IL TUO LIBRO lo ho comprato (non il suo)
　　　　'YOUR BOOK I bought it (not his)'
　　b.　IL TUO LIBRO ho comprato t (non il suo)
　　　　'YOUR BOOK, I bought (not his)'

2. 弱交差: 主題は決して弱交差効果を起こさない．このような効果は，判断が難しいものの焦点とともに現れることができる (Culicover (1992) は英語で主題と焦点の間に見られる同じような違いについて観察している)．

(17)　　Gianni$_i$, sua$_i$ madre lo$_i$ ha sempre apprezzato
　　　　'Gianni, his mother always appreciated him'

---

[9] ここで，本論での用語は Cinque の用語と少し異なることを述べておきたい．Cinque は英語の構文 (1), (2) を言及するのに，「主題化」という用語の使用にあたって伝統的なこの専門用語の使い方に従っている．そして，Cinque はこの「主題化」という用語をイタリア語の構文 (4) へと拡張して使っている．本論では「主題化」という用語は避け，(1) と (3) を主題（コメント）構造と呼び，(2) と (4) を焦点（前提）構造と呼ぶ．

(18) ??GIANNI_i sua_i madre ha sempre apprezzato t_i (non Piero)
　　'GIANNI his mother always appreciated, not Piero'

3. 裸数量詞要素: DP 内の語彙選択を伴わない数量詞要素 (no one, all など) は，接語左方転移構文において主題となることはできないが，この構文は焦点化は許す (Rizzi (1986). qualcosa, qualcuno (何か，誰か) については Cinque (1990: 74ff.) を参照).

(19) a. *Nessuno, lo ho visto
　　　　'Noone, I saw him'
　　b. *Tutto, lo ho fatto
　　　　'Everything, I did it'
(20) a. NESSUNO ho visto t
　　　　'NOONE I saw'
　　b. TUTTO ho fatto t
　　　　'Everything I did'

4. 唯一性: 節は，(主題化可能な) 項や付加詞と対応するだけの数の主題を持つことができる．他方，焦点の位置は構造上 1 つしかなく，2 つの要素の焦点化は (22) のように排除される (Benincà (1988: 144)).

(21) Il libro, a Gianni, domani, glielo darò senz' altro
　　'The book, to John, tomorrow, I'll give it to him for sure'
(22) *A GIANNI IL LIBRO darò (non a Piero, l'articolo)
　　'TO JOHN THE BOOK I'll give, not to Piero, the article'

1 つの焦点と 1 つもしくはそれ以上の主題は同じ構造において結合することができる．この場合，焦点となる構成素は主題に先行することも主題の後に現れることもできる．

(23) A Gianni, QUESTO, domani, gli dovrete dire
　　'To Gianni, THIS, tomorrow, you should tell him'

5. wh 句との両立性: 主文の疑問文では，wh 演算子は (Top, Wh) とい

う固定された順序で Topic とともに現れることができるが，Focus と現れることはできない．

(24) a.　A Gianni, che cosa gli hai detto?
　　　　'To Gianni, what did you tell him?'
　　b.　*Che cosa, a Gianni, gli hai detto?
　　　　'What, to Gianni, did you tell him?'
(25) a.　*A GIANNI che cosa hai detto(, non a Piero)?
　　　　'TO GIANNI what did you tell(, not to Piero)?'
　　b.　*Che cosa A GIANNI hai detto(, non a Piero)?
　　　　'What TO GIANNI did you tell(, not to Piero)?'

他方，Top も Foc も先行する関係詞とは共起可能である（(12a) と下の (44) 参照）．

次の節では Cinque (1990) のアプローチを少し新しくした観点から，最初の3つの違いは1つの基本的な差異，つまり，焦点は量化的だが，主題はそうではないということに還元できることを示す．第6節では，4番目の違いも2つの構文の解釈の違いに直接つながっていることを暫定的に示し，ここで主張している C システムの理論において5番目の違いを検討する．

5.　焦点は量化的だが，主題はそうではない．

最初の3つの相違点に注目してみよう．最初に2番目の相違点についての議論から始めるが，Lasnik and Stowell (1991) に従い，弱交差は本来的な量化表現を含む A′ 関係に見られる特異な特徴であると仮定する．ゆえに，A′ 依存関係は，変項を束縛する数量詞（量化表現）を含むものと，音声的に空な別称や定項 (Rizzi (1994) における null constant; nc) を束縛する量化を伴わない A′ 関係を含むものの二種類に分けられることになる．これらの2つの事例は疑問文や関係代名詞の非制限用法によって例示される．

(26) a.?*Who does his mother really like t (=変項)?

b.　John, who his mother really likes t（= nc）…

　Chomsky（1986）は，完全解釈の原理（Full Interpretation）では変項は強束縛されなければならないことを要求していると提案した．強束縛とは先行詞からの解釈範囲もしくは値の付与を意味している．Lasnik and Stowell（1991）の提案はこれら2つの事例をよりはっきり区別するものであると言い換えることができる．A′の依存関係は，全て強交差（束縛条件C）に敏感であるが，数量詞の演算子による変項束縛（(26a)に見られる範囲の付与）と照応形の演算子による音声的に空な定項の束縛（その役割は，(26b)のように音声的に空な定項を先行詞に結び付けることである）に分けられる．前者は弱交差に敏感だが，後者はそうではない．

　弱交差がひとつの診断基準であると仮定すると，(17)と(18)に見られる対比により，2つの構文の解釈が示すようにFocusは量化的なA′束縛を含むが，Topicは含まないと結論することができる．

　もしFocusが量化的でTopicがそうでないとすると，1番目の差異も説明される．(16)における焦点化された要素は統語的な変項（項位置に現れる代名詞でない空のXの最大投射）を束縛しなければならない．この束縛は(16b)では起こるが，(16a)では起こらない．(16a)では，潜在的な非束縛子が接語とその痕跡であるが，そのどちらも統語的な変項として機能しない．接語は音形を持った代名詞的な主要部であり，その痕跡は主要部痕跡である（もし接語移動がXの最大投射としてAgrOの指定部への最初の移動を含むのなら，最初の痕跡はDP痕跡であり，AgrOの指定部にある痕跡は主要部痕跡となるが，どちらも変項としての資格はない）．ゆえに，このような構造は，数量詞が変項を束縛しなければならないことを要求する完全解釈の原理によって排除される（Cinque（1990: 180, fn. 10））．

　空範疇の類型に関する古典的な仮定のもとでは，(16b)とは対照的に，(15b)は排除される．主題化された要素は，弱交差効果の欠如が示すように，量化的ではない．ゆえに，目的語位置の空範疇には正当なステータスが与えられていないことになる．この空範疇は，それを束縛する数量詞がないので変項ではありえず，その他のタイプの空範疇（PROやpro，DP痕跡）に関する条件を満たすこともできないのである．一方，(15a)は，目的語位置の空範疇が接語痕跡の正当なステータスを与えられているので，問題はない

(Cinque (1990: 71-72)).[10]

　もし，A′の依存関係が2つに分かれるというLasnik and Stowellの提案を受け入れるなら，(15b)を排除する議論はより厳密化されなければならない．つまり，(15b)の空範疇が空な定項であり，主題要素によりA′束縛されている（つまり，主題要素と同一化されている）という可能性が排除されなければならないのである．弱交差を起こさない典型的なA′連鎖の例をいくつか考えてみよう．

(27) a.　John is easy [Op to please t]
　　　b.　John has Mary [Op to talk to t]
　　　c.　John is too stubborn [Op to talk to t]
　　　d.　John, who I just met t
　　　e.　Gianni, Op che ho appena incontrato t
　　　　　'Gianni, that I just met'
　　　f.　Op habe ich schon t gesehen
　　　　　'(it) have I already seen'

(27a-c)は空演算子を含むよく知られた英語の構文である．(29d, e)は英語とイタリア語の関係代名詞の非制限用法で，それぞれ，音形を持った演算子と空演算子を伴う．(29f)はドイツ語や他の言語の口語表現における談話に束縛された空演算子の構文を示している．ここで，空の定項の認可は自由に

---

[10] フランス語においては，以下のような種類の主題―コメント構造が可能である．
　　(i)　Les gâteaux, j'adore
　　　　'The cakes, I love'
このような可能性は，限られたクラスの動詞（aimer, adorer, conaitre など）が，目的語の位置に指示対象を持つ解釈を有する pro を認可する，ある種のフランス語の前置詞とも共有する能力に関係があろう（より詳しくは，Zribi-Hertz (1984) を参照）．しかし，ほとんどの動詞においては接語が強制的に必要で，フランス語のパラダイムはイタリア語のものと似ているのである．
　　(ii)　Les gâteaux, je *(les) ai mangés à midi
　　　　'The cakes, I ate (them) at lunch'

第 10 章　節の Left Periphery（左端部）構造の精緻化に向けて　　353

できるものではなく，指定された種類の A′束縛子，つまり照応詞的な演算子にのみ限定されると仮定してみよう．（照応詞的演算子というのは，本質的に演算子として特徴づけられているが，非束縛子に範囲を与えないという点において量化的な演算子とは異なる要素であり，むしろ，先行詞を探し，先行詞を非束縛子と結び付けるというものである．）照応詞的演算子は典型的には音声的に空だが，必ずしもそうでなくてもかまわない（例えば，ちょうど上でみたように，非制限用法に含まれる関係代名詞は一般的に照応詞的演算子である．こうした関係代名詞は，各言語に特有な条件によって，音形を伴う事が可能であったり，音形を伴うことが義務であったりする）．

(28)　音声的に空の定項は，照応詞的演算子に認可される．

ゆえに，(15b) は依然として排除できる．(28) の原理のもとでは，(15b) は正当な量化表現を含まないので正当な変項を含まないことになり，また，照応詞的演算子を含まないので正当な空の定項を含まないことになる．
　では，なぜ (15b) の英語の訳文は問題なく形成されるのだろうか？繰り返しになるが，本論では基本的に Chomsky (1977) における英語の主題化と焦点化の分析を新しくした Cinque (1990) の分析に従っており，(15b) の英文は主題によって同一化される空演算子を含むと仮定する．

(29)　Your book, [OP [I bought t]]

この空演算子（量子的ではない照応詞的演算子）は (28) の原理のもとで空の定項を認可する．この痕跡が空の定項のステータスを持っていることは，Lasnik and Stowell の診断方法，つまり弱交差効果の欠如によって確かめられる．

(30)　John$_i$, his$_i$ mother really likes t$_i$

したがって，本論では，英語とロマンス語の主題―コメント構造の違いを生じさせているパラメターは，ロマンス語の主題―コメント構文において空の照応詞的演算子が利用不可能であることに帰すると想定する．本論では，空演算子と接語は，どちらも主題とコメントにおける開位置の関係を確立しているという点で機能的に同等であるとする．ロマンス語は接語という手段が自由に利用できるのに対し，英語では，通常接語が欠けているので，空演算

子という手段に帰するのである.[11]

　各言語はある構文において照応詞演算子が音形を伴うか伴わないかを選択することができる. 関係代名詞の非制限用法の演算子は，イタリア語では音形を伴わないのに対し，英語では伴うことは既に見た (このことはさらに，より抽象的な構造からの帰結といえるかもしれない. Cinque (1982) や Bianchi (1995) におけるこの問題に関する最近の議論を参照). 同様に，他のゲルマン語は，主題とコメントの構造に含まれる照応詞的演算子の音形を伴った実現 (いわゆる D-pronoun) を許すという点において英語と異なっている.[12]

(31)　Den Hans, den kenne ich t seit langem
　　　'The Hans, whom I have known for a long time'

さて，主題が代名詞化できる PP であるなら ((32) のように) 残留接語は随意的であり，PP が (33) の受益者のように代名詞化できないものならば当然残留接語は存在しないという事実に目を向けてみよう.

(32)　A Gianni, Maria (gli) ha parlato recentemente
　　　'To Gianni, Maria spoke to him recently'

---

[11] ((2) のような) 英語における焦点構文に関していえば，主題構文と同じ統語構造を持ち，空演算子を含む可能性がある. その演算子は，(分裂文と同じように) Foc⁰ の補部の指定部に位置する. しかし他方，空演算子の介在は，本論での仮説のもとでは，焦点要素は (2) においてはイタリア語の同じ表現である (16b) と同じように変項を束縛することができなければならないので，この場合必要とされない. よって，演繹的に英語においても主題と焦点の構造が異なることを予測することができる. 実際，Culicover (1992) は，Top は下節の条件のような効果を引き起こす (Rochemont (1989) や Lasnik and Saito (1992)，およびこれらの文献における参照文献) が，Foc は (少なくとも，同程度には) 引き起こさないと観察しており，この対比はこれら 2 つの構文の間に構造的な違いがあることを示唆している. 非隣接性に関して 2 つの構文がみせる異なったふるまいについては注 26 も参照. (〈訳者注〉本翻訳には注 26 は含まれていない. Rizzi のオリジナルを参照されたい.)

[12] ゲルマン語におけるこの構文の分析については Koster (1978: 199ff) を参照. V-2 ゲルマン語における非焦点主題化の可能性については，この文献 (および Cardinaletti (1983) も参照) に従い主題によって同定される空演算子が常にこうした例に含まれると仮定するか，もしくは，V-2 言語は空の定項を認可する能力を持つ屈折動詞を牽引する主要部の指定部を許すと仮定しなければならない.

(33)　Per Gianni, Maria lavora da molto tempo
　　　'For Gianni, Maria has worked for a long time'

本論では，後に，接語は (32) においては本当は随意的ではなく，これらの 2 つの事例は 2 つの異なった構文であることを示す証拠を提示する．なぜ PP で表わされる主題がこれらの事例において直接空範疇を認可することができるのかという問題がまだ残っている．ここでは再度，Cinque に従い，ゼロ要素を照応形，代名詞，そして変項に ±a や ±p といった素性のシステムを用いて分類できることは，項位置にある DP がもつ独自の性質であると仮定する．この分類を PP に拡張することはできない．それは，こうした PP は DP ではない，もしくは項位置を構成しないからである．実際，照応詞的な PP や代名詞的な PP は存在しない．イタリア語の ne や ci のような接語となる PP の事例は，こうした PP はしばしば代名詞としてのステータスがあると考えられるのだが，束縛原理に関して代名詞的でない（そしてもちろん，照応詞的でない）要素のようにふるまうことが示されてきた (Belletti (1994))．

ゆえに，(32) と (33) の VP に残された空範疇は，他の痕跡とちょうど同じように，空範疇原理の要求を満たすために先行詞と結びつけられた連鎖をなさなければならないが（例えば Rizzi (1990, 1994) を参照），しかしさらなる要求は先行詞の特質には課されず，量子的でない主題がこの役割を満たすことができる．[13]

さて，3 番目の違いについて考えてみよう．つまり，(19) のように量子表現は主題となれないが，(20) のように焦点となることはできるという事実である．これらの量子表現は LF で変項を束縛しなければならないが，(19) では変項を束縛できていない．接語も接語の痕跡も変項として機能することはできず，もし量子化表現が Topic 位置に痕跡を残して数量詞上昇

---

[13] もちろん，PP の前置は，例えば To whom did you talk? のような疑問文においては，本来的な演算子変項構造を，また A man to whom I talked のような非制限用法の関係節においては，本来的な空の定項の解釈を決定すると認めることができると考えたいところだが，ここでは，Chomsky (1993) 式の再構築過程を用い，変項と空の定項の解釈は DP に限られるとしておく．

によってさらに移動したとすれば，この痕跡は非項位置にあるので変項として機能することはできない．他方，(20) では LF と S 構造において適格な変項が利用可能であるので，これらの構造は問題ない．これは，基本的に，Rizzi (1986) における分析である．

　もし量子表現の接語左方転移の許容度が，量子表現が語彙的選択を伴う場合に，時には完璧なまでに改善されることに注目すれば，事態はいくぶん複雑なものとなる．

(34) a. ?Ciascun (ogni) membro della commissione, lo devi contattare personalmente
　　　'Each member of the committee, you should contact him personally'
　　b. Tutti i tuoi libri, li ho rimessi a posto
　　　'All your books, I put them back'
　　c. Molti libri, li ho buttati via
　　　'Many books, I threw them away'

なぜ (34) の許容度は (19) とは異なるのだろうか？ 本論では，数量詞上昇はさらに DP から数量詞を抜き出すことが可能で，LF 表示は (35) のようになると仮定する．

(35)　Molti [ec libri] TOP^0, [li ho butatti via]

この場合，この構造は問題ない．数量詞は Top^0 の指定部内にある変項を束縛しており，その変項は次に代名詞に関係づけられる．どのような原理も違反されていない．他方，裸数量詞を含む同じ構造は，以下のように不適格となる．

(36)　*Molto ec TOP^0, [lo ho capito]
　　　'Much, I understood it'

もし裸数量詞が LF で移動しなければ，束縛すべき変項がなくなるので，完全解釈の原理に違反することになる．もし LF で移動すれば (36) のようになり，この構造は不適格となる．空範疇は項位置（もしくは機能的な位置）にないので，変項として機能することはなく，再び完全解釈の原理の違反と

なる.[14]

6. 幾つかの非整合性と順序づけに関する制約

　Topic（主題）と Focus（焦点）の間に見られる4番目の相違点は，イタリア語では1つの節につき，統語構造において主題位置は無数に許されるが，焦点位置は1つのみしか許されないということである（(22)を参照）. 一見，このことは，本論で，主題―コメント，焦点―前提という2つの表現記述の分析に関して提案してきた以上に多様な構造的分析を支持するように見える. すぐに思い浮かぶ考え方としては，Focus の唯一性を，Focus の X バースキーマから，つまり，二股構造の X バー理論に基づく一般的な指定部の唯一性から引き出し，Topic に対しては，付加の反復性に関して通常用いられる仮説に基づいて付加分析を仮定することである（しかし，付加に関するより制限的な考え方に関しては，Kayne (1994) を参照）. それでは，以下にあげる可能な Topic と Focus の順列を考えてみよう.

(37) a.　Credo che a Gianni, QUESTO, domani, gli dovremmo dire
　　　　　　 C　　 Top　　 Foc　　 Top　　　　　 IP
　　　　'I believe that to Gianni, THIS, tomorrow we should say'
　　b.　Credo che domani, QUESTO, a Gianni, gli dovremmo dire
　　　　　　 C　　 Top　　 Foc　　 Top　　　　　 IP
　　c.　Credo che domani, a Gianni, QUESTO gli dovremmo dire
　　　　　　 C　　 Top　　 Top　　 Foc　　　　　 IP
　　d.　Credo che a Gianni, domani, QUESTO gli dovremmo dire
　　　　　　 C　　 Top　　 Top　　 Foc　　　　　 IP
　　e.　Credo che QUESTO, a Gianni, domani, gli dovremmo dire
　　　　　　 C　　 Foc　　 Top　　 Top　　　　　 IP

---

[14] もっといえば，(36)において Top の指定部全体が TopP から外へ移動しているが，しかしこれは適切な選択肢であるように見えない. 一般的に，A′基準は「移動の途中で」満たされることはない. 例えば，wh 要素は埋め込み節の C で Wh 基準を満たし，その後，主文の C システムに移動する，というようなことは許されない.

f. Credo che QUESTO, domani, a Gianni, gli dovremmo dire
   　C　　Foc　　　　Top　　　Top　　　　　　IP

音形をもって実現された補文標識 che と IP の間には，Topic が Focus に先行し，さらにその後に他の Topic が続くという順序が得られる．

(38)　… C⁰ (Top*) (Foc) (Top*) …

ゆえに，単一の焦点の主要部は C と IP の間に X バースキーマ (FocP) を投射することができ，主題は自由に IP (もしくは，第3節で提案した構造に基づくと，IP のすぐ上にある FinP) と FocP に付加されると提案することが可能である．

　これは魅力ある提案だが，本論ではこの分析は採用しない．第3節で提示した Topic と Focus が同様の構造を持つ分析を支持する経験的な証拠がある．簡潔に言えば，Topic の介在は，ある種の局所性効果を引き起こすのである．この局所的効果は，Topic は単一の付加構造ではなく X バーの投射全体が含まれるという仮説に基づいて扱われるのが最も望ましいことを示す．この議論は，本論文の後半部分で提示することになる．[7] さしあたって当座は，上で観察された主題と焦点の非対称性だけに注目することにしよう．もし主題と焦点の両方が X バースキーマを含むとしたら，主題と焦点の非対称性を表わす明白な方法は，Topic 句は繰り返し利用できるが，Focus 句はそうではないと仮定することである．しかし，なぜそのようになるべきなのだろうか？ この2つの構文の解釈上の特性を簡単に調べれば，この疑問に適切な答えが得られる．

　Foc の投射構造をここに再掲するが，その解釈に立ち帰ってみよう．

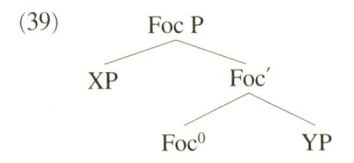

(39)
```
      Foc P
      /   \
     XP   Foc′
          /   \
        Foc⁰　 YP
```

Foc の指定部は焦点要素だが，補部は前提であり，前提は旧情報である．それでは，FocP の反復，つまり (39) の YP そのものが FocP として現れる選択肢を考えてみよう．

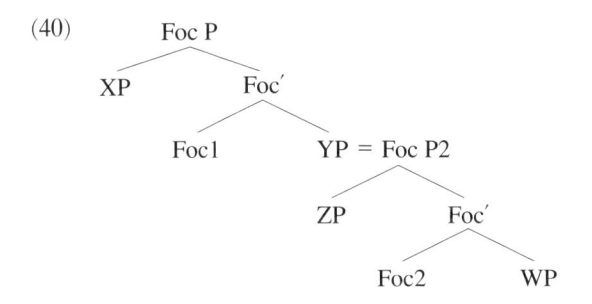

第 10 章 節の Left Periphery (左端部) 構造の精緻化に向けて　359

(40)
```
        Foc P
       /    \
      XP    Foc′
           /    \
         Foc1   YP = Foc P2
               /    \
              ZP    Foc′
                   /    \
                 Foc2   WP
```

　このような構造は，焦点位置 ZP，つまり構造的により下の位置にある焦点の主要部 Foc2 の指定部を含むことになる．しかし，この構造は上で提案された解釈と矛盾する．YP はより高い位置にある焦点の主要部 Foc1 の前提であり，旧情報しか示すことができない．よって，FocP の反復は，反復によって起こってしまう解釈上の衝突により禁止されることになる．このような解釈上の問題は，TopP の反復の場合は起こらない．コメント（主題の主要部の補部）が主題—コメント構造において続けて現れることを排除するものは何もなく，主題は自由に反復することができる．この推論に基づく提案が正しいとするならば，Top と Foc に関する構造的に画一的な分析を提案し，上で観察された反復に関する違いを Foc の解釈上の特殊性から引き出すことができる．[15]

---

[15] T や Asp や D や Agr といった他の機能範疇は，ひとつの指定で十分であり，ゆえにそれが最大限度であるので，表示の経済性に従うと繰り返しの適用を許さない．しかし，このことは，Top や Foc には n 個の構成素が含まれる可能性があるので Top や Foc にはあてはまらない．
　FocP には繰り返しの適用はないという提案された分析はまた，FocP は (i) 主文と (ii) 埋め込み節では活性化されるが，(iii) のように主文と埋め込み節で同時に活性化されることはできないことを正しく予測する．
　　(i)　A GIANNI ho detto t che dovremmo leggere il tuo libro
　　　　'TO GIANNI I said that we should read your book'
　　(ii)　Ho detto a Gianni che IL TUO LIBRO dovremmo leggere
　　　　'I said to Gianni that YOUR BOOK we should read'
　　(iii)　*A GIANNI ho detto che IL TUO LIBRO dovremmo leggere
　　　　'TO GIANNI I said that YOUR BOOK we should read'
(iii) は，埋め込み節は主文の Foc の前提の一部であり，ゆえに Foc の位置をもつことができないので排除される．予測通り，CLLD のような主題—コメント構造は主文と埋め込

前の節での議論に基づき，本論では complementizer system に関して以下の精緻化された構造を提案する.

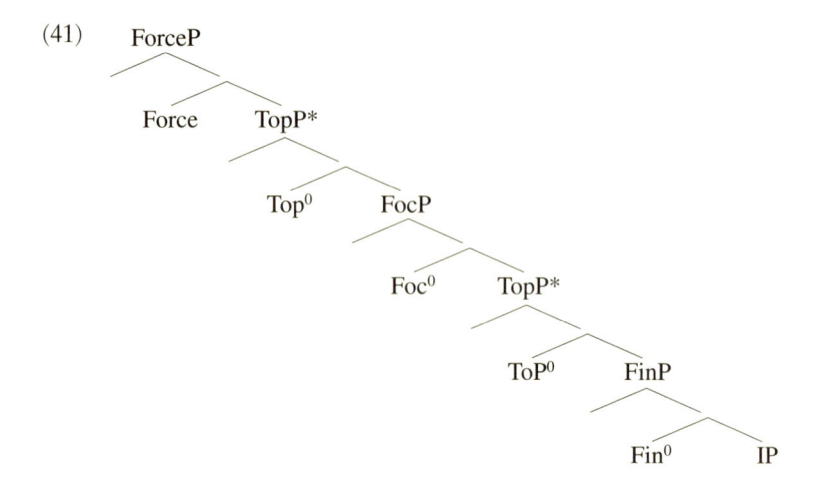

(41)

```
         ForceP
         /    \
      Force   TopP*
              /    \
           Top⁰    FocP
                   /   \
                Foc⁰   TopP*
                       /    \
                    ToP⁰    FinP
                            /   \
                         Fin⁰   IP
```

この構造は，C システムの要素を含む多くの語順の制約を説明するのにそのまま用いることができる.

イタリア語では，関係詞の演算子は主題に先行するが疑問の演算子は主題の後に現れなくてはならないという事実から，関係節ははっきりと主文の疑問文と対比されることは既に見た.

(42) a. Un uomo a cui, il premio Nobel, lo daranno senz'altro
    'A man to whom, the Nobel Prize, they will give it undoubtedly'
  b. *Un uomo, il premio Nobel, a cui lo daranno senz'altro
    'A man, the Nobel Prize, to whom they will give it undoubtedly'

み節に同時に現れることができる.
  (iv) A Gianni, gli ho detto che il tuo libro, lo dovremmo leggere
    'To Gianni, I said to him that your book, we should read'

(43) a. *A chi, il premio Nobel, lo daranno?
　　　'To whom, the Nobel Prize, will they give it?'
　　b. Il premio Nobel, a chi lo daranno?
　　　'The Nobel Prize, to whom will they give it?'

(41) に基づくと，関係詞の演算子は Force の指定部を占め，その位置は主題に先行されることのない位置であるのに対し，疑問の演算子はより低い位置を占めるという結論に即座に至る.[16]

　関係代名詞が焦点化された要素と固定された順序で共起する一方，主文の疑問詞の演算子は，順序に関わりなくそれとは共起できないという事実を見れば，事態はよりはっきりする ((44) と (45) の間に見られる対比は，第 4 節では Top と Foc の 5 番目の違いとして言及されたものである).

(44) a. Ecco un uomo a cui IL PREMIO NOBEL dovrebbero dare (non il premio X)
　　　'Here is a man to whom THE NOBEL PRIZE they should give (not prize X)'
　　b. *Ecco un uomo IL PREMIO NOBEL a cui dovrebbero dare (non il premio X)
　　　'Here is a man THE NOBEL PRIZE to whom they should give (not prize X)'
(45) a. *A chi IL PREMIO NOBEL dovrebbero dare?
　　　'To whom THE NOBEL PRIZE should they give?'
　　b. *IL PREMIO NOBEL a chi dovrebbero dare?
　　　'THE NOBEL PRIZE to whom should they give?'

もし関係代名詞が (41) における Force の指定部にあるとすれば，関係代名詞は (44a) のようにより低い位置にある焦点と共起可能であることが予測される．(45) に例示される疑問詞の演算子と焦点化された構成素の共起が

---

[16] これはほんの最初の一般化である．関係節演算子の位置については，Bianchi (1995) での詳細な議論を参照のこと．その議論は Kayne (1994) を踏襲し，一部本論文の前のバージョンに基づいているが，その分析についてここでは論議することはできない．

不可能なことに関して，すぐに思い浮かぶ可能性は主文の疑問詞の演算子は Foc の指定部にあり，焦点化された構成素と疑問詞の演算子は同じ場所で競合してしまい共起できないということである．この分析の明らかな問題点が，疑問詞の演算子と焦点の間には位置的な非対称性があるように見えるという事実によって提起されうる．焦点化された構成素の後には主題が現れることができるが，主文の疑問詞の演算子の後には主題は現れることができないのである．

(46) (Domani,) QUESTO (a Gianni,) gli dovreste dire
 '(Tomorrow,) THIS (to Gianni,) we should say'
(47) (Domani,) che cosa (*a Gianni,) gli dovremmo dire
 '(Tomorrow,) what (to Gianni,) we should say?'

一見すると，この非対称性は，疑問詞の演算子は (41) の Foc の位置まで動かず，より低い位置を占め，その位置は Top が後続することがない (41) の Fin の指定部のような位置であることを示しているように見える．しかし，もしこれが事実だとすると，疑問詞の演算子は焦点化された構成素と同じ位置で競合することがなくなってしまう．それでは，なぜ (45) のような共起不可能性が起こるのだろうか．

　実は，(46) と (47) の非対称性は位置の違いに因るのではなく，独立した要因の結果として起こると考えるもっともな理由がある．動詞の前に位置する通常の主語でさえも疑問詞の演算子と動詞の間に介在することはできないが，動詞の前に位置する主語は焦点化された構成素と動詞の間に介在することはできるのである．

(48) QUESTO Gianni ti dirà(, non quello che pensavi)
 'THIS Gianni will say to you(, not what you thought)'
(49) *Che cosa Gianni ti dirà?
 'What will Gianni say to you?'

Rizzi (1991) では，(49) が不可能であることは Wh 基準に因るとされている．wh 演算子と wh 素性をもった主要部は S 構造で指定部と主要部の関係になければならない（もし Chomsky (1993) 式の形式化を選択するのなら，Spell-out（音韻部門への書きだし）以前ということになる．Chomsky

(1993) の指針の範囲内での基準アプローチの再形式化については，Friedmann (1995) を参照．また，Guasti (1994) も参照．もし wh 素性が主文の T で生成されるなら，C システム，この基準がここで満たされるのだが，この素性をそこに持ちこむためには I から C への移動が適用されなければならない．(49) では，語順が示すように，I から C への移動は適用されておらず，この基準に抵触している．この分析は，(41) のより精緻化された C 構造に直接的に置き換えることができる．主文の疑問文において疑問詞の演算子は Foc の指定部で移動を終えるが，この指定部では焦点化された構成素と競合し，(45) の共起不可能性が生じる．この位置が wh 要素に占められる場合，wh 素性を持った屈折した動詞は wh 基準を満たすために Foc^0 までずっと移動してこなければならない．(47) と (49) は両方とも（より低い位置の Top が存在する場合）Wh 基準の違反によって排除される．つまり，(49) では，介在する主語が示すように，屈折した動詞は IP の外にまで移動してきていないし，(47) では，屈折した動詞は介在する Top が示すように，FinP までは移動したとしてもそれより上には移動してきていないのである．どちらの場合も，要求される指定部と主要部の関係は形成されておらず，ゆえにこれらの構造は Wh 基準によって排除されるのである（Top が I の移動を妨げるので，I はより下の位置にある Top を超えて移動して，Wh V+I Top IP の語順を生み出すことはできないのである．第 7 節を参照[8]）．

　他方，イタリア語では I から C への移動は焦点化によって引き起こされることはない．もし（本論で仮定しているように）Focus 基準のような基準があるのなら，焦点素性は本来的に主要部 Foc^0 が所有し，屈折した動詞の移動は要求しない．[17]

---

[17] Foc 素性の位置は，多くの言語（ハンガリー語など）が left-periphery の焦点化にあたって I から C への移動を必要とするといったように，言語によって異なると思われる．この場合は，(41) のより低い Top 位置が，ちょうどイタリア語の主節疑問文の場合と同じように，活性化されない（その Top 位置の存在は，I から Foc への位置を阻止してしまう）．おそらく，この焦点の位置に関する UG による選択の反映は，より高い位置にある TopP の活性化（(37d) のような）に比べると，より低い位置の TopP の活性化（(37b) のような）の方が許容度が低いと感じるイタリア語の話者がいるという事実に見られる．このような話者にとっては，Foc 素性は優先的に屈折システムに位置し，そのために I から Focus をもった C への移動が好まれるのかもしれない（または，これらの話者は，焦点要

ゆえに，(41) の Foc の指定部が Wh でない焦点要素によって占められるなら，動詞の前に現れる主語，および1つもしくはそれ以上の Topic，その両方が起こることが可能である．このように，(47) の疑問詞と Focus の間に見られる見かけ上の非対称性は，これらの要素が主文の疑問文において同じ位置を占めるという自然な仮説と相反することなく，両立できるのである．[18]

訳者注

① 本論文の注*でも述べたが，本翻訳に含まれているのは，前半部分の第1節〜第6節までである．

素の移動にあたって，より低い位置にある TopP によってもたらされる下接の条件のような効果に（より）敏感であるということかもしれない．(66a) のような例はフランス語の話者には許容度が低いと推測される．（〈訳者注〉(66a) は本翻訳には含まれていない．Rizzi のオリジナルを参照のこと．）

[18] 既に観察したように（たとえば，(14) をここに繰り返す），埋め込み節において，wh 要素に先行する主題は完全に許容され，wh 要素に後続する主題は許容度は下がるが，それほど低いというわけではない．
  (i) a. Mi domando, il premio Nobel, a chi lo potrebbero dare
    'I wonder, the Nobel Prize, to whom they could give it'
   b. ?Mi domando a chi, il premio Nobel, lo potrebbero dare
    'I wonder to whom, the Nobel Prize, they could give it'
後者の許容度がそれほど低くないということは，埋め込み節の疑問文においては I から C への移動の義務性が弱まることから，驚くべきことではない (Rizzi (1991: 17))．wh 要素は埋め込み節では埋め込まれた焦点要素との共起は完全に許されるわけではないが，主節の疑問文の場合と許容度において明確な対比があるという事実がある．
  (ii) a. ?Mi domando A GIANNI che cosa abbiano detto(, non a Piero)
    'I wonder TO GIANNI what they said(, not to Piero)'
   b. *A GIANNI che cosa hanno detto(, non a Piero)?
    'TO GIANNI what did they say(, not to Piero)?'
この事実は，wh 要素が埋め込まれた疑問文では Foc の指定部とは異なった位置に存在することを示唆しているかもしれない．この位置の性質は，ある種の wh 要素 (perché 'why' や語彙選択を伴う wh 句 (Rizzi (1991: fn. 16))，感嘆を表わす wh 要素 (Benincà (1995))) や，Poletto (1993) や Bianchi (1995) やそれらの文献で参照されている文献で論じられている異なるロマンス語族にみられる他の種類の C の性質と同じように，ここでは取り扱わない方向に沿って，C の最大限の構造のさらなる拡張につながるかもしれない．

第10章　節の Left Periphery（左端部）構造の精緻化に向けて　　365

②　訳者注①でも述べたが，C システムに想定される複数の主要部の存在と働きに関わる具体的な言語現象とその分析の多くは，Rizzi のオリジナル論文の後半部（第7節以降）に提示されており，本翻訳部分には，その全ては提示されていない．

③　本論の議論においては，complementizer system（ここでは便宜上こちらを CP システムと呼ぶ）が発話力と関わるような領域を抽象的に指している一方，C システムは発話領域の具体的な構造に関わる提案であると思われる．Rizzi の原文においてこうした用語の区別がなされているので，ここでもそれを踏襲する．

④　開放文とは，たとえば「x は大きい」のように1つ以上の自由変項を持つような文である．

⑤　つまり，意味解釈的には，「主題—コメント」「焦点—前提」は全く異なるが，各々の構文において，前置部分と後述の開放文との対比に「新」と「旧」という相反する情報がその解釈に関わるなら，形式的に似た構造を英語は持っているように見える，ということである．

⑥　原文では「(6) や (7)」となっているが，明らかに「(5) や (6)」の誤りと思われる．

⑦　この翻訳には，その部分は含まれていない．Rizzi のオリジナルの第7節以降を参照されたい．

⑧　本翻訳には，第7節は含まれていない．Rizzi のオリジナルを参照されたい．

参照文献

Aboh, E. (1995) "Notes sur la focalisation en Gungbe," ms., University of Geneva.

Antinucchi, F. and G. Cinque (1977) "Sull' ordine delle parole in italiano: l'emarginazione," *Studi di grammatical italiana* 6, 121-146.

Bayer, J. (1984) "COMP in Bavarian," *The Linguistic Review* 3, 209-274.

Belletti, A. (1994) "Case Checking and Clitic Placement: Three Issues in (Italian/Romance) Clitics," *GenGenP* 1.2, 101-118.

Belletti, A. and U. Shlonsky. (1995) "The Order of Verbal Complements: A Comparative Study," *NLLT* 13, 489-526.

Benincà, P. (1995) "La struttura della frase esclamativa alla luce del dialetto padovano," ms., University of Padua.

den Besten. H. (1977/1983) "On the Interaction of Root Transformations and Lexical Deletive Rules," *On the Formal Syntax of Westgermania*, ed. by W. Abraham, 47-131, John Benjamins, Amsterdam.

Bhatt, R. and J. Yoon (1991) "On the Composition of Comp and Parameters of V-2," *WCCFL* 10, 41-52.

Bianchi, V. (1995) *Consequences of Antisymmetry for the Syntax of Headed Relative Clauses*, Doctoral dissertation, Scuola Normale Superiore, Pisa.

Brody, M. (1990) "Some Remarks on the Focus Field in Hungarian," *UCL Working Papers*, Vol. 2, University College of London.

Brody, M. (1995a) *Lexico-Logical Form: A Radically Minimalist Theory*, MIT Press, Cambridge, MA.

Brody, M. (1995b) "Focus and Checking Theory," *Levels and Structures* (Approaches to Hungarian, Vol. 5), ed. by I. Kenesei, 30–43, JATE, Szeged.

Calabrese, A. (1982) "Alcune ipotesi sulla struttura informazionale delle frase in italiano e sul suo rapporto con la struttura fonologica," *Rivista di Grammatica Generativa* 7, 3–78.

Cardinaletti, A. (1983) "Lo status dei pronomi d—e la ricostruzione nella dislocazione a sinistra in tedesco," *Rivista di Grammatica Generativa* 8, 111–125.

Cardinaletti, A. and I. Roberts (1991) "Clause Structure and X-second," ms., University of Venice, University of Geneva.

Cecchetto, C. (1994) "Clitic Left Dislocation and Scrambling: Towards a Unified Analysis," ms., DIPSCO, Fondazione San Raffaele, Milano.

Cheng, L. (1991) *On the Typology of Wh Questions*, Doctoral dissertation, MIT.

Chomsky, N. (1976) "Conditions on Rules of Grammar," *Linguistic Analysis* 2, 303–351.

Chomsky, N. (1977) "On Wh Movement," *Formal Syntax*, ed. by A. Akmajian, P. Culicover and T. Wasow, 71–132, Academic Press, New York.

Chomsky, N. (1986) *Knowledge of Language*, Praeger, New York.

Chomsky, N. (1993) "A Minimalist Program for Linguistic Theory," *The View from Building 20*, ed. by K. Hale and S. J. Keyser, MIT Press, Cambridge, MA.

Chomsky, N. (1995) *The Minimalist Program*, MIT Press, Cambridge, MA.

Chomsky, N. and H. Lasnik (1977) "Filters and Control," *Linguistic Inquiry* 8, 425–504.

Cinque, G. (1979) *Studi di sintassi e pragmatica*, CLESP, Padova.

Cinque, G. (1982) "On the Theory of Relative Clauses and Markedness," *The Linguistic Review* 1, 247–296.

Cinque, G. (1990) *Types of A' Dependencies*, MIT Press, Cambridge, MA.

Cinque, G. (1993) "A Null Theory of Phrase and Compound Stress," *Linguistic Inquiry* 24, 239-298.
Cottell, S. (1994) "The Representation of Tense in Modern Irish," ms., University of Geneva.
Culicover, P. (1992) "Topicalization, Inversion and Complementizers in English," *Going Romance and Beyond*, OTS Working Papers, ed. by D. Delfitto et al., University of Utrecht, Utrecht.
Friedmann, M.-A. (1995) *Sujets syntaxiques: positions, inversions et pro*, Doctoral dissertation, University of Geneva.
George, L. and J. Kornfilt (1981) "Finiteness and Boundedness in Turkish," *Binding and Filtering*, ed. by F. Heny, 105-127, Croom Helm, London.
Grimshaw, J. (1991) "Extended Projections," ms., Rutgers University.
Grosu, A. (1975) "The Position of Fronted Wh Phrases," *Linguistic Inquiry* 6, 588-599.
Guasti, T. (1993) *Causative and Perception Verbs*, Rosenberg and Sellier, Turin.
Guasti, T. (1994) "On the Controversial Status of Romance Interrogatives," ms., DIPSCO, Fondazione San Raffaele, Milano.
Gundel, J. K. (1974) *The Role of Topic and Comment in Linguistic Theory*, Indiana University Linguistic Club, Bloomington.
Haegeman, L. (1992) *Theory and Description in Generative Syntax*, Cambridge University Press, Cambridge.
Haegeman, L. (1995) *The Syntax of Negation*, Cambridge University Press, Cambridge.
Holmberg, H. and Ch. Platzack (1988) "The Role of Inflection in Scandinavian Syntax," *Working Papers in Scandinavian Syntax* 42, 25-43.
Horvath, J. (1985) *Focus in the Theory of Grammar and the Syntax of Hungarian*, Foris, Dordrecht.
Iatridou, S. (1991) "Clitics and Island Effects," ms., MIT.
Kayne, R. (1984) *Connectedness and Binary Branching*, Foris, Dordrecht.
Kayne, R. (1994) *The Antisymmetry of Syntax*, MIT Press, Cambridge, MA.
Kiss, K. (1987) *Configurationality in Hungarian*, Reidel, Dordrecht.
Koster, J. (1978) *Locality Principles in Syntax*, Foris, Dordrecht, 2nd printing: 1981.
Laka, I. (1990) *Negation in Syntax: On the Nature of Functional Categories*

and Projections, Doctoral dissertation, MIT.

Larson, R. (1988) "On the Double Object Construction," *Linguistic Inquiry* 19, 335–391.

Lasnik, H. and M. Saito (1992) *Move Alpha*, MIT Press, Cambridge, MA.

Lasnik, H. and T. A. Stowell (1991) "Weakest Cross-over," *Linguistic Inquiry* 22, 687–720.

Manzini, R. (1992) *Locality*, MIT Press, Cambridge, MA.

Manzini, R. (1995) "From 'Merge and Move' to 'Form Dependency'," *University College of London Working Papers in Linguistics* 7, 205–227.

May, R. (1985) *Logical Form: Its Structure and Derivation*, MIT Press, Cambridge, MA.

McCloskey, J. (1992) "Adjunction, Selection and Embedded Verb Second," *Working Paper LRC-92-07*, Linguistics Research Center, University of California, Santa Cruz.

Moro, A. (1995) *The Raising of Predicates*, Cambridge University Press, Cambridge.

Muller, G. and W. Sternefeld (1993) "Improper Movement and Unambiguous Binding," *Linguistic Inquiry* 24, 461–507.

Nakajima, H. (1993) "Topic Phrases and Complementizers," ms., Tokyo Metropolitan University.

Poletto, C. (1993) "Subject Clitic—Verb Inversion in North-Eastern Italian Dialects," *Syntactic Theory and the Dialects of Italy*, ed. by A. Belletti, 204–251, Rosenberg and Sellier, Turin.

Pollock, J.-Y. (1989) "Verb Movement, Universal Grammar and the Structure of IP," *Linguistic Inquiry* 20, 365–424.

Puskas, G. (1992) "The Wh Criterion in Hungarian," *Rivista di Grammatica Generativa* 17, 141–186.

Reinhart, T. (1981) "Two Comp Positions," *Theory of Markedness in Generative Grammar*, ed. by A. Belletti, L. Brandi and L. Rizzi, Scuola Normale Superiore, Pisa.

Rivero, M.-L. (1991) "Exceptional Case Marking Effects in Rumanian Subjunctive Complements," *New Analyses in Romance Linguistics*, ed. by D. Wanner and D. A. Kibbee, 273–298, John Benjamins, Amsterdam.

Rizzi, L. (1982) *Issues in Italian Syntax*, Foris, Dordrecht.

Rizzi, L. (1986) "On the Status of Subject Clitics in Romance," *Studies in Romance Linguistics*, ed. by O. Jaeggli and C. Silva-Corvalan, 391–419, Foris, Dordrecht.

Rizzi, L. (1990) *Relativized Minimality*, MIT Press, Cambridge, MA.

Rizzi, L. (1991) "Residual Verb Second and the Wh Criterion," *Technical Reports in Formal and Computational Linguistics* 2, University of Geneva.

Rizzi, L. (1994) "Early Null Subjects and Root Null Subjects," *Language Acquisition in Generative Grammar*, ed. by T. Hoekstra and B. Schwartz, Benjamins, Amsterdam/Philadelphia.

Rizzi, L. and I. Roberts (1989) "Complex Inversion in French," *Probus* 1, 1–30.

Roberts, I. (1993) *Verbs and Diachronic Syntax*, Kluwer, Dordrecht.

Rochemont, M. S. (1989) "Topic Islands and the Subjacency Parameter," *Canadian Journal of Linguistics* 34, 145–170.

Rochemont, M. S. and P. Culicover (1990) *English Focus Constructions and the Theory of Grammar*, Cambridge University Press, Cambridge.

Shlonsky, U. (1994) "Agreement in Comp," *The Linguistic Review* 11, 351–375.

Sportiche, D. (1992) "Clitic Constructions," ms., UCLA.

Starke, M. (1994) "On the Format for Small Clauses," *GenGenP* 2, 79–97.

Tsimpli, I. M. (1994) "Focusing in Modern Greek," *Discourse-configurational Languages*, ed. by K. Kiss, Oxford University Press, Oxford.

Turano, G. (1993) "Subjunctive Constructions in Arberesh and Standard Albanian," *Rivista di Grammatica Generativa* 18, 101–133.

Turano, G. (1995) *Dipendenze sintattiche in albanese*, Unipress, Padua.

Vinker, S. (1991) "Relative der and Other C Elements in Danish," *Lingua* 84, 109–136.

Zribi-Hertz, A. (1984) "Prépositions orphélines et pronoms nulls," *Recherches Linguistiques* 12, 46–91.

索　引

1. 「事項」は，日本語のものはあいうえお順で示し，英語で始まるものは ABC 順で最後に一括してあげた．「人名」は ABC 順であげた．
2. 数字はページ数を示す．

事　項

[あ行]

1人称の省略　60
イタリア語　53, 55, 342, 346–362
一致（Agreement）　18, 33, 131, 132, 146, 161
　一致現象　32, 34, 38
　一致卓立言語　26, 133
　主語と述語の一致　43, 50
　主要部と指定部の一致　17, 18, 31, 43
　CとIの間の「一致」　337
移動（Move）　229
　A 移動　15, 136, 161
　A′移動　137, 161
　NP 移動　16
　Wh 移動　15, 16, 33, 97, 146, 157, 161, 164
　イディッシュ移動（Yiddish movement）　208
　移動のコピー理論（Copy theory of movement）　163, 164
　移動を引き起こす素性（triggering feature(s)）　255
　主要部移動（Head movement）　15, 165
　名詞句移動　15

意味的に空（semantically vacuous）　193, 195, 200
意味役割　5
インターフェイス方略　245
韻律　→ プロソディ
右端部　21, 23, 60
演算子―変項構造（operator-variable construction）　194, 221
おうむ返しの疑問文（echo question）　202, 209
驚き　79
音韻上の特性　247

[か行]

か，カ　39, 41, 99, 102, 105
カートグラフィー（Cartography）　67
解釈候補の比較計算（reference-set computation）　232, 245
解釈上の経済性（Interpretive Economy）　262
外的併合　→ 併合
開放文　341
会話の含意（conversational implicature）　198
係り結び　11, 204
かき混ぜ　26, 27, 132, 136, 140, 144, 146, 245

かき混ぜ規則 (scrambling) 84, 200, 211
核強勢 (nuclear stress) 195
拡大投射 340
拡大標準理論 6, 7, 13, 15
下降音調 41
下接の条件 (Subjacency Condition) 129
空演算子 352, 353
空主語 55, 61
空主語の認可条件 50, 56, 57, 62
含意 (implicature) 308, 316, 322
関係詞の演算子 346, 347, 360, 361
関係代名詞 353
韓国語 45
間接的な証拠 (indirect evidence) 81
完全移動 (full movement) 168
完全解釈の原理 351, 356
聞き手 (speaker) 25, 44, 45, 47, 49
聞き手の知識の蓄積 (the hearer's knowledge-store) 197
基準を満たす 335, 344
既知情報 (given information) 197
機能語 189
機能範疇 12, 16, 17, 20, 21, 50
義務的の焦点 198
義務的な強調 134
疑問化辞 98
疑問化辞の領域 98
疑問詞疑問文 35, 39
疑問詞の演算子 346, 347, 360, 361
逆作用域 (inverse scope) 229
旧から新へのインフォーメイションの流れ 240
旧情報 341, 358, 359
強交差 351
鏡像原理 (mirror principle) 70, 82
強調 (emphasis) 77

極小主義 7, 8, 14, 16, 18, 19
極小理論 130
局所性
  局所性効果 358
  局所性の原則 336
  局所的 FPD 272
  局所的な関係 (local relation) 88
  局所的な簡素化 (local simplicity) 71
局面レベル述語 (stage-level predicate) 204
虚辞 87
虚辞構造 (expletive construction) 138
禁止 45
形式意味論 4, 5, 7
形式名詞 84, 155
形態素 88
言語地図化 221
言表的 (de dicto) 174
語彙意味論 4, 5
語彙階層 333
語彙群 (Numeration) 233
項構造 7
構成素構造 206
肯定極性 135
個体レベル述語 (individual-level predicate) 199
固定性 (rigidity) 230
コメント 341
語用意味論 4, 6
語用的意味 7, 10
コントロール 52, 57
根変形 (Root Transformations) 37
コンマイントネーション 341

[さ行]

再帰性（recursive） 69
再構築 194, 212, 214
 完全に再構築（radically reconstruct） 193
最後の手段 335, 344
最小性条件（minimality condition） 171
左端部（left periphery） 13, 21, 23, 38, 60, 334
作用域（scope） 46, 84, 171, 177, 182, 212, 213, 229, 233, 274
 否定のスコープ 85, 136
三分割表示 202
三分割法 196
残留接語 342, 348, 354
しか〜ない 140
識別焦点 283
事象的（de re） 174
指定部 130
弱交差 136, 348, 350, 351
尺度含意（scalar implicature） 177
周縁位置 344
終助詞 68, 73, 83
修復方略（repair strategy） 232
主強勢付与規則 247
主語
 主語位置（＝Subj） 88
 主語上昇 55
 主語脱落言語（Null Subject Language; NSL） 49
 主語と述語の一致 → 一致
 主語要件（Extended Projection Principle: EPP） 68, 83, 85
主題（topic） 106, 360, 364
 主題―コメント 341–343, 352, 353, 357, 359

主題―焦点システム 345
主題位置 357
主題移動 344
主題―評言 197
主題―評言（topi-comment）の二分割法 196
主題化 34, 37, 38, 341, 348, 351
主題省略 50, 59, 61
主題性 302
述語の意味 7
述語論理学 4, 5
主要部移動 → 移動
主要部後置言語 13, 14, 32, 38
主要部前置言語 13, 14, 20
主要部統率 336
主要部と指定部の一致 → 一致
照応詞演算子 353, 354
証拠性（evidential, evidentiality） 80, 81
上昇音調 41
小節 339
焦点（focus） 26, 83, 131, 144, 195, 196, 270, 343, 344, 358
 焦点位置 357
 焦点移動 132, 344
 焦点韻律 271
 焦点化 163, 164, 348, 349
 焦点解釈 234
 焦点拡張 210
 焦点化詞 177
 焦点化辞（focus particle） 103
 焦点句（FocP） 26
 焦点構文 354
 焦点候補（focus set） 235
 焦点衝突（focus clash） 203
 焦点素性 363
 焦点卓立言語 26, 133, 134, 138, 139
 焦点の韻律 272

焦点の拡大　188
焦点要素　26
焦点要素の前置(焦点化)　342
焦点連結 (association with focus)　216
焦点—前提　197, 341, 342, 357
焦点—前提 (focus-presupposition) の二分割法　196
多重焦点 (multiple foci)　221
網羅的焦点　281, 283, 295
情報構造 (information structure)　6, 24, 26, 195, 269
情報焦点　143, 283
情報の重要度　240
情報パッケージ (information packaging)　206
省略順序の制約　239
所有文　211
序列的　270
序列的な焦点　281
自律性 (autonomy)　259
新情報　143, 341
真理条件 (truth condition)　198
随意的解釈　57, 59
遂行分析　295
数量化変異効果　287
数量詞
　数量詞句 (QP)　212, 213
　数量詞繰上げ　229
　数量詞上昇 (Quantifier Raising)　356
　存在数量詞 (exstential quantifier)　229
　普遍数量詞 (universal quantifier)　229
　遊離数量詞 (floating quantifier)　213, 214, 288
スカラー含意　→ implicature

スクランブリング (scrambling)　→ かき混ぜ
制限的網羅性　289, 297
制約　297
接語　351
接語左方転移 (Clitic Left Dislocation)　342, 349, 356
接点(インターフェイス)　232
節のタイプ　337
ゼロ演算子 (empty operator)　88
線形的連続体　204, 206
全称時制 (universal tense)　59
全体的 FPD　272
前提 (presupposition)　196, 247, 343, 344, 358
総記　198, 205
相対的最小性理論 (Relativized Minimality)　336
存在含意 (existential implicature)　180
存在文　211

[た行]

対照主題　27
対人表現 (interpersonal expression)　79
代替意味論　311, 312
代替集合　304, 310, 311, 318–320
対比　49, 164
多重焦点 (multiple foci)　→ 焦点
多層化構造　334
探査　→ Probe
短縮疑問詞疑問文　41
談話
　談話機能的な (discourse-functional)　195
　談話主題 (discourse topic)　201

談話上の妥当性 (discourse felicitousness) 200
談話法規則違反のペナルティー 244
談話連結 (D(iscourse)-link) 76
中立叙述 205
直接的な証拠 (direct evidence) 81
定性 (Finiteness; Fin) 37, 47, 61, 336, 338, 345
定名詞 59
です 102, 103
伝達 (reportive style) 78
等距離 (equidistant) 256
統語的構成素 204
統率束縛理論 (GB 理論) 7, 13, 16
特定性効果 (specificity effect) 211, 212
取り立て, とりたて詞 26, 186

[な行]

な 46
なぜ 117
「何故」の網羅性 293
西フラマン語 (West Flemish) 55
西フレミッシュ語 132
二重目的語構文 256
日本語の文の階層 9
認可子 167
認識 (epistemic) に関する法 (mood) 76
認識のムード要素 76
人称 (person) 83, 89
人称制限 39, 43, 44, 49
人称素性 56, 61
認知的モーダル 10
の 99, 102, 105, 117
ノ格を伴った数量詞 214

[は行]

排他オペレーター 312, 323, 324
ハ格 49, 59
場所倒置 (locative inversion) 88
派生にかかるコスト 245
派生の経済性 (economy of derivation) 230
裸数量詞要素 349
発話／伝達のモーダル 10
発話行為 (speech-act) 36, 80, 90
発話の力 (illocutionary force) 24, 90, 100, 336
発話のモダリティ 9, 12
発話力 (Force) 34, 35, 42, 337
話し手 (Speaker) 25, 44, 45
判断のモダリティ 9, 12
非一致言語 (Non-Agreement Language) 33
非項位置 343
否定
  否定極性項目 140
  否定辞 46
  否定辞倒置 37, 38
  否定のスコープ 136
独り言 (monologue) 90
評価 (evaluation) 78
評言 (comment) 196
標準理論 6, 7, 13
付加疑問文 (tag-question) 80
付加詞の島 (adjunct island) 113
復元可能 50, 59
複合名詞句 (Complex NP) 157
複合名詞句制約 (Complex NP Constraint) 158, 176
副詞節 91
部分移動 (partial movement) 168, 180

フランス語の補文標識 → 補文標識
プロソディー 27, 247, 269, 302, 303, 305, 306, 309
分割 (partition) 207
分散形態論 (Distributed Morphology) 152, 166
分析的補文標識 → 補文標識
文タイプ 37, 39
文副詞 11
文末要素 11, 25, 26, 38
分離 CP → Split CP
分裂文 114
併合 (Merge) 14, 69
　外的併合 (external Merge) 162
　内的併合 (internal Merge) 162
平行性維持の原則 242
変項束縛 351
法 (mood) 339
包摂関係 (hyponymy) 167, 180
補部標識 132
補文標識 155
　フランス語の補文標識 87
　分析的補文標識 (analytical complementizer) 105, 122
　融合的補文標識 (syncretic complementizer) 105, 122

[ま行]

未実現 (irrealis) 46-48, 56, 59
ミニマリスト・プログラム 68, 261
ムード表現 72
名詞句移動 → 移動
名詞性 83
命題 35
命題的意味 7
命題内容 (propositional content) 246
命題レベル 62

命題論理学 4, 5
命令文 35, 43, 109
　否定命令文 46
も・モ 46, 135, 139
網羅的 270
網羅的焦点 281, 283, 295
網羅的焦点の統語構造 294
モダリティ 11, 35, 152, 154

[や, ら, わ行]

唯一性 349
唯一性含意 (uniqueness implication) 198
融合的補文標識 → 補文標識
遊離数量詞 → 数量詞
離接 (disjunction) 322, 326
理由を表す「何を」 123
量化名詞句 (quantified noun) 84
連鎖 (Chain) 166
連体修飾節 159, 176
話題 → 主題, topic

[英語]

A
　A-position 137
　A 位置 137
　A 移動 → 移動
A′, A-bar
　A′移動 → 移動
　A′関係 350
　A′束縛子 353
　A′の依存関係 351
　A バー位置 15
　A′連鎖 352
addressee (聞き手) 45
Agree 19-21

索　引　　　　　　　　　　　　　　377

Agreement　→ 一致
arb 解釈　→ 随意的解釈
Bare Phrase Structure; BPS　14
Cartography（カートグラフィ）　23
che　54, 101, 338, 345, 346, 358
COMMENT　207-211, 217, 219, 221
CP, Comp
　　Complementizer layer（補文標示階層）　334
　　CP システム　340
　　CP 領域　20, 22, 35, 100, 101
　　CP レベル　63
　　C システム　360
c 統御・C 統御　14, 18, 57, 165
di　54, 55, 101, 345, 346
disjunction　322, 326
E-Accent　282
Epistemic Modal Phrase　75
EPP　20, 26, 83, 130, 135, 144
Evaluative Modal Phrase　79
Evidential Mood Phrase　81
exhaustive listing　198
exhaustive operator　323
exhaustivity operator　312
[F$_{EX}$]　295
Fin, Finiteness（定性）　36, 49, 54, 100, 102, 105
　　Finite Phrase　36
floating quantifier　→ 遊離数量詞　288
Focus（焦点）　41, 351
　　Foc　102, 104, 185
　　FocP　102, 114, 185
　　identificational focus　283
　　informational focus　283
FOCUS　196, 198, 202, 204, 206, 207, 209-211, 216-221
Focus Prosody; FPD　271

Global FPD　272
Local FPD　272
Focus *set*　234
Focus 基準　344, 363
[+focus] 素性　199, 210
Force（発話の力）　37, 40, 47, 100, 102, 105, 113, 337
ForceP　113
GB　129
　　GB 後期　7, 53
　　GB 初期　53
　　GB 理論　7, 18, 62
Global FPD　→ Focus Prosody
Goal　19-21
GROUND　196, 202-204, 206-210, 220
identificational focus　→ focus
imperative（命令文）　45
implicature　308, 316
　　scalar implicature（尺度含意）　177, 322
inflectional layer（屈折辞階層）　333
information structure　→ 情報構造
informational focus　→ focus
Int(errogative)　119, 123
IP システム　340
IP レベル　62, 63
irrealis　→ 未実現
IS（情報構造）　199
left periphery　334
Lexical Array（語彙列挙）　162
LINK　197, 202-204, 206-211, 216-221
Local FPD　→ Focus Prosody
Merge（併合）　16
Move（移動）　16, 18-21
　　Move α　16
N-Accent　282
Neg　142
　　Neg 基準　344

NP 移動 → 移動
nuclear stress 134
Null Case（無格） 52
Null Subject Language; NSL 49
Pecking Order of Deletion Principle
　（削除の優先順位の原則） 240
perché 118
performative analysis 295
φ 素性 147
predication（主述）関係 343
PRO 31, 35, 61
　PRO*arb*（随意的解釈） 56, 58, 60
　PRO 主語 51
　PRO 定理 53
pro 31, 61
　pro 主語 49, 55
Probe（探査） 19–21
prosody（プロソディ） 269
Quantificational Variability Effects 287
que/qui alternation 87
REST(RICTION) 297
restricted exhaustivity 289
scalar implicature → implicature 322
Scope Economy（作用域の経済性） 233
speaker（話し手） 45
Speech-act Mood Phrase 81
Split CP 100
　Split CP 仮説 22, 25, 334
Split IP 仮説 22
SS と IS の写像（mapping） 204
TAIL 197, 204, 206, 207, 210, 211, 220
theme 198
Topic（主題） 55, 351
　Topic 基準 344

Top 184
TopP 106, 184
tucking-in 140
weak crossover → 弱交差
Wh, wh
　wh 移動 → 移動
　Wh 基準 344, 362, 363
　wh 疑問文 99, 113
　Wh 焦点 270
　wh 要素 364
X バー構造 13, 334
　X バースキーマ 333, 343
　X バー理論 14
yes-no 疑問文 98

人 名

Akizuki, K. 200
Aoyagi, H. 202, 203
青柳宏 205, 210, 215, 218, 220
Aoyagi, H. and S. Kato 203
Berman, S. 287
Borer, H. 52
Bošković, Ž. 110
Büring, D. 303, 307, 316, 324
Chomsky, N. 14, 19, 245, 261, 262, 335, 337, 344, 351
Cinque, G. 23, 100, 195, 235, 247, 342, 347, 348, 350, 353
Deguchi, M. and Y. Kitagawa 272
É Kiss, K. 143, 283
Emonds, J. 37
Enç, M. 200, 211
Endo, Y. 23
Erteschik-Shir, N. 204, 208, 211
Fox, D. 233, 242
Fukui, N. 33, 146

Fukui, N. and Y. Takano   205
Grewendorf, G.   202
Grice, H. P.   292, 310, 313, 314, 318, 320
Grimshaw, J.   340
Haegeman, L.   55
Hale, K. and S. Keyser   22
Hara, Y.   304, 307, 308, 316, 324, 326, 327
Hasegawa, N.   21, 32, 40, 46, 59, 134, 135, 213
長谷川信子   21, 40, 41, 49, 59, 60, 221
Hoji, H.   202, 213, 218, 220
Huang, J. C.-T.   201
Ikawa, H.   204
井上和子   9, 44
Ishihara, S.   247, 272, 306
神尾昭雄・高見健一   240, 244
Karimi, S.   212
Kato, Y.   144
Kishimoto, H.   212
Kitagawa, Y. and S.-Y. Kuroda   289
Krifka, M.   297, 310, 315, 327
Kuno, S.   97, 240
久野暲   49, 59, 198, 211, 215, 216, 238
Kuroda, S.-Y.   33, 146, 205, 213, 215, 217
Larson, R.   22, 211, 334
Lasnik, H. and M. Saito   209, 211
Lasnik, H. and T. Stowell   351
益岡隆志   8, 9, 44

南不二男   8
Miyagawa, S.   20, 47, 84, 135, 139, 205, 255
Nishioka, N.   141
仁田義雄   8, 39, 43, 49
野田尚史   8
奥聡   237
Okura, N.   21
Pak, M.   45
Portner, P.   45
Prince, E.   208
Pylkkänen, L.   21, 22
Radford, A.   37
Reinhart, T.   228
Rizzi, L.   22, 23, 25, 35, 36, 53, 54, 100, 207, 221, 336
Ross, J.   295
Saito, M.   193, 200, 202, 213, 220, 221
Selkirk, E. O.   195
Shibatani, M.   147
Szendrői, K.   235
Takano, Y.   218, 256
田窪行則   8
Tomioka, S.   210
富岡聡   211
外崎淑子   21
上田由紀子   9, 39, 43, 49
Vallduví, E.   195, 197, 199, 202, 204, 206-208, 211, 221
渡辺明   19

執筆者紹介
(論文掲載順)

長谷川　信子 (はせがわ　のぶこ)

【略歴】　1950 年埼玉県生まれ．1973 年早稲田大学卒業．1976 年北アリゾナ大学 MA (TESL)．1981 年ワシントン大学 Ph.D. (Linguistics)．1981-82 年カリフォルニア大学アーバイン校ポスドク．1982-88 年マサチューセッツ大学アマースト校助教授，1988-91 年神戸松蔭女子学院大学助教授，1991-95 年東京都立大学助教授を経て，1995 年より神田外語大学言語科学研究科教授．1985-86 年，2004-05 年には，それぞれ南カリフォルニア大学言語学科，マサチューセッツ工科大学言語哲学科にて客員研究員．

【主な業績】　On the so-called 'Zero-Pronouns' in Japanese (*The Linguistic Review* 4, 1984/85)，*Japanese Syntax in Comparative Grammar* (編著，くろしお出版 1993)，『生成日本語学入門』(大修館書店 1999)，The Possessor Raising Construction and the Interpretation of the Subject (*Phrasal and Clausal Architecture*, John Benjamins 2007)，『日本語の主文現象』(編著，ひつじ書房 2007)，「提示文としての中立叙述文」(『言語研究の現在』開拓社 2008)，「直接受動文と所有受動文」(『語彙の意味と文法』くろしお出版 2009) ほか．

遠藤　喜雄 (えんどう　よしお)

【略歴】　1960 年東京都生まれ．1983 年明治学院大学卒業．1988 年筑波大学大学院満期退学 (1985 年文学修士)．2006 年ジュネーブ大学 Ph.D. (Linguistics)，1988-90 年島根大学(法文学部)専任講師，1990-2008 年横浜国立大学准教授(教育人間科学部・環境情報学府研究院)を経て，2008年 より神田外語大学言語科学研究科教授．2005 年に，マサチューセッツ工科大学言語哲学科にて客員研究員．

【主な業績】　「英語の擬似受動文の特質」(『英文学研究』63, 1986)，Small Clause and Canonical Structural Realization (*English Linguistics* 7, 1990)，『機能範疇』(共著，研究社出版 2001)，*Locality and Information Structure: A Cartographic Approach to Japanese* (John Benjamins 2007)，「話し手と聞き手のカートグラフィー」(『言語研究』136, 2009) ほか．

桒原　和生（くわばら　かずき）

【略歴】　1965 年岐阜県生まれ．1988 年獨協大学外国語学部英語学科卒業．1993 年同大学大学院外国語学研究科博士後期課程修了．博士（英語学）．1993 年神田外語大学言語教育研究所講師，1994 年同大学外国語学部英米語学科講師，1997-2007 年同助教授，2007 年より同教授．1999-2000 年マサチューセッツ工科大学言語哲学科にて客員研究員．

【主な業績】　「文体倒置のシンタクス」（『日英語の右方移動――その構造と機能』ひつじ書房 1995），Multiple Wh-Phrases in Elliptical Clauses and Some Aspects of Clefts with Multiple Foci (*Formal Approaches to Japanese Linguistics* 2, MITWPL 1996)，Overt Wh-Movement and Scrambling of Wh-Phrases (*Linguistics: In Search of Human Mind*, Kaitakusha 1999)，『補文構造』（共著，研究社 2001），Antisymmetry, Linearization and Movement (*English Linguistics* 20, 2003)，Two Types of Interrogatives in Japanese（『言語研究の宇宙』開拓社 2005）など．

宮川　繁（みやがわ　しげる）

【略歴】　1952 年神奈川県生まれ．1975 年国際基督教大学卒業．1980 年アリゾナ大学 Ph.D.（言語学）．1980-87 年オハイオ州立大学助教授，1987-1991 年同大学准教授，1991 より MIT 言語学科，語学科教授．1982-83 年，National Institute of Mental Health (USA) フェローのポスドク (MIT)．

【主な業績】　*Structure and Case Marking in Japanese* (Academic Press 1989), Against Optional Scrambling (*Linguistic Inquiry* 28, 1997), On the 'Undoing' Nature of Scrambling: a Response to Boskovic (*Linguistic Inquiry* 37, 2006), Locality in Syntax and Floated Numeral Quantifiers (with K. Arikawa, *Linguistic Inquiry* 38, 2007), *Why Agree? Why Move? Unifying Agreement-based and Discourse Configurational Languages* (MIT Press 2010) ほか．

佐野まさき／真樹（さの　まさき）

【略歴】　1957 年茨城県龍ヶ崎市生まれ．1979 年獨協大学外国語学部英語学科卒業．1980 年同大学外国語専攻科英語専攻修了．1982 年筑波大学大学院文芸言語研究科文学修士（言語学）．1986-90 年広島大学総合科学部講師，1990-93 年同助教授，1993-2002 年立命館大学文学部助教授，2002 年より同教授，現在に至る．

【主な業績】 On the Syntactic Nature of Extraposition (*Studies in English Literature English Number*, 1983), Japanese LF-movement and Variable Binding (*English Linguistics* 3, 1986), Quantifier Raising and Its Interaction with Tense and Adverbs (*Proceedings of the Nanzan GLOW: The Second GLOW Meeting in Asia*, 1999), Visible Successive-Cyclic Movement of Focus Particles in Situ (*English Linguistics* 21, 2004),「とりたて詞の認可と最小性条件」(『日本語の主文現象』ひつじ書房 2007) ほか.

青柳　宏 (あおやぎ　ひろし)

【略歴】 京都府生まれ．1984 年国際基督教大学教養学部語学科卒業 (BA)．1986 年国際基督教大学教育学研究科博士前期課程修了 (MA)．1998 年南カリフォルニア大学言語学科博士課程修了 (Ph.D.)．1987-89 年関西外国語大学英米語学科講師を経て，1989-2000 年南山大学外国語学部英米科講師，助教授，2000 年大学改組に伴い，同大学人文学部人類文化学科助教授，2005 年より教授．2003-04 年国立ソウル大学言語学科にて客員研究員．

【主な業績】 NPI-Licensing in Japanese (共著, *Japanese/Korean Linguistics* 4, 1994), Particles as Adjunct Clitics (*NELS* 24, 1998), Case-marking in Japanese as Phoneticization (*the Linguistic Society of Korea*, 2004),『日本語の助詞と機能範疇』(ひつじ書房 2006), Toward a Unified Account of Morphological Causatives and Passives in Korean (*the 9th Seoul International Conference on Generative Grammar*, 2007), Information Packaging of Topicalized and Scrambled Sentences in Japanese (共著, *the 18th International Congress of Linguists (CIL 18)*, 2009) ほか.

奥　聡 (おく　さとし)

【略歴】 1961 年北海道生まれ．1985 年北海道大学文学部卒業．1988 年北海道大学文学研究科修了 (文学修士)．1998 年コネチカット大学 Ph.D. (Linguistics)．1990-96 年北海道大学文学部助手．1998-2007 年北海道大学言語文化部助教授．2007 年より北海道大学国際広報メディア研究科准教授．

【主な業績】 A Theory of Selection and Reconstruction in the Minimalist Perspective (MITWPL, 1998), Definite and Indefinite Strict Identity in VP-Ellipsis (*Ellipsis in Conjunction*, Max Niemeyer Verlag 2000), A Minimalist Theory of LF Copy (*The Minimalist Parameter*, John Benjamins 2001),「生成文法の統語論——原理とパラメータのアプローチ」(『生成文法を学ぶ人のために』世界思想社 2004),「言語能力と一般認知能力との相

互関係: 生成文法の試み」(『北海道英語英文学』第 53 号, 2008), Minimalism and Information Structure: A Case of Ellipsis in Japanese (*WALF* 5, MITWPL 2009) ほか.

北川　善久（きたがわ　よしひさ）

【略歴】 1953 年東京都生まれ. 1976 年サンノゼ州立大学卒業. 1978 年国際基督教大学卒業. 1981 年国際基督教大学 MA. 1986 年マサチューセッツ大学アムハースト校 Ph.D. (Linguistics). 1986-88 年マサチューセッツ大学アムハースト校助教授, 1992-94 年ロチェスター大学助教授, 1994-98 年インディアナ大学助教授を経て 1998 年よりインディアナ大学准教授.

【主な業績】 Copying Variables (*Functional Structure(s), Form and Interpretation: Perspectives from East Asian Languages*, Routledge Curzon 2003), 『生成文法の考え方』(上山あゆみ氏との共著, 研究社 2004), Prosody, Syntax and Pragmatics of *Wh*-questions in Japanese (*English Linguistics* 22, 2005), Prosodic Influence on Syntactic Judgements (with Janet Dean Fodor, *Gradience in Grammar: Generative Perspectives*, Oxford 2006), Statistical Anatomy of Unacceptability (with Kenji Yoshida, *Current Issues in Unity and Diversity of Languages — Collection of the Papers Selected from the CIL 18*, The Linguistic Society of Korea 2009), Production-Perception Asymmetry in Wh-scope Marking (with Yuki Hirose, *Processing and Producing Head-final Structures*, Springer 2010) ほか.

富岡　諭（とみおか　さとし）

【略歴】 1963 年島根県生まれ. 1987 年国際基督教大学卒業. 1997 年マサチューセッツ大学 Ph.D. (Linguistics). 1996-97 年コーネル大学客員助教授. 1998 年ドイツチュービンゲン大学研究員, 1999-2005 年デラウェア大学助教授, 2005 年よりデラウェア大学准教授. 2005 年には, ドイツポツダム大学にて客員教授.

【主な業績】 A Sloppy Identity Puzzle (*Natural Language Semantics* 7, 1998), Japanese Plurals are Exceptional (Kimiko Nakanishi と共著, *Journal of East Asian Linguistics* 13, 2004), Pragmatics of LF Intervention Effects: Wh-interrogatives in Japanese and Korean (*Journal of Pragmatics* 39, 2007), The Japanese Existential Possession: A Case Study of Pragmatic Disambiguation (*Lingua* 117, 2007), *Why*-questions, Presuppositions, and Intervention Effects (*Journal of East Asian Linguistics* 18, 2009), Contrastive Topics Operate on Speech Acts (*Information Structure: Theoretical, Typological and Experimental Perspectives*, Oxford 2010).

Luigi Rizzi (ルイジ　リッツィ)

【略歴】　1952年ジェノヴァ生まれ．ピサ大学，パリ第8大学卒．マサチューセッツ工科大学准教授，ジュネーヴ大学教授を経て，現在，イタリアシエナ大学人文科学部言語科学科教授．

【主な業績】　*Issues in Italian Syntax* (Foris, 1982), *Relativized Minimality* (MIT Press 1990), *Comparative Syntax and Language Acquisition* (編集, Routledge 2000), *The Structure of CP and IP: The Cartography of Syntactic Structures*, Vol. 2 (編著, Oxford 2004), *Mapping Spatial Pps: The Cartography of Syntactic Structures*, Vol. 6 (Guglielmo Cinque との共編著, Oxford 2010) など．

長谷部　郁子 (はせべ　いくこ)

【略歴】　1976年京都府生まれ．1998年学習院大学卒業．2000年東京都立大学大学院人文科学研究科修士課程修了．2007年東京都立大学人文科学研究科博士課程修了．2004-10年学習院女子中等科・高等科非常勤講師．2009年より筑波大学非常勤講師．

【主な業績】　*Over*+V in English and Compound Verbs in Japanese (*English Linguistics* 21, 2004),「日英語の非対格動詞の統語的使役化」(『レキシコンフォーラム No. 1』ひつじ書房 2005),「中間構文と能格構文における副詞の生起について」(『言語科学の真髄を求めて』ひつじ書房 2007),「日本語の描写的二次述語と語彙概念構造のクローン形成」(『レキシコンフォーラム No. 5』ひつじ書房 2010) ほか．

統語論の新展開と日本語研究：
命題を超えて

ISBN978-4-7589-2158-9 C3081

編　者	長谷川信子
発行者	長沼芳子
印刷所	日之出印刷株式会社

2010 年 11 月 13 日　第 1 版第 1 刷発行Ⓒ

発行所　株式会社　開拓社

〒113-0023　東京都文京区向丘 1-5-2
電話　（03）5842-8900（代表）
振替　00160-8-39587
http://www.kaitakusha.co.jp

JCOPY ＜（社）出版者著作権管理機構　委託出版物＞

本書の無断複写は，著作権法上での例外を除き禁じられています．複写される場合は，そのつど事前に，（社）出版者著作権管理機構（電話 03-3513-6969，FAX 03-3513-6979，e-mail: info@jcopy.or.jp）の許諾を得てください．